高校教材 高职高专学前教育专业系列教材

幼儿教育政策法规

（第二版）

主　编　周小虎

华东师范大学出版社
·上海·

图书在版编目（CIP）数据

幼儿教育政策法规/周小虎主编. —2 版. —上海：华东师范大学出版社,2017
高职高专学前教育专业系列教材
ISBN 978－7－5675－6176－2

Ⅰ.①幼… Ⅱ.①周… Ⅲ.①学前教育—教育政策—中国—高等职业教育—教材②学前教育—教育法—中国—高等职业教育—教材 Ⅳ.①D922.16

中国版本图书馆 CIP 数据核字(2017)第 032406 号

幼儿教育政策法规（第二版）

主　　编　周小虎
项目编辑　蒋　将　余思洋
特约编辑　王莲华
责任校对　陈　易
装帧设计　陆　弦　俞　越

出版发行　华东师范大学出版社
社　　址　上海市中山北路 3663 号　邮编 200062
网　　址　www.ecnupress.com.cn
电　　话　021－60821666　行政传真 021－62572105
客服电话　021－62865537　门市(邮购)电话 021－62869887
地　　址　上海市中山北路 3663 号华东师范大学校内先锋路口
网　　店　http://hdsdcbs.tmall.com/

印 刷 者　上海昌鑫龙印务有限公司
开　　本　890×1240　16 开
印　　张　13
字　　数　376 千字
版　　次　2018 年 3 月第 2 版
印　　次　2022 年 9 月第 11 次
书　　号　ISBN 978－7－5675－6176－2/G·10142
定　　价　35.00 元

出 版 人　王　焰

（如发现本版图书有印订质量问题，请寄回本社客服中心调换或电话 021－62865537 联系）

致 学 习 者

一、学习本门课程的方法

《幼儿教育政策法规》是一门幼儿教育专业的必修课程、专业基础课程,是幼儿园园长任职资格培训、提高培训以及高级研修的必训课程。学习本门课程不仅要对我国基本的教育方针、教育政策和教育法规有正确的认识,端正学习态度,还需在熟练掌握幼儿教育和保育的基本规律的基础上,掌握学习幼儿教育政策和法规的正确方法。

同时,《幼儿教育政策法规》也是一门新兴的应用型课程。本书涉及幼儿教育的方方面面,但主要是从政策、法律和法治的视角去阐述和分析问题,而不是从幼儿教育学的角度来讨论问题。对幼儿教育工作中的具体问题,本书则以现行政策、法律的规范为准绳,而不作学术探讨,更不搞学术争鸣。因此,学好本门课程的关键是转变观念,从幼儿教育政策和法规的视角对幼儿教育进行理解。

学习本门课程要特别注意理论联系实际的原则。学习本书各章节的内容,都需要尽可能联系我国现行教育政策和法规,联系身边的教育政策和法律现象,这样可以帮助我们真正理解和掌握本书所介绍的知识点,做到学以致用。

具体地,在学习本门课程时要注意处理好以下三个方面的关系:

第一,注意处理好学习幼儿教育政策和法规的专门知识与学习一般的法律知识的关系。幼儿教育政策和法规的基本知识同一般的法律知识有着密不可分的关系,前者是后者的有机组成部分,是后者的下位概念,不能与后者相抵触。在学习过程中,既要了解一般的政策和法规知识,也要掌握具有特殊性的幼儿教育政策和法规知识。在学习幼儿教育政策和法规基本知识的同时,可以根据具体的实际情况和可能,有针对性地选读一些介绍政策和法律知识的书籍,搞清楚基本的政策和法律概念,这对理解和掌握幼儿教育政策和法规的基本知识是十分有益的。

第二,注意处理好学习幼儿教育政策和法规基本知识与研究教育政策和法规的关系。学习幼儿教育政策和法规基本知识,给了人们一把打开法律之门的钥匙,幼儿教育领域从业人员可借此加强和提高自身的法律修养,从而更好地理解法律规范,正确地运用教育法律规范,并学会运用教育法律规范处理实际问题。因此,在学习过程中,要把阅读本书同阅读相关的教育政策和法规结合起来,准确地理解和掌握教育政策及法律规范的精神实质。

第三,注意处理好学习幼儿教育政策和法规基本知识与学习有关案例的关系。幼儿教育政策和法规的基本知识相对来说比较抽象,也有较强的专业性。如果仅仅从概念到概念,理解起来有一定难度。而幼儿教育政策和法规实施过程中的各种案例,则生动、直观,也有很强的可比性,对于我们理解幼儿教育政策和法规的基本概念、基本原理以及实际运用这些概念和原理很有帮助。因此,在学习过程中,要注意结合一些典型案例来加深对幼儿教育政策和法规基本知识以及教育法律规范的理解,理论联系实际,提高学习本门课程的效果。

二、本书的编写安排

本书由周小虎主编。导论、第一章、第二章、第五章、第六章和第八章由周小虎编写,第三章、第四章和第七章由张炜咏编写。全书由周小虎统稿。本书在编写方式上作了如下安排:

学习目标 每章有一个学习目标板块,介绍通过学习本章要达到的目标。

拓展阅读 介绍与本章有关的资料,开阔学习者的视野。

案例 每章章首都设计了"导入案例",切合本章主题,并导入本章的学习内容;在关键的知识点处,通过引入直观、生动的案例将理论与实践结合起来,加深学习者对幼儿教育法规、政策的理解和认识,从而提高学习效果。

思考与练习 每章章末设计思考与练习题,以便学习者课后巩固知识、提高能力。**另,思考与练习题的配套答案,请登陆网站(have. ecnupress. com. cn)下载,或者下载"i 教育"APP 查阅。**

三、辅助学习本书的两个清单

(一) 全书引用的主要法规或政策清单

1. 教育法律、法规、政策

(1) 教育法律

《中华人民共和国教育法》

《中华人民共和国教师法》

《中华人民共和国义务教育法》

《中华人民共和国民办教育促进法》

(2) 教育行政法规

《中华人民共和国民办教育促进法实施条例》

《教师资格条例》

《幼儿园管理条例》

(3) 教育部门规章

《幼儿园工作规程(修订稿)》

《幼儿园工作规程》

《幼儿园收费管理暂行办法》

《中小学幼儿园安全管理办法》

《中小学教师资格考试暂行办法》

《中小学教师资格定期注册暂行办法》

《〈教师资格条例〉实施办法》

《城市幼儿园建筑面积定额(试行)》

《小学教师职务试行条例》

《全国幼儿园园长任职资格、职责和岗位要求(试行)》

《托儿所幼儿园卫生保健管理办法》

《幼儿园教师专业标准(试行)》

《学生伤害事故处理办法》

《教育部直属师范大学师范生免费教育实施办法(试行)》

(4) 政策性文件与标准性文件

《幼儿园教育指导纲要(试行)》

《托儿所、幼儿园建筑设计规范》

《幼儿园教玩具配备目录》

《国务院关于当前发展学前教育的若干意见》
《关于实施〈中华人民共和国教育法〉若干问题的意见》
《3—6岁儿童学习与发展指南》
《中国儿童发展纲要(2011—2020年)》
《关于加强幼儿园教师队伍建设的意见》
《关于幼儿教育改革与发展的指导意见》
《关于开展中小学和幼儿园教师资格考试改革试点的指导意见》
《国家中长期教育改革和发展规划纲要(2010—2020年)》
《国家职业技能标准:保育员(试行)》
《国家职业技能标准:保育员(2009年修订)》

2. 其他引用的法律法规及相关司法解释

《中华人民共和国宪法》
《中华人民共和国未成年人保护法》
《中华人民共和国妇女权益保障法》
《中华人民共和国劳动法》
《中华人民共和国劳动合同法》
《中华人民共和国劳动与社会保障法》
《中华人民共和国民法通则》
《中华人民共和国侵权责任法》
《中华人民共和国担保法》
《中华人民共和国民事诉讼法》
《中华人民共和国刑法》
《中华人民共和国会计法》
《中华人民共和国广告法》
《中华人民共和国著作权法》
《禁止使用童工规定》
《工伤保险条例》
《劳动人事争议仲裁办案规则》
《企业职工患病或非因工负伤医疗期的规定》
《关于贯彻执行〈中华人民共和国民法通则〉若干问题的意见》
《关于审理名誉权案件若干问题的解答》
《关于确定民事侵权精神损害赔偿责任若干问题的解释》

3. 国际条约或其他国家(地区)法律法规、政策

联合国《儿童权利公约》
全美幼教协会《伦理操守准则与承诺声明》
美国伊利诺伊州《日托中心执照发放标准》
美国亚拉巴马州《日托中心和夜间托管中心规程最低标准》
澳大利亚新南威尔士州《儿童服务规章》
中国台湾地区《幼儿教育专业伦理守则》

(二)重要政策法规颁布时间表

本书附录部分按时间顺序简要附上了关键的法规或政策条款的原文,作为本书的工具性知识,且

注重呈现具体颁发的规范性文件,以方便学习者查阅。

序号	政策或法规名称	发布时间	发布机构
附录1	《幼儿园管理条例》	1989年9月11日	国家教育委员会
附录2	《幼儿园教育指导纲要(试行)》	2001年7月2日	教育部
附录3	《关于幼儿教育改革与发展的指导意见》	2003年3月4日	国务院
附录4	《国家中长期教育改革和发展规划纲要(2010—2020年)》	2010年7月8日	中共中央、国务院
附录5	《国务院关于当前发展学前教育的若干意见》	2010年11月21日	国务院
附录6	《中国儿童发展纲要(2011—2020年)》	2011年7月30日	国务院
附录7	《3—6岁儿童学习与发展指南》	2012年10月9日	教育部
附录8	《幼儿园工作规程》	2016年1月5日	教育部

四、致谢

本书在编写过程中参考了相关专著和教材,谨此致谢。书中难免存在不足之处,恳请读者指正。

目录

导　论 **1**

第一章　幼儿教育的政府职责 **6**

第一节　幼儿教育的性质和功能 6

第二节　幼儿教育政府职责的内容 9

第二章　幼儿教育的政府管理 **14**

第一节　幼儿教育的行政管理 14

第二节　幼儿教育机构的运行体制 17

第三章　幼儿园的法律地位 **24**

第一节　幼儿园法律地位的概述 25

第二节　幼儿园的权利 29

第三节　幼儿园的义务 35

第四章　幼儿园的设立与运行 **40**

第一节　幼儿园的开办资质与程序 40

第二节　幼儿园的运行机制 52

第三节　幼儿园的管理与监督 62

第五章　幼儿园的保育与教育 **67**

第一节　幼儿园的保育工作 69

第二节　幼儿园的教育工作 74

第六章　幼儿教师的权利与义务 **82**

第一节　幼儿教师的社会角色和法律地位 82

第二节　幼儿教师的社会关系 90

第三节　幼儿教师的道德规范 93

第四节　幼儿教师的法律风险及其预防 96

第七章　幼儿园工作人员的资质和职责 **102**

第一节　幼儿园园长 104

第二节　幼儿园其他工作人员 111

第八章　儿童权利与保护 **120**

第一节　儿童最大利益原则 120

第二节　儿童的教育利益 123

第九章 幼儿与教育政策法规 **127**

第一节 幼儿教育中的幼儿 128

第二节 幼儿伤害事故类型 130

第三节 幼儿伤害事故产生的原因及其预防 137

附 录 **144**

附录 1《幼儿园管理条例》 144

附录 2《幼儿园教育指导纲要(试行)》 147

附录 3《关于幼儿教育改革与发展的指导意见》 153

附录 4《国家中长期教育改革和发展规划纲要(2010—2020 年)》 157

附录 5《国务院关于当前发展学前教育的若干意见》 177

附录 6《中国儿童发展纲要(2011—2020 年)》 180

附录 7《3—6 岁儿童学习与发展指南》 190

附录 8《幼儿园工作规程》 192

导　论

[**本章学习目标**]

1. 掌握幼儿教育政策、法规的含义。
2. 了解幼儿教育政策、法规的特征。
3. 理解幼儿教育政策和法规的区别与联系。
4. 了解幼儿教育政策和法规学习的一般方法。

[**导入案例**]

"老师让我在厕所吃饭"——五龄童状告幼儿园

五岁半的军军因为受到老师的格外"关照",便以老师侵犯了其人格权为由将幼儿园和老师告上法庭。2004年3月2日,某市金水区法院公开审理了此案。五岁半小孩状告幼儿园侵权,这在当地尚属首例。该庭审成了全市媒体的焦点。

与孩子的老师和幼儿园对簿公堂,以军军的法定代理人身份出庭的军军妈妈荣女士内心也极不情愿,但孩子回家后向她诉说的三件事确实让她受不了,她要为孩子讨个说法。

孩子说的第一件事发生在2004年1月6日的晚上。"因为我上课说话,程老师让我搬椅子坐在一旁看全班小朋友吃饭,我当时饿得很,很想吃,不敢跟老师说。后来,其他小朋友吃完饭后,程老师把饭端到厕所里,让我在那儿吃,我觉得好恶心……"

第二天晚上,放学回家的军军又对妈妈说:"今天老师让全班小朋友举手表决,让我转班。妈,我不想去幼儿园了,我以后不上学了,好不好?"

又过了一个星期,孩子又告诉妈妈,老师让全班小朋友都不要和他说话,也不让他们同他玩了。

听到孩子的哭诉,荣女士非常生气,在向幼儿园反映和交涉迟迟得不到满意答复后,荣女士以孩子法定代理人的身份向金水区法院递交了诉状,要求幼儿园和当事老师在全园师生员工大会上向孩子公开道歉,并赔偿精神损失费五百元。

3月2日,到庭应诉的幼儿园副园长承认该园个别老师在教育方式上有不当之处。在听到荣女士的反映后,校方即刻进行了调查。尽管事实与军军所诉存在一定的差异,但校方仍从严对此事进行了处理。当事老师已写了书面检查,同时被责令向家长诚恳赔礼道歉,并被扣罚奖金。保教副园长和园长负领导责任,也分别被扣罚奖金。

此案例呈现的是幼儿园教师程某不遵守法律法规的相关规定,在教育过程中因伤害幼儿的身心健康而被幼儿的监护人告上法庭的例子。遵纪守法是社会向人们提出的基本要求,作为幼儿园教师,其应遵守的职业道德规范之一就是遵守教育法律法规,贯彻党和国家的教育方针政策。

因此,学习和了解幼儿教育政策和法规,是每一个立志于从事幼儿教育事业的人的基本素养。我国《教育法》、《教师法》、《未成年人保护法》等法律法规都对教师违法所要承担的法律责任作出了明确规定,教师一旦违反相关规定,就会受到相应的法律制裁。

……………………………………………………………………………………

广义的幼儿教育指的是对三岁以上学龄前儿童所实施的一切保育和教育活动的总称。狭义的幼儿教育指的是由专门教育机构组织的针对三岁以上学龄前儿童进行的有目的、有计划的教育,即幼儿园的教育。在没有特别说明的情况下,本书所指的幼儿教育主要指的是狭义的幼儿教育。相应地,幼儿教育机构是指依法成立的旨在对学龄前儿童进行保育和教育的教育组织机构,主要是指招收三周岁以上学龄前儿童并对其进行保育和教育的幼儿园。

在幼儿教育的研究和实践领域,"学前教育"、"幼儿教育"、"早期教育"和"幼稚教育"等概念尽管还存在一定的差异,但是在不深究内涵差异性的前提下,常常交叉使用。因此,本书所引政策法规中仍有个别或冠有"学前教育"之名,或内容涉及学前教育,在没有特殊说明的情况下,均指针对三周岁以上学龄前儿童的政策和法规。

一、幼儿教育政策的含义和特征

幼儿教育政策指党和政府为完成一定历史时期的幼儿教育任务,实现幼儿教育培养目标而作出的兼具战略性、现实针对性和可操作性的规定,是党和政府为实施和发展幼儿教育事业而制定的行动准则。科学合理的政策能推动幼儿教育事业的发展,反之则会阻碍幼儿教育事业的发展。幼儿教育政策既影响宏观幼儿教育事业发展的方向、速度、规模、质量和效益,也影响微观幼儿教育活动的质量和效益,因此,幼儿教育政策的制定和实施关系到每个幼儿受教育的机会和质量。从内容来看,幼儿教育政策既涵盖了幼儿教育发展的目标,又规定了幼儿教育发展的促进手段,因而比较充分地体现了国家发展幼儿教育的意志和行动。国家往往通过制定和实施各种幼儿教育政策来为幼儿教育改革和发展服务。一般而言,幼儿教育政策具有如下特征。

(一) 明确的目的性

幼儿教育政策是依据发展幼儿教育的现实需要制定出来的,具有明确的目的性。同时,幼儿教育政策作为教育政策的有机组成部分,也充分体现着国家的价值倾向性。国家制定幼儿教育政策,并就幼儿教育行动作出具体设计和规划,通过制度规范和行为指导,达到促进幼儿教育事业发展的目的。因此,明确的目的性是幼儿教育政策的基本特性之一。

(二) 鲜明的系统性

幼儿教育政策是党和政府教育政策体系的有机组成部分之一,它自身又是一个相对独立的体系。从横向看,幼儿教育政策包括多方面的内容,体现在党和政府的规划、决定、意见中,它们之间互相配合,构成了一个幼儿教育政策整体,形成了一个结构严谨的政策体系。从纵向看,幼儿教育政策的系统性表现在两个方面:一是中央与地方幼儿教育政策的相互联系性;二是幼儿教育政策的历史继承性,它连接着过去、现在和未来。

(三) 相对的灵活性

幼儿教育政策的相对灵活性体现在两个方面:一方面,幼儿教育政策会随着社会的发展变化而及时作出调整;另一方面,依据幼儿教育政策的内容相对原则,各地、各单位在理解和贯彻幼儿教育政策时,可以而且应当根据本地、本单位的实际情况作出灵活处理,提出实施意见。作为一种社会规范,幼儿教育政策一经制定公布,在一定时期内不能随意变动,应保持一定的稳定性,以确保人们开展具体行动的规范性和对行为结构的可预见性。但幼儿教育政策的稳定性是相对的,随着外部环境的变化以及幼儿教育自身因素的变化,幼儿教育政策需要作出相应的调整和改革,因而说它具有很强的时代感和应变性。

拓展阅读

四川省和黑龙江省的学前教育发展目标

四川省发展目标

到2015年，普及学前一年教育，经济发达地区基本普及学前三年教育，学前三年毛入园率达到70%。其中，到2013年，学前三年毛入园率达到69%；到2020年，基本普及学前三年教育，学前三年毛入园率达到75%以上。①

黑龙江省发展目标

逐步构建政府主导、多元并举、覆盖城乡、布局合理、体制完备、办园规范、师资达标、保育教育质量合格的学前教育公共服务体系。到2013年，通过实施学前教育三年行动计划，全省学前三年毛入园率达到60%以上，基本缓解“入园难”问题。到2015年，全省学前三年毛入园率达到65%以上；公办幼儿园比例达到40%以上，公办在园幼儿数达到在园幼儿总数的65%以上；80%的幼儿园达到办园基本标准；90%以上的教师、保育员和保健人员实现持证上岗，继续教育培训率达到100%。到2020年，全省学前三年毛入园率达到80%左右，基本普及学前三年教育；公办幼儿园比例达到50%以上，公办在园幼儿数达到在园幼儿总数的75%以上；所有幼儿园均达到办园基本标准；0岁至3岁婴幼儿早期教育指导服务取得新进展，婴幼儿家长和看护人员普遍受到科学育儿指导。②

二、幼儿教育法规的含义和特征

幼儿教育法规是有关国家机关制定的，旨在调整国家行政部门在行使幼儿教育行政权力和公民在行使受教育权利的教育活动中所发生的各种社会关系的法律规范。如果没有特别说明，本书采用广义的幼儿教育法规的概念，即包括一切有关幼儿教育的行政法规、部门规章以及地方性法规与规章，同时还包括《宪法》和法律中有关幼儿教育的法律规范。因此，幼儿教育法规就其基本性质而言是规范幼儿教育活动、调整幼儿教育行政关系的法律、法规的总称。它以国家教育行政机关所实施的教育活动，幼儿园及其他幼儿教育机构所进行的教育活动，幼儿的学习活动，以及社会组织和公民所从事的与幼儿教育有关的活动中发生的社会行为为主要的规范内容。幼儿教育法规通常具有以下特征。

（一）权威性和规范性

幼儿教育法规是国家按照一定的法定程序，以法的形式和手段对幼儿教育相关部门、单位或个人的行为准则所作的规定，因而具备法律规范所具有的行为规范性特征。幼儿教育规范是保障幼儿教育进一步发展的基本要求，是对幼儿教育所涉及的具体行为的示范和指引。幼儿教育法规经由国家立法机关制定，具备相应的法律效力，因而具有法律的权威性和规范性。

（二）强制性

法律规范的权威性体现在它是由国家强制力保障实施的，具有普遍约束力。幼儿教育法规是调整幼儿教育活动过程中各种社会关系的法律规范，同样是通过国家强制力保证实施的，这种强制力具有普遍性，无论谁违反了幼儿教育法规的相关规定，都必然要承担相应的法律责任甚至会受到法律的制裁。

（三）稳定性

秩序是法律的价值目标之一，而稳定性则是秩序的基本特征。幼儿教育法规是在总结贯彻党和国家的幼儿教育政策实践经验的基础上，通过严格的制定和修改程序确定下来的，是相对成熟化、定型化

① 四川省人民政府关于当前发展学前教育的实施意见[Z].2013-05-03.
② 黑龙江省人民政府关于加快学前教育改革和发展的意见[Z].2013-03-29.

的幼儿教育规范,不得随意变动。因此,幼儿教育法规具有法律规范所特有的稳定性。

(四) 调整对象的特定性

幼儿教育法规是教育法规体系的有机组成部分,它侧重于调整幼儿教育活动中产生的法律关系,规范与幼儿教育相关的部门、单位或个人的行为,确认和维护有利于幼儿教育发展的关系和秩序,保障我国幼儿教育事业发展的科学化、规范化和法制化。

拓展阅读

法的概念特征①

法的概念:法是指由国家专门机关创制的、以权利义务为调整机制并通过国家强制力保证实施的调整行为关系的规范,它是意志与规律的结合,是阶级统治和社会管理的手段,它是通过利益调整以实现某种社会目标的工具。

法的特征有:(1) 法是调整行为关系的规范。首先,法律调整的对象是行为关系,即通过对行为的作用来调整社会关系。其次,法律具有规范性,它是抽象的、概括的,只要通过法的安排和指引,即规范性调整,它就能对一切同类主体和同类行为起到作用,每个人只需根据法律而行为,不必事先经过任何人的批准。(2) 法由国家专门机关制定、认可和解释。首先,法是由特定的国家机关依照职权制定或认可的,即法是由国家机关依其职权范围并按一定程序制定出来的规范性文件。法律的创制方式包括国家机关通过立法活动产生新规范;通过对既存的行为规则予以承认,赋予其法律效力;国家专门机关有权依照法定权限和程序,根据一定的标准和原则对法律进行解释。其次,法律具有国家性,法律以国家的名义创制,适用范围以国家主权为界域。最后,法律在一国之内具有普遍适用性。(3) 法以权利义务双向规定为调整机制。第一,法律以权利和义务为基本内容,这种权利和义务具有确定性和可预测性的特点,它明确告诉人们该怎样行为、不该怎样行为以及必须怎样行为。第二,法律具有利导性,通过规定权利义务来分配利益,影响人们的动机和行为,进而影响社会关系。(4) 法通过国家强制力保证实施。

法是阶级统治的工具,是以国家强制力保证实施的一种社会规范,法具有不可抗拒性。法的这个特征是其与其他社会规范的主要区别之一,也是法的特殊性之所在。

三、幼儿教育政策与幼儿教育法规的关系

(一) 幼儿教育政策与幼儿教育法规的联系

幼儿教育政策与幼儿教育法规的联系,可以从两个方面去理解。第一,两者本质上一致。幼儿教育政策和幼儿教育法规有共同的指导思想,都是党和国家意志的体现,都是党和国家管理幼儿教育的重要手段,两者在本质上是一致的。第二,政策指导法规的制定与实施,法规使政策定型和规范。一般而言,幼儿教育政策是制定幼儿教育法规的依据,它指导幼儿教育法规的制定和实施。幼儿教育法规则集中地反映党和国家幼儿教育的意志和主张,规定幼儿教育各项工作的行为准则,使幼儿教育政策定型化和规范化,保障幼儿教育政策的顺利实施。而成熟、稳定的幼儿教育政策在一定条件下可以转化为幼儿教育法规。

(二) 幼儿教育政策与幼儿教育法规的区别

1. 制定者不同

幼儿教育政策是由执政党和政府部门制定的指导性文件,而幼儿教育法规则是国家机关按照一定的法定程序,以法的形式和手段固定下来的。因而,幼儿教育法规具有国家意识的属性,具备较强的稳

① 张文显.法理学(第三版)[M].北京:法律出版社,2007:102-110.

定性和法律效力。

2. 约束力不同

幼儿教育政策具有普遍的指导意义,但不具有国家意志和普遍的约束力。幼儿教育法规由国家立法机关制定或认可,依其层次级别的不同,在一定的范围内具有普遍约束力。

3. 表现形式不同

幼儿教育政策通常是以决议、决定、通知、意见等公文和规划等文件的形式出现的,且不一定公开颁布。而幼儿教育法规则是以法律、法规等规范性文件形式出现的,必须公开颁布。幼儿教育政策的内容的表述方式可以多样化,一般不采用法律法规的表述范式。幼儿教育法规则采用法、条例、规定、规范、办法等法规性文体,明确规定相关单位或个人必须做什么、可以做什么、不得做什么,违反者必须承担相应后果。

4. 执行方式不同

教育政策的指导性作用主要是靠组织和宣传,启发人们自觉遵循,其强制力有一定限度。同时,幼儿教育政策的具体落实往往需要借助其他更为具体的制度和措施。幼儿教育法规主要通过国家的强制力保证实施,幼儿教育法规的执行以国家强制力为后盾,要求社会成员必须遵照执行。它不是可做可不做的,而是必须做的行为;也不是可以这样做、可以那样做的,而是必须这样做的行为;否则就必须承担相应的法律责任。

5. 稳定程度不同

幼儿教育政策的灵活性强,而幼儿教育法规的稳定程度高。幼儿教育政策随着社会发展、教育形式和任务的变化,可以适时作出调整,而且必须不断完善,具有较强的指导性和灵活性。幼儿教育法规是在总结贯彻党和国家的幼儿教育政策实践经验的基础上,通过集中人民群众的智慧,经过严格的制定和修改程序确定下来的,因而比较成熟和定型化,具有较强的稳定性。

6. 调整范围不同

幼儿教育政策的灵活性和及时性,决定了其调整的范围更广泛,它可以及时渗透到教育领域的各个方面,发挥其调节、导向作用。幼儿教育法规一般就教育活动的根本方面和教育的基本关系加以约束和规范,其调整的范围比幼儿教育政策更为具体、更具有针对性。

思考与练习

一、材料分析题

某幼儿园开展教师法律知识竞赛,在收集保护幼儿权利的法律、法规时,李老师和林老师有不同的意见。李老师认为《中华人民共和国未成年人保护法》就是唯一的权威指引,一切以此为准,其他可以不考虑;林老师则认为应该还有其他法律法规。两位老师谁也无法说服谁,争执不下,只好咨询律师。

请问李老师的说法正确吗?请说一说与幼儿教育相关的法律法规有多少?

第一章 幼儿教育的政府职责

［本章学习目标］

1. 了解幼儿教育性质和功能的发展。
2. 掌握政府的幼儿教育职责的具体内容。

［导入案例］

浙江省教育厅“百人千场”专家名师送教下乡活动——龙湾区专场

为了充分利用全省优质教师资源，全面提升幼儿园教师整体素质，促进教育均衡发展，浙江省教育厅把高水平的培训服务送到基层，特别组织了“百人千场”专家名师送教下乡活动。这种利民行动受到一线教师的热烈欢迎和充分肯定，2014 年 7 月 1 日至 3 日，送教下乡活动在龙湾区顺利开展。

参加这次培训活动的人员有：公办幼儿园里没有教师资格证书的合同教师和代课老师、没取得教师资格证书的园长、2014 年下半年参加教师资格证考前培训的人员，共计 140 多人。在 2 天半的时间里，学员们认真听取了省里专家的“学前教育知识与能力”、“综合素质”、“儿童发展知识与能力”等课程。通过系统性的学习，学员们了解了幼儿儿童心理学、教育学、生理学及基础的人文知识。学员们珍惜这次来之不易的学习机会，认真复习和领会专家讲解的知识点，争取在资格证书考试中取得好成绩，并切实地将所学应用到教学实践中，让幼儿的素质教育有实质性的提升。

（自编案例）

第一节 幼儿教育的性质和功能

在我国的学制体系中，幼儿教育主要指的是对 3—6 岁年龄阶段的幼儿所实施的保育和教育。对幼儿教育的性质和功能的规定体现了一个国家对幼儿教育的重视程度，体现了社会的文明与进步程度，体现了一个国家的教育发展水平。

一、幼儿教育的性质

我国的有关幼儿教育的法规、政策明确了幼儿教育的两个基本性质：一是社会主义教育事业的组成部分；二是社会公共福利事业。

（一）幼儿教育是教育事业的组成部分，具有教育性

《宪法》在第一章第十九条规定：国家发展社会主义的教育事业，提高全国人民的科学水平。国家举办各种学校，普及初等义务教育，发展中等教育、职业教育和高等教育，并且发展学前教育。

1951年10月,政务院《关于改革学制的决定》中规定了如下学制:幼儿教育、初等教育、中等教育、高等教育。在往后的60多年里,幼儿教育作为我国学制体系中的一环、基础教育的组成部分始终没有改变。

1979年颁布的《城市幼儿园工作条例(试行草案)》明确规定:幼儿教育是社会主义教育事业的组成部分,是培养有社会主义觉悟的、有文化的劳动者的基础。

1995年1月,《全社会都要关心和支持基础教育》的文件指出:基础教育,包括学前教育、小学教育和中学教育,在我国教育事业中占有十分重要的地位。

1995年颁布的《中华人民共和国教育法》(以下简称《教育法》)规定:国家实行学前教育、初等教育、中等教育、高等教育的学校教育制度。

1997年7月国家教委印发的《全国幼儿教育事业"九五"发展目标实施意见》中进一步提出:幼儿教育是我国学制的第一阶段,是基础教育的有机组成部分。它既为幼儿入小学做准备,也为九年义务教育的实施奠定基础,发展学前教育事业是关系到人口素质的提高和民族未来兴衰的大问题。

2001年教育部颁布的《幼儿园教育指导纲要(试行)》指出:幼儿园教育是基础教育的重要组成部分,是我国学校教育和终身教育的奠基阶段。

2003年1月国务院转发十部委《关于幼儿教育改革与发展的指导意见》指出:幼儿教育是基础教育的重要组成部分,发展幼儿教育对于促进儿童身心全面健康发展,普及义务教育,提高国民整体素质,实现全面建设小康社会的奋斗目标具有重要意义。

2010年3月,国务院颁布的《国家中长期教育改革和发展规划纲要(2010—2020年)》在学前教育的发展任务中提出:基本普及学前教育、明确政府职责、重点发展农村学前教育三个基本要求。

2011年7月,国务院发布了《中国儿童发展纲要(2011—2020年)》,在"儿童与教育"这一部分中指出:加快发展3—6岁儿童学前教育。

综上所述,从中华人民共和国成立以来的政策和法规文件分析,教育性是我国幼儿教育的基本特性之一。

(二)幼儿教育是一项公共事业,具有福利性和公益性

中华人民共和国成立以来,为了更好更快地进行社会建设,国家各行各业都需要劳动力。为了支援国家建设,幼儿教育事业获得了迅猛的发展,经过了第一个和第二个五年计划的发展之后,1961年,幼儿园总数已达6.3万所左右。① 其中,教育部门和其他各部门举办的公立幼儿园约占87%,而且绝大部分幼儿园都是以单位福利的性质举办的,主要是为了方便职工的工作,消除他(她)们的后顾之忧。

1952年《幼儿园暂行规程(草案)》规定,市、县所办幼儿园的经费,由市、县人民政府在地方教育事业费内统筹统支。其他公办和私立幼儿园的经费,由设立者或者董事会供给。1979年,中共中央、国务院转发的《全国托幼工作会议纪要》提出:各级教育、卫生部门举办的幼儿园、托儿所的经费和各项所需要费用分别由教育事业费和卫生事业费列支。各企业、事业、机关、部队举办的园所的经费,由各主办单位自行解决。对于民办园所,在经费来源中,一个重要的组成部分是"孩子家长所在单位,向送托园所管理交费"。这些规定都充分体现了幼儿教育的福利性质。

1987年国务院办公厅转发的国家教委等部门《关于明确幼儿教育事业领导管理职责分工的请示》的通知明确提出:幼儿教育既是教育事业的一个重要组成部分,是我国学校教育的预备阶段,同时又是一项社会公共福利事业。

1997年教育部发布的《全国幼儿教育事业"九五"发展目标实施意见》提出:幼儿教育既是教育事业,又具有福利性和公益性的特点。

2003年《关于幼儿教育改革与发展的指导意见》也明确指出:国务院教育部门和价格主管部门,按

---

① 中国学前教育发展战略课题组.中国学前教育发展战略研究[M].北京:教育科学出版社,2010:55.

照不以营利为目的的原则,制定幼儿园(班)收费管理办法。

2010年《国务院关于当前发展学前教育的若干意见》提出:发展学前教育,必须坚持公益性和普惠性,努力构建覆盖城乡、布局合理的学前教育公共服务体系,保障适龄儿童接受基本的、有质量的学前教育;必须坚持政府主导、社会参与、公办民办并举,落实各级政府责任,充分调动各方面积极性。

从几十年来我国幼儿教育政策和法规文件中,我们可以明确地了解到:公益性是我国幼儿教育的基本特性之一。尽管从1992年国有企事业单位体制改革时起,绝大部分幼儿园逐渐从原有的企事业单位中剥离出来,或者自负盈亏,或者改为民办,原有的福利性质逐渐减退或消失,但福利性和公益性、不以营利为目的政策导向一直是国家所倡导的。

二、幼儿教育的功能

我国的幼儿教育经过了百余年的发展,尤其是中华人民共和国成立以来,其在促进我国0—6岁儿童身心的全面和谐发展、解放劳动力以支持社会主义建设等方面都发挥了应有的作用。具体地,幼儿教育的主要功能体现在以下几个方面。

(一)对幼儿实施全面发展的教育

对幼儿实施全面发展的教育是幼儿教育的基本功能和首要任务。自1952年《幼儿园暂行规程(草案)》,到1979年的《城市幼儿园工作条例(试行草案)》,再到1996年的《幼儿园工作规程》和2001年的《幼儿园教育指导纲要(试行)》,50多年来,国家颁布的一系列有关幼儿教育的重要法规文件都将"实施全面发展的教育,促进幼儿身心和谐良好的发展"作为幼儿教育的基本功能和首要任务,强调幼儿园的任务是:实行保育和教育相结合的原则,对幼儿实施体、智、德、美全面发展的教育,促进其身心的和谐发展。

(二)为幼儿入小学做准备,为幼儿一生的发展奠定基础

幼儿教育的第二个重要功能就是为幼儿进入小学阶段的学习做好准备,为幼儿的终身学习和发展打好基础。

1979年11月颁布的《城市幼儿园工作条例(试行草案)》规定,幼儿园工作的任务是根据当地教育方针,对幼儿进行初步的全面发展的教育,使幼儿健康、活泼地成长,为入小学打好基础。

1996年的《幼儿园工作规程》第二条规定:幼儿园是对3周岁以上学龄前幼儿实施保育和教育的机构,是基础教育的有机组成部分,是学校教育制度的基础阶段。

1997年发布的《全国幼儿教育事业"九五"发展目标实施意见》提出:幼儿教育是我国学制的第一阶段,是基础教育的有机组成部分。1998年教育部颁布的《面向21世纪教育振兴行动计划》中要求"实施素质教育,要从幼儿阶段抓起"。

2003年国务院转发十部委《关于幼儿教育改革与发展的指导意见》也明确指出:幼儿教育是基础教育的重要组成部分,发展幼儿教育对于促进儿童身心全面健康发展,普及义务教育,提高国民整体素质,实现全面建设小康社会的奋斗目标具有重要意义。

(三)解放劳动力,减轻家长教养孩子的负担

中华人民共和国成立以来,幼儿教育一直发挥着解放劳动力尤其是解放妇女劳动力的功能。1952年《幼儿园暂行规程(草案)》明确规定:幼儿园的功能之一是"减轻母亲对幼儿的负担,以便母亲有时间参加政治生活、生产劳动、文化教育活动等"。

1979年11月教育部颁布的《城市幼儿园工作条例(试行草案)》规定:幼儿园工作的任务之一是"减轻家长在教育孩子方面的负担,使他们能够安心生产、工作和学习"。

1996年的《幼儿园工作规程》中第三条规定:幼儿园的任务是实行保育与教育相结合的原则,对幼儿实施体、智、德、美诸方面全面发展的教育,促进其身心和谐发展。幼儿园同时为家长参加工作、学习提供便利条件。

（四）对处境不利的幼儿给予补偿教育

我国幼儿教育的补偿功能主要体现在党和政府在政策上关注处境不利的幼儿。

1992 年国务院下达妇女儿童工作协调委员会编制的《九十年代中国儿童发展规划纲要》提出：保护处于困难条件下的儿童（包括农村的独生子女和女童、残疾儿童、离异家庭的儿童、流浪儿、严重自然灾害发生地的儿童、经济不发达地区的儿童等）。

2003 年国务院转发十部委《关于幼儿教育改革与发展的指导意见》明确指出：各地区要采取有效措施确保低收入家庭和流动人口的子女享有接受幼儿教育的机会。对社会福利机构、流浪儿童救助机构的适龄儿童，要给予照顾，有关费用予以减免。

2011 年 7 月，国务院发布的《中国儿童发展纲要（2011—2020 年）》在“儿童与教育”这一部分中也强调要保护处于困境中的儿童、残疾儿童、孤儿和流动人口中的儿童受教育的权利。

第二节　幼儿教育政府职责的内容

幼儿教育是国民教育体系的重要组成部分，是基础教育的奠基阶段，是一项惠及亿万儿童的公益事业。明确和落实政府责任是幼儿教育事业健康发展的重要保证。针对近年来各级政府对发展幼儿教育的职责认识不够明确、落实不力的现状，《国家中长期教育改革和发展规划纲要（2010—2020 年）》（以下简称《规划纲要》）提出“明确政府职责”，这是改革当前幼儿教育的管理体制、解决幼儿教育事业发展中的突出问题、加快幼儿教育、普及和提高幼儿教育质量、促进幼儿教育事业健康发展的关键所在。

一、明确政府幼儿教育职责的提出背景

发展幼儿教育是政府的职责。20 世纪七八十年代，幼儿教育事业受到政府的高度重视，国务院设立了托幼工作领导小组，各省市也设立了相应机构来领导幼儿教育事业的发展。20 世纪 80 年代末 90 年代初以来，随着经济体制改革和幼儿教育的社会化探索，政府在探索幼儿教育改革道路的过程中出现了不同程度的责任不明确、落实不到位的情况。《规划纲要》再次明确提出政府负有发展幼儿教育的职责，具有重要的现实意义。

（一）法律规定发展幼儿教育是政府的职责

《教育法》明确规定了国家实行学前教育、初等教育、中等教育、高等教育的学校教育制度。中等及中等以下教育在国务院领导下，由地方人民政府管理。2003 年十部委《关于幼儿教育改革与发展的指导意见》的通知，详细规定了从国家到省级、地（市）级、县级等各级人民政府、城市街道办事处和乡（镇）人民政府在规划、管理、经费投入、举办幼儿园等方面对发展幼儿教育应担负的职责；明确了教育部门是幼儿教育的主管部门，负责幼儿教育事业发展和质量提高的双重任务；明确了卫生部门、财政部门、建设部门、民政部门、劳动保障部门、编制部门以及妇儿工委和妇联在学前教育事业发展中应该承担的责任。国办发〔2003〕13 号文件要求“进一步完善幼儿教育管理体制和机制，切实履行政府职责”，“坚持实行地方负责，分级管理和有关部门分工负责的幼儿教育管理体制”。可见，发展幼儿教育是国家法律法规规定的政府义不容辞的责任。本次《规划纲要》的出台再次明确了政府在幼儿教育事业发展中的责任，表明国家比以往更加重视幼儿教育。

（二）目前各级政府对幼儿教育的责任落实不力

尽管相关法规、文件都明确规定了政府对发展幼儿教育的责任，然而，在幼儿教育改革与探索中仍有政府责任落实不力、不到位的现象出现。一些地区政府对幼儿教育缺乏高位、有效的规划，财政投入过低，教师身份、编制和待遇问题长期得不到解决。还有一些地区政府甚至简单地将幼儿园推向市场，减少或停止投入，导致普惠性的，尤其是具有较高质量的普惠性幼儿教育资源越来越少，“入园难”和

“入园贵”的问题日益凸显。①

从全国总体情况看,政府对幼儿教育的责任落实不力突出表现在以下几个方面:

首先,政府管理机构和人员设置不健全。随着“地方负责、分级管理”的工作思路和方针的确立,幼儿教育管理的重心下移,地方政府尤其是区县政府对幼儿教育事业发展负有越来越重要的责任。然而,幼儿教育的管理部门和管理人员不健全的情况越来越突出。2008 年的抽样调查显示,有一半以上的教育部门没有专设幼儿教育管理机构,有 1/4 的教育部门既没有专设机构也没有专职人员,一些地区的幼儿教育处于无人管理的“真空状态”。② 政府的责任难以落实,严重地影响了幼儿教育事业的健康发展。

其次,政府举办的公办园发展不足。国际国内的成功经验和历史教训表明:通过举办一定数量的公办幼儿园来引导幼儿教育的发展,是落实政府责任、保证幼儿教育公益性的重要措施。然而,20 世纪 90 年代以来,随着企事业单位的改革,多数企事业单位举办的幼儿园通过关、停、并、转的形式从原有单位中被剥离出来,幼儿园办园体制开始了社会化探索的过程,集体办幼儿园的数量也迅速减少,民办幼儿园尤其是公民个人办幼儿园的数量则迅速增加(详见图 1-1)。据教育部公布的教育统计年报显示,2014 年,全国幼儿园总量为 20.99 万所,比 2009 年增加 7.17 万所,增幅达到 51.88%。2011 年至 2014 年,全国新增幼儿园 4.32 万所。新增的公办幼儿园(含公办性质幼儿园)主要分布在乡村和镇区(占比 86.55%),城区仅占 13.45%;新增民办幼儿园则主要分布在镇区和城区。幼儿教育资源的快速扩大,为增加适龄儿童入园机会、缓解“入园难”提供了基本保障。但是由于幼儿教育之前欠账较多,彻底改变“入园难”还需要一个过程。因此,政府必须承担起幼儿教育办园的责任,举办普惠性公办幼儿园,并加强对民办幼儿园的监管力度,保持幼儿教育的公益性。

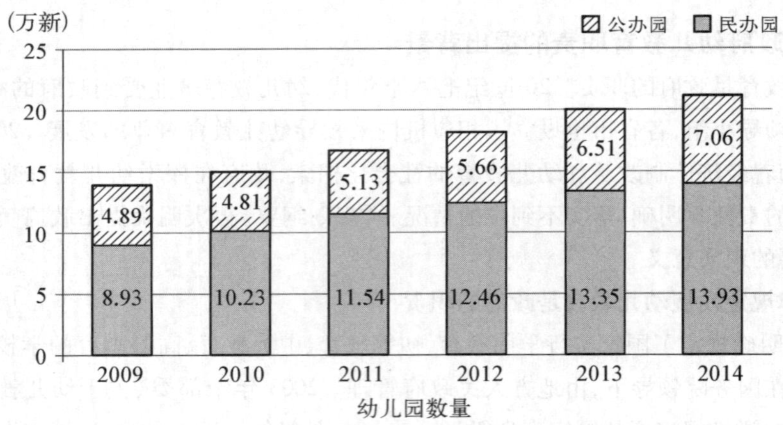

图 1-1 2009—2014 年我国公办和民办幼儿园所占比重的变化趋势

根据教育部 2015 年统计的数据,全国目前幼儿园总数为 209881 所,其中民办园 139282 所,③占比 66.36%。

第三,政府财政投入虽有一定增长,但是问题仍然存在。长期以来,政府投入不足一直是制约幼儿教育事业发展的突出问题。根据教育部统计数据,2013 年财政性幼儿教育经费在全国教育经费总投入中所占的比例为 5.79%,和其他学段相比,是最少的。幼儿教育作为教育系统的一部分、四级学制中的第一级,从政府和社会获得的教育资源最少,即政府和社会对幼儿教育的经费投入水平最低,幼儿教育的经济基础最薄弱(详见图 1-2)。

① 庞丽娟. 加快普及学前教育需要落实政府责任[EB/OL]. 光明日报,2010-04-01(12)[2010-06-01]. http://news.china.com.cn/rollnews/201004/01/content_1370625.htm.

② 中央教育科学研究所. 中国学前教育发展的战略研究[M]. 北京:教育科学出版社,2010:18-19.

③ 根据教育部网站上的数据计算。检索时间 2016-7-1.

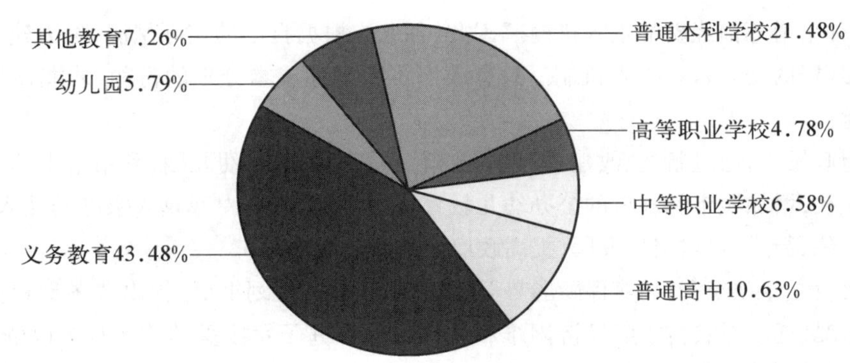

图 1－2　2013 年我国各学段教育投入占全国教育总投入的情况比较①

从国际比较来看，我国幼儿教育财政投入占教育预算的比例也落后于世界上大多数国家。2004 年我国幼儿教育财政投入占教育预算的比例为 1.2%，仅为匈牙利的 8.16%。此外，我国生均幼儿教育经费也处于极低水平，如 2003 年我国生均幼儿教育经费仅相当于国际经合组织统计的各国平均水平的 5.3%、欧洲 19 个国家平均水平的 5.2%。② 此外，由于政府财政投入不足，幼儿教师身份、地位和编制问题一直没有得到有效解决，致使幼儿教师队伍平均素质偏低、稳定性差。总之，现阶段我国幼儿教育的发展在各阶段教育中最为薄弱，已经成为我国教育体系中的“凹陷”和“短板”。《规划纲要》再次明确政府发展幼儿教育的责任具有重要的现实意义。

二、政府发展幼儿教育的主要职责

《规划纲要》提出政府发展幼儿教育的主要责任包括规划幼儿教育事业发展、制定财政投入计划、举办幼儿园、建设教师队伍、监督管理等方面。

（一）制定适应各地实际的事业发展规划

为实现到 2020 年基本普及幼儿教育的目标，各级政府必须建立普及幼儿教育工作推进机制，明确普及目标和进程，从而使目标能够得以实现。为此，《规划纲要》明确提出：政府要“把发展学前教育纳入城镇、社会主义新农村建设规划”，纳入公共服务体系，从而使城镇和乡村的幼儿教育机构有合理的布局和覆盖面，能够满足城乡适龄儿童对幼儿教育的基本需求。

（二）加大财政投入，扩大普惠性资源

政府对幼儿教育的投入是政府重视幼儿教育并承担发展幼儿教育责任的具体体现，也是确保幼儿教育公益性的基本前提。《规划纲要》明确提出了政府对幼儿教育投入的责任主要包括以下几个方面：

一是建立政府主导、社会参与、公办民办并举的办园体制。科学合理的办园体制的建立必须由政府主导，以体现幼儿教育的公益性和普惠性。政府应通过大力发展公办幼儿园，支持企事业单位和集体办园，积极扶持提供普惠性服务的民办幼儿园等具体措施，增加价格合理、有质量保证的幼儿园的数量，以满足最广大民众尤其是中低收入家庭对幼儿教育的需求。以上海为例，上海市政府高度重视幼儿教育并保证对幼儿教育的财政经费投入。当前，上海市政府举办的教育部门办园占全市幼儿园的 60% 以上，加上其他部门办园，公办园已经占到了 70% 以上，“入园难、入园贵”的问题由此基本得到解决。③

二是建立体现政府公共服务责任的幼儿教育投入体制和成本合理分担机制。幼儿教育的发展在很大程度上取决于政府的投入。《规划纲要》明确提出：“非义务教育实行以政府投入为主、受教育者合

① 教育部财务司，国家统计局社会科技和文化产业统计司. 中国教育经费统计年鉴 2014[Z]. 北京：中国统计出版社，2015：186.
② 中国学前教育发展战略研究课题组. 中国学前教育发展战略研究[M]. 北京：教育科学出版社，2010. 12.
③ 苏玲. 学前教育发展难题怎么破解[N]. 中国教育报，2010－03－19.

理分担、其他多种渠道筹措经费的投入机制。”因此,各地应根据自己的实际情况,努力建立以政府投入为主的、多渠道筹资的幼儿教育投入机制。只有政府不断增加成本分担的份额,才能逐步减轻家长对幼儿教育的负担。

三是加大财政投入,通过新建、改建、扩建幼儿园,办好小区配套幼儿园,利用中小学布局调整的富余资源办园等途径,增加城市和农村的公办幼儿教育资源,保障城乡中低收入家庭幼儿入园。同时,还应扶持企事业单位、街道、乡村集体办园,提高政府公共服务能力。

四是政府要设立专项经费,切实保障弱势群体幼儿入园。《规划纲要》提出:“各地根据学前教育普及程度和发展情况,逐步对农村家庭经济困难和城镇低保家庭子女接受学前教育予以资助。”根据《规划纲要》的这一政策要求,国家拟通过中央财政支持的“推进农村学前教育”项目,加快发展农村幼儿教育,以使广大农村尤其是中西部贫困地区适龄幼儿儿童能够普遍接受幼儿教育。

(三)加强教师队伍建设

幼儿教师队伍是长期以来制约幼儿教育事业发展的突出问题之一。长期以来,尽管《教师法》第四十条规定:“中小学教师,是指幼儿园、特殊教育机构、普通中小学、成人初等中等教育机构、职业中学以及其他教育机构的教师。”然而在现实中,很多地方政府部门在制定教师编制和相关待遇时,仅限定在“中小学教师”,并未将幼儿教师列入其中,造成幼儿教师缺编、无编等严重问题。

各级政府应承担起加强幼儿教师队伍建设的责任,根据《规划纲要》的要求,严格执行幼儿教师资格标准,切实加强幼儿教师培养培训,提高幼儿教师队伍整体素质,依法落实幼儿教师地位和待遇;制定幼儿园教师配备标准;对农村幼儿园园长和骨干教师进行培训。这就意味着各级政府要承担起提高幼儿教师地位和待遇、制定幼儿园教师配备和编制标准、对幼儿园园长和教师进行培训的具体责任,并以此为基础保证幼儿教师队伍的整体稳定和专业素质的不断提高。

政府要依法落实我国幼儿教师应有的教师地位和待遇,使之享有和中小学教师同等的法律身份、地位和待遇,以增强幼儿教师职业的吸引力和队伍的稳定性;同时要高度重视和加强对幼儿教师的培养培训力度,建立健全幼儿教师的在职培训制度和职称晋升制度,切实保障幼儿教师的培训权利。①

(四)建立科学的幼儿教育机构监管机制

建立科学的幼儿教育机构监管机制,保障幼儿教育事业的健康发展和质量的不断提高,是政府尤其是教育部门的重要责任。

首先是制定办园标准,把好入口关。《规划纲要》明确提出政府要制定办园标准,建立幼儿园准入制度。因此,各地在提高幼儿入园率的同时,一定要确保新增幼儿园符合基本办园条件,特别是接收乡村留守和经济困难家庭幼儿、城镇低保家庭幼儿的普惠性公办幼儿园必须满足基本办园条件、保证保教质量,使幼儿园教育真正能够弥补幼儿家庭环境的不足,为幼儿的终身发展奠定良好的基础。

其次是规范幼儿教育收费,科学核定成本。《规划纲要》明确提出要“完善幼儿园收费管理办法”。各级政府应根据当地经济发展水平,科学地核定幼儿园办园成本,制定合理的幼儿园收费标准,并建立相应的监督机制。

三是健全幼儿教育质量评估和监管体系,提高各类型幼儿园的保教质量。《规划纲要》明确提出要“加强学前教育管理,规范办园行为”,要求“教育行政部门加强对学前教育的宏观指导和管理,相关部门履行各自职责,充分调动各方面力量发展学前教育”。可见,以教育部门为主,协同有关部门建立起常规性的、全覆盖的督导评估制度,将民办幼儿园也纳入教育督导评估体系中,保证公办幼儿园和民办幼儿园质量的不断提高,杜绝违背幼儿身心特点和发展规律的教育内容与形式进入幼儿园,是发展幼儿教育、确保幼儿身心健康发展的必然要求。

---

① 庞丽娟. 加快普及学前教育需要落实政府责任[EB/OL]. 光明日报,2010-04-01(12)[2016-06-01]. http://news.china.com.cn/rollnews/201004/01/content_1370625.htm.

此外，政府责任的明确和落实还要有相应的机构设置和人员配备保障，有条件的地方政府应以教育部门为主设置幼儿教育管理机构和专职管理人员，暂时不具备设置专门机构条件的地方政府也必须配备专职或兼职幼儿教育管理人员，以保证政府监督、管理职责的到位与落实。

思考与练习

一、问答题

1. 简述幼儿教育政策与法规的区别。

2. 请结合实际谈谈当前我国政府在幼儿教育方面的主要职责。

3. 如何理解教育活动必须符合国家和社会的公共利益?

二、材料分析题

加快学前教育立法，明确政府职责

党的十八大作出加快建设社会主义法治国家的战略部署，党的十八届四中全会作出《中共中央关于全面推进依法治国若干重大问题的决定》，法治成为治国理政的基本方式，而健全完善法律法规是法治的前提和基础。从教育系统看，义务教育、高等教育、职业教育等相关法律都已颁布实施，而幼儿教育至今没有出台全国性的法律，幼儿教育发展缺乏有力的法律保障和必要的政策规范，因此，研究制定幼儿教育法是解决当前幼儿教育面临各种问题的迫切需要。

建议加快立法进程，就幼儿教育的性质、政府职责、投入体制、管理体制、办园体制，幼儿教师身份待遇等问题作出法律层面的明确规定。

明确幼儿教育性质和地位。幼儿教育是国家基础教育的基础，是国民教育的重要组成部分。为实现中华民族伟大复兴的中国梦，应高度重视幼儿教育这个梦的“起点”，强调幼儿教育的公益性，明确将幼儿教育纳入我国基本公共服务体系。

明确各级政府职责。中央和地方各级政府对发展幼儿教育事业、提供幼儿教育公共服务具有主导责任。应不断完善幼儿教育管理体制，建立幼儿教育的督导评估与问责制，明确幼儿教师的身份地位、待遇和职称等权利。

科学建立幼儿教育成本分担机制，合理划分各级政府对幼儿教育的投入责任。应根据各地经济社会发展情况对各主体应分担的幼儿教育成本比例进行合理预算。一是合理划分各级政府对幼儿教育的投入责任。应确保各级政府幼儿教育经费占财政性教育经费的比例不低于7%，特别是国家和省级政府要继续加大投入力度，减轻地方财政负担，充分调动地方政府做好幼儿教育工作的积极性，建立财权、事权相匹配的政府间成本分担机制。二是完善经费保障机制。将幼儿教育经费列入财政预算，确保公办幼儿园正常运转和可持续发展。逐步建立政府、家庭、社会共同分担成本的联合保障机制。对于公益性和普惠性幼儿园，政府分担成本比例应不低于50%，家庭分担成本比例应不高于40%，其余部分由幼儿教育机构和社会承担。

请根据我国的幼儿教育政策法规，结合材料分析政府承担了哪些幼儿教育职责?

第二章　幼儿教育的政府管理

[本章学习目标]

1. 了解我国的幼儿教育行政管理体制。
2. 了解并理解我国现行幼儿教育机构的运行体制。
3. 理论联系实际,思考如何完善幼儿教育的行政管理体制。

[导入案例]

省教育厅调研组来某市作学前教育立法调研①

为探讨学前教育立法的必要性和可行性,推动学前教育立法工作,出台《省学前教育条例》,2014 年 7 月 18 日,省教育厅调研组一行 5 人,到某市开展幼儿教育立法调研,市教育局相关领导陪同调研。

省立法调研组与市教育局相关科室负责人、市职技校负责人、各级各类幼儿园的园长代表进行了座谈。在调研会上,调研组认真听取了市教育局副局长关于幼儿教育工作的汇报及对立法的建议和意见。各方代表分别结合工作实际对当前公办幼儿园建设、经费投入、教师编制、教职工培训、幼儿园收费、幼儿园管理等突出问题提出了建议,同时对该市幼儿教育存在的困难向省调研组积极反映,希望通过幼儿教育立法加以解决。

省调研组在与市教育局的座谈会后,又召开了与市财政、人事社保、卫生、妇联等部门负责人共同参加的座谈会,并就幼儿园的经费投入、教师的待遇收入保障、幼儿园卫生保健工作、家长学校等相关问题展开了交流。调研组充分肯定了几年来该市幼儿教育所取得的成绩,希望该市教育主管部门及相关部门继续重视幼儿教育工作,为每位孩子的健康成长提供更加优质的服务。

第一节　幼儿教育的行政管理

幼儿教育的政府管理包含两个主要内容:一是幼儿教育的行政管理,二是幼儿教育机构的运行体制。其中,幼儿教育的行政管理是指各级政府部门在实施幼儿教育管理的过程中如何分工配合的制度机制,包括基本原则、教育行政部门的主管权限和有关行政部门的权限等。

一、中华人民共和国幼儿教育行政体制的建立

(一) 幼儿教育行政及其体制确立

幼儿教育行政主要指国家及地方各级教育行政机构对幼儿教育事业的宏观管理,主要包括国家及

① 改编自:佚名.省教育厅调研组来我市作学前教育立法调研[EB/OL].[2014-07-31].http://www.wl.gov.cn/zwgk/zwdt/bmdt/20140722/353614_1.htm.

地方教育行政部门通过制定规划、法规、政策等，对幼儿教育事业的发展进行组织、协调、引导、督导和评估，以及协调有关部门的关系等，以保证幼儿教育事业的健康发展。

我国的幼儿教育行政体制是国家教育行政体制的一个有机组成部分。中华人民共和国成立后，国家迅速建立起从中央到地方完备的教育行政体制。政府对幼儿教育行政十分重视，1949 年 10 月，在教育部初等教育司中设"第二处"，主管幼儿教育；1950 年 11 月改称"幼教独立处"，直属教育部有关部长领导。这是我国第一个幼儿教育中央领导机构，掌管全国幼儿教育工作。政府同时决定省、市教育厅及教育局设幼教科、组或专人主管幼儿教育。

拓展阅读

在设立幼儿教育办公室之前，我国的幼儿教育工作由教育部下辖的基础教育二司负责，这项工作是该司局众多工作中的一项；而 2012 年新设置的学前教育办公室则为教育部的独立办公室，专门负责幼儿教育的管理工作。学前教育办公室的设立意味着学前教育管理工作的"升格"。

从工作内容的变化来看，此前基础教育二司负责的学前教育工作，主要是拟定学前教育的发展政策，配合做好学前教育立法项目启动工作等。

新设置的学前教育办公室的职责在过去的基础上有所增加，包括拟定学前教育的宏观政策和事业发展规划，组织制定幼儿园保育教育质量标准和工作基本要求，指导幼儿园保育教育工作，指导学前教育改革等。①

（二）中华人民共和国成立初期我国幼教行政管理的主要成绩

1. 确定幼儿教育的性质和任务

1951 年 10 月，中央人民政府政务院颁布了《关于改革学制的决定》，这是中华人民共和国成立以来正式公布实施的第一个学制。幼儿教育被列入学制体系，成为小学教育的基础，这确定了幼儿教育是社会主义教育事业的重要组成部分的地位。

1952 年 3 月，教育部颁发了《幼儿园暂行规程（草案）》，规定"幼儿园的任务是根据新民主主义教育方针教养幼儿，使他们的身心在入小学前获得健全的发育；同时减轻母亲对幼儿的负担，以便母亲有时间参加政治生活、生产劳动、文化教育活动等"，从此确立了我国学前教育兼有教育性和福利性的双重性质。

2. 确立了学前教育事业发展方针

在中华人民共和国成立初期，学前教育事业的发展单纯依靠国家投入是不可能的。为了调动社会各方面力量发展学前教育事业，1956 年 2 月，内务部、教育部、卫生部联合发出《关于托儿所、幼儿园几个问题的联合通知》（以下简称《通知》），确定了公办和民办并举的发展方针，依靠群众，动员社会各方面的力量，采取多种形式兴办幼儿园，逐步解决人民群众的需要。可以看出，我国学前教育事业的发展从一开始就具有社会性、地方性、群众性等特点。

3. 明确了学前教育机构的领导职责

1956 年，内务部、教育部、卫生部联合发出的《通知》中，明确了对各类学前教育的领导职责，以统一领导，分级管理为原则。《通知》规定：各类型托儿所、幼儿园的经费、人事、房屋设备和日常行政事宜，均由主办单位（包括教育行政部门、厂矿、机关、团体、部队、学校、群众和个人等）各自负责管理；有关方针、政策、规章、制度、法令、教育计划、教育内容、教育方法、儿童保健业务，在托儿所方面，则统一由卫生行政部门领导；幼儿园统一由教育行政部门领导。依据《通知》精神，妨碍保教事业发展的领导管理体

---

① 毕嘉琪. 教育部首次设立学前教育办公室幼教管理再升级[N]. 南方日报，2012-12-06.

系上的问题得到了及时的解决,托儿所、幼儿园的保教工作、管理工作都有明显成效。

4. 加强对幼儿园管理的规范化

为了完成彻底改革旧有的学前教育,实现中华人民共和国学前教育的双重任务,中央幼教行政通过制定幼儿园规程,发布幼儿园教学纲要,加强对幼儿园的规范化管理。1952 年制定的《幼儿园暂行规程(草案)》,包括总则、学制设置、领导、教养原则、教养活动项目、入园、结业、组织、编制、经费、设备等,这是中华人民共和国发展学前教育的具体纲领。在 1952 年印发的《幼儿园暂行教学纲要(草案)》中,主要内容包括各班幼儿的年龄特点和教育要点,以及体育、语言、计算、图画、手工、音乐及环境教学的各科纲要,这为我国学前教育正规化建设提供了依据。

5. 重视幼儿教育师资的培养与培训工作

中华人民共和国成立后,各级教育行政部门十分重视幼儿教育干部和师资的培养及培训工作,一方面建设从高师到幼师的专业人才培训体制,另一方面,大力开展在职培训,既培养了一批中级与高级的幼儿教育新的主力军,又提高了原有幼儿教育干部和教师的专业水平,为幼儿教育的健康发展奠定了基础。

二、我国幼儿教育行政体制的改革与发展

教育行政体制的确定不仅与国家政权的性质、政体有着十分密切的关系,而且受国家经济、文化、传统等方面的影响。幼教行政体制是教育行政体制的组成部分,因此教育行政体制的性质制约着幼教管理体制。

在我国,国家对各级各类教育管理实行中央与地方两级管理体制。从中华人民共和国成立以来至今,随着幼教事业的发展,幼教管理体制也在逐步建立和完善。1985 年,《中共中央关于教育体制改革的决定》进一步明确指出,“实行基础教育由地方负责、分级管理的原则,是发展我国教育事业、改革我国教育体制的基础一环”。幼儿教育属于基础教育的一部分,管理体制为“地方负责、分级管理和有关部门分工负责”。1987 年国务院办公厅转发的原国家教委等部门《关于明确幼儿教育事业领导管理职责分工的请示》的通知明确指出,“幼儿教育事业必须在政府统一领导下,实行地方负责、分级管理和有关部门分工负责的原则”。1989 年,经国务院批准,由原国家教委发布的《幼儿园管理条例》中又以法规的形式,将这一体制确立了下来。

(一) 政府负责,幼儿教育管理地方化

幼儿教育是基础教育的一部分,“把发展幼儿教育的责任和权力交给地方的目的,是为了充分调动地方发展和管理幼儿教育的积极性,使之能够根据当地经济和社会发展的实际需要,统筹规划,合理布局,使幼儿教育更好地适应当地群众生产和生活的需要,有利于因地制宜地加强领导和管理”。同时,这也有利于我国幼教事业发展方针的贯彻落实,幼教事业管理体制的地方化,可直接促进幼教事业发展在办园途径上的多渠道化以及办园形式上的灵活多样化。另外,幼教事业管理体制与基础教育管理一致起来,便于地方行政教育部门操作。

地方负责即政府负责,强调地方各级人民政府要把幼儿教育作为基础教育的重要一环来抓。一方面要贯彻国家有关幼儿教育的方针政策、法令和宏观计划,另一方面还应依据当地实际,制定地方具体政策、规章制度,对地方幼教事业发展作出规划和布局,管理当地各类幼儿园。《幼儿园管理条例》实施的实践证明,由于把管理责任放权到地方,各级政府增强了责任感,加强了对幼教工作的领导,各地把幼教工作纳入了本地区经济和社会发展规划,政府各有关部门也增强了参与管理的意识,极大地推动了我国幼教事业的发展,并且,在发展过程中,各地逐步形成了自己的特色。

(二) 分级管理,教育部门发挥主管主导作用

教育行政部门是政府管理各类教育的职能部门,扮演着帮助当地政府对有关幼儿教育问题作出决

策的参谋者及贯彻执行的组织者的角色。其职能主要是综合管理、社会协调和业务指导。《幼儿园管理条例》在确定“地方负责、分级管理”这一原则时,还规定,“地方各级人民政府的教育行政部门,主管本行政辖区内的幼儿园管理工作”。“主管”管什么？关于教育行政部门的具体职责,1987 年国务院办公厅转发原国家教委等部门《关于明确幼儿教育事业领导管理职责分工的请示》的通知已作出明确的规定:“(一) 贯彻中共中央、国务院有关幼儿教育的方针、政策、指示,拟订行政法规和重要的规章制度;(二) 研究拟订幼儿教育事业发展方针,综合编制事业发展方针;(三) 负责对各类幼儿园的业务领导,建立视导和评估制度;(四) 组织培养和训练各类幼儿园的园长、教师,建立园长、教师考核和资格审定制度;(五) 办好示范性幼儿园;(六) 指导幼儿教育科学研究工作。”

(三) 分工负责,幼教事业管理社会化

由于幼儿教育事业本身涉及卫生、福利、文化、经济等诸多领域,因而必须依靠和动员全社会的关心、支持和参与。例如,幼儿园在人事编制、房舍设备、卫生保健、教育和生活用品等各方面均需得到各有关部门的支持。因此,除地方各级政府及其教育部门负责管理外,还需“有关部门分工负责”。

国务院转发的《关于明确幼儿教育事业领导管理职责分工的请示》对有关部门的职责作出了规定。但是,教育行政部门作为政府的主管职能部门,应主动争取政府其他部门和社会力量的支持,做好社会协调工作。各级幼儿教育行政管理机构还应注意依靠各种群众组织,调动它们的积极性,特别应继续发挥妇联、工会等群众组织参与幼教工作的领导、管理和协调作用,形成发展和做好幼教事业的合力。

第二节　幼儿教育机构的运行体制

一、我国幼儿教育现行的运行体制

(一) 幼儿教育机构运行体制的含义

幼儿教育机构的运行体制是指根据国家教育法律和幼儿教育基本政策,由不同办园主体所构成的有机统一体的幼儿教育机构组织体系。这里包含两层意思：第一,哪些社会主体可以举办幼儿教育机构;第二,不同的社会主体举办的教育机构所构成的整个教育体系。根据《教育法》规定,国家制定教育发展规划,并举办学校及其他教育机构。国家鼓励企事业组织、社会团体、其他社会组织、公民个人,依照法律规定,举办学校及其他教育机构。国家举办的学校及其他教育机构在整个教育体系中占据着主导地位。

国家办学,主要表现在各级人民政府及其有关部门使用国家教育经费办学,其中包括教育行政部门以外的其他国家机关和一些国有企事业组织及社会团体,利用国有资产和财政性教育经费举办的学校及其他教育机构。国家办学是为了提高民族素质,培养各类人才,推动国家经济发展和社会进步而必须履行的责任。企事业组织、社会团体、其他社会组织及公民个人办学,则是社会力量办学,是我国社会主义教育事业的重要组成部分。

根据《宪法》规定,国家鼓励集体经济组织、国家企事业组织和其他社会力量依照法律规定举办各种教育事业。对社会力量自筹资金举办学校的行为,国家在用地、有关税收、基本建设计划安排以及办学审批与经费等方面给予必要的和适当的帮助。符合法律、法规的办学行为受法律保护,全社会应当给予支持。

(二) 幼儿教育机构体制改革

当前,我国学前教育机构的办园主体有四类：公办园、民办园、集体办园、其他部门办园。其中,最为主要的是公办幼儿教育机构和民办幼儿教育机构。各类办园主体发展的状况是：集体办园和其他部门办园继续减少,2009 年比 2008 年减少 1208 所幼儿园、2.9 万名在园幼儿;公办幼儿教育机构首次出现负增长,2009 年比 2008 年减少了 491 所幼儿园、新增 33.6 万名在园幼儿;民办幼儿教育机构快速发展,2009年比2008年新增6189所幼儿园、152万名在园幼儿。①

根据幼儿教育发展的现实需要,《国家中长期教育改革和发展规划纲要(2010—2020年)》确立了“政府主导、社会参与、公办民办并举”的新办园体制,为普及幼儿教育明确了可持续发展的方向。

1. 公办幼儿教育机构。公办幼儿教育机构是由国家设立的幼儿教育机构,机构的一切财产均属于公有,园长由教育局任命,建设经费、办公经费、教师及保育员工资均为财政拨付。公办幼儿教育机构是与民办幼儿教育机构相对的概念。

公办幼儿教育机构所在地的地方各级人民政府或其他行政部门,必须根据本级政府财政预算中的教育经费支出预算的用途和金额,按《中华人民共和国预算法》规定的程序,及时地、足额地拨给各有关公办幼儿教育机构,以保证其保育、教育工作的正常进行。当然,公办幼儿教育机构所在地的地方人民政府或其他行政部门还可以通过“其他多种渠道”为公办幼儿教育机构筹措资金,但其他渠道不能代替“以财政拨款为主”这一法定的渠道。

2. 民办幼儿教育机构。民办幼儿教育机构是指按《中华人民共和国民办教育促进法》及《中华人民共和国民办教育促进法实施条例》等相关法律法规规定,由国家机构以外的社会组织或个人承办的,主要利用非国家财政性经费,面向社会招收幼儿的幼儿教育机构。

与民办幼儿教育相关的概念有社会力量办园、民办幼儿教育机构、私立幼儿教育机构等。这些概念大同小异,它们之间既有联系又有区别,主要区别在于概念的外延上,三者之间是包容关系,社会力量办园包括民办幼儿教育机构和私立幼儿教育机构。三者之间的共同点在于,它们都是指非政府举办的幼儿教育机构,办学经费都是非国家财政性教育经费。更具体的区别还有:“社会力量办学”是相对于“政府办学”而言的;“民办”是相对于“官办”而言的;“私立”是相对于“公立”而言的。

相对于其他类型的幼儿教育机构,民办幼儿教育机构有着自身的特殊性,其特点可概括为:办园主体的非国家性与产权形式多样性的统一;公益性与营利性的统一;规定的统一性与办园自主性的统一;教育质量的一致性和办园特色多样性的统一。

幼儿教育运行机制改革既要扩大入园率,又要提高保育、教育质量;既要为幼儿提供普惠性的均等的入园机会,又要满足多种选择的需要。为了适应新形势新任务的需要,《国家中长期教育改革和发展规划纲要(2010—2020年)》提出,要“大力发展公办幼儿园,积极扶持民办幼儿园”,充分肯定了公办幼儿教育机构与民办幼儿教育机构都是社会主义教育事业组成部分,都具有同等的法律地位,在普及幼儿教育的工作中都发挥着同等重要的作用。建立新幼儿教育机构运行机制,既是思想解放、机制创新的成果,又是对广大公办幼儿教育机构与民办幼儿教育机构教育工作者“一视同仁”期待的回应。各级政府,要不断增强公共服务能力,积极发展公办幼儿教育机构,充分发挥“公办幼儿教育机构”自主办园、特色发展的优势,保障学前儿童享有选择的权利。因此,公办幼儿教育机构与民办幼儿教育机构既不相斥,也不对立,而是互相补充、互相促进,发挥各自的优势,共同推进幼儿教育的普及与提高。

国家倡导的幼儿教育运行机制能否落到实处是一个需要时间来检验的问题,同时也是一个对各级政府执政能力进行评价的标准。目前,由于各地拥有的教育资源不等,甲地区的“并举”与乙地区的“并举”,公办幼儿教育机构与民办幼儿教育各占的比例应该允许有所不同;现在的“并举”与将来的“并举”,都应该视为正常现象。因为,“并举”的根本目的在于,既要向广大幼儿儿童提供普惠性的机会均等的教育,又要满足幼儿儿童对个性化、差异性教育的需求,保障幼儿儿童享有受教育权与选择权,促进他们快乐健康成长。因此,一定要防止把“公办、民办并举”理解为各不相让,必须在数量上对等。另外,建立幼儿教育运行机制,是党中央、国务院对各级党委、政府的要求。各级政府要行使好自己的职权,防止依据个人的好恶和情感进行随意性运作。

① 郭福昌.大力发展学前教育新办园体制挑战政府执政能力[N].中国教育报,2010-11-24.

案例 2－1

机关企事业幼儿园办园体制改革的问题及对策(节选)①

随着《国家中长期教育改革和发展规划纲要(2010—2020 年)》的颁布与实施,学前教育得到空前的发展。《国务院关于当前发展学前教育的若干意见》(国发〔2010〕41 号)、《陕西省人民政府关于大力发展学前教育的意见》(陕政发〔2010〕51 号)、《陕西省关于加快学前教育发展的若干意见》中均指出:坚持学前教育公益性和普惠性原则,努力加快机关、企事业幼儿园发展,充分发挥公办幼儿园主导作用,切实解决"入园难"、"入园贵"问题,更好地满足广大人民群众对优质教育资源的需求。应针对企事业办园的不同现状,积极发挥机关企事业幼儿园的作用。

鼓励多种形式办园——办园主体多元化。在幼儿园产权不变,即幼儿园的产权所有制仍然归国家所有的前提下,幼儿园可采取国有民办的承办制、民办公助、公办民助和租赁承包等形式办园,实现办园体制的改革。在幼儿园产权改变的前提下,幼儿园可采取股份合作制办园、与外资合作办园、个人独资办园等形式,要鼓励多种社会力量采取多种形式办园。

借鉴政府购买民办园方式——生均公用经费补贴。为了保证企事业单位能够向社会提供高品质、低收费的优质教育资源,保证办园质量不下滑,可借鉴政府购买民办园的方式,用现金或代币券的方式向企事业办园购买服务,这是一种最常见、使用频率最高的购买服务方式。如上海、郑州、南京市规定,在发展较快、公办幼儿园暂时没有布点的新兴小区,政府选择优质民办幼儿园以公办园同等收费的方式接收划定区域内的儿童,并给予每生每年 2000 元的补贴或发放助学券,用以补助人员工资。

鼓励继续办有质量的幼儿园——以奖代补。为进一步加快学前教育的发展,努力提高企事业办幼儿园整体办园水平,可通过政府财政支持,以奖代补,积极扶持企事业办幼儿园的发展。比如,《西安市扶持民办企事业办幼儿园发展实施方案》提出,将通过财政支持,扶持企事业办幼儿园的发展。其中新建、改建规模达到 12 个班的,每园将获得奖补 30 万元。对在现有办园等级基础上提升等级的企业办幼儿园给予一次性奖补。重点扶持未入级园升至三级园,同时对三级园以上幼儿园提升等级给予适当奖补。其中,未入级园升至三级园,每园奖补 25 万元;三级园升至二级园,每园奖补 20 万元;二级园升至一级园、一级园升至省级示范园,每园奖补 10 万元。对经考评达到西安市学前教育机构考核评估办法规定的优秀和良好等次的企业办幼儿园进行奖补。其中,达到优秀等次的,每园奖补 10 万元;达到良好等次的,每园奖补 5 万元。所需资金由市与区县财政按 6∶4 比例分担。同时,在各级国培、省培项目中加大对企事业幼儿园的倾斜力度,确保企事业幼儿园教师在职称评定、评选先进等方面与公办教师享有同等待遇。

二、幼儿教育运行机制改革的主要方向②

(一) 制定幼儿教育法规,完善幼儿教育法规体系

目前,我国还没有一部全国层面的专门针对幼儿教育的法律,这已成为制约幼儿教育事业健康、有序发展的重要制度性障碍。虽然以《宪法》为根据,《未成年人保护法》为主体,《儿童权利公约》、《儿童生存、保护和发展》为指导,《母婴保健法》、《教育法》、《教师法》、《预防未成年人犯罪法》、《收养法》、

① 苏晓芬. 机关企事业幼儿园办园体制改革的问题及对策[N]. 环球市场信息导报,2013－01－05.

② 周小虎,赵然. 英、美两国学前教育政府职责的比较及其启示——教育政策法规的视角[J]. 外国教育研究,2010(03):38－42.

《婚姻法》、《继承法》、《义务教育法》、《学生伤害事故处理办法》为法律内容,以及《幼儿园工作规程》、《幼儿园管理条例》等一系列专业性的法规已经发挥了重要作用,但是构建完善的幼儿教育法律法规体系对于更好地促进幼儿教育事业的发展具有重要意义。

我国政府有关部门应该组织、启动有关幼儿教育事业发展问题与现实需要的调研,积极创造条件制定《学前教育法》,用法律的形式规定幼儿教育的性质、地位与宗旨;政府及相关部门职责;幼儿教育投入与条件保障;幼儿教育机构资质与程序;幼儿教育教师及相关工作人员资质、培训等,为幼儿教育提供保障。此外,根据具体的幼儿教育政策,还应制定相关的法律法规,对具体的工作进行管理和指导,保障各项政策切实落到实处。

(二) 加大财政投入力度,建立幼儿教育专项基金

在幼儿教育财政投入和增加幼儿教育专项基金方面,主要有以下几个方面的举措: 首先,增加"春蕾计划"①的资助对象,将资助对象向幼儿教育阶段拓展。其次,加强对幼儿教育的重视程度,把幼儿教育事业发展经费纳入各级政府财政预算,适当加大对幼儿教育的财政投入比例,建立健全财政投入的政策体系。再次,国家财政和教育部门以及地方政府都应尽快设立幼儿教育专项资金,并确保资金在各省、市、县、乡镇级财政与教育部门直接流动。借助这些专项资金来实现有针对性的幼儿教育投入,通过对弱势儿童群体和幼儿教育落后地区的财政支持来促进幼儿教育的均衡发展。最后,强化对幼儿教育财政的管理,加强对其投入方案和法规执行过程的监控,保证幼儿教育经费专款专用及有效使用。

(三) 关注弱势儿童群体,促进教育公平

弱势儿童的教育存在诸多问题,这不仅对我国幼儿教育事业的均衡发展不利,而且影响幼儿教育公平的实现以及和谐教育的构建。在具体实施过程中,政府应该立足于我国的基本国情和教育现状,建立和完善国家对弱势群体的资助体系。首先,提供针对弱势儿童保育和教育的法律保障机制,确保弱势儿童都享有受教育的权利,明确政府在保障弱势儿童接受幼儿教育方面的责任和义务;其次,颁布专项幼儿教育政策,制定补偿性的保教项目,实现对弱势儿童的补偿教育;最后,设立弱势儿童专项保教经费,专门针对各类弱势儿童提供明确的财政支持,从而实现对流动与留守儿童、贫困儿童、少数民族儿童幼儿教育的扶持,促进全国各地区、各民族幼儿教育的均衡发展。

(四) 理顺政府与专业组织的关系,保证幼儿教育质量

一是发挥政府的主导功能。政府要完善幼儿教育监督和评估体系,可以设立专门负责幼儿教育的监督、评估的政府部门,从幼儿教育机构的注册开始,做好严格把关工作,确保幼儿教育机构、师资等严格按标准准入,使幼儿教育的监督与评估制度化,实现政府在幼儿教育监督与评估中的作用。二是发挥专业性组织为主导、政府为辅的功能。政府要鼓励社会对幼儿教育进行监督,发动社区、教育协会、学术组织、家长组织等各方面的民间力量,加强同民间力量的沟通、交流和合作来促进幼儿教育事业的健康发展,并在其中发挥应有的支持和服务作用。

(五) 提高幼儿教师的专业水平和社会地位

一是政府有责任和义务保障全社会认同幼儿教师与其他教师享有同等的社会地位;重新核定幼儿园教师编制标准,解决长期积压的严重缺编问题,为他(她)们提供良好的社会福利和保障;明确幼儿教师的聘任和考核要求,制定幼儿教师专业培养和职后进修计划,切实提高幼儿教师的整体素质和水平。二是在财政上对幼儿教师教育提供支持,确定公办幼儿园非在编教师和民办幼儿教师的最低工资标准,制定符合事业发展需要和我国实际情况的幼儿园教师资格,建立健全幼儿教师的社会保障制度,以吸引高素质人才进入幼儿教师队伍;提供用于专业进修和培训的项目资金,为幼儿教师专业提升提供财政支持。

---

① "春蕾计划"是 1989 年中国儿童少年基金会发起并组织实施的一项救助贫困地区失学女童重返校园的社会公益事业。

案例 2－2

"省级统筹、以县为主"完善学前教育管理体制的提案

学前教育管理体制在我国学前教育事业发展中起着领导、组织、协调、保障、监督等重要作用，是保障政府切实履行发展学前教育职责和学前教育事业健康、有序发展的关键。二十余年来，我国实行"地方负责，分级管理"的学前教育管理体制，但近年来，我国在社会转型和教育体制改革的过程中未能充分考虑学前教育发展需要，学前教育管理体制改革远远滞后于义务教育管理体制改革。同时，由于缺乏对各级政府发展学前教育权责的明确、科学划分，具体应该由哪级政府承担主要责任、各级政府应承担哪些主要责任等，各级政府间的职责关系和权责配置规定模糊、不明确，导致在实际执行过程中不同层级政府间职责不明，权责配置不清，特别是多年来"地方负责、分级管理"更多地被误读为发展学前教育是"地方"，实际即是县及乡镇政府的责任，也使得责任主体重心过低，统筹协调和财政保障能力严重不足，这些都严重地制约了学前教育事业的发展。

为破解当前我国学前教育管理体制面临的困境，有效促进学前教育事业健康、有序的发展，亟须改革完善我国学前教育管理体制，明确各级政府发展学前教育的职责，提升管理责任主体重心，强化政府的领导、组织、统筹和保障能力。为此，特建议如下：

一、在"地方负责、分级管理"的基础上，进一步明确"省级统筹、以县为主"

"省级统筹、以县为主"的核心是加大省级政府对省域内学前教育的统筹领导责任和县级政府对县域内学前教育的管理指导责任。

首先，明确并加强省级政府对省域内学前教育的统筹领导责任。建议各省级政府加强对教育、财政、发展改革、编制、人事社保、国土资源等相关部门的统筹协调，保障全省学前教育事业的领导、组织、保障、督导和推动工作；根据中央相关法律法规、政策和宏观规划，制定全省学前教育发展规划及相关政策并指导实施；明确本省学前教育财政投入、教师队伍建设规划并保障落实；加强对省域内学前教育的全面督察和指导，推动学前教育省域内均衡发展。

其次，明确并进一步加大县级政府对县域内学前教育的管理指导责任。县级政府处于行政管理和政策落实的前沿，也最了解基层群众对学前教育发展的需求，正在实施中的学前教育三年行动计划也是"以县为单位"进行的，"以县为主"推进学前教育管理体制改革已成大势所趋。县级政府要切实承担起管理指导县域内学前教育发展的主体责任，贯彻落实中央、省、市有关学前教育发展的方针、法律法规、政策、规划，制定县域内学前教育发展规划并统筹管理本辖区学前教育；规范幼儿园教师人事聘任、考核制度，保证教师工资津贴与社会保障；保障县域内幼儿园的合理布局、规范运转。

二、明确学前教育管理体制改革的重点，在于管理主体重心和财政保障重心的双上移

如前所述，当前我国学前教育管理的责任实际主要落在乡镇一级。乡镇政府管理层级低、行政权力有限，特别是分税制改革、农村税费改革后，可支配财力大大下降，难以承担起学前教育管理的主要责任。因此，当前我国学前教育管理体制改革的重点，应该实现管理主体重心和财政保障重心双上移：行政管理的重心从乡镇提升到县级政府；统筹管理的重心进一步提升到省级政府；财政投入保障的重心则以中央支持下的地方政府为主，并且要根据各地经济社会发展水平而有所区别，经济社会发展水平越落后的地区，财政保障的主体重心应该越高。

同时，学前教育管理体制改革进程需要适应国情和各地经济社会发展实际，稳步、循序推进。在经济社会发展水平较高、地方财力较强的城市和东部地区，可将学前教育管理权限直接下放到县；而在经济社会发展水平较差的农村和中西部地区，则需大大加强省级统筹的力度，通过政策倾斜、转移支付等方式促进区域内学前教育均衡发展。

三、学前教育管理体制改革的关键,在于抓住中央、省、县三级政府之间的权责利关系及其调整

在学前教育管理体制改革中,应紧紧抓住中央、省、县三级政府之间的权责利关系调整,重点加强中央、省和县的职责,同时注意发挥地市和乡镇的职能。明确各级政府责任,特别是明确中央和地方的权责划分,做到统筹有力、权责明确;要进一步加大省级政府对区域内学前教育的统筹权和县级政府对区域内学前教育的管理权。

同时,在中西部辖区较大或区县较多的省份,地市级政府仍要充分发挥其承上启下的作用,减轻省级政府的管理压力,积极依据中央和省的相关法律政策和规划等,制定本地市学前教育发展规划,组织所辖县市具体实施,并对其进行督导评估;在部分东部省份,如浙江,则可以试点逐步弱化地级市职能,减少管理层级,提高管理效率。需要指出的是,提升学前教育管理责任主体重心后,乡镇政府职责不能弱化。乡镇政府在贯彻和执行县级政府各项任务要求的基础上,要全面落实在幼儿园基建管理、规范办园、业务指导、办学质量和安全监督等方面的具体职责,保障乡镇学前教育日常管理责任的不缺位和不落空。

思考与练习

一、问答题

1. 简述我国幼儿教育行政管理体制。
2. 请结合实际,谈谈该如何完善幼儿教育的行政管理体制。

二、材料分析题

揭阳将新建7所公办幼儿园,促进学前教育发展①

园舍掩映在绿意盎然的花木里,环境优雅静谧;宽敞明亮的教室里,电子琴、空调、电扇一应俱全;干净的地板,结实的木床,整洁的被褥;休息区、游戏区、运动区分布合理,小朋友们快乐地玩耍着……记者日前到揭东区新亨镇中心幼儿园采访时,该园优越的办学条件颠覆了记者对农村幼儿园的印象。

"促进学前教育进一步发展"被列为2016年市政府10件民生实事之一。今年以来,根据《政府工作报告》的目标任务及工作要求,揭阳市教育部门把为人民群众办实事、办好事作为工作的出发点和落脚点,集聚力量,全力提升学前教育水平,把惠民实事做细做实,赢得了社会的普遍赞誉。

公办幼儿园:新(改、扩)建63所

教育的发展,惠及千家万户。记者从市教育局了解到,为保质保量完成好2016年市政府10件民生实事中有关教育方面的工作任务,促进学前教育进一步发展,今年初,市教育局制定出台《揭阳市教育局落实2016年市十件民生实事有关工作任务实施方案》,明确工作任务与责任,并采取切实有效的工作措施,全力以赴提升学前教育水平。

据了解,2016年全市将新(改、扩)建63所公办幼儿园:计划新建公办幼儿园7所,改(扩)建公办幼儿园56所。3月上旬,市教育局将2016年公办幼儿园建设任务分配下达至各县(市、区),各县(市、区)制定《民生实事落实方案》,并按下达任务确认具体建设项目、计划投入资金、完成时间等,揭阳市各地掀起了狠抓学前教育发展的高潮。6月底,市教育局派出督察组到全市各地检查督促民生实事落实进展情况。截至目前,全市累计投入资金1185.8万元,开工(含竣工)52所,已竣工14所(新建4所,改

① 林锐磊,潘少芝.揭阳将新建7所公办幼儿园促进学前教育发展[N].揭阳日报,2016-07-01.

扩建10所)。

民办幼儿园：规范管理提升办学水平

为强化对民办幼儿园的规范管理，今年3月以来，市教育局以贯彻落实《幼儿园工作规程》、《广东省幼儿园一日活动指引(试行)》为契机，采取了一系列措施规范学前教育管理工作，进一步促进民办幼儿园规范办学行为。

在此期间市教育局组织对全市民办幼儿园开展培训学习活动；利用结对帮扶、送教下乡、教育活动观摩点评等形式加强对民办幼儿园的业务指导；5月20日至6月20日，在全市开展主题为“幼小协同，科学衔接”的学前教育宣传月活动，引导幼儿园教师和家长树立正确的教育理念，防止和纠正幼儿教育“小学化”倾向；5月份，会同市发改局、市财政、市人社局联合转发《广东省普惠性民办幼儿园认定、扶持和管理办法》，指导各县(市、区)出台细则，推动普惠性民办幼儿园健康有序发展；组织各县(市、区)幼教管理干部和揭阳市学前教育研究与指导中心成员，不定时到民办幼儿园开展业务指导，内容包括幼儿园制度建设、一日活动组织、教育教学等；建立切实可行的保教工作业务指导机制，加强民办幼儿园教师培训工作，全面提高其专业能力，促进民办幼儿园提升办学水平。

记者走访发现，在各地教育部门指导下，各民办幼儿园积极加强管理，规范办园行为，加强师德师风及职业操守建设，努力提高保育和教育质量。揭西县棉湖镇诺贝中英幼儿园是揭阳市民办幼儿园中的佼佼者，该园遵循幼儿身心发展规律，坚持以游戏为基本活动，保教结合，寓教于乐，将先进的学前教育理念渗透到幼儿教育日常管理的各个环节，创设适宜幼儿发展的良好条件，促进幼儿健康成长。

众擎易举：合力共促，推动发展

在力促学前教育发展上，揭阳市狠抓资金筹措：一是进一步完善以县为主的管理体制，千方百计增加财政对教育的投入；二是广泛发动社会各界特别是外出乡贤奉献爱心，捐资建校，弥补建校资金的不足。据了解，市教育局已联合市财政局制定了《转发省财政厅省教育厅关于调整完善学前教育资助政策的通知》，截至6月底，已下拨省、市财政资金1527.56万元，享受资助的幼儿达21776人。此外，关于学前教育家庭经济困难幼儿生活补助标准，揭阳市从每生每年300元提高到1000元。

在推进学前教育发展建设的过程中，揭东区走在全市的前列。据介绍，揭东区今年计划新建公办幼儿园3所、改扩建公办幼儿园5所，并将建设任务分配下达至各镇(街道)。各镇(街道)按下达任务确认具体建设的幼儿园、建设项目、计划投入资金、完成时间，多方筹措资金，抓紧抓早落实各建设项目，现已全面动工，目前已有7所幼儿园竣工投入使用，投入资金近500万元，新增优质学位1500个，切实保障了适龄儿童公平接受普惠性学前教育的权利。

为全面提高揭阳市学前教育的整体水平，市教育局还大力开展市区公办幼儿园与乡镇(场、街道)中心幼儿园、公办小学附设幼儿园、民办幼儿园“手拉手”帮扶活动，加快乡镇(场、街道)幼儿园建设步伐，发挥市一级幼儿园优质教育资源的示范辐射作用，加大城乡之间、园际之间的帮扶力量，促进城乡学前教育的均衡发展。

“村里新的幼儿园建成了，在家门口就能让孩子享受到和城里一样优质的幼儿教育。”揭东区新亨镇村民陈喜斌高兴地说。随着各地优质幼儿园如雨后春笋般涌现，不少优秀的揭阳籍幼儿教师开始从珠三角地区回流。揭西县棉湖镇吴漫玲原先在深圳从事幼教工作，听说村里建起了优质幼儿园，她赶紧回家参加教师选拔，有着丰富教学经验的她如愿返乡任教。

市教育局局长陈育文告诉记者，市教育局将严格按照市委、市政府的工作部署，把发展学前教育作为保障和改善民生的重要举措，进一步加快全市学前教育发展步伐，全面提高揭阳市学前教育的整体水平，让更多孩子享受到优质的学前教育。

请根据我国的幼儿教育政策法规，结合材料分析政府部门是如何促进幼儿教育管理的。

第三章　幼儿园的法律地位

[本章学习目标]

1. 理解法律地位的含义。
2. 了解幼儿园法律地位的内在实质与外在形式。
3. 掌握幼儿园法律地位的特点。
4. 了解幼儿园与其他民事主体的法律关系及其特征。
5. 掌握幼儿园与教育行政机关的法律关系及其特征。
6. 理解幼儿园的法人地位与行政地位的差异。
7. 了解幼儿园的民事权利与义务。
8. 掌握幼儿园的教育权利与义务。
9. 理解权利与权力的区别。

[导入案例]

幼儿园不是在园幼儿的监护人①

高甲(6岁)是某幼儿园大班孩子。1993年6月5日下午5时许,幼儿下课后由老师带着上厕所,准备放学。高甲跑进厕所,见金乙(5岁,该园中班孩子)正在小便,便一把将金乙推开,不料金乙没站住,摔倒在厕所的墙角。幼儿园老师赶忙把金乙扶起,并对高甲进行了批评。金乙当时感到腿部(右腿)很痛,待其父母把他接回家后,他的腿部更痛了,并鼓起了一个大包。金乙的父亲连夜将金乙送到医院检查,医院诊断为右腿大腿骨骨折。金乙住院60天,共花去医疗费800多元。金乙的父母因照顾金乙而误工减少收入1600多元。金乙出院后,金乙的父亲以金乙法定代理人的身份,向人民法院提起诉讼,要求高甲的父母赔偿金乙的医疗费及金乙父母因照顾金乙而损失的误工收入。

对此案应如何处理,法院在合议时产生了巨大分歧,共有三种截然不同的处理意见:一、认为原告诉讼对象错误,应当将幼儿园作为被告;二、认为原告诉讼对象无误,但应将幼儿园作为共同被告;三、认为前两种观点错误,不应将幼儿园列为本案被告,此做法没有法律依据。之所以产生以上的争议,原因在于法院对幼儿园的法律地位认识不清,误以为幼儿园也是幼儿的监护人,因而需要承担监护责任。而事实上,未成年人的监护人制度基于亲权。幼儿与幼儿园是民事法律关系中具有平等地位的双方,不同于有地位差异之亲权关系。依据最高人民法院《关于贯彻执行〈中华人民共和国民法通则〉若干问题的意见(试行)》第160条作出的司法解释,幼儿园承担民事责任基于"过错原则"。

通过对上述导入案例中法院在合议时产生的争议的思考,引出了本章的内容——幼儿园的法律地位。

---

① 褚宏启.幼儿园不是在园幼儿的监护人[J].学前教育,2000(09):18.有改动。

第一节 幼儿园法律地位的概述

一、幼儿园法律地位的内涵与特点

(一) 幼儿园法律地位的内在实质与外在形式

法律地位是特定之人在法律上的地位,是法律人格的一种属性,是一种用法律语言确立在法律文本上的合法地位,也常常被称为“合法身份”。具体来说共有四种含义:(1) 地位、状态或者条件、社会地位。(2) 个体与团体中其他成员的法律关系。(3) 决定个体属于某类的权利、责任、能力和无能力。(4) 本质上非临时性的也非当事方单纯意志所能终止的个体之间的法律关系,这种关系与第三方和国家有关。①

幼儿园作为一种常见的主要的幼儿教育机构,它的法律地位主要是指其作为实施保育教育活动的法律主体在各种法律关系中所处的位置,主要体现为法律上的权利和义务。② 由此,幼儿园法律地位的内在实质是其法律主体资格,等同于“法律人格”。根据我国现行各种法律的规定,可以成为法律主体的主要有两类:一是公民(自然人),一是机构和组织(法人)。③ 法人是法律上拟制的“人”。立法者通过法律规定的形式赋予符合一定标准的幼儿园独立人格,以便其像自然人一样可以自由发挥决策与执行能力,更好地在法律保护的范围内行使诸如教育管理、教学开展等权利,并承担侵权所可能带来的法律风险及责任,最终实现特定的社会功能。

幼儿园法律地位的外在形式基于法律条款。《民法通则》第五十条第二款笼统地确立了非企业性质的事业单位获得法人资格的两种方式,但没有具体明确教育机构成为法人的要求和方式。后继颁布的《教育法》第三十一条作出了回答,“学校及其他教育机构具备法人条件的,自批准设立或者登记注册之日起取得法人资格。学校及其他教育机构在民事活动中依法享有民事权利,承担民事责任”。这就真正明确了公立幼儿园事业单位的法人地位。随着经济快速发展,国家鼓励社会力量办学政策的大力影响,近年来民办幼儿园兴起并发展迅猛。在这一过程中,出于利益驱使,很多民办幼儿园并不具备取得法人资格的条件,从而无法在幼儿伤害事故中独立承担侵权责任,幼儿的权利也无法得到基本的保障。为解决这些问题,国家出台了《中华人民共和国民办教育促进法》(以下简称《民办教育促进法》),其第九条明确写明,“举办民办学校的社会组织,应当具有法人资格。举办民办学校的个人,应当具有政治权利和完全民事行为能力。民办学校应当具备法人条件”。至此,民办幼儿园的民办非企业单位法人地位同样得到了法律的确认。

综上,法律所规定的幼儿园法人地位是一种应然状态,并非实然状态。在现实中还普遍存在着不具有独立法人资格的幼儿园,譬如农村地区大量存在的小学附属幼儿园、村委会办幼儿园和个人办幼儿园。何况,幼儿园还以“行政相对人”或“授权行政主体”的法律身份和上级教育主管部门发生行政法律关系,其在行政法律关系中的法律地位,由《宪法》和《教育法》等行政法律法规规定。除了民事、行政两种法律身份外,幼儿园还是经济法律关系的主体之一。幼儿园在日常运行中会和国家发生财政拨款、园办产业的税收优惠等经济法律关系,具有经济法规定的权利和义务,处于和行政法律关系相类似的被管理与被监督的地位。④

---

① 申素平. 教育法学:原理、规范与应用[D]. 北京:教育科学出版社,2009:138.
② 孙葆森,刘惠容,王悦群. 幼儿教育法规与政策概论[M]. 北京:北京师范大学出版社,1998:68-69.
③ 在法理学的相关教材中,往往还包括“国家”这一特殊的法律主体。在特殊情况下,它以整体的形态,直接以自己的名义参与国内外的法律关系,既不同于自然人,亦不同于法人。
④ 郑佳珍. 幼儿园集团化管理的理念与实践[M]. 北京:高等教育出版社,2004:16.

(二)幼儿园法律地位的特点

1. 公共性

传统观念一般认为,教育机构的公共性源于其公法人或类似公法人的性质。在计划经济时代,大量的幼儿园确实属于公办性质,往往由部队、国家企事业单位、城市居民或农村村民基层自治组织等举办。教育主管部门不仅进行业务指导,更是直接干预幼儿园的日常管理。由此确定幼儿园为公法人并无不妥。但随着市场经济的建立与繁荣发展,国家鼓励一切社会资本办学,大量民办幼儿园的出现使得公法人的定性明显不恰当。①

我们认为,幼儿园法律地位上的公共性源于教育权归属国家,教育权行使的目的是促进全社会的发展。具体而言,该特点体现在以下三方面:

(1)教育机构法律地位是依具有行政法性质的《教育法》确立的,幼儿园的设立、变更、终止必须向教育行政部门注册登记。

(2)教育机构以提高全民族素质,培养人才,促进物质文明和精神文明建设为目的。各种教育机构的活动都要符合国家和社会公共利益的需要,对国家、人民和社会负责,不得损害国家、人民的利益和社会的公共利益。同时,无论是国家创办的幼儿园,还是社会力量创办的幼儿园,都必须接受国家和社会依法进行的管理和监督。

(3)教育机构行使的教育权,实质上属于国家教育权的一部分。进入现代社会,教育发展的大趋势之一是教育权的社会化和国家化。然而教育活动本身的特有规律决定了国家的教育权不应当也不可能全部由国家直接行使。它必须把教育教学的实施权授予教育机构。对幼儿园来说,这种保育教育实施权,既是国家授予的权利,又是国家交予的任务,只能正确行使,而不能放弃。

2. 公益性

根据《民法通则》,我国民法上的法人,依法人创立的目的和活动内容的不同可以分为企业法人和事业法人。② 企业法人是进行生产、经营活动,以扩大社会积累、创造物质财富为目的的各类经济组织,包括全民所有制和集体所有制企业法人以及联营法人。事业法人是指从事经济活动以外,以从事社会公益事业、满足群众文化、教育、卫生等需要为目的的各类社会组织,包括科学、文化、教育、卫生、艺术、体育等事业单位法人。把教育机构规定为公益性机构,保证其育人宗旨,限制其广泛参与各种民事活动,是世界各国的惯例。我国《教育法》规定“任何组织和个人不得以营利为目的举办学校及其他教育机构”。幼儿园不能像企业那样去营利,不能用其资产进行抵押、担保,幼儿园资产和举办者、捐赠者财产相分离,它的某些民事行为要受到禁止和限制。同时,《教育法》在许多方面规定了对教育机构的优惠政策,如学校用地、教学仪器设备的生产和供应、图书资料等的进口等,体现了其公益性的法律地位。

3. 多重性

我国教育机构在其活动时,根据条件和性质的不同,可以有多重主体资格。当其参与教育行政法律关系,取得行政法上的权利和承担行政法上的义务时,它就是教育行政法律关系的主体;当其参与教育民事法律关系,取得民事权利和承担民事义务时,它就是教育民事法律关系的主体。这里所说的教育行政法律关系,是指教育机构在实施教育活动中与国家行政机关发生的关系;所谓教育民事法律关系,是教育机构与不具有行政隶属关系的行政机关、企事业组织、集体经济组织、社会团体、个人之间发

① 而且,无论在行政法上还是民商法上,公私法(公私法人)之间的界限已变得愈加模糊,出现了政府与民间资本合作的“公私协力”或 PPP 项目以及民事关系公法化和刑事关系民法化两个不同的发展倾向。

② 需注意的是,在 2016 年 6 月 27 日召开的第十二届全国人大常委会第二十一次会议上,我国民法典总则篇草案(《中华人民共和国民法总则(草案)》)被提交审议。《民法总则(草案)》按照法人设立目的和功能的不同,将法人仅仅分为了营利性法人和非营利性法人两大类,以代替现有《民法通则》已不适应社会经济发展的法人分类。根据全国人大常委会法制工作委员会主任李适时所作的相关说明,编纂《民法典》的主客观条件已基本具备,时机成熟,预计 2020 年左右可以形成统一的《民法典》。由此,新的法人分类已成趋势,故而在此作前瞻性的注释。具体参见《人民日报》2016 年 6 月 28 日,第 2 版,张璁、王比学的报道。

生的社会关系,这类关系涉及面颇广,例如财产、人身、土地、园址环境乃至创收中所涉及的权益,都会产生民事所有和流转上的必然联系。

教育机构在这两类不同的法律关系中的法律地位是不同的。在教育行政法律关系中,教育机构主要作为行政管理相对人出现,处于被领导和被管理的地位,当然,这并不排除教育机构作为办学实体享有自己的权利和义务。在教育民事法律关系中,教育机构与其他主体处于平等地位。

二、幼儿园与其他民事主体的法律关系

(一) 幼儿园与其他民事主体的法律关系性质

幼儿园作为具有独立民事权利能力和民事行为能力的法人,常常积极地参与各种民事法律活动,例如幼儿园与另一方签订买卖合同来购买教学活动所需的设备,幼儿园租赁另一方所拥有的房屋作为教学场地来开展教学活动,幼儿园为了抓住机遇扩大发展而与另一方或几方进行合作办园,等等。在进行上述所例举的民事法律活动时,幼儿园就会与这一个个的"另一方"发生民事法律关系。民事法律关系就是人与人之间的纳入民法调整范围的生活关系,也可以说,是人与人之间因民法调整而形成的民事权利义务关系。① 当然,民法上所讲的"人",如前所述,包括了自然人和法人。民事权利和义务就是一切民事法律关系的核心,幼儿园在民法上享受与其他法人基本相同的权利并承担对等的义务。

(二) 幼儿园与其他民事主体的法律关系特征

1. 主体的多样性与平等性

主体的多样性是指参与民事法律关系的其中一方是固定的,即幼儿园;而另一方则是没有预先设定可以自由加以选择的。法律没有也不应当去设定幼儿园进行商品交易或签订合同的对象是某个人,否则就不符合市场经济公平交易的基本原则,就有了垄断的嫌疑。另一方面,在民事法律关系中,幼儿园与另一方参与者的法律地位是平等的,不存在相互隶属关系。法律地位的平等性用法律术语表达为"权利能力一律平等"——取得权利的资格平等,和当权利被侵害时法律给予的保护平等;也可以形象地表达为:亲兄弟明算账,抛开各自相互关联的身份,即不能利用一定的优势身份去命令处于身份劣势的一方做明显不等价的交易,过分扩大自己的权利,让对方承担过重的义务。

2. 权利义务的对等性

民事法律主体双方地位上的平等,具体表现为双方享有权利与履行义务的对等。在民法上,义务是权利的对应物,一方权利的实现是依靠另一方义务的履行。② 权利不能推开义务而"独善其身",它们是绑定在一起的。权利有多大,负担的义务就有多大。例如甲幼儿园向某玩具厂订购一套户外大型滑梯,那么甲幼儿园享有获得这套户外大型滑梯的所有权,某玩具厂负担按时按要求交付这套户外大型滑梯的义务;同时,某玩具厂享有获得这套户外大型滑梯货款的权利,甲幼儿园负担按时按合同约定的价格交付货款的义务。③ 在双方"一手交钱,一手交货"的同时,各方才由于对方履行了义务而获得了权利。

3. 相对意定性

意思自治原则是民法的基本原则之一,也是最核心最重要的原则。意思自治是指民事主体可以按照自己的判断设定自己的权利义务,法律尊重这种选择。在西方法律传统中,这也被称为"契约自由"

---

① 江平. 民法学[M]. 北京: 中国政法大学出版社,2007: 17.

② 江平. 民法学[M]. 北京: 中国政法大学出版社,2007: 35.

③ 需特别注意的是,事实上这是个典型的民事买卖合同关系。在这一法律关系中,主体为买卖双方,即甲幼儿园和某玩具厂,客体为交付行为(户外大型滑梯为"标的物",客体指向的具体对象)。甲幼儿园和某玩具厂享有的都不是所有权,而是债权,即一种请求权,请求对方交付物或金钱的行为以实现自己的债权并移转"占有",完成物权变动。若某玩具厂到期不愿交付户外大型滑梯,则属于违约。甲幼儿园尚未支付价款的,可以行使先履行抗辩权拒绝履行其合同义务;已经支付价款的,可以某玩具厂违约,或要求其继续履行合同并支付相应的违约金,或实在履行不能时要求解除合同,同时返还已经支付的价款(返还不当得利)并支付相应的违约金。但甲幼儿园只能通过自行发函或诉讼的形式请求某玩具厂实际交付户外大型滑梯或返还价款,不能直接去占有该户外大型滑梯(否则为非法占有),因为甲幼儿园不享有户外大型滑梯的所有权,只享有债权。

思想。举个简单的例子来说明：某民办幼儿园要租赁甲公司的大楼作为教学场所，在他们所签订的租赁合同中，不管是租赁的价格，还是租赁的期限都是依据双方的意思而确定的，体现了双方的真实意愿。当然，这里的意定性是相对的，如同自由永远都是一定范围内的自由一样。意定性将受到法律规定和公序良俗的制约。在上面的例子中，租赁的期限就受到最高20年的法律限制，租赁的价格也不可以"漫天要价"，而是要参考周边的平均市价和时价来确定价格的范围。

三、幼儿园与教育行政机关的法律关系

（一）幼儿园与教育行政机关的法律关系性质

幼儿园与政府及教育行政机关的法律关系是行政管理关系。这是教育的公共利益属性所决定的，教育是国家和地方公共团体的事业，是国家行政的一部分。因此，幼儿园与政府及教育主管部门之间实际上是一种领导与被领导、管理与被管理的行政管理关系，这在教育法律法规中体现得非常明显。

（二）幼儿园与教育行政机关的法律关系特征

1. 主体的固定性与隶属性

幼儿园从开办到运行，都避免不了和教育行政机关或政府其他部门之间发生法律上的关系，而且幼儿园往往没有权利也没有能力去选择参与这一法律关系的另一方。教育法严格规定了教育行政机关依法管理和监督各类学校及其他教育机构的权利。幼儿园不能像选择买家或卖家那样去选择到底听从谁的命令，服从谁的指挥。开办幼儿园需要在教育行政机关注册登记；幼儿园若对教育行政机关的某项规定、命令有异议，或不服其处罚决定，首先可以向教育行政机关提出复议；即使最后需要行政诉讼，幼儿园诉讼的对象还是教育行政机关。所以说，行政法律关系中的主体至少一方固定是国家教育行政机关或其授权单位。这是行政法律关系最本质的特征。

幼儿园与教育行政机关两者之间还具有显而易见的隶属关系。所谓"显而易见"是指它们的地位有高低、强弱之异，特别是出现在行政管理中，教育行政机关既扮演了行政法律关系主体的一方，同时也扮演了一个居中裁判的角色，更是充当了最后的法律执行人。教育行政机关身兼三职，拥有无可比拟的强大权力，这就难保其行政执法的公平与公正。近几年，国家的法制建设开始重视限制公权力，会在一定程度上找到行政相对人的权利保护和行政管理机关行使行政执法的权力的平衡点，但主体隶属性的特点不会随之改变。

2. 权利义务的不对等性

权利义务的不对等性，即权力与权利的冲突性，其来源于幼儿园与教育行政机关地位的不平等。作为行政法律关系一方当事人的教育行政机关，代表国家，并以国家的名义行使行政管理权，处在领导者和管理者的地位。因此，在这一关系中，教育行政机关几乎没有义务需要履行，管理与监督是它的职责，是一种以强制性做后盾的权力(可通俗而不准确地理解为公权利)，是一种对行政相对者的命令；反观幼儿园，它必须服从教育行政机关的命令，履行好义务，并往往无条件地遵守教育行政机关制定的法律或一般性规则以及个别性的裁决处理。诚然，幼儿园有权利就对其不利的裁决向教育行政机关提起行政复议，乃至向法院提起行政诉讼。但是，决定行政复议结果的主体还是教育行政机关，而行政诉讼往往复杂、漫长、经济效益低下且败诉风险较大。可见，在幼儿园与教育行政机关的关系中，后者占据主动权，前者则处于被动的地位。

另外，在任何的行政关系中，行政机关权力的行使，无论合法与非法，都是对行政相对人权利的限制，都会不可避免地对行政相对人造成或多或少的损害。若行政管理与执法符合实体法和程序法的规范，那么，行政相对人有"容忍"的义务，否则，可要求行政机关对造成的损害予以赔偿或补偿。

3. 高度法定性

与民事法律关系不同，行政法律关系中，幼儿园和教育行政机关的权利和义务都由法律条文事先予以明确，当事人双方只能按法律规定行事，不得私下相互商量以契约等形式排除法定权利及义务。

例如,《幼儿园管理条例》及其他相关部门规章明确要求幼儿园教师须具有相应的文凭和幼儿园教师资格证书方可上岗执业,"法定性"的第一层次要求在于幼儿园应当遵守以上规定,不得以任何理由来降低标准,录用教师;"法定性"的第二层次要求(更为重要)在于即使某一具体教育行政机关或行政人员,在以上《幼儿园管理条例》及其他相关部门规章依然有效而未被更改的情况下,同意其管辖下的幼儿园可以降低教师录用标准,这一做法也不产生法律效力,依然属于违规违法行为。

第二节　幼儿园的权利

幼儿园的法律地位决定了幼儿园所拥有的权利,法律所规定的权利是幼儿园在维护自身合法权益时的依据及有力保障。幼儿园的权利有狭义与广义之别。狭义的幼儿园权利,即以往教科书中所说的幼儿园的基本权利,指幼儿园在教育活动中依法享有的权利,故又被称作"办学自主权"。广义的幼儿园权利,则是幼儿园在多种法律关系中实际享有的一切权利,除去在教育活动中的权利,主要另含作为独立的法人所具有的广泛的民事权利,是其一般权利与特别权利的总括。在教育学研究范围内的幼儿园权利,多指狭义。

一、民事权利

关于幼儿园的民事权利,我们先来看一个案例:

案例 3－1[①]

强强就读于诺亚舟幼儿园中一班。2008 年 5 月 14 日午睡时,强强忽然抽搐、呕吐,值班教师及时采取了救助措施,并将他送医治疗,但在途中强强不幸死亡。经诊断,强强是因旧病复发而猝死。强强父母认为强强之死是幼儿园所致,多次上门找幼儿园的麻烦,在幼儿园墙上及周边建筑上到处张贴诬蔑幼儿园的大字报,严重影响了幼儿园的名誉。

案例 3－1 说明了幼儿园作为"法人"这个独立的民事主体,其所享有的名誉权与自然人②相同,不容受到非法侵害。如果幼儿园依法享有的名誉权受到不法侵害,它作为与侵权案有直接利害关系的"法人",可以作为原告向管辖法院提起民事诉讼,要求侵害人停止侵害、消除影响并恢复名誉、赔礼道歉乃至损害赔偿。若侵权人拒不执行法院生效判决,反而变本加厉继续侵害幼儿园名誉,则人民法院可以采取公告、登报等方式,将判决的主要内容和有关情况公之于众,费用由被执行人(侵权人)负担;经济赔偿部分可通过强制执行的方式予以执行;人民法院还可依法对拒不执行者(侵权人)采取必要强制措施(如罚款、拘留),甚至依情形可追究其刑事责任。

名誉权属于法人的人格权之一,此外,法人另享有名称权(命名、使用、变更与转让)、荣誉权等。幼儿园不仅拥有法人的人格权,还拥有法人的财产权。有关幼儿园财产权的相关内容,请再看以下案例:

案例 3－2[③]

新西方幼儿园与甲公司一直保持着良好的协作关系,公司职工的孩子全部就读该园,而公司每年赞助该园若干财物。去年,在一笔货物买卖合同中乙公司要求甲公司提供担保。于是,甲公司老总向新西方幼儿园求助。园长看在两家多年协作的情分上,便以幼儿园的 30 台电脑和 1 辆汽车为甲公司作担保,担保方式为抵押,并办理了汽车抵押登记。此后,由于甲公司未能到时付清货款,乙公司要求幼儿园承担担保责任。

---

① 梁坤. 幼儿园名誉权不可侵犯[J]. 早期教育(教师版),2008(10):39.
② 自然人的民事权利将在后面关于幼儿与教师权利的章节中作具体阐述。
③ 童宪明. 幼儿园的财产可以抵押吗[J]. 早期教育(教师版),2009(9):35.

所引案例3-2的核心为担保物权。担保物权,用非法律语言来解读即在一场"交易"中,对方并不相信我能按时按约定履行义务,我为消除对方的不信任感以使"交易"继续顺利进行,就拿自己的财产或某人的财产写下一个保证:如果我不履行义务,则对方可以用通过折价、拍卖、变卖用于保证的财产所得来的钱款,优先弥补损失。对方所享有的优先受偿的权利就叫作"担保物权"。担保物权具体分为抵押权、质权和留置权。案例中幼儿园就把自己的30台电脑和1辆汽车抵押给了乙公司。

幼儿园作为法人拥有财产权,财产权包括物权、债权与无形财产权(即知识产权)。物权在三者中尤为重要,又可分为所有权①、用益物权②和担保物权。对幼儿园财产权的了解至此即可,不须再进一步深入。但必须指出,幼儿园是特殊的民事主体,是非营利性法人(国外亦称为"财团法人"),所以其财产性权利往往因受到法律的限制而与众不同。例如,就上引案例中幼儿园的抵押行为而言,《中华人民共和国担保法》第三十七条明确规定,"学校、幼儿园、医院等以公益为目的的事业单位、社会团体的教育设施、医疗卫生设施和其他社会公益设施,不得用于抵押"。据此,新西方幼儿园不得将属于教育教学设施的30台电脑用作抵押,不得将用作日常接送幼儿的校车进行抵押③。

最后,幼儿园的民事权利用图示概括起来(见图3-1),即:

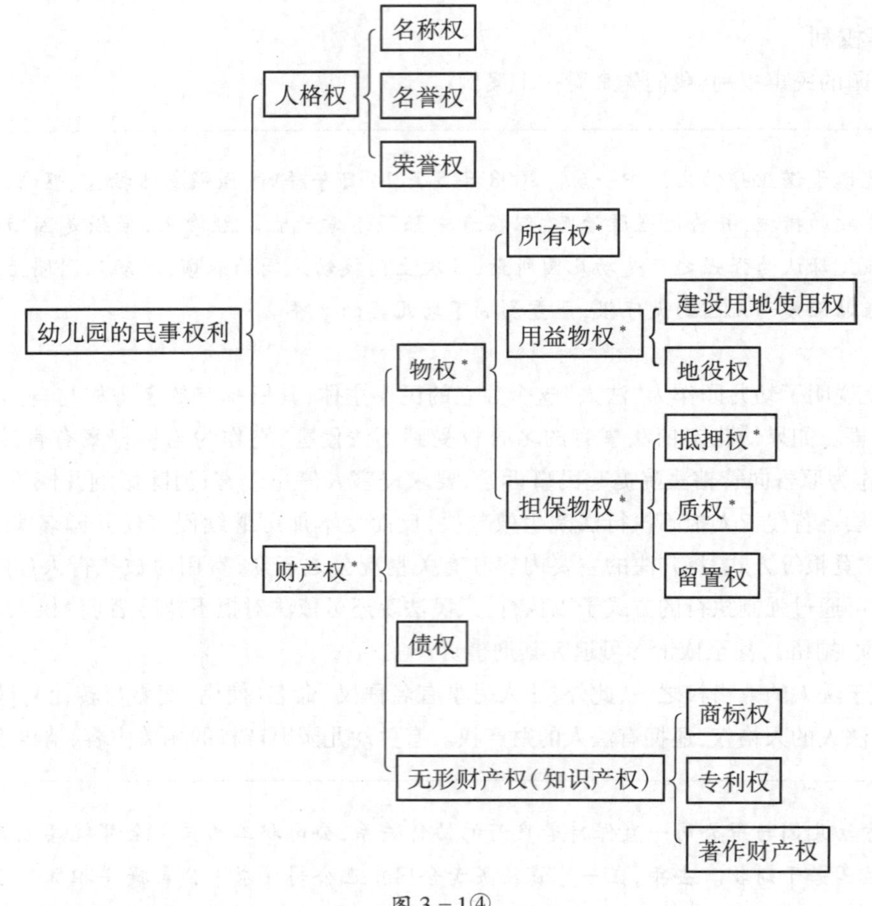

图3-1④

注:带"*"号的表示此权利受到法律的必要限制,是不充分的。

① 幼儿园所享有的是不完整的所有权,即其可对园舍、户外场地、设施设备完全行使占有、使用的权利,但收益和处分的权利则受到一定限制。

② 幼儿园的用益物权主要包括建设用地使用权和地役权,两者的具体内容并不要求了解,可课后依兴趣自行了解。

③ 若案例中的"1辆汽车"被证实日常用于货物运输或专门接送领导等,则并非教育教学设备,可以用于抵押。

④ 申素平.教育法学:原理、规范与应用[D].北京:教育科学出版社,2009:164.

二、教育权利

在传统教科书上，论及幼儿园的教育权利，必会说明它有以下几大特点：其一，为幼儿园特有权利，已如前所述，不享有这些权利，即意味着幼儿园在法律（行政法律）上不享有实施教育活动的资格和能力；其二，幼儿园所享有的此种权利不过是国家教育权的体现，本质上为一种公共权力，幼儿园不得根据自己的主观意志滥用此种权利，也不得自行放弃与转让。

这样的特点分析明显带有一定的"矛盾性"——一种本质上的权力缘何会外在表现为一种权利呢？按以上观点，此种权利是不得放弃和转让的，但依据传统法学理论，除去个别自然人的人身权利（生命权、健康权等）不得放弃①与转让之外，并不存在一种不得自由放弃与转让的权利。

如要合理解释教育权利自身表现出的矛盾性，我们就要从分析一对在生活中常常被混淆和误用的概念——权利与权力开始。

权力来源于权利的让渡，权力为了维护权利而生，其存在的目的便是保障以及恢复权利。以教育为例，人的受教育权利定当先于国家公立教育机构设立之前存在，私塾教育是个很好的例证，甚或在国家产生之前的原始社会，原始先民也有受教育的需求和受教育的经历，他们通过各自的办法来享有和保护自己的受教育权利；日后的现代文明社会，为了更好地实现和保障每个公民自身的受教育权利，个人便通过与社会和政府订立契约的方式，向社会和政府交出自己的受教育权利，让其来代为实现和保护。国家管理教育公共事业的教育权力便由此产生②。而国家逐渐发现，自己不可能也毫无必要"事必躬亲"，一味地亲自兴办教育。于是，它通过与某些个人和组织订立另一份契约，将教育权力委托赋予了合乎资格而依法成立的各类教育机构。

结合《教育法》第二十八条对教育机构权利的具体规定，就不难理解：《教育法》第二十八条赋予了幼儿园，具体来说，共八项权利，概括起来为"办学自主权"或教育独立自主权，即幼儿园实际上是被国家委托赋予了独立行使教育权力的权利，对外，这项权利将不受国家其他权力的侵害和他人行权时可能产生的侵害；对内，幼儿园在日常教育管理中行使的便是独立的行政教育管理权力，因为它在代替国家行使教育权力，以实现和保障幼儿的受教育权利。

（一）招收新生权

《教育法》第二十八条第三项规定了幼儿园招收学生或其他受教育者的权利。

招生权是幼儿园的基本权利，是办学自主权的重要标志。其含义是幼儿园根据自己的办学宗旨、培养目标、任务及办学条件和能力，依据国家相关招生政策、法规、规章和直接主管部门的具体管理规定，可以自行制定详细的招生办法，并对外发布招生广告、进行招生宣传，确定招生范围与来源，最终决定招生总人数与具体人员。

在幼儿园的招生过程中，教育主管部门不得利用行政权力进行不必要的干涉（无端限制与取消幼儿园招生权、以权谋私等）。只有在幼儿园违法招生③时，教育主管部门才可依据《教育法》第七十六条对该幼儿园进行行政处罚，如案例3－3所述：

案例 3－3④

2013年3月，有市民以"一群幼儿园家长"的落款向某报社写信举报称：位于海口某社区广场周边的乐乐幼儿园、爱心幼儿园以及大拇指幼儿园，因无证办学被区教育局下达取缔通知书或被告知筹备期内不允许开张招生，但三家幼儿园均不予理会，仍然对外张贴招生公告，并径自组

① 这其实亦有较大的争议。欧洲个别国家已通过立法允许"安乐死"，包括荷兰、比利时、瑞士和卢森堡。

② 这部分观点的论述实际采纳了《社会契约论》的思想，此种思想具体体现于洛克的《政府论》，以及霍布斯的相关著述。

③ 违法招生的情况主要有：（一）未经批准无办学资格和相应办学权的主体乱招生；（二）超额、超计划招生；（三）弄虚作假，欺骗招生。

④ 佚名．海口无证幼儿园招生乱象：违法招生牛哄哄[EB/OL]．[2013－03－20]．http://www.chinadaily.com.cn/hqgj/jryw/2013－03－20/content_8548946.html．已作改动。

织开展教学活动。

经区教育局相关负责人确认,以上幼儿园均未获得《办学许可证》,不具备招生资格,尤其是大拇指幼儿园,根本没有向教育部门申报过。其同时表示,教育主管部门不具备强制执法权,只能以下发取缔通知书、张贴布告等方式提醒家长,莫将孩子送到未经审批的幼儿园就读。如果幼儿园无视处罚决定,只能寄希望于政府能够组织相关部门联合行动,对违法、违规招生的幼儿园进行综合治理。

(二)组织实施保育教育活动权

《教育法》第二十八条第二项规定了幼儿园组织实施教育教学活动的权利。

组织实施保育教育活动是幼儿园日常工作的核心。其含义是幼儿园可以根据国家教育主管部门颁布的旨在规范指导幼儿园各项教学工作的《幼儿园教育指导纲要(试行)》,结合自己的办园宗旨、任务和特色,自行制定和实施本幼儿园的学年度教学总体计划,在开设《幼儿园教育指导纲要(试行)》规定的健康、社会、科学、语言、艺术五大领域课程活动外,可讨论决定增设园本特色课程,决定选用何种教材,决定具体课时和教学进度,组织保教活动评比,集体备课,检查评议,广泛开展公开课观摩、研讨活动,积极开展教学研究等。

需要注意的是,所有的自由都是在一定范围内的自由。幼儿园享有这一权利并不意味着其可以不加限定、十分随意地选择任何种类的教材,开展任何形式的保教活动。《幼儿园管理条例》第十六条规定:“幼儿园应当以游戏为基本活动形式。幼儿园可以根据本园的实际,安排和选择教育内容与方法,但不得进行违背幼儿教育规律,有损于幼儿身心健康的活动。”具体来说,必须禁止使用小学教材和以小学教育模式开展识字、算数课程①,禁止布置家庭作业徒增幼儿学习负担,禁止针对幼儿进行任何形式的考试与排名。

同时,2016年新修订颁布的《幼儿园工作规程》重申了以游戏为基本活动形式的原则,并具体地规定一日活动的组织应当动静结合,活动内容安排应当循序渐进,符合幼儿的身心发展规律,应当充分运用集体、小组和个人等多元的活动组织形式,保证每个幼儿的活动参与权,从关注集体的学习结果到关注每一个幼儿的学习互动过程。另外,《幼儿园工作规程》正确地注重了幼儿作为一个人应当具有的(天赋的)自由表达的权利,明确规定保教活动的创立、实施要以幼儿为中心,给予其恰当且充分的自主选择、探讨权利,从而彻底否定并禁止了灌输填鸭式的传统教育方式,鼓励幼儿园从软硬件两方面创造条件,从集体统一的班级授课逐步转变为幼儿与教师共同设立、参与的个性化的游戏活动。② 最后,《幼儿园工作规程》第三十三条进一步说明幼儿园保教活动组织实施要注重幼、小衔接,幼儿园不得提前教授小学教育内容。这一规定相对于《幼儿园管理条例》第十六条更为具体与确切。③

(三)自主管理权

《教育法》第二十八条第一项规定了幼儿园按照章程自主管理的权利。

自主管理权是幼儿园办学自主权的总括性授权,在教育权利中居于首要地位。指的是幼儿园根据章程确立的办学宗旨、管理体制及各项重大原则,可以制定具体的管理规章和发展规划,自主地作出管

---

① 甚者如德国,禁止正规的学前教育,幼儿园不被允许向幼儿教授专业知识。幼儿唯一应该做的就是参与纯粹的游戏。

② 具体参见新修订颁布实施的《幼儿园工作规程》第五章相关条款,特别是第二十六条、第二十八条、第二十九条第二款、第三十条。

③ 从反面看,该项规定同时说明了现实中幼儿园(特别是城乡、农村幼儿园和民办幼儿园)及各种幼教、早教机构超前教授小学课程以迎合大多数家长“不让孩子输在起跑线上”的畸形心理的情况十分严重。当然,幼教及早教市场混乱,很多机构利用家长急切地想让孩子在日益激烈的社会竞争中立足的心理,过度进行虚假炒作以谋求经济利益的问题也十分突出,政府及相关部门应继续通过行政与法律手段来对此加以规范和遏制。

理决策,并建立、完善自己的管理系统,组织实施管理活动,不必事无巨细地向上级主管部门或举办者请示,让"上级"来做主决策。更不应久拖不决,贻误时机。

政府在幼儿园依照章程自主管理后,由对幼儿园的直接行政管理转变为宏观间接管理。需要注意的是,不要将政府的宏观间接管理简单理解为可以少管乃至完全放手不管,幼儿园可以摆脱政府的监管而完全按照它的章程任意行事。政府实质上仅仅放弃管理本就不应该由它亲力亲为的事项,腾出更多时间做好必须由它做的事项,如加强对幼儿园的监督,对幼儿园超越章程规定所进行的违法行为的行政处罚以及对其章程本身是否违背相关法律法规的审查等。

(四) 学籍管理权

《教育法》第二十八条第四项规定了幼儿园对受教育者进行学籍管理,实施奖励或者处分的权利。

编订学籍档案是每一个教育教学机构在完成招生工作后要开展的重要工作,是全面统一管理在校学生的基础,也是最有效的手段。幼儿园根据上级教育主管部门的学籍管理规定,有权制定具体的学籍管理办法。同时,可以根据国家有关学生奖励、处分的规定,结合本园的实际,制定具体的奖励和处分办法;并根据这些管理办法,对受教育者进行具体的管理活动。

幼儿园作为一种教育机构当然享有学籍管理权,但基于其教育对象和教育工作的特殊性,它的这一权利具体指其有权确定关于幼儿报名注册的管理办法,并建立幼儿综合档案制度。现在幼儿园的幼儿档案形式多样,包含的信息丰富,且多与教育评价和幼儿成长相关联,一般包括幼儿花名册、幼儿各类登记表(健康与体检信息、家庭信息等)、幼儿身心发展状况记录册(如幼儿成长记录袋)等。

学籍管理权的含义中还包括了对受教育者奖励、处分的权利,对于幼儿园,通常认为其只有奖励幼儿的权利,而没有处分幼儿的权利。而"奖励"包括精神奖励(如每一学期末的各类荣誉评比)与物质奖励(如教师在游戏活动中的实物奖励)。

(五) 人事聘任权

《教育法》第二十八条第六项规定了幼儿园聘任教师及其他职工,实施奖励或者处分的权利。

人事聘任权是幼儿园实施教育活动的保证,也是其作为法人被法律所确认的权利之一。幼儿园用好这项权利,有利于调动教职员工的积极性,提高办园质量和效益。① 人事聘任权是指幼儿园依据国家有关教师和其他教职员工管理的法规、规章和主管部门的规定,从本园的办学条件、办学能力和实际编制情况出发,有权自主决定聘任或解聘有关教师和其他职工,制定本园的教师及其他职工的聘任方法,签订和解除聘任合同,并有权对教师及其他职工实施包括奖励、处分在内的具体管理活动。

以上所说的解聘具有双重含义:一是指解除教师岗位职务聘任合同,被解聘者由幼儿园另行安排其他工作;二是指解除教师聘任合同,被解聘者另谋职业。

(六) 设施和经费的管理、使用权

《教育法》第二十八条第七项规定了幼儿园管理、使用本单位的设施和经费的权利。这一权利是指幼儿园对其占有的场地、教室、宿舍、教学设备等设施、办学经费及其他有关财产,享有财产管理权和使用权,必要时可对其占有的财产进行处分或取得一定的收益。②

为了防止国有资产的严重流失,幼儿园在行使此项权利时,首先要分清楚幼儿园所拥有的财产中哪些部分属于国有资产。因为根据《教育法》第三十二条第三款规定:"学校及其他教育机构中的国有资产属于国家所有。"这表明,对于这部分所有权属于国家的国有资产,幼儿园只享有占有、使用、收益的权利,而不能对其进行处分。因为只有所有权人才能完全支配所有物,享有所有权的全部权能,包括处分权。

在幼儿园拥有的财产中,以下几类财产的所有权归属国家:

1. 以国家财政投入举办的幼儿园的资产。

---

① 张乐天.学前教育政策与法规[M].北京:中央广播电视大学出版社,2011:65.

② 林雪卿.幼儿教育法规[M].北京:科学出版社,2010:35.

2. 以国家财政投入举办的幼儿园的属于以国家资产投资兴建的校办产业。①

3. 国家与集体或个人联合举办的幼儿园中国家投入的资产部分。②

(七)排除非法干涉权

《教育法》第二十八条第八项规定了幼儿园拒绝任何组织和个人对教育教学活动的非法干涉的权利。

排除非法干涉权是一种以自我保护为目的带有防御性的被动权利,这里的"被动"意指须有非法干涉保教活动的侵权行为在先发生,始生一种要求对方排除抑或做出赔偿的请求权。所以它更多的是一种私立救济的途径。幼儿园对来自行政机关(包括教育行政机关)、企事业组织、宗教团体、其他社会组织、个人及国外势力等任何方面的非法干涉保教活动的行为,都有权加以拒绝和抵制。

在解读这一权利的具体含义时,特别要注意"非法"二字。幼儿园所能拒绝和抵制的是非法干涉,所谓"非法干涉",指行为人违背法律法规和有关规定做出的不利于保教活动正常开展的行为。例如,个人或社会组织强行占用幼儿活动用房和场地,随意抽调教职员工另作他用,随意要求幼儿园停课;商业营利机构以牟利为目的在幼儿园乱办兴趣班;社会对幼儿园的乱摊派,要求幼儿园代收各种与教学无关的费用;教育行政部门对幼儿园保教活动随意、过多、毫无必要的检查等。幼儿园排除非法干涉的权利与教育及其他相关行政部门通过合法途径对幼儿园保教工作进行监督、管理并无冲突。

案例 3-4

物业被指侵占小区幼儿园食堂③

2010 年 3 月 16 日上午,丰台区三环新城小区业主"lf8006"(网名)在网上发帖,称物业占据丰台区第六幼儿园(以下简称"六幼")的食堂导致幼儿园无法扩招,业主孩子入托难。该帖引发业主热议。据了解,3 月 15 日,六幼接受 2011 年入园孩子报名,100 多个孩子报名,但招生名额只有 60 人。

下午,记者在调查时从幼儿园大楼西侧门处看到,该玻璃门上写着"物业餐厅",门口的大红招牌上还写着"就餐对外"字样,餐厅与大楼整体装饰风格一致。据一名工作人员介绍,该餐厅是物业食堂,从小区开始建设时就已在用了。

六幼方面随后称已将此事汇报上级部门。据知情人士透露,幼儿园多次就此事和物业交涉,物业不予理睬,也不腾地方。就此事,丰台区教委一负责人称,该幼儿园属于小区配套,且已于 2009 年移交教委接管,教委还投资数百万元对该园做了整体装饰装修。幼儿园自 2009 年 9 月份开园至今,因食堂的一部分被物业占用而无法扩招。但由于物业不属于教育部门主管,教育部门希望有关部门能介入解决。

(八)其他合法权益

《教育法》第二十八条第九项规定了幼儿园享有法律、法规规定的其他权利。

此法律条文体现出立法技术上的一种在列举权利与义务等情况时的常用手段,即在一一列明现行法律赋予幼儿园的所有权利之后,附上一条"兜底性"条款。④ 具体而言,其表明幼儿园除享有以上所阐述的各项权利外,还享有现在法律法规以及将来出台的法律法规赋予的其他权利,包括开展教学或学术交流的权利、接受国内外捐助的权利、组织幼儿参与社会实践的权利、承办教育行政机关交办的其

① 如属于教职工出资兴建的,则不属于国家所有。

② 其中集体或个人投入的资产部分,则不属于国家所有。

③ 案例整理自《京华时报》2010 年 3 月 18 日的相关报道。

④ 为何需要"兜底性"条款,其理由在于,任何法律都不可能在制定时以列举的方式言明所有现在正发生和未来将要发生的社会现实情况,然而社会总是不受人的意志左右而时刻变化着向前发展的。这里就会产生巨大的矛盾。解决这一矛盾很好的方法是法律解释,但法律解释需要有法律依据。"兜底性"条款为法律的具体适用敞开了巨大的空间,为法律自身发展留有余地,也为法律解释提供了依据。

他活动的权利，等等。

第三节　幼儿园的义务

法律主体的义务和权利是对等的。幼儿园的义务分为民事义务（民事法律关系中的义务）和教育义务（行政法律关系中的义务）。① 幼儿园的基本义务是指幼儿园在保教活动中所必须履行的法定义务，即幼儿园在保教活动中必须作出一定行为（作为，积极义务），或不得作出一定行为（不作为，消极义务的约束）。②

依照《教育法》第二十九条的规定，幼儿园必须履行以下六项义务：

一、遵守法律法规的义务

《教育法》第二十九条第一项规定了幼儿园履行遵守法律、法规的义务。

“守法”义务是法律对公民和其他组织包括一般法人的要求，是《宪法》规定的一项基本义务（《宪法》第五条③）。幼儿园很显然是一种社会组织，进一步而言是一个法人，其在守法的主体范围之内。《教育法》规定的守法义务与《宪法》规定的守法义务不同，具有双重含义：第一，幼儿园普遍意义上的守法；第二，幼儿园对教育法律法规所设定的义务的履行，以及对自己制定的合法合理的章程与其他办园规章制度④的遵守。

理解此义务的重点和难点在于确定“法律法规”的范围。我们认为这个范围是较广的，包括了全国人大及其常委会制定的基本法律、国务院制定的行政法规、地方人大及其常委会制定的地方性法规、自治条例和单行条例、部门规章、地方政府规章，以及其他各类法律性文件、中央和地方相关的政策性文件，乃至幼儿园自行制定的内部各项规章制度等⑤。这在法理学上，被称为对于法律条款的扩大解释，超出了“法律法规”字面上通常具有的文字含义。

二、贯彻国家教育方针，执行国家保教标准，保证保教质量的义务

《教育法》第二十九条第二项规定了幼儿园履行贯彻国家的教育方针，执行国家教育教学标准，保证教育教学质量的义务。

这一义务的具体内容为：第一，幼儿园在整个保教活动中要坚持社会主义的办学方向，贯彻《教育法》第五条规定的国家总体教育方针，按照国家规定的保教目标，面向全体幼儿，实施身心全面发展的优良教育；第二，执行国家关于幼儿园的保教标准，努力改善办园条件，加强育人环节，保证不断提高保教水平。

国家教育方针体现在《教育法》第五条：“教育必须为社会主义现代化建设服务、为人民服务，必须与生产劳动和社会实践相结合，培养德、智、体、美等方面全面发展的社会主义建设者和接班人。”如何理解这句话所要表达的基本精神内涵呢？可以从以下四方面入手：第一，“教育必须为社会主义现代化

---

① 在民事法律关系中，主体一方所要履行的义务就是平等的另一方所有的权利，两者指向的是同一个内容，仅从不同的主体角度看待而已。民法学教科书上，也以民事权利为核心，不曾将民事义务作为一章一节单独论述。所以，这一节中只介绍幼儿园的教育义务。

② 教育法上强调幼儿园义务的主要意义在于满足了两大需要：一是幼儿园保证实现其办学宗旨，实施保教活动的需要；二是保护幼儿这一受教育者的需要。根本目的是保障后者受教育权的实现。

③ “一切国家机关和武装力量、各政党和各社会团体、各企业事业组织都必须遵守宪法和法律。一切违反宪法和法律的行为，必须予以追究。”“任何组织或者个人都不得有超越宪法和法律的特权。”

④ 幼儿园自行制定的规章制度主要包括：领导制度、教职员工奖惩制度、工作制度、卫生保健制度、安保制度、教学制度、科研制度、财务制度和家园合作及社区联系制度等。

⑤ 幼儿园自行制定的大部分内部规章制度仅具有对内的法律效力，对于幼儿园（管理范围）之外的第三人没有任何法律效力。

建设服务”规定了我国教育工作的总方向。社会主义现代化建设是一个整体的体系建设,包括经济建设、政治建设、文化建设和生态建设四个方面。所以,单纯把教育必须为社会主义现代化建设理解成只为经济建设服务是不全面甚至是错误的。第二,“教育必须与生产劳动和社会实践相结合”是培养全面发展的社会主义建设者和接班人的根本途径。教育与劳动及实践相结合的理念和做法不仅符合马克思主义的思想,也符合新时期中国的国情;不仅被当代中国赋予了新的内涵、新的生命力,也顺应了世界各国教育改革和发展的大趋势。第三,“德、智、体、美等方面全面发展”是培养目标的重要内容。我国教育方针的理论基础是马克思主义关于培养全面发展新人的学说。第四,“社会主义建设者和接班人”是我国各级各类学校教育总的培养目标。把受教育者培养成什么人是学校教育的根本性问题,也是党和国家所主要关心的问题。

新修订的《幼儿园工作规程》第五条大致从“德(包括情感)、智、体(包括身体与心理两方面)、美(包括感受和表现两方面)”四个方面确立了幼儿园保教的主要目标,而国家保教的具体标准主要体现在《幼儿园教育指导纲要(试行)》中对教育目标与内容的要求。

最后,需要深入体会的是,这一义务规定将教育思想和教学方法的争论,在一定范围内从学术探讨上升为法律意志,即一切争论在法律所允许的范围内被许可,一旦超越限定范围,就不再是合理与否、对错与否的问题,而是确定的违法行为。

三、维护幼儿、教师及其他教职员工合法权益的义务

《教育法》第二十九条第三项规定了幼儿园履行维护受教育者、教师及其他职工的合法权益的义务。

这一义务的具体内容为:第一,幼儿园自身的行为不得侵犯幼儿、教师及其他职工的合法权益;第二,当幼儿园以外的其他社会组织和个人侵犯了本园师生及其他职工的合法权益时,幼儿园应当以合法方式,积极协助有关单位查处有违法行为的当事人,维护幼儿、教师及其他职工的合法正当权益。前一种情况如幼儿园对于其聘任的教师及其他职工,不得以任何理由克扣、拖欠工资,不得在与教师签订合同时收取保证金、押金等;对于其招收的幼儿,幼儿园应当保证他们的人身安全,确保他们的身心健康,不得体罚与变相体罚幼童等。后一种情况,如发生社会闲杂人员进入幼儿园拐骗或伤害幼儿时,幼儿园有义务在发现后及时制止并报警,在事发后积极配合警方的调查取证工作,若自身有过失之处(未严格执行门禁制度、未配备必要的安保人员和设施等)还须承担一定的补充责任。

案例 3-5[①]

小郭和小王今年刚从某幼儿师范学校毕业,她们在一场学校举办的招聘会上向A幼儿园投了简历。过了几天,A幼儿园通知小郭和小王面试。经过一般性的问答、个人才艺展示和专业说课考核后,两人成功被A幼儿园录用。在签订劳动合同时,A幼儿园要求小郭和小王同时签订一份培训协议。协议的主要内容是“每月扣除小郭和小王每人三百元奖金作为她们的录用和培训保证金,并约定,培训人员在培训期间无故旷课、事假每月超过三天或考试不合格的,保证金不予退还”。

后来,在工作期间,A幼儿园以小郭多请了一天假为由将其解聘,而小王也因病假被解聘。两人随即要求A幼儿园退还保证金共计每人两千一百元整,但遭到A幼儿园以按事先签订的协议办事为由的拒绝。后经劳动监察部门调解,A幼儿园同意退还保证金。但没过多久,A幼儿园便反悔,仍然不向小郭和小王退还保证金。无奈,两名幼儿教师将A幼儿园告上法庭。

最终,经法院公开审理查明,幼儿园在招聘工作人员时,违反了“用人单位与劳动者订立劳动合同时,不得以任何形式向劳动者收取保证金”的相关规定,因而依法作出一审判决,被告分别退还给两原告两千一百元保证金。

① 程培青,武文静.两幼儿教师走上法庭讨要保证金[N].三晋都市报,2008-08-06,有删改。

四、以适当方式为幼儿监护人了解幼儿发展状况等有关情况提供便利的义务

《教育法》第二十九条第四项规定了幼儿园履行以适当方式为受教育者及其监护人了解受教育者的学业成绩及其他有关情况提供便利的义务。

这一义务的本质是保障作为幼儿法定监护人的家长的相关知情权。同时幼儿教育大力提倡家、园合作，这也是加强幼儿园教育与家庭教育相互联系的需要。具体而言，"以适当方式"指幼儿园得通过设立和开展家长开放日、亲子活动、家园联系本、家长学校、教师家访、幼儿作品展览等合法的、正当的方式保障幼儿及其监护人的知情权；不得以诸如公布幼儿档案（侵害幼儿隐私权）等非法的方式保障这种知情权。

案例 3－6

旺财被抱养，老师应保密

幼儿旺财是其父母的养子，不过他的父母一直不想让外人知道旺财的养子身份，以免给孩子造成不必要的心理负担，为此旺财的妈妈还专门请幼儿园林老师对这件事予以保密。有一天，孩子们因为小事情而发生了争吵，有个孩子突然说："旺财，你爸妈的年纪这么大，你不是他们亲生的，是抱养的！"旺财一听大哭起来。晚上妈妈来幼儿园接旺财，旺财说他听小朋友们说，他不是妈妈的孩子，也不肯跟妈妈回家，旺财的妈妈非常伤心。经了解才知道，原来是林老师在和其他保育员聊天时谈起这事，被在一旁玩耍的孩子听见了。旺财的父母认为幼儿园答应为他们保密却失信，使孩子受到伤害，他们决定找园长讨个说法。

案例 3－6 中旺财的养子身份应当属于隐私。但他有没有隐私权呢？

隐私权一般是指自然人享有的对自己的个人秘密和个人私生活进行支配并排除他人干涉的权利，我国《民法通则》虽然没有对隐私权作出具体的规定，但在司法实践中，公开他人的隐私被认为是对他人名誉的损害，即将公民的隐私权纳入名誉权的范围，隐私权属于名誉权的一部分。《最高人民法院关于贯彻执行〈中华人民共和国民法通则〉若干问题的意见（试行）》和《最高人民法院关于审理名誉权案件若干问题的解答》中明确规定，对未经他人同意，擅自公布他人的隐私材料或者以书面、口头形式宣扬他人隐私、致他人名誉受到损害的，按照侵害他人名誉权处理。以书面、口头形式宣扬他人的隐私，虽然内容可能是真实的，并不存在捏造事实的问题，但却给公民的社会综合评价和个人正常生活带来不良影响，因此泄露和宣扬他人隐私的行为，是一种侵犯名誉权的行为。根据《民法通则》第一百二十条的规定，公民的名誉权受到损害的，有权要求停止侵害，恢复名誉，消除影响，赔礼道歉，并可以要求赔偿损失。

该案中旺财的身份属于旺财的个人秘密，属于其家庭私生活的范围，旺财的父母已明确表示不愿向外人公开。林老师既然已经受旺财父母之托，答应为旺财的身份保密，就应当履行诺言。林老师在与同事聊天的时候说出了这件事，她虽然没有主观故意，而是由于过失才导致秘密公开，但在客观上损害了旺财的名誉，给旺财及其家庭的正常生活带来了不良影响。鉴于情节轻微，后果并不严重，林老师应向旺财及其父母赔礼道歉，幼儿园还应配合家长尽量把伤害程度降到最低。

随着通信技术的不断发达，人与人联系的途径愈加多元化，幼儿教师可以使用方便快捷的即时网上通信手段（QQ、微信、微博和电子邮件等）和家长进行交流。而现今隔代抚养现象也对幼儿教师采用合适的方式与不同年龄段的幼儿照料人交流提出了更高的要求和挑战。"提供便利"一方面指幼儿园不得拒绝幼儿监护人了解幼儿在园情况的要求，另一方面指幼儿园应当提供便利条件，帮助幼儿监护人行使他们的知情权。

2016 年新修订的《幼儿园工作规程》第十五条，配合新颁布的《中华人民共和国反家庭暴力法》，对于幼儿园特别新增加了一种义务，即"幼儿园应当结合幼儿年龄特点和接受能力开展反家庭暴力教育，

发现幼儿遭受或者疑似遭受家庭暴力的,应当依法及时向公安机关报案”。也就是说,幼儿园保教人员及其他教职工负有发现幼儿正在或将要遭受家暴后及时报案的义务。

五、遵照国家有关规定收费并公开收费项目的义务

《教育法》第二十九条第五项规定了幼儿园履行遵照国家有关规定收取费用并公开收费项目的义务。

这一义务的具体内容为:幼儿园按照省、自治区、直辖市或市级教育行政部门会同有关部门(主要为物价部门和财税部门)制定的收费项目和标准,从公益性质出发,按照成本分担①原则,公平、合理确定本园收费标准并向家长、社会及时公布收费项目。

我国对不同性质和阶段的学校教育机构有不同的收费原则,综合而言,公办中小学(义务教育)不收取学杂费;民办中小学(义务教育)收取一定的学杂费,收费项目和标准由学校制定,报有关部门批准并公示;其他非义务教育阶段的学校可以适当收取学杂费,高中的收费项目和标准一般由省级教育主管部门、物价主管部门确定,高等学校一般由各中央主管部门或省级教育主管部门、物价主管部门确定,公办幼儿园一般由县级、市级教育主管部门、物价主管部门确定,民办幼儿园则一般自己制定,报有关部门备案并公示。

拓展阅读

北京市与上海市幼儿园收费项目和标准简介

1. 北京市幼儿园收费项目和标准②

(1) 收费项目(不分公办与民办):保育教育费、住宿费、代办服务性收费(伙食费、幼儿生活必需品费、幼儿外出活动费、学生儿童大病医疗保险费、延时服务费)。

(2) 收费标准(公办幼儿园):住宿费统一为300元/生月;保育教育费按幼儿园等级收取,具体为:一级园750元/生月,二级园600元/生月,三级园450元/生月,四级园250元/生月。

(3) 收费标准(民办幼儿园):由幼儿园按照《中华人民共和国民办教育促进法》及其实施条例及相关规定,根据保育教育和住宿成本合理确定。

2. 上海市幼儿园收费项目和标准③

(1) 收费项目(不分公办与民办):保育教育费、代办服务性收费。

(2) 收费标准(公办幼儿园):保育教育费按幼儿园等级分全日制和寄宿制最高收取,具体为:一级园全日制225元/生月,寄宿制390元/生月;二级园全日制175元/生月,寄宿制340元/生月;三级园全日制125元/生月,寄宿制290元/生月;市级示范园全日制700元/生月,寄宿制800元/生月。另外,对外籍人员的偕行子女,保育教育费最高收取全日制1300元/生月,寄宿制2300元/生月。

(3) 收费标准(民办幼儿园):保育教育费,根据办园成本、经济社会发展水平、办学质量和群众承受能力等因素合理制定;代办服务性收费,按照“确有必要、自愿、非营利”的原则确定。具体而言,地段生管理费为小班230元/生月,中大班200元/生月,托班则按照民办幼儿园托班管理费标准的70%收费。现实中,民办幼儿园入门费用基本上在每月每人2000元左右。

---

① “成本分担原则”来源于20世纪70年代美国经济学家D·约翰斯通所提出的高等教育成本分担理论。该理论研究高等教育经费由谁支付及如何支付的问题,即高教成本如何在政府、社会、企业团体、个人、家庭等社会各方之间合理分担并最终实现的问题。

② 参见《北京市幼儿园收费管理实施细则(试行)》(京发改规[2012]4号),本实施细则自2012年9月1日起试行。

③ 参见《上海市幼儿园收费管理办法》,本办法自2015年9月16日起施行,有效期5年;相关收费标准参见 http://shanghai.xinmin.cn/xmwx/2016/03/14/29662406.html.

六、依法接受监督的义务

《教育法》第二十九条第六项规定了幼儿园履行依法接受监督的义务。

这一义务是幼儿园作为行政相对人和独立法人双重身份均须承担的法定义务。其具体含义为：幼儿园对来自行政机关依法进行的检查、监督，应当积极予以配合，不得拒绝，更不得妨碍检查、监督工作的正常进行。

我国存在着法律监督的体系，并可依监督主体不同分为国家监督和社会监督两大系统，国家监督细分为权力机关的监督、行政机关的监督和司法机关的监督，社会监督细分为政治或社会组织的监督、社会舆论的监督和公民的直接监督①。就法律监督的概念来看，无论是狭义还是广义的概念解释，都意指对法的全部运行过程（立法、执法、司法、守法）的合法性所进行的监察、制控和督导②。幼儿园对教育行政机关执法的监督属于社会组织的监督，而《教育法》第二十九条第六项规定的则是另一种监督，即教育行政机关对幼儿园守法的监督，属于行政机关的监督，在理解领会这两者的过程中注意不要产生偏差。

思考与练习

一、问答题

1. 幼儿园是幼儿的临时监护人吗？
2. 什么是法律地位？
3. 简述幼儿园法律地位的内在实质与外在形式。
4. 论述幼儿园法律地位的特点。
5. 分析幼儿园法人地位与行政地位的区别。
6. 什么是意思自治原则？
7. 举例说明幼儿园享有的某种民事权利。
8. 试论权力与权利的联系与区别。
9. 简论幼儿园的教育权利。
10. 简述幼儿园应尽的义务。

二、材料分析题

某房地产公司在早慧幼儿园前面开发新楼盘。在开始修建之后，幼儿园一直就采光事宜和开发商、建设局交涉，二者均置之不理。现在楼已经建了一半，对幼儿园采光权的侵害已成事实。

幼儿园将建设局告上法庭，请求法庭依法撤销对被告作出的行政许可，判令被告履行行政职责，责令拆除违法建筑。法院要求幼儿园提供相关证据。立案后的一天，幼儿园的一位老师发现建设局的几名工作人员到施工现场指指点点，还有名男子拿着照相机在跟拍。后来，建设局将那天的录像作为证据提交给了法庭。该幼儿园提出被告提供的录像不能作为证据使用，因其系诉讼开始后收集的，但在播放时该录像上显示的时间是诉讼开始之前。为此，开庭时幼儿园又提供了幼儿园用手机拍下的照片和视频作为证据，法院最终对被告的录像不予采信。

开庭当天，建设局没有出庭，而是在局里开会研究是否需要再补充一些证据。

请说出案例中幼儿园承担举证责任的范围，并说明行政诉讼中被告的举证规则是如何规定的？

---

① 张文显. 法理学（第2版）[M]. 北京：高等教育出版社，2003：291－296.

② 张文显. 法理学（第2版）[M]. 北京：高等教育出版社，2003：285.

第四章 幼儿园的设立与运行

［本章学习目标］

1. 掌握法律对举办幼儿园的主体资格的限定情形。
2. 掌握举办幼儿园的四大实体要件，了解幼儿园登记注册程序。
3. 了解幼儿园准入制度及其与登记注册的关系。
4. 掌握教师聘任制的概念因素与内容，能运用相关法条分析相关案例。
5. 熟悉幼儿园经费的各种来源渠道，了解有关经费管理的法规政策。
6. 理解幼儿园作为法人的变更、终止与清算。
7. 了解教育行政部门对幼儿园的外部管理、监督，以及幼儿园的内部管理和监督。

［导入案例］

许某的办园梦

几年前，许某在A镇开办了一家皮鞋厂。一开始，皮鞋厂因不错的质量和低廉的价格，生意十分红火。后来因为逃避缴纳税款六万三千余元，许某被一审法院判处有期徒刑一年六个月，并处罚金五万元；同时对其犯罪所得予以追缴，上缴国库。许某刑满释放后，皮鞋厂的生意也日渐衰败，最后不得不停工。一次，镇中心幼儿园因为装修房子而借用他的闲置厂房作教室。许某看到幼儿园老师每天只是带着孩子玩玩，觉得办幼儿园真是再简单不过了，心里就盘算着何不把厂房改造一下办个幼儿园呢？①

开办一个幼儿园真的是那么简单的事情吗？任何人或组织是否都可以举办幼儿园？举办幼儿园需要符合哪些法律规定的条件？要经过怎样的程序，才能圆许老板的办园之梦呢？

第一节 幼儿园的开办资质与程序

一、开办幼儿园的主体资格

开办幼儿园的主体资格是指哪些组织和公民可以兴办幼儿园的能力限定。② 法律认为，并非社会中的任何人或任何组织都有足够的能力去开办幼儿园。我国的法律法规对开办幼儿园的主体分别作出了正向许可性的规定和反向禁止性的规定。

（一）正向许可性的规定

我国《宪法》第十九条规定："……国家举办各种学校，普及初等义务教育，发展中等教育、职业教育

① 沈巧英等. 幼儿园并不是谁都可以办的［J］. 早期教育（教师版），2007（04）：18. 因编写需要，已作修改。

② 孙葆森，刘惠容，王悦群. 幼儿教育法规与政策概论［M］. 北京：北京师范大学出版社，1998：82.

和高等教育,并且发展学前教育。国家发展各种教育设施,……国家鼓励集体经济组织、国家企业事业组织和其他社会力量依照法律规定举办各种教育事业。……。”由此可知,国家(包括各级地方政府)是开办幼儿园的一个重要的主体,国家还鼓励各种社会力量来开办幼儿园。

《教育法》第二十六条指出,“国家制定教育发展规划,并举办学校及其他教育机构。国家鼓励企业事业组织、社会团体、其他社会组织及公民个人依法举办学校及其他教育机构。以财政性经费、捐赠资产举办或者参与举办的学校及其他教育机构不得设立为营利组织。”这里需要重点注意两点:第一,企事业单位、社会团体、其他社会组织及公民个人依法开办幼儿园的限制性条件是不得以营利为目的;第二,这里的“社会团体”当然应包括基督教教会等宗教团体,但宗教团体若开办面向社会大众的普通幼儿园,则不得利用宗教妨碍国家教育制度,即不得进行宗教宣传和开设宗教课程。①

总括而言,法律明确了国家及其各级地方政府、企事业单位(组织)、社会组织(团体)和个人均可成为开办幼儿园的主体,确定了不同主体通过多种方式共同参与并共同促进我国幼儿教育事业发展的合法权利和地位。

(二)反向禁止性的规定

《教育法》在规定社会组织及公民个人可以依法开办幼儿园的同时,提出了不得以营利为目的的禁止性前提条件。从另一个角度来表述,即主管教育的行政部门可以依法剥夺违反前述禁止性规定的社会组织及公民个人开办幼儿园的主体资格。

《民办教育促进法》第二条和第十条分别对开办民办幼儿园的主体,即社会组织及个人作了法律上的必要限定:举办民办学校的社会组织,应当具有法人资格;举办民办学校的个人,应当具有政治权利和完全民事行为能力。

二、开办幼儿园的实体要件

案例 4-1

(续导入案例)许某虽然因逃避缴纳税款而受到了相应的刑事处罚,但并未被剥夺政治权利,所以他享有举办幼儿园的主体资格。可是,有了举办幼儿园的主体资格,就一定能办成幼儿园吗?其实,拥有举办幼儿园的主体资格就如同拥有民事权利能力,却不一定拥有民事行为能力一样,仅仅代表着法律给予了你参与办园的机会,并不代表法律已确认你所开办的幼儿园是符合标准且有效的。要想取得办园的许可,首先必须具备一定的实体要件。

根据《教育法》第二十七条关于设立学校及其他教育机构所必须具备的基本条件的概括规定,开办幼儿园应具备以下四大实体要件:

(一)有组织机构和章程

幼儿园的组织机构一般包括园长室、保教室、办公室、财会室、教职工代表大会等。新修订的《幼儿园工作规程》特别强调幼儿园应当建立起园务委员会。园务委员会的组成除园长、副园长、幼儿教师代表外,还必须包括党组织负责人和除幼儿教师外的其他工作人员的代表及幼儿家长代表。园务委员会主要承担幼儿园日常运行中的各类问题的审议和决定工作,主要包括规章制度的建立、修改、废除,全园工作计划的制定,工作总结的审议,人员奖惩的决定,财务预算和决算方面的审议等等。园务委员会制度是幼儿园贯彻实行民主集中原则的重要体现,兼顾了党组织的政治核心作用、家长的知情权和参与权以及内部管理的高效要求。

幼儿园章程应载明的内容包括:幼儿园的名称、办园宗旨、保教工作的主要任务、幼儿园内部管理

① 若明确开办宗教性质的幼儿园,则需向国务院或地方政府的宗教事务部门提出审批申请。

体制、教职工参与民主管理与监督的制度、财务管理制度、人事管理制度、开办者及其权利与职责、章程的修改以及其他必要事项。

幼儿园的章程即幼儿园一切活动的“宪法”,它对于确立幼儿园的法律地位和办学自主权,对于幼儿园建立起自我发展、自我约束的良性运行机制,具有非常重大的意义。

由于幼儿园章程独有的重要性,我国现行《教育法》强制规定章程是申报设立幼儿园的重要条件之一。对于《教育法》出台实施前已合法设立但仍未制定章程的幼儿园,《教育法实施意见》要求其逐步制定与完善章程,并报主管教育行政部门核准。基于这种情况,也有教育行政部门开展了促进幼儿园建立健全自身章程的活动,如在 2012 年 7 月,受杭州市教育局委托的杭州市教育法学会,按照体现现代学校制度要素的原则,出台了《公办幼儿园章程参考样本》,并建议将《公办幼儿园章程参考样本》试用于未建立理事会的公办幼儿园和实施集团化办园的单法人多园区公办幼儿园。此章程样本亦可给所有公办或民办幼儿园规范制定章程提供参考。

拓展阅读

杭州市公办幼儿园章程参考样本(部分选摘)①

第一章 总则

第二条【幼儿园名称与地址】

本园全称为______,英文表述为______;住所地址为______________________,邮政编码为__________;官方网址为__________,注册域名为__________,微博名称为__________。

第五条【办园理念与办园目标】

(说明:幼儿园应将办园核心理念、价值追求在本条加以凝练概括,并适当展开阐释。本条内容也可进一步涉及学校的社会使命,强调公益性。在此基础上明确发展定位,分款将发展愿景、办园目标、中长期发展目标等在本条展开全面而精练的阐述。)

第六条【培养目标】

(说明:幼儿园应围绕办园核心理念分款列项,提出幼儿培养目标与教师发展目标,并可具体展开,如:幼儿培养目标应凸显在国家教育部《3—6 岁儿童学习与发展指南》指引下本园所要培养目标的具体化、特色化;教师发展目标应参照《幼儿园教师专业标准(试行)》,体现现代教育理念、师德要求。)

第二章 幼儿园的权利和义务

第三章 教师及其他职工的权利和义务

第四章 幼儿的权利和监护人的义务

第五章 组织机构和行政管理体制

第二十五条【园内维权制度】

本园建立健全园内权益救济制度,保障幼儿和教职工的合法权益。

建立健全园内申诉制度。分别成立园内幼儿家长申诉处理委员会和园内教师申诉处理委员会,明确受理幼儿家长和教师申诉的部门和程序。

建立健全争议调解机制。通过劳动(人事)争议调解委员会,就教职工与幼儿园的劳动(人事)争议进行调解;通过人事调解委员会,就幼儿家长、教职工、幼儿园间产生的纠纷进行调解。

第二十六条【财务管理制度】

① 完整文本详见杭州市高新(滨江)区教育局网站 http://bjedu.hhtz.gov.cn/qndt_zxxx.asp?info_kind=001&ID=5875. 2016-7-3。

本园建立健全财务管理制度，依法向政府部门提出年度预算安排意见，经批准后执行，并接受上级教育行政部门和财政、税务、审计、监察等相关职能部门的监督。本园按照园务公开制度的规定，公开财务情况。

本园执行国家统一的会计制度，配备具有专业资格的会计人员，依法进行会计核算，建立健全内部会计监督制度，保证会计资料合法、真实、准确、完整。

第六章 课程与保育教育

第三十一条【课程开设与组织形式】

本园遵循课程改革原则，认真执行国家和地方课程要求，以幼儿的全面发展为本，开展课程园本化研究，防止幼儿园课程小学化。

本园秉持“一日生活皆课程”的教育理念，将游戏作为幼儿学习的主要方式。

第三十四条【幼儿发展评价】

本园遵循全面性、发展性、动态性、客观性的原则，开展幼儿发展评价工作，并建立幼儿成长档案。

第三十五条【教师专业发展】

本园建立并负责管理教师个人业务成长档案，建立健全教师评价激励制度，定期开展园本研修活动，提升教师专业素养。

第七章 卫生保健与安全管理

第三十七条【环境卫生】

本园严格管理园内环境卫生，营造卫生整洁的工作、学习和生活环境，确保园内无果壳、纸屑、痰迹，墙壁无污迹，公物无损坏。园内严禁吸烟。

第四十条【体格锻炼】

本园制定与幼儿生理特点相适应的体格锻炼计划，保证幼儿每天户外活动不少于2小时，其中体育活动不少于1小时。通过健康活动、游戏活动或其他形式的活动增强幼儿体质，培养幼儿基本运动技能和锻炼习惯，促进幼儿身心健康发展。

第四十三条【平安校园制度】

本园建立健全平安校园制度。严格执行《中小学幼儿园安全管理办法》，制定安全应急预案，定期开展安全教育培训和检查，加强园舍、交通、消防、饮食卫生、健康、周边环境治安以及保育教育安全管理，严格执行接送制度，防范安全事故发生。另外，本园不组织幼儿参加商业性活动和无安全保障的活动。

第四十四条【校方责任险】

本园按照国家有关规定，投保学生意外伤害校方责任险，鼓励幼儿家庭自愿参加人身意外伤害保险。一旦发生校园意外伤害事故，立即启动相关应急预案，及时救助受伤害幼儿，并依法进行善后处理。

第八章 幼儿园与家庭、社区

第四十六条【家长委员会】

本园遵循民主、公开、自愿的原则，组织家长成立家长委员会。

家长委员会在幼儿园的指导下履行参与幼儿园管理、参与保育教育工作、沟通幼儿园与家庭等职责，做好德育、保障幼儿安全健康、防止和纠正学前教育小学化、化解家园矛盾等工作。

本园建立与家长委员会的联席会议制度，通报本园发展规划及进展、保育教育工作情况，听取家长委员会的意见和建议，取得支持和帮助。

第四十七条【家长学校与家园联系机制】

本园通过家长学校、家长沙龙、亲子活动、家庭访问、网络论坛活动等平台,建立教师与家长的日常联系机制,加强对家庭教育的指导,形成家、园教育合力。

本园发挥家长的专业和职业优势,协助幼儿园组织实践活动,开展各类家长助教活动和家长志愿者活动。

第九章 幼儿园资产

第五十二条【资产保护】

本园资产受法律保护,任何单位、个人不得侵占、私分和挪用。

本园对侵占园舍、场地、设施等的行为和侵犯幼儿园名称权及无形资产的行为,依法追究侵权者的责任。

对幼儿园财物造成损坏的,应当依法赔偿。

第五十四条【社会捐赠】

本园依法接受社会各界的捐赠,建立健全受赠财产的使用制度,加强对受赠财产的管理并接受社会监督。

第五十五条【资产安全】

本园如遇因政府规划调整等不可抗拒因素而需要迁址、合并、分立或终止时,应当及时制定保护幼儿园资产安全的方案,并依法进行资产清算。

第十章 附则

第五十七条【章程生效程序】

本章程经本园教职工(代表)大会审议,园务委员会通过,并经杭州市______教育局同意备案之日起实施。

第五十八条【法制统一原则】

本章程未尽事宜,按照法律法规及上级规范性文件政策执行。如有抵触处,以法律法规及上级规范性文件为准。

第五十九条【章程修订程序】

本章程的修改需由园务委员会或1/3以上教职工(代表)大会代表提议方可进行,经教职工(代表)大会审议,园务委员会通过,报杭州市______教育局同意备案后生效。

第六十条【章程解释】

本章程由园务委员会负责解释。

(二)有合格的教师

幼儿教师是代表国家利益,培养新生一代的职业;幼儿教师是引领幼儿走出家庭,走向社会,进入正规学习生活的重要中介和桥梁。①“教师的职业是太阳底下最光辉的职业”,捷克著名教育家夸美纽斯的赞誉是贴切无比的。既然幼儿教师的好坏能影响幼儿一生的发展,幼儿园是否有合格的幼儿教师是其成败的关键,因此应该通过法律明确教师的从业资格,并使之成为设立幼儿园的必要条件之一。当然,幼儿园由于保教合一的特殊性,“教师”还包括了保育人员、医务人员及其他工作人员。

《幼儿园管理条例》第九条对在幼儿园从事幼儿保教工作的各类人员的基本任职要求作了比较具体的规定:1. 幼儿园园长、教师应当具有幼儿师范学校(包括职业学校幼儿教育专业)毕业程度,或者

① 张燕. 幼儿教师专业发展[M]. 北京:北京师范大学出版社,2006:3.

经教育行政部门考核合格;2. 医师应当具有医学院校毕业程度,医士和护士应当具有中等卫生学校毕业程度,或者取得卫生行政部门的资格认可;3. 保健员应当具有高中毕业程度,并受过幼儿保健培训;4. 保育员应当具有初中毕业程度,并受过幼儿保育职业培训。慢性传染病、精神病患者,不得在幼儿园工作。

成为教师的基本条件,简单地说就是通过合法途径取得教师资格证书。《教师法》第十条规定,“国家实行教师资格制度。中国公民凡遵守宪法和法律,热爱教育事业,具有良好的思想品德,具备本法规定的学历或者经国家教师资格考试合格,有教育教学能力,经认定合格的,可以取得教师资格”。第十一条第一项规定:“取得幼儿园教师资格,应当具备幼儿师范学校毕业及其以上学历。”由此可以看出,无论是《教师法》还是《幼儿园管理条例》,以往我国对于幼儿教师的学历要求不高,只需中专毕业即可。而英美等发达国家对于幼儿教师学历的要求则普遍较高,一般需要大学本科毕业并取得相应的学士学位。①

我国于1993年颁布《教师法》,1995年颁布《教师资格条例》,2000年颁布《〈教师资格条例〉实施办法》,初步形成教师资格制度框架。2010年中共中央国务院印发《国家中长期教育改革和发展规划纲要(2010—2020年)》,明确提出“完善并严格实施教师准入制度,严把教师入口关。国家制定教师资格标准,提高教师任职学历标准和品行要求。建立教师资格证书定期登记制度”。2011年,教育部颁发《关于开展中小学和幼儿园教师资格考试改革试点的指导意见》。截至2012年底,共有约2500万人次取得了教师资格。面对新形势新任务新要求,现行教师资格制度存在教师资格学历标准偏低、教师资格认定缺乏严格把关机制等不足,全面完善并严格实施教师资格制度,严把教师入口关,迫在眉睫。

2012年12月14日,我国公布了《关于加强幼儿园教师队伍建设的意见》②,再次重申幼儿园教师上岗须持相应教师资格证书。2013年8月15日又印发了《中小学教师资格考试暂行办法》和《中小学教师资格定期注册暂行办法》,确立幼儿园教师资格考试实行全国统考,且新规定了教师资格定期(五年一周期)注册的审评制度,改变了以往取得教师资格便可一劳永逸的状况,加强了国家对幼儿教师任教资格的长期持续的考核监督,也确保了幼儿教师的职后培训与终身发展。

根据党中央国务院的决策部署,在教育部党组的高度重视和精心部署安排下,中小学教师资格考试改革和定期注册试点于2011年在浙江、湖北两省率先启动,2012年扩大到河北、上海、海南、广西等六省(区、市),从2013年下半年开始,新增山西、安徽、山东、贵州四个省参加试点。教育部的统计显示,试点前教师资格考试通过率一般在70%以上,而在试点工作开始后,通过率降至27.5%。至2015年,我国已正式全面推行教师资格证考试改革,师范生不再允许免试取得教师资格证,申请教师资格证书必须首先报考并通过全国统一考试。报考幼儿园教师资格的应当具备大学专科毕业及以上学历,大大提高了取得幼儿教师资格的门槛。

2016年最新修订完成的《幼儿园工作规程》在第四十条和第四十二条分别对幼儿园园长和保育员的任职资格从法律法规上提出了更高的要求,特别是规定了园长必须取得幼儿园园长岗位培训合格证书,保育员应当具备高中毕业以上学历。同时,相比于征求意见稿规定的“有犯罪、吸毒记录和精神病史者不得在幼儿园工作”,新规又增加了“幼儿园教职工患传染病期间暂停在幼儿园的工作”一条,以切实保护幼儿的身心健康。

一个合格的幼儿教师(包括保育员)不仅仅需要在学历上达标,需要具有必备的专业知识和技能,更需要有良好的职业道德。而现实中,即使在一些优秀的幼儿园中,也会存在某些幼儿教师违反职业道德的现象。对此,国家教育部于2014年公布实施了《中小学教师违反职业道德行为处理办法》,幼儿

① 成丽媛,李佳,李海霞,等.美国幼儿教师资格及其认证方式简介[J].学前教育研究,2007(12):45-49.
呙永会.国外学前教育师资的要求及培养[J].幼儿教育,2000(7-8):44.
童宪明.法德幼儿教育的比较与借鉴[J].教育探索,2010(11):157-159.

② 该意见第3条:“全面实施幼儿园教师资格考试制度,印发幼儿园教师资格考试标准,深化教师资格考试内容改革。幼儿园教师须取得相应教师资格证书。具有其他学段教师资格证书的教师到幼儿园工作,应在上岗前接受教育部门组织的学前教育专业培训。”

教师在其规范的对象范围之内。其中,第四条列举了教师违反职业道德的行为,包括:(一)在教育教学活动中有违背党和国家方针政策言行的;(二)在教育教学活动中遇突发事件时,不履行保护学生人身安全职责的;(三)在教育教学活动和学生管理、评价中不公平公正对待学生,产生明显负面影响的;(四)在招生、考试、考核评价、职务评审、教研科研中弄虚作假、营私舞弊的;(五)体罚学生的和以侮辱、歧视等方式变相体罚学生,造成学生身心伤害的;(六)对学生实施性骚扰或者与学生发生不正当关系的;(七)索要或者违反规定收受家长、学生财物的;(八)组织或者参与针对学生的经营性活动,或者强制学生订购教辅资料、报刊等谋取利益的;(九)组织、要求学生参加校内外有偿补课,或者组织、参与校外培训机构对学生有偿补课的,等等。特别需要注意的是其中第五项所列举的体罚和侮辱、歧视学生。对此,2016 年新修订的《幼儿园工作规程》在《总则》中就明确规定:"幼儿园教职工应当尊重、爱护幼儿,严禁虐待、歧视、体罚和变相体罚、侮辱幼儿人格等损害幼儿身心健康的行为。"

中小学及幼儿园教师如果有以上违反职业道德的行为,将会按行为性质、情节、危害程度的不同,受到警告和记过处分,降低专业技术职务等级、撤销专业技术职务或者行政职务处分,开除处分。

另外,开办幼儿园所需的教师不仅仅要在质量上过关,还需要在数量上达标。具体而言,根据 2013 年 1 月由教育部制定并发布的《幼儿园教职工配备标准(暂行)》的规定,全日制幼儿园的教职工配备需满足以下最低标准:全园教职工与幼儿比须在 1∶5—1∶7 之间,全园保教人员与幼儿比须在 1∶7—1∶9 之间;每班至少配备 2 名专任教师和 1 名保育员,或者配备 3 名专任教师;幼儿园至少设立 1 名园长,6—9 个班的幼儿园至多设立不超过 2 名园长,10 个班以上的幼儿园可以设立 3 名园长;少于三餐一点的幼儿园在每 40—45 名幼儿配备 1 名专职炊事人员的基础上酌减。

(三)有符合规定标准的教学场所及设施、设备等

目前我国幼儿教育活动的组织和开展以一日活动为主,以五大领域的游戏活动为具体内容,以游戏为基本形式。幼儿教师在特定的时间,将幼儿集中起来,有目的、有计划地引导他们主动地开展并参与某一室内或室外的游戏活动,势必需要一个相对封闭、固定、设施完善且安全的保教场所。我国《教育法》、《民办教育促进法》、《幼儿园管理条例》、《幼儿园工作规程》等法律法规都对房屋、场地、设备等办园最基础也是最必要的物质条件作了相应的规定。幼儿园应根据如下具体规定,积极地、因地制宜地创造条件。

1. 园舍方面的要求

幼儿园的园舍首先必须符合国家的卫生标准和安全标准①,这是底线性的规定。幼儿园应设活动室、寝室、卫生间、保健室、综合活动室、办公用房和厨房等。有条件的幼儿园应当优先扩大幼儿游戏与活动的空间,可单独设音乐室、游戏室、体育活动室和家长接待室等。寄宿制幼儿园应增设隔离室、浴室和教职工值班室等。② 除室内保教场地外,幼儿园应有与其规模相适应的户外活动场地,配备必要的游戏和体育活动设施,并创造条件开辟沙地、水池、种植园地等。应根据幼儿活动的需要③,绿化、美化园地。④ 此外,幼儿园建筑规划面积定额、建筑设计要求和教具玩具的配备,参照国家有关部门的规定执行。⑤

就幼儿园建筑规划面积定额问题,原国家教育委员会和建设部于 1998 年联合发布了《城市幼儿园建筑面积定额(试行)》,其中,幼儿园建筑总面积分为园舍建筑面积(见表 4-1)和用地面积(见表 4-2)两部分。前者由活动及辅助用房、办公及辅助用房以及生活用房三部分组成,后者包括建筑占地、室外活动场地、绿化及道路用地等。

---

① 《幼儿园管理条例》第八条。
② 2016 年《幼儿园工作规程》第三十四条。
③ 修订前《幼儿园工作规程》此条款的表述为"应根据幼儿园的特点绿化、美化园地"。
④ 2016 年《幼儿园工作规程》第三十五条。
⑤ 2016 年《幼儿园工作规程》第三十七条。

表4-1 城市幼儿园园舍建筑面积定额

规 模	园舍建筑面积(平方米)	建筑面积定额(平方米/生)
6班(180人)	1773	9.9
9班(270人)	2481	9.2
12班(360人)	3182	8.8

表4-2 城市幼儿园用地面积定额

规 模	用地面积(平方米)	用地面积定额(平方米/生)
6班	2700	15
9班	3780	14
12班	4860	13

当然,由于《城市幼儿园建筑面积定额(试行)》发布的时间较早,相对的标准较低且较为笼统,各省市均在其基础上制定了详细的"幼儿园建设标准",并规定了各类幼儿园的具体用地面积指标和建筑面积指标。以浙江省2007年11月发布的《浙江省普通幼儿园建设标准》(地方强制性标准,DB33/1040-2007)为例,6个班级规模的幼儿园用地面积基本指标不宜低于2287平方米,生均用地面积基本指标不宜低于12.71平方米/生,园舍建筑面积基本指标不宜低于1802平方米,生均建筑面积基本指标不宜低于10.01平方米/生,活动及辅助用房使用面积基本指标不宜低于864平方米,办公及辅助用房使用面积基本指标不宜低于209平方米,生活用房使用面积基本指标不宜低于98平方米。9个班级规模及12个班级规模的幼儿园的用地面积指标和建筑面积指标相应提高。①

就建筑设计要求问题,原国家教育委员会和城乡建设环境保护部于1987年联合颁布了《托儿所、幼儿园建筑设计规范》(以下简称《设计规范》)。《设计规范》主要分为基地和总平面、建筑设计以及建筑设备三章,于建筑设计一章,写明幼儿园生活用房包括活动室(每班面积不小于50平方米)、寝室(每班面积不小于50平方米)、乳儿室、配乳室、喂奶室②、卫生间(包括厕所、盥洗、洗浴,每班面积不小于15平方米)、衣帽贮藏室、音体活动室等。全日制托儿所、幼儿园的活动室与寝室宜合并设置;服务用房包括医务保健室、隔离室③、晨检室、保育员值宿室、教职工办公室、会议室、值班室(包括收发室)及教职工厕所、浴室④等。全日制托儿所、幼儿园不设保育员值宿室;供应用房包括幼儿园厨房、消毒室、烧水间、洗衣房⑤及库房等。同时明令禁止将幼儿生活用房设在地下或半地下室;必须设置各班专用的室外游戏场地,每班的游戏场地面积不应小于60平方米,且各游戏场地之间宜采取分隔措施⑥。于总体细节上而言,在诸如室内最低净高、事关采光的窗地面积比、幼儿卫生间内部设备标准与数量、建筑材料防火性、走廊最小净宽度、主体防风御寒标准等方面都有详尽的规定以供参照执行。

---

① 具体的数据参见杭州教育网 http://www.hzedu.gov.cn/sites/main/template/detail.aspx? id=35988.2016-7-3.

② 乳儿室、配乳室、喂奶室应为托儿所设置。

③ 应为防患传染病之需而设,如普通呼吸道疾病(流感)以及低龄幼儿常患的手足口病与疱疹等。此用房常被幼儿园忽视,编者认为有设置之必要性。

④ 成人与幼儿生理构造方面毕竟有差异,故所用厕所与浴室须独立分开并因人设计。保教人员在使用中也不可贪图便捷而占用、共用幼儿卫生间。

⑤ 消毒室、烧水间、洗衣房编者认为既可集中一处,也可分开设立(融合于生活用房之中)。现实中,多数幼儿园倾向选择后者。

⑥ 早先建设的老幼儿园或设于城中心老小区内的幼儿园,因历史原因或土地被逐年不法侵蚀,难以达到这一要求。严重者可能全园游戏场地面积不过100平方米(不包括大型游乐器械所占面积)。这应当引起土地、教育等部门的重视。个别园似乎找到了一种解决方式,即将游戏场地移至平坦的屋顶。这虽勉强达量之标准,却难达质之标准,且不方便一些户外体育活动的开展(如投掷、飞盘或放风筝等),更隐藏巨大安全隐患,非长久之计。

2. 园址环境方面的要求

幼儿园除了要有一个符合标准的园舍外,其整体环境对幼儿的健康成长和教学活动开展的效果起着举足轻重的作用。《幼儿园教育指导纲要(试行)》在《总则》第四条,从环境创设对教育效果的作用角度,提出了对园址环境的迫切要求:"幼儿园应为幼儿提供健康、丰富的生活和活动环境,满足他们多方面发展的需要,使他们在快乐的童年生活中获得有益于身心发展的经验。"

《幼儿园管理条例》第七条从幼儿园设立的条件角度,规定"举办幼儿园必须将幼儿园设置在安全区域内。严禁在污染区和危险区内设置幼儿园"。所谓"安全区域"一般指不会出危险、不会出事故、不会使幼儿身心受到威胁的区域;"污染区",通常是指有粉尘污染、大气污染、水质污染、噪声污染的区域;"危险区",通常是指危及人们健康与生命的区域。① 此外,《设计规范》第六条则更为翔实:"托儿所、幼儿园的基地选择应满足下列要求:(1) 应远离各种污染源,并满足有关卫生防护标准的要求;(2) 方便家长接送,避免交通干扰;(3) 日照充足,场地干燥,排水通畅,环境优美或接近城市绿化地带;(4) 能为建筑功能分区、出入口、室外游戏场地的布置提供必要条件。"

以上种种要求不仅对于新设立的幼儿园在选址上有法律约束力,即使是已合法设立的幼儿园,在办园过程中,原有达标的环境变得不符合法律法规的标准要求了,其法人代表也应着手进行解决,排除相关的环境污染,而不能放任其威胁幼儿的健康。

3. 设备方面的要求

幼儿教师开展各种教学活动需要传统教具和电子设备等,幼儿进行室内外游戏活动需要学具、玩具、运动器材和大型游乐设备等,幼儿午间或晚上休息需要床、枕头、被褥等……幼儿园运作需要很多的设备,对于这些设备国家有哪些规定呢?这些规定是建议性的,还是强制性的?

2016年《幼儿园工作规程》第三十六条②规定:"幼儿园应当配备适合幼儿特点的桌椅、玩具架、盥洗卫生用具,以及必要的玩教具、图书和乐器等。玩教具应当具有教育意义并符合安全、卫生要求。幼儿园应当因地制宜,就地取材,自制玩教具。"这是一个强制性的规定。

对于幼儿园具体如何按照以上要求进行实际操作,可参照《幼儿园教育指导纲要(试行)》的指导性意见。原国家教育委员会教学食品研究所在1986年编写的《幼儿园教玩具配备目录》也仍具有一定的参考价值。《幼儿园教玩具配备目录》共分为体育活动器械、角色游戏、砂水上教玩具、计算教具、美工教具、音乐教具、语言教具、常识教具、劳动工具与活动室专用设备十大总类。此目录制定旨在"供各地幼儿园配备教玩具时参考"。因此,这是一个建议性的规定。

《民办教育促进法》第十条第二款规定,"民办学校的设置标准参照同级同类公办学校的设置标准执行"。

2000年以来,城市和农村地区都在广泛实施幼儿园的"标准化建设"。以上海市为例,先后出台了《幼儿园建设标准》和《上海市幼儿园标准化建设工程的实施意见》,采取"撤、转、连、改、换、建"③的方法并结合新时代信息化建设,有效改变了幼儿园园所的面貌,提高了教学效率和质量。

(四) 有必备的办学资金和稳定的经费来源

幼儿园正常开展保教工作的最基本也是最重要的保障便是有必备的办学资金与稳定的经费来源,特别是保有独立的资金乃是真正实现幼儿园法人主体资格地位,积极承担法律责任的物质前提,也是提高幼儿园自我保护能力,抵御社会风险的最好方式。

---

① 张乐天.学前教育政策与法规[M].北京:中央广播电视大学出版社,2011:74.

② 此条删除了原有的"寄宿制幼儿园应配备儿童单人床"的规定。笔者认为,此规定删除的原因一是现存寄宿制幼儿园较少,二是任何一个有条件的幼儿园都应当配备儿童单人床,而不是单单寄宿制幼儿园需要特别配备。原有的这个规定没有太大的实际意义。另外,修订后的条款将原有的"教具、玩具"合二为一表述为"玩教具",符合"寓教于乐"的理念。

③ "撤"即对规模小、条件差、生源少,不具备办园条件的园所采取"撤销"措施;"转"即对一些有条件的幼儿园进行"转制",扩大资金渠道,改善办园条件;"连"即对地域上接近,只有一墙之隔的托幼园所,打通阻隔,使之连成一体,成为托幼一体化的幼儿园所;"改"即对一些生源少、条件差、不适合办小学的学校实行改造,让其成为达标的幼儿园所;"建"即指新建的公建配套托幼园所,必须达到标准。

1. 我国教育经费的主要来源

我国教育经费的来源主要有“财、税、费、产、集、捐、金”七个渠道。“财”指财政拨款;“税”指各种教育附加费,包括城市教育费附加、农村教育费附加及其他用于教育的地方附加费;“费”特指学费及其他费用;“产”指校办产业;“集”指农村教育的社会集资;“捐”指各种社会主体(主要为慈善基金)的捐资助学;“金”指运用金融信贷手段支持教育,即具有优惠性质的教育贷款等。

2. 当前我国幼儿园教育经费的主要来源

根据《幼儿园管理条例》第十条“举办幼儿园的单位或者个人必须具有进行保育、教育以及维修或扩建、改建幼儿园的园舍与设施的经费来源”和2016年《幼儿园工作规程》第四十六条“幼儿园的经费由举办者依法筹措,保障有必备的办园资金和稳定的经费来源”等具体规定,前述七大教育经费来源渠道中,“产”、“集”、“金”明确被法律所禁止,“财”与“税”被归入其中一类举办者而和“费”与“捐”成为幼儿园经费的三大主要来源:

(1) 举办者资金投入。对应不同性质的办学机构,公立幼儿园的举办者往往是政府教育行政管理部门,其经费来源主要是财政拨款;民办、私立、附属幼儿园的举办者一般是企事业单位、各类社会团体及其他社会组织与个人,其经费则需自行筹集。

(2) 家长交纳保教费用。尽管近些年不断有学者提出将幼儿教育纳入义务教育的观点,但仅仅停留在学术争论上。现行《义务教育法》并未将其上升至法律层面,且《幼儿园管理条例》第二十四条第一款明确规定,“幼儿园可以依据本省、自治区、直辖市人民政府制定的收费标准,向幼儿家长收取保育费、教育费”。发改委、教育部、财政部三部委联合下发的《幼儿园收费管理暂行办法》第三条更是写明“学前教育属于非义务教育”。当然,2016年《幼儿园工作规程》第四十七条至第五十一条对幼儿园的收费作出了限制性规范,例如:收费要严格按照相关部门的标准,不得以任何其他名目变相、重复收费,不得以任何名义收取与新生入园相挂钩的赞助费;严禁以幼儿表演为手段,以营利为目的的商业活动等。

(3) 接受社会捐助。幼儿园接受社会的捐资助学首先要坚持捐赠者主动自愿的原则,否则将导致这一具有慈善性质的行为变味为法律所禁止的面向社会公众的集资行为,即俗称的“拉赞助”和“民间借贷”;其次,要贯彻捐助的量力而为性和无偿性;最后,在使用这一来源经费时要保证“取之于民用之于民”,真正发挥教育利民强国的本质作用。

三、开办幼儿园的程序要件

案例4-2

(续导入案例)许某办园的决心已定,经过咨询,他也了解到设立幼儿园所需的种种条件。于是,他将旧厂房进行了彻底的改造以符合建园标准,购置了合格的室外大型游戏设施以及室内必备的教学用具,又从当地一所小有名气的民办幼儿园挖来了老教师做园长,从幼儿师范学校招聘了几位取得幼儿教师资格证书的毕业生作为首批老师,从人才市场和劳务市场聘用了保健医生、保育员和厨师。在此基础上,他与园长讨论制定了幼儿园的简易章程,将幼儿园定名为“雪绒花”幼儿园,并与园长另行投入15万元作为幼儿园日常运作的资金。

就这样,一所新的幼儿园风风火火地办了起来。因为硬件设备好,老师较负责,关键是收费比其他民办幼儿园低,吸引了很多家长将自己的孩子送到“雪绒花”幼儿园就读。

可好景不长,一年后的某天,当地教育部门接到幼儿园周围群众举报,称有人在非法办学。于是,“雪绒花”幼儿园被勒令停止办学,作为举办者的许某还受到了行政罚款……

事后,许某很是纳闷:明明都按相关政策规定办的园,怎么就成了非法的呢?

现实生活中,与许某有同样困惑的民办幼儿园设立者不在少数。他们在办园初期,只关注了办园的实体条件,认为"万事俱备"便可"开张"。但法律却告诉我们,就算"万事俱备"可欠了"东风"依旧不成。这"东风"就是现当代法律要求的"程序"条件。

(一) 登记注册制度

《教育法》第二十八条规定:"学校及其他教育机构的设立、变更和终止,应当按照国家有关规定办理审核、批准、注册或者备案手续。"这表明,我国各类学校和教育机构的设立分别有审批与登记注册两种制度。具体到幼儿园的设立,《幼儿园管理条例》第十一条规定:"国家实行幼儿园登记注册制度,未经登记注册,任何单位和个人不得举办幼儿园。"

"登记"和"注册"这两个词语在法律中有丰富的含义,因使用的语境不同,具体意思各异。比如,在物权变动中,登记是不动产物权变动的公示方法,由此还引申出登记成立主义和登记对抗主义;在成立公司时,公司设立人必须按法定程序向公司登记机关(工商管理部门)申请登记在册。又比如,商标注册、专利注册和律师资格注册以及公司注册资本也完全是不同的概念。但总体看来,登记注册大致是一种将某些法律认为重要的信息记录在案并加以公示,以备查阅与管理的手段与过程。

在教育法领域,通常认为,登记注册制度是指主管部门对申请者提交的申请设立教育机构的报告进行审核,如未发现有违背法律、法规的情形,只要拟办的教育机构符合设置标准,都必须予以登记注册,使其取得合法地位;对不符合设置标准的,予以拒绝,并以书面形式通知申请者。其实质是确认申请者所办教育机构的法律地位或事实。

(二) 登记注册程序

由于国家层面的幼教相关法律法规暂时未对各类不同幼儿园的登记注册作出详细的程序性规定(《幼儿园管理条例》仅规定了各类幼儿园登记注册的机关①),只有《民办教育促进法》提及了可适用于民办幼儿园设立的登记注册程序,且各地登记注册机关在实际操作过程中因政策不同也有略微差异。所以,此处重点阐述民办幼儿园的登记注册程序,其次以江苏省和山东省为例,根据两省近年来出台的最新的学前教育机构登记注册办法,简要介绍地方性的普通幼儿园登记注册程序,作为参考。

1. 民办幼儿园登记注册的普通程序

依照《民办教育促进法》第二章"设立"的相关规定,民办幼儿园的设立需要经过两个步骤:

(1) 举办者向审批机关提交材料,申请筹设。筹设的具体流程如图4-1。

(2) 当办学条件已成熟,进而申请正式设立。正式设立的具体流程如图4-2。

2. 民办幼儿园设立所需提交的材料

《民办教育促进法》第十三条与第十五条分别对民办幼儿园在设立的两个阶段所需提交的材料作了明确规定,现将其归纳如表4-3所示。

3. 地方普通幼儿园的登记注册程序

江苏省教育厅于2004年7月16日颁布并实施了《江苏省学前教育机构登记注册办法》,该办法明确了招收0—6岁婴幼儿的各类学前教育机构(当然包括各类幼儿园)均应当进行登记注册,没有登记注册并取得《江苏省学前教育机构登记注册证书》的不得开办。违反以上规定或不符合登记条件而登记注册失败的,如果是该办法实施之前已经举办但需要重新登记注册的幼儿园,则暂缓登记并停止招生限期整改,限期整改仍不通过的,责令其停办;如果是该办法实施之后新开办的幼儿园,视情节轻重给予停止招生、停办等行政处罚。更为严格的是,登记注册实行年审制。如果年审不合格的,限期整改;连续两年不合格的,取消登记并公告。

---

① 《幼儿园管理条例》第十二条:"城市幼儿园的举办、停办、由所在区、不设区的市的人民政府教育行政部门登记注册。农村幼儿园的举办、停办,由所在乡、镇人民政府登记注册,并报县人民政府教育行政部门备案。"

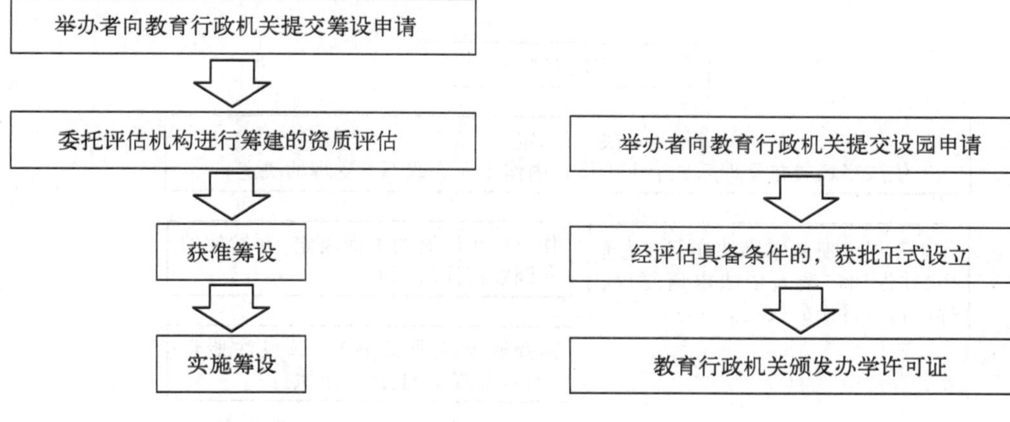

图 4－1

注：根据《民办教育促进法》第十四条的规定："审批机关应当自受理筹设民办学校的申请之日起三十日内以书面形式作出是否同意的决定。同意筹设的，发给筹设批准书。不同意筹设的，应当说明理由。筹设期不得超过三年。超过三年的，举办者应当重新申报。"

图 4－2

注：根据《民办教育促进法》第十六条的规定，"具备办学条件，达到设置标准的，可以直接申请正式设立"，并应当提交必要的材料。根据第十七条的规定，"申请正式设立民办学校的，审批机关应当自受理之日起三个月内以书面形式作出是否批准的决定，并送达申请人；其中申请正式设立民办高等学校的，审批机关也可以自受理之日起六个月内以书面形式作出是否批准的决定，并送达申请人"。

表 4－3　民办幼儿园设立所需提交的材料

	申请筹设	申请正式设立
所需提交的材料	① 申办报告①	① 筹设批准书
	② 举办者姓名、住址或名称、地址	② 筹设情况报告
	③ 资产来源、资金数额及有效证明文件（载明产权）	③ 学校章程、首届学校理事会、董事会或者其他决策机构人员名单
		④ 学校资产的有效证明文件
	④ 捐赠协议②	⑤ 校长、教师、财会人员资格证明文件

拓展阅读

南京鼓楼区幼儿园登记注册流程图③

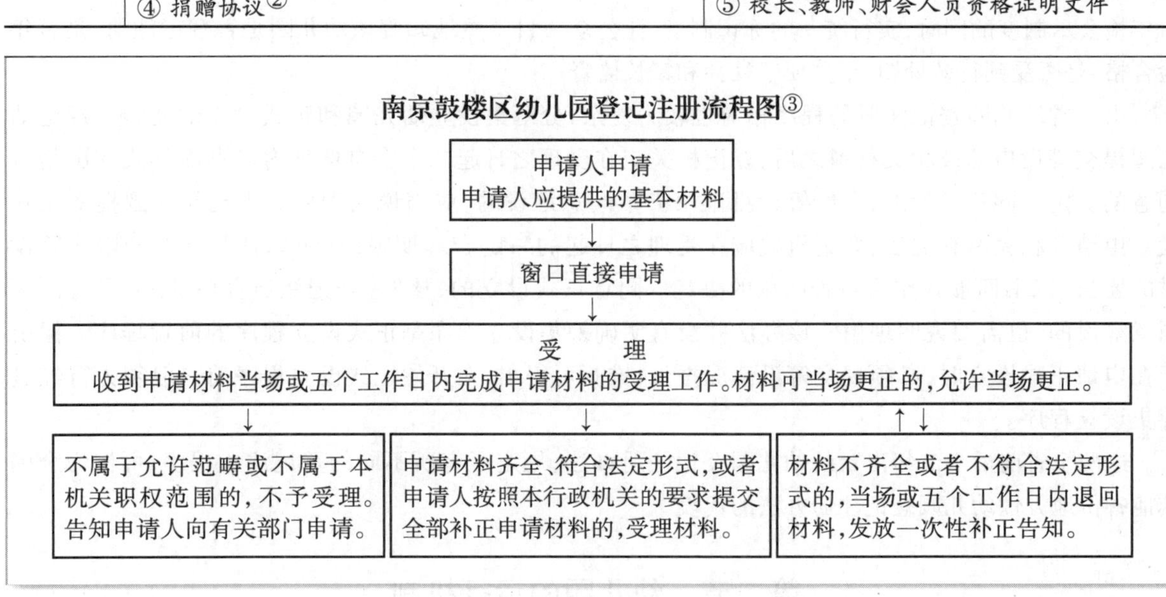

① 内容应当主要包括：举办者、培养目标、办学规模、办学层次、办学形式、办学条件、内部管理体制、经费筹措与管理使用等。
② 只有属于捐赠性质的校产才需提交。载明捐赠人的姓名、所捐资产的数额、用途和管理方法及相关有效证明文件。
③ 详见 http://www.njgl.gov.cn/art/2009/2/12/art_12750_929176.html. 2016－7－3.

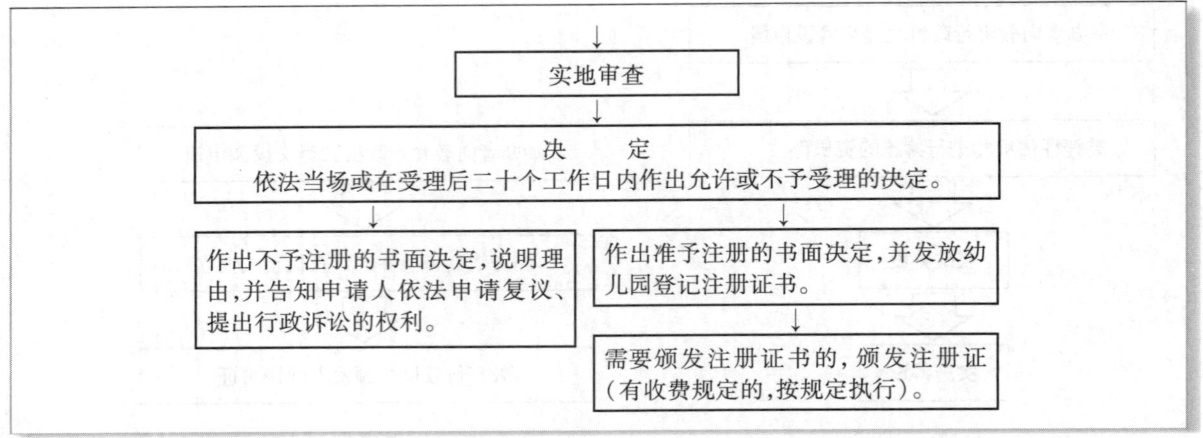

江苏省幼儿园登记注册的程序共有三个步骤:第一,由举办单位或个人向县(市、区)登记注册机关提出书面申请;第二,填写《江苏省学前教育机构登记注册表》;第三,教育行政部门在接到申请的20日内对申请者的办学资质进行审查,对符合规定条件的准予登记注册,发给《江苏省学前教育机构登记注册证书》,并报市级教育行政部门备案。

登记注册过程中需要提交大量的材料,大多数为能够证明该幼儿园有能力运作的材料,包括:申请报告,举办者的资格证明材料(正本),拟任园、所长或主要行政负责人及拟聘教师、工作人员的资格证明、健康证明、福利待遇材料、聘任合同等,拟办园、所的资产及经费来源的证明材料(正本),拟办园、所的场地证明,卫生行政部门提供的卫生保健合格证明、公安消防部门提供的消防安全证明、建筑部门提供的房屋安全合格意见书,符合法规的拟办园、所的章程和发展规划,审批部门按法律法规要求提供的其他材料。

山东省教育厅于2016年2月颁布并实施了《山东省学前教育机构登记注册管理办法》。与江苏省的登记注册办法不同,该登记注册管理办法所称的幼儿教育机构仅指招收3—6周岁幼儿,实施保教活动的幼儿园,并不包括各类早教机构。该办法相对更为严格的一点是对于幼儿园的名称作了限制规范,原则上要求幼儿园的名称不能使用容易给公众造成误导的词语。而其较为新颖的是在对幼儿园实行年检公示制度的同时,实行统一的标识制度,让公众一目了然地知晓该幼儿园是否登记注册,是否年检合格,是否受到行政处罚,十分便于社会和家长监督。

山东省幼儿园登记注册的程序相对也较为复杂,分筹集设立幼儿园和正式设立幼儿园。规定幼儿园提交筹设申请及相关材料之后,登记机关应在受理之日起二十个自然日内以书面形式作出是否同意的决定。同意筹设的,发给筹设批准书。不同意筹设的,应当说明理由。规定幼儿园提交正式设立申请及相关材料之后,登记机关应在受理之日起的一定合理期限内(可以认为这个期限比筹设时的要长)以书面形式作出是否同意的决定。同意正式设立的,核发《登记注册合格证》并公告。不同意筹设的,也需要说明理由。该办法并没有明确筹集设立程序是正式设立程序的前置程序。但由于在申请正式设立时,必须提交筹设情况报告,推测可得出,在开始正式设立程序前一般须先行经过筹集设立程序。

这两个省前后十二年出台的幼儿园登记注册办法,规定了有所不同的登记注册程序,可作为全国其他省份地方性幼儿园登记注册办法的代表。

第二节　幼儿园的运行机制

幼儿园的依法设立只是办园之路上迈出的第一步。俗话说,“良好的开端是成功的一半”。对于案例导入中的主人公许某而言,假设他已经顺利拿到了幼儿园办学许可证,之后的难题便是如何将“雪绒花”幼儿园正常并良好地持久运作下去。“运行机制”作为一个一般的学术词汇，意指在人类社会有规律的运动中，影响这种运动的各因素的结构、功能及其相互关系，以及这些因素产生影响、发挥功能的作用过程和作用原理及其运行方式。① 结合幼儿园这个特定对象，运行机制就是某家幼儿园开展日常保教活动时，其内部各部门之间、与外部机构之间，主要在人事、财务等方面相互作用，以及作为整体其本身发展、变更的过程和方式。

一、准入制度

“准入”，顾名思义，就是准许进入（某些领域）的实体和程序要求。此处所提及的“准入制度”，其基本含义等同于上一节“举办幼儿园的程序要件”部分叙述的“登记注册制度”，但细究之下还是略有不同。在一些政策指导性文件中，既使用了含义较为宽泛的“准入制度”，同时又出现了“登记注册制度”。如2010年11月21日国务院颁发的《国务院关于当前发展学前教育的若干意见》规定：“加强幼儿园准入管理。完善法律法规，规范学前教育管理。严格执行幼儿园准入制度。各地根据国家基本标准和社会对幼儿保教的不同需求，制定各种类型幼儿园的办园标准，实行分类管理、分类指导。县级教育行政部门负责审批各类幼儿园，建立幼儿园信息管理系统，对幼儿园实行动态监管。完善和落实幼儿园年检制度。未取得办园许可证和未办理登记注册手续，任何单位和个人不得举办幼儿园。对社会各类幼儿培训机构和早期教育指导机构，审批主管部门要加强监督管理。”

很明显，准入制度不再仅仅是种“门槛”，而是作为教育行政部门对幼儿园动态管理的一种手段，具体包括了登记注册制度和年检制度。严格意义上，年检手续是登记注册手续向后的延伸，因为相隔固定时间一次的年检就相当于登记注册手续的重复，好比学生每学期或每学年开学所要进行的报到注册。年检制度进一步加强了相关部门对幼儿园教育质量的监管，形成了具有主动清退不合格者功能的较为完全的准入机制。

对近年来民办幼儿园暴露出的种种乱象，国务院《国务院关于当前发展学前教育的若干意见》就无证幼儿园问题作出了排查、指导与整改的解决意见，要求“各地要对目前存在的无证办园进行全面排查，加强指导，督促整改。整改期间，要保证幼儿正常接受学前教育。经整改达到相应标准的，颁发办园许可证。整改后仍未达到保障幼儿安全、健康等基本要求的，当地政府要依法予以取缔，妥善分流和安置幼儿”。

二、人事制度

人事制度是关于用人以治事的行动准则、办事规程和管理体制的总和。广义的人事制度包括工作人员的选拔、录用、培训、工资、福利、监督、退休与抚恤等各项具体制度。狭义的人事制度指国家公务人员的任用、管理制度。可见，幼儿园的人事制度指的是广义上的人事制度，且探讨的主要内容是教师的聘任制度。

（一）教师人事制度的变革——从任命制到聘任制

受计划经济时代人事制度的影响，我国曾长期将教师作为一类干部（公务员）来对待，来给予待遇，实行的人事制度是名为“计划调配”的任命制，也就是我们日常能够从父母及祖父母辈那里听到的“毕业后分配”这一时代用语。当然，计划调配制度有积极的历史作用，对国家教育事业的发展作出了一定的功绩。最明显的一点，它能切实保障教师的工资待遇，有效稳定教师队伍。

但随着改革开放脚步的到来，逐渐地，教育的需求量变大、变得更具多样性，教育行政机关不可能再把学校牢牢掌控在自己的手中，更没有能力在体制内给社会提供它所迫切需要的更优质、更开

① 张乐天.学前教育政策与法规[M].北京：中央广播电视大学出版社，2011：78.

放的教育。于是,国家开始鼓励社会出资办学,并出台了如《民办教育促进法》等法律法规来予以规范。同时,随着市场经济的建立,企事业机关的人事制度本身也在经历着改革,改革的趋势在向纵深发展。

诸多原因交织在一起,最终的结果是幼儿园人事制度的不断革新。如今幼儿园的管理渴望独立和自由,在人事制度上体现为教师的"专业技术职务聘任制",即"教师聘任制度"。

(二) 教师聘任制的概念要素及其内容

1. 法律上的概念与要素

《教师法》第十七条第一款规定:"学校和其他教育机构应当逐步实行教师聘任制。教师的聘任应当遵循双方地位平等的原则,由学校和教师签订聘任合同,明确规定双方的权利、义务和责任。"

从以上法条可以看出,聘任制的概念涵盖了以下几个要素:聘任方和受聘者双方处于完全平等的地位,并本着完全自愿的原则,任何一方都无权强迫另一方同意某些条款;以合同形式约定下来的有关责、权、利等方面的内容具有法律效力并受法律保护。

2. 主要内容

教师聘任制的具体内容主要包括了四大形式——招聘、续聘、解聘和辞聘①,这也是一名新任职的幼儿园教师所必然经历的全部或部分环节。

(1) 招聘。招聘是指用人单位(幼儿园)向社会公开、择优选拔具有教师资格的所需人员。其具有公开、直接、自愿和透明度高等优点。在招聘环节中,必须高度重视的是双方一定要签订纸质的、规范的聘用合同②,签订合同时的注意事项能帮助新教师解决其面临的困惑。

(2) 续聘。续聘是指招聘时订立的合同所确定的聘用期满后,聘任单位(幼儿园)与教师继续签订聘任合同。在续聘时,教师可就工资待遇等一系列问题与幼儿园进行协商更改,并写入续聘合同之中。③

(3) 解聘。解聘是最容易导致劳动合同纠纷的一个环节,指的是用人单位(幼儿园)因某种原因不继续聘任教师,双方解除合同关系。解聘广义上分为到期自动解除聘任和用人单位提前解除合同两类,在此是狭义的解聘,仅指后者。解聘的理由可能是幼儿教师的过错,也可能是幼儿园出现了某些"危机",如民办园经营不佳作出的人员精简等。无论是哪一方的原因导致解聘,幼儿园都需要有充分合理并合法的理由,否则要因过错承担违约责任。

(4) 辞聘。辞聘正好与解聘相反,指的是教师主动请求与幼儿园解除聘任合同的行为。辞聘的理由五花八门,教师可以随时终止聘任合同的继续履行,但若由于自己的过错而导致合同无法履行,要承担相应的违约责任。教师能证明是对方先行违反合同内容的,则无需承担法律责任。若双方均有过错,就按过错大小分担责任。需要指出的是,以合理理由辞聘的,应该提前一个月向幼儿园负责人提交书面辞职报告。

对于案例4-3中的王莉来说,如果幼儿园方面确实认为其不能胜任原工作,可以将其调换至适合她现有状况、较为轻松的岗位④,而不是将其"无情"地辞退。

---

① 张乐天.学前教育政策与法规[M].北京:中央广播电视大学出版社,2011:80.

② 聘用合同包括两类,即劳动合同和雇佣合同。劳动合同针对的是未退休人员,退休人员由于在法律上丧失了劳动资格和能力,所以同时也丧失了和用人单位签订劳动合同的主体资格。用人单位若要返聘退休人员,双方签订的合同即为雇佣合同。当然,值得注意的是,《工伤保险条例》并不调整雇佣关系。

③ 特别是聘用期长短的问题,幼儿园出于教师队伍稳定的考虑,往往希望可以与幼儿教师订立长达三五年的聘任合同;而幼儿教师一般出于"跳槽"方便、自由的考虑,大多只愿意签订一年乃至半年的聘任合同。故而,对于这类问题,新教师需要仔细斟酌。

④ 参见《女职工劳动保护特别规定》第五条:"用人单位不得因女职工怀孕、生育、哺乳而降低其工资、予以辞退、与其解除劳动或者聘用合同。"第六条第一款和第二款:"女职工在孕期不能适应原劳动的,用人单位应根据医疗机构的证明,予以减轻劳动量或者安排其他能够适应的劳动。对怀孕7个月以上的女职工,用人单位不得延长劳动时间或者安排夜班劳动,并应当在劳动时间内安排一定的休息时间。"

对于案例4－3中的冯静来说，她在幼儿园已工作了4年，按照以上劳动部的规定，其享有3个月的医疗期。幼儿园当然不得在医疗期内提出解除合同的要求。但是值得注意的是，按照职业病的定义（参见相关脚注），冯静所得之病虽与工作压力有着间接的关联，但并不属于法律所规定的职业病范围。

案例 4－3[①]

王莉和冯静在大学是同班同学，毕业后在机缘巧合下均竞聘到一所幼儿园担任幼儿教师。2个人都同该园签订了为期5年的劳动合同，月工资为2300元，试用期为3个月。双方另约定，除非发生不可抗力或意外事件，合同期满前任何一方不得解除合同，否则将承担违约责任。

在工作的第2年，王莉怀孕了。学期末，相关部门下发通知，将对全市幼儿园进行全方位的评估。为应对教育主管部门的评估和检查，该幼儿园组织全园教师加班加点准备迎接评估。王莉因为怀有身孕，一些工作无法完成。幼儿园最终以她不能胜任工作为由将其辞退。

无独有偶，冯静在参加工作的第4年，也由于工作压力过大，患上了严重的抑郁症。虽多次去医院治疗，但病情仍没有好转。于是，幼儿园以其因病不能胜任工作为由将其解聘。

试问：幼儿园能否以怀孕为由将王莉解聘？冯静所患的抑郁症是否属于"职业病②"？幼儿园又能否以此为理由将其解聘？

拓展阅读

幼儿园不能解除劳动合同的情形③

根据《妇女权益保障法》和《劳动合同法》等法律规定，任何单位不得因结婚、怀孕、产假、哺乳等情形，降低女职工的工资，辞退女职工，单方解除劳动（聘用）合同或者服务协议；但是，女职工要求终止劳动（聘用）合同或者服务协议的除外。所谓孕期，是指妇女怀孕期间；产期，是指妇女生育期间；产假原为90天，2012年4月18日通过，4月28日公布并实施的《女职工劳动保护特别规定》（国务院令第619号）第七条将产假延长至98天，其中产前可以休假15天④；哺乳期，是指从婴儿出生到其1周岁期间。

拓展阅读

劳动部《关于发布〈企业职工患病或非因工负伤医疗期的规定〉的通知》（节录）

企业职工因患病或非因工负伤，需要停止工作医疗时，根据本人实际参加工作年限和在本单位工作年限，给予3个月到24个月的医疗期：① 实际工作年限10年以下的，在本单位工作年限5年以下的为3个月；5年以上的为6个月。② 实际工作年限10年以上的，在本单位工作年限5年以下的为6个月；5年以上10年以下的为9个月；10年以上15年以下的为12个月；15年以上20年以下的为18个月；20年以上的为24个月。

---

① 案例参考武祥海，李小红．以案释法：幼儿园涉法事务全解析[M]．南京：南京师范大学出版社，2011：61－62．

② 职业病是指用人单位的劳动者在职业活动中接触粉尘、有毒有害物质或放射性物质而引起的疾病。

③ 武祥海，李小红．以案释法：幼儿园涉法事务全解析[M]．南京：南京师范大学出版社，2011：62．

④ 《女职工劳动保护特别规定》第七条："女职工生育享受98天产假，其中产前可以休假15天；难产的，应增加产假15天；生育多胞胎的，每多生育1个婴儿，可增加产假15天。女职工怀孕未满4个月流产的，享受15天产假；怀孕满4个月流产的，享受42天产假。"

案例 4－4

今年22岁的赵小雪于2003年7月21日与河南漯河市郾城区某幼儿园达成聘用意向书。意向书约定：幼儿园将与赵小雪签订为期2年的聘用合同，其基础工资、职务工资、工龄补助等每月合计约625元。同日，双方签订培训协议书，约定由幼儿园出资2500元让赵小雪去北京受专业培训，回来后赵小雪须在幼儿园工作2年，2年期内不得提出调离。若调离，要赔偿幼儿园培训费2500元。

2003年9月16日，培训结束后，赵小雪与幼儿园签订聘用合同。聘用合同载明聘用期为3年，工资支付标准"按不低于现行法律法规规定的最低工资标准支付"，改变了聘用意向书中"签为期2年的聘用合同、工资标准按625元支付"的内容。双方同时约定：幼儿园按国家规定为赵小雪缴纳养老、失业、医疗等社会保险费用。赵小雪未对聘用合同书提出异议，双方均在聘用合同书上签了字。自此以后，聘用合同得到实际履行。幼儿园支付赵小雪的工资是每月500元左右，赵小雪一直认可。

2005年2月26日是新学期开学的第一天，赵小雪却没有上班。经多次催问，赵小雪表示要辞职。由于幼儿园一时招不到合适的教师，致使许多幼儿退学。幼儿园多次要求赵小雪继续履行聘用合同，但被赵小雪拒绝。幼儿园遂于4月6日向郾城区人事争议仲裁委员会申请仲裁，要求依法裁决赵小雪赔偿幼儿园培训费2500元，以及因其擅自离职造成的经济损失3000元。

郾城区人事争议仲裁委员会查清事实后，依法作出裁决：(1) 赵小雪赔偿幼儿园各种损失5730元，其中培训费2500元、直接经济损失3080元，单方违法解除劳动合同赔偿金150元。(2) 幼儿园依法为赵小雪办理社会保险手续，缴纳双方存在劳动(聘用)关系期间的社会保险费(养老、失业、医疗等)。

(三) 教师聘任制的现状与发展

现今在幼儿园里的教师大致分为两类：在编的和未在编的。两者所指向的是一个关乎每个幼儿教师职场命运的词语——编制。实质上，有编制的教师是人事任命制异变的产物，而无编制的教师是人事聘任制的产物。前者的人事关系在教育行政机关内部的人事处，其工资由财政拨款全额给付，并享受近乎公务员的社保和医保待遇。2000年以后，越来越多的地方采用人事代理制度来聘用教师。而很多地方出台了相关政策，让无编制教师享受和事业单位工作人员一样的待遇。

可以说，人事代理制是幼儿园人事制度未来发展的大方向。但在很长一段时间内，在编和未在编幼儿教师及其差异仍将存在，幼儿园教师编制考试的激烈竞争也还将持续一段时间。

三、经费管理

(一) 幼儿园收费行为的规范

国务院《国务院关于当前发展学前教育的若干意见》对此作了五个方面的总体性规定：

第一，制定幼儿园收费管理办法，规范收费项目，明确管理职责，加强收费监管。

第二，省级政府有关部门根据城乡经济社会发展水平、办园成本和群众承受能力，按照非义务教育阶段家庭合理分担教育成本的原则，合理制定公办幼儿园收费标准。

第三，加大对民办幼儿园收费的监管力度，完善备案程序，实行分类指导。

第四，严格执行幼儿园收费公示制度。幼儿园要对收费项目、收费标准等内容予以公示，加强社会监督。

第五，坚决查处乱收费现象。

依照法律，权利与义务是对等的，幼儿园拥有收费权利的同时也必须尽到相关的法律义务，即“遵守国家有关规定收费并公开收费项目的义务”。为了规范收费，杜绝乱收费现象，特别是回应近些年社会对“入园难、入园贵”问题的议论，国家先后出台了多项全国性的法规与政策，归纳如下表：

表4－4

<table>
<tr><th>法规或政策名称</th><th>条文编号</th><th>具体内容</th></tr>
<tr><td rowspan="2">《教育法》</td><td>第三十条第五款</td><td>遵照国家有关规定收取费用并公开收费项目。</td></tr>
<tr><td>第七十八条</td><td>学校及其他教育机构违反国家有关规定向受教育者收取费用的，由教育行政部门责令退还所收费用；对直接负责的主管人员和其他直接责任人员，依法给予行政处分。</td></tr>
<tr><td>《民办教育促进法》①</td><td>第三十八条</td><td>民办学校收取费用的项目和标准根据办学成本、市场需求等因素确定，向社会公示，并接受有关主管部门的监督；非营利性民办学校②收费的具体办法，由省、自治区、直辖市人民政府制定；营利性民办学校的收费标准，实行市场调节，由学校自主决定；民办学校收取的费用应当主要用于教育教学活动、改善办学条件和保障教职工待遇。</td></tr>
<tr><td>《民办教育促进法实施条例》</td><td>第三十五条</td><td>民办学校对接受学历教育的受教育者收取费用的项目和标准，应当报价格主管部门批准并公示；对其他受教育者收取费用的项目和标准，应当报价格主管部门备案并公示。具体办法由国务院价格主管部门会同教育行政部门、劳动和社会保障行政部门制定。</td></tr>
<tr><td>《幼儿园管理条例》</td><td>第二十四条第一款</td><td>幼儿园可以依据本省、自治区、直辖市人民政府制定的收费标准，向幼儿家长收取保育费、教育费。</td></tr>
<tr><td>2016年新《幼儿园工作规程》</td><td>第四十七条</td><td>幼儿园收费按照国家和地方的有关规定执行。幼儿园实行收费公示制度，收费项目和标准向家长公示，接受社会监督，不得以任何名义收取与新生入园相挂钩的赞助费。幼儿园不得以培养幼儿某种专项技能、组织或参与竞赛等为由，另外收取费用；不得以营利为目的组织幼儿表演、竞赛等活动。③</td></tr>
<tr><td rowspan="3">《关于幼儿教育改革与发展的指导意见》</td><td>第四条</td><td>民办幼儿园（班）要按照国家有关规定，根据办学成本合理确定收费标准，报有关部门备案并公示。</td></tr>
<tr><td>第九条</td><td>价格主管部门和财政部门负责向已取得办园许可证并办理登记手续的幼儿园颁发收费许可证、提供行政事业性收费专用票据④。</td></tr>
<tr><td>第十条</td><td>幼儿园不得以开办实验班、特色班和兴趣班等为由，另外收取费用，不得收取与幼儿入园挂钩的赞助费、支教费等。</td></tr>
</table>

① 在有些教材中，民办幼儿园的经费管理被称作“资产与财务管理”而单独叙述。这有一定的道理，因为民办园在经费管理上确实与公办园有差异。但考虑到逻辑的连贯性和内容的整体性，本书并未将其分列为两部分，以方便上下对照，学习时请注意区分。

② 民办幼儿园为非营利性民办学校，可以参照公办园的收费标准执行，也可根据办学成本自主确定收费项目和收费标准，且只需向相关部门备案，而不需要其批准。这与公办园有所差异，公办园的收费项目和标准由相关教育行政部门会同价格等部门联合制定。

③ 与原《幼儿园工作规程》相比较，新规规定了收费公示制度，将收费标准提高到了国家层面，特别强调禁止收取入园赞助费和组织、参与营利性的竞赛活动。

④ 在2012年《幼儿园收费管理暂行办法》颁布实施之前，可以将此条款中的幼儿园理解为所有幼儿园，包括民办园。基于此，学者认为民办园收费必须使用财政部门统一印刷的行政事业性收费专用票据向缴费的家长开具收据，而不得随意使用市面上购买的收据或自印的收据。但2012年之后出现了重大变化，民办园收取费用不得再开具收据，而应按规定开具税务机关统一印制的税务发票。对于此点，家长也需着重注意。

(续表)

法规或政策名称	条文编号	具体内容
《幼儿园收费管理暂行办法》	第三条	学前教育属于非义务教育,幼儿园可向入园幼儿收取保育教育费(简称“保教费”),对在幼儿园住宿的幼儿可以收取住宿费。
	第四条	公办幼儿园的保教费、住宿费收入纳入行政事业性收费管理,民办幼儿园的保教费、住宿费收入纳入经营服务性收费管理。
	第八条	公办幼儿园住宿费标准按照实际成本确定,不得以营利为目的。
	第九条	民办幼儿园保教费、住宿费标准,由幼儿园按照《民办教育促进法》及其实施条例规定,根据保育教育和住宿成本合理确定,报当地价格主管部门、教育行政部门备案后执行。享受政府财政补助(包括政府购买服务、减免租金和税收、以奖代补、派驻公办教师、安排专项奖补资金、优惠划拨土地等)的民办幼儿园,可由当地人民政府有关部门以合同约定等方式确定最高收费标准,由民办幼儿园在最高标准范围内制定具体收费标准,报当地价格、教育、财政部门备案后执行。
	第十一条第一款	幼儿园为在园幼儿教育、生活提供方便而代收代管的费用,应遵循“家长自愿,据实收取,及时结算,定期公布”的原则,不得与保教费一并统一收取。
	第十一条第三款	幼儿园不得收取书本费。
	第十二条	幼儿园除收取保教费、住宿费及省级人民政府批准的服务性收费、代收费外,不得再向幼儿家长收取其他费用。幼儿园不得在保教费外以开办实验班、特色班、兴趣班、课后培训班和亲子班等特色教育为名向幼儿家长另行收取费用,不得以任何名义向幼儿家长收取与入园挂钩的赞助费、捐资助学费、建校费、教育成本补偿费等费用。
	第十四条	幼儿园对入园幼儿按月或按学期收取保教费,不得跨学期预收。
	第十七条第一款	幼儿园应通过设立公示栏、公示牌、公示墙等形式,向社会公示收费项目、收费标准等相关内容。
	第十八条	公办幼儿园收取保教费、住宿费,应到价格主管部门办理收费许可证,按规定进行收费许可证年审,并按照财务隶属关系使用财政部或省级财政部门印(监)制的财政票据。民办幼儿园收取保教费、住宿费,要按规定使用税务机关统一印制的税务发票。

(二)幼儿园经费的使用管理

对于缴纳了保教费、住宿费和其他服务性费用的家长而言,他们关心幼儿园在收取各种费用后是否很好地将之用在自己孩子身上。而对于幼儿园园长来说,首先要回应家长们可能存在的质疑,其次要保障本园的良性运转,这需要对经费的使用进行管理。理论上说,每个幼儿园都是按照财务规范进行财务管理的。但实际上,每个园都有各自管理经费的方式,具体操作各异。具体有关幼儿园经费管理的法规与政策条文见下表:

表4-5 幼儿园经费管理的有关法规与政策

	条文名称	内容
原则:合理开支、专款专用	《幼儿园管理条例》第二十四条第二款	幼儿园应当加强财务管理,合理使用各项经费,任何单位和个人不得克扣、挪用幼儿园经费。
	2016年新《幼儿园工作规程》第四十八条	幼儿园的经费应当按照规定的使用范围合理开支,坚持专款专用,不得挪作他用。

（续表）

		条文名称	内　　容
具体管理规范	公办园①	2016年新《幼儿园工作规程》第四十九条、第五十条、第五十一条	幼儿园举办者筹措的经费，应当保证保育和教育的需要，有一定比例用于改善办园条件和开展教职工培训。④
			幼儿膳食费应当实行民主管理制度，保证全部用于幼儿膳食，每月向家长公布账目。
			幼儿园应当建立经费预算和决算审核制度，经费预算和决算应当提交园务委员会审议，并接受财务和审计部门的监督检查。⑤ 幼儿园应当依法建立资产配置、使用、处置、产权登记、信息管理等管理制度，严格执行有关财务制度。⑥
	民办园②	《民办教育促进法》第三十五条、第三十九条：财务管理	民办学校应当依法建立财务、会计制度和资产管理制度，并按照国家有关规定设置会计账簿。⑦
			民办学校资产的使用和财务管理受审批机关和其他有关部门的监督。民办学校应当在每个会计年度结束时制作财务会计报告，委托会计师事务所依法进行审计，并公布审计结果。
		《民办教育促进法》第三十六条、第三十七条：资产权③	民办学校对举办者投入民办学校的资产、国有资产、受赠的财产以及办学积累，享有法人财产权。
			民办学校存续期间，所有资产由民办学校依法管理和使用，任何组织和个人不得侵占。任何组织和个人都不得违反法律、法规向民办教育机构收取任何费用。

四、幼儿园的变更与终止

幼儿园⑧是法人，法人如同自然人，会经历从出生到死亡的过程，也就是法人的设立与成立、变更、终止的过程。下文将简要介绍幼儿园的变更与终止。

（一）民办幼儿园的变更——分立与合并

随着幼教事业的蓬勃发展，出现了各种各样的问题，如重复办学、重复建设。这必然导致各类民办幼儿园之间的分立与合并。分立与合并是法人变更的两种相反的形式。

关于幼儿园的变更，不少人第一反应是认为其要么是改了名称、换了地址，要么是变更了老板。确实，这些也属于幼儿园变更的范畴，但却属于不能导致法人组织形态变化进而变动其根本法律地位的其他重要事项的变更。民办幼儿园的分立与合并是较为复杂、涉及法律问题颇多的变更行为。

法人的分立，是指一个法人分成两个或两个以上的法人。分立的方式有两种：一种是创设式分立，

① 在此所谓"公办园"并非特指这些规定只针对公办园，而是针对所有幼儿园的。之所以这样称呼，仅为了在体制上作区分。

② 指适用于民办园的特殊规定。

③ 民办幼儿园作为法人，享有独立的财产，即民办园的举办者和资金投入者一旦对幼儿园出资，那么出资的资金便不再属于前者所有，而是归民办园这个法人整体独立支配。至于幼儿园如何具体行使独立财产权，可交由成立时所设立的董事会或理事会等决策机构决定。

④ 相比较原有的规定，删除了"提留一定比例作为幼儿园基金"，增加了"将经费用于教职工培训"的规定。

⑤ 相比较原有的规定，经费的预算和决算不再提交教职工大会审议，充分提高了园务委员会在幼儿园管理中的作用。

⑥ 此第二款为新增条款。

⑦ 民办园必须配备专职财会人员。在管理好资金的同时，更要管理好资产，包括无形资产。要划清固定资产和低值易耗品的界限，设置固定资产账卡。防止因财、物管理不善造成浪费、破损、丢失，努力克服管理中重财轻物的倾向。另外，要依照《会计法》的规定，规范设置会计账簿，做好日常会计核算和监督工作。要分清幼儿园中国有财产、创办者投入到教育机构的财产和教育机构通过办学积累的财产，并分别登记建账；及时记账、结账、对账及编报各种财会报表，做到账征相符、账账相符、账表相符、账物（钱）相符；及时清理往来款项，库存现金不得超过银行核定的限额。（张乐天. 学前教育政策与法规[M]. 北京：中央广播电视大学出版社，2011：92－93.）

⑧ 各类幼儿园。

即一个法人分成两个及以上法人,原法人消灭;另一种是存续式分立,即原法人存续,但分出某一部分财产和人员设立新法人。① 前者是原有的幼儿园一分为二,拆解成完全不相干、彼此独立的两家新幼儿园,打个不恰当的比喻,好比连体婴儿的分离;后者指原有的幼儿教育集团为拓展业务,成立新的分园,再打个不恰当的比喻,好比母亲产下她的孩子。

法人的合并,是指两个及以上的法人合并为一个法人。合并的方式同样有两种:一是新设合并,即两个及以上的法人合并为一个新法人,原来的法人消灭,新的法人产生;二是吸收合并,即一个或多个法人归并到一个现存的法人中去,被合并法人的主体资格消灭,存续法人的主体资格仍然存在。② 前者是A幼儿园、B幼儿园、C幼儿园合并成D幼儿园,后者是A幼儿园、B幼儿园、C幼儿园与D幼儿园合并成D幼儿园。

《民办教育促进法》第五十三条就幼儿园分立、合并的程序作了明确规定:"民办学校的分立、合并,在进行财务清算后,由学校理事会或者董事会报审批机关批准。申请分立、合并民办学校的,审批机关应当自受理之日起三个月内以书面形式答复。"当然,《民办教育促进法》并未对民办学校分立、合并的实质条件、种类作相关规定。

在民办幼儿园分立与合并的过程中,必须妥善安排好原所在幼儿园幼儿的继续学习,不能在此过程中,损害幼儿及家长的利益。

(二)民办幼儿园举办者的变更

幼儿园作为事业单位法人③,不同于企业法人。为保证交易的安全,我国《民法通则》第四十四条规定:"企业法人分立、合并或者有其他重要事项变更,应当向登记机关办理登记并公告。"而《民办教育促进法》第五十四条规定:"民办学校举办者的变更,须由举办者提出,在进行财务清算后,经学校理事会或者董事会同意,报审批机关核准。"在这里,并不要求登记与公告,而是明确应当履行报批的程序,以防止擅自变更行为的发生,有利于更好地维护幼儿园的合法权益。

(三)民办幼儿园名称、层次和类别的变更

《民办教育促进法》第五十五条进一步规定:"民办学校名称、层次、类别的变更,由学校理事会或者董事会报审批机关批准。申请变更为其他民办学校,审批机关应当自受理之日起三个月内以书面形式答复。"幼儿园的举办者在申请筹设和正式设立幼儿园时,都应当提交有关幼儿园的名称、办学层次和学校类别等方面的材料。经有关审批机关批准后,幼儿园的名称、层次和类别就成了该园作为独立法人的标志。幼儿园发布招生简章和广告,从事保教活动等,都必须在批准登记的范围内进行。

(四)民办幼儿园的终止

如前所述,法人也会像自然人一样死亡,这种"死亡"被称作法人的终止,即法人主体资格的完全消灭。法人一旦终止,则它的民事权利能力和民事行为能力随之丧失。近年来,乘着国家大力扶助幼儿教育发展的东风,民办幼儿园之间的竞争日趋激烈,由于各种原因,一些民办幼儿园被迫终止办学。《民办教育促进法》第五十六条规定:"民办学校有下列情形之一的,应当终止:(一)根据学校章程规定要求终止,并经审批机关批准的;(二)被吊销办学许可证的;(三)因资不抵债无法继续办学的。"为了最大限度地保护幼儿的合法权益,《民办教育促进法》第五十七条规定,"民办学校终止时,应当妥善安置在校学生。"

在民法理论上,"终止"和"解散"不像在日常生活中是可以混同使用的。法人的终止不同于法人的解散。法人的终止是指法人在实体意义上已消灭,而法人的解散是指法人将要终止,在清算完结并向登记机关办理注销登记与公告后,法人才告消灭。④ 所以,《民办教育促进法》第五十六条规定的民办

---

① 马俊驹,余延满.民法原论(第四版)[M].北京:法律出版社,2010:138.
② 马俊驹,余延满.民法原论(第四版)[M].北京:法律出版社,2010:139.
③ 在实际的工商登记注册中,民办幼儿园被登记为"民办非企业单位",成为民法上四类法人(企业法人、机关法人、事业单位法人、社会团体法人)之外的"第五类"法人。
④ 马俊驹,余延满.民法原论(第四版)[M].北京:法律出版社,2010:139.

学校应当终止的情形,实为应当解散的情形。

(五) 民办幼儿园的清算

民办幼儿园的终止,无论是自行终止,还是被强制终止,均须依法进行清算。幼儿园终止时的财务清算是清理已解散幼儿园的财产(收回债权、偿还债务、依法分配剩余财产)、了结其民事法律关系,从而使其归于消灭的程序,也是幼儿园终止的最终法律后果。

法人的清算分破产清算与非破产清算,前者依照破产法规定的程序执行,后者不依照。《民办教育促进法》第五十八条对不同的终止情况规定了不同的清算方式:"民办学校自己要求终止的,由民办学校组织清算;被审批机关依法撤销的,由审批机关组织清算;因资不抵债,无法继续办学而被终止的,由人民法院组织消算。"

民办学校决定清算或法院决定依法清算后,任何人未经清算组批准,不得处分学校财产。《民办教育促进法》第五十九条规定:"对民办学校的财产按照下列顺序清偿:(一)应退受教育者学费、杂费和其他费用;(二)应发教职工的工资及应缴纳的社会保险费用;(三)偿还其他债务。"民办学校清偿上述债务后的剩余财产,按照有关法律、行政法规的规定处理。若学校财产不足以清偿同一顺序债务或费用时,则按比例清算。

《民办教育促进法》第六十条规定:"终止的民办学校,由审批机关收回办学许可证和销毁印章,并注销登记。"作为一所行将终止的幼儿园,在清算程序结束后,还要进行的一个小程序就是由审批机关收回办学许可证,并注销登记。等程序都走完后,则表明这个幼儿园彻底不再具备办学的民事主体资格,便不得再以该幼儿园的名义从事任何教育教学活动。

五、幼儿园与家庭和社区教育

教育,从来不是一个与世隔绝的社会活动,它与我们生活的方方面面有着千丝万缕的联系;幼儿,从来不可能脱离整个社会而单独存在,他们的良好成长需要一个大环境的共同和谐作用。这便是现当代幼教注重家园合作与社区教育的理念根源所在。

《幼儿园教育指导纲要(试行)》指出,家庭是幼儿园重要的合作伙伴。幼儿园应本着尊重、平等、合作的原则,争取家长的理解、支持和主动参与,并积极支持,帮助家长提高教育能力。① 其实,社区也是幼儿园的伙伴,家庭、幼儿园、社区构成了一个相互依赖、相互弥补、相互支撑的三角。幼儿园应该积极主动地在自己、家庭和社区之间架设沟通的桥梁。

不仅在学术理论上,幼教重视家园合作和社区教育,相关法规政策也特别强调三者间的关系,详见表4-6所列的法条与政策。

表4-6 重视幼儿教育家园合作和社区教育的相关法规政策

法规或政策名称	条文编号	具体内容
2016年《幼儿园工作规程》	第五十二条	幼儿园应当主动与幼儿家庭沟通合作,为家长提供科学育儿宣传指导,帮助家长创设良好的家庭教育环境,共同担负教育幼儿的任务。
	第五十三条	幼儿园应当建立幼儿园与家长联系的制度。幼儿园可采取多种形式,指导家长正确了解幼儿园保育和教育的内容、方法,定期召开家长会议,并接待家长的来访和咨询。幼儿园应当认真分析、吸收家长对幼儿园教育与管理工作的意见与建议。幼儿园应当建立家长开放日制度。②

① (美)蔡伟忠.幼儿常规建立的道与法[M].北京:中国农业出版社,2012:62.

② 此条中,将原来的"可以建立家长开放日制度"更改为"应当建立家长开放日制度",由建议性规定变为强制性规定,说明幼儿园应当重视与家长的及时沟通,将学前教育自然地延伸到家庭教育。

(续表)

法规或政策名称	条文编号	具体内容
2016 年《幼儿园工作规程》	第五十四条	幼儿园应当成立家长委员会。家长委员会的主要任务是:对幼儿园重要决策和事关幼儿切身利益的事项提出意见和建议①;发挥家长的专业和资源优势,支持幼儿园保育教育工作②;帮助家长了解幼儿园工作计划和要求,协助幼儿园开展家庭教育指导和交流。家长委员会在幼儿园园长指导下工作。
	第五十五条	幼儿园应当加强与社区的联系与合作,面向社区宣传科学育儿知识,开展灵活多样的公益性早期教育服务,争取社区对幼儿园的多方面支持。
《关于幼儿教育改革与发展的指导意见》		要充分利用幼儿园和社区的资源优势,面向家长开展多种形式的早期教育宣传、指导等服务,促进幼儿家庭教育质量的不断提高。

家园合作的形式是多种多样的,幼儿园可以定期开展亲子活动,如六一儿童节的篝火晚会、亲子游园或运动会等;定期召开家长会,有条件的还可另外开设家长学校,推广正确的育儿理论与方法,设立家长开放日,邀请家长观摩幼儿园的一日活动,让更多家长了解幼师的工作与教学方法,从而认可和理解并尊重幼儿教师;组织幼儿教师每学期进行家庭访问,亲自走进孩子背后的家庭去真正用心认识幼儿的全部;利用快速便捷的互联网即时与家长就孩子的成长进行沟通,开放多种渠道接受家长的建议与批评;最核心的是成立“家长委员会”,使其成为家长与幼师及幼儿园之间起相互协调作用的中介人。

案例 4-5③

某幼儿园的部分家长提出:幼儿在幼儿园应多学点知识,至少每天要学 1 小时的语文和算术。当时,为了幼儿园的生源,园长便答应了,并让大班老师借小学一年级的课本给大班幼儿上课。幼儿入园后,园长觉得幼儿学这些知识是不对的,便向家长们宣传幼儿园应按幼儿年龄特点对孩子进行教育,幼儿园应以游戏为基本活动,否则不利于孩子的身心健康。有些家长的工作做通了,便让孩子留下了,有个别家长想不通,便把孩子送往了别的幼儿园。

请站在家长和园长不同的角度,分别分析此案例中,为什么到最后会出现这样尴尬的局面?

对于教育部门来说,也要推进幼儿教育机构与家庭和社区的联系,初步形成家庭、幼儿园和社区相结合的早教网络。教育部门要主动与卫生部门、社区、村民自治组织密切合作,充分利用社区资源,建立托儿所、幼儿园、游戏小组、社区玩具图书馆、家庭教育咨询服务等正规与非正规形式相结合的社区早教服务网络;依托社区,面向 0—6 岁儿童家长开展多种形式的早期教育宣传、指导等服务,促进学前教育与家庭教育质量的不断提高。④

第三节 幼儿园的管理与监督

一、教育行政部门的外部管理与监督

根据举办者主体资格的不同,我国幼儿园大体可分为公办幼儿园、民办幼儿园、企事业单位幼儿园

① 此项规定是新增的,特别强调了家长对幼儿园一些重大园务决策的参与权。

② 此项规定是新增的,体现了家园合作的双向性。幼儿园成立家长委员会,不仅仅要对家长传授相关的家庭教育等知识,还要让家长来发挥他们的优势和积极性,帮助幼儿园开展保教工作和园区的创设。如通过家长委员会,让有兴趣并符合一定要求的家长定期来为幼儿组织某些游戏活动。

③ 李志宇,谢志东.幼儿园法律问题案例评析[M].北京:知识出版社,2001:60.

④ 张乐天.学前教育政策与法规[M].北京:中央广播电视大学出版社,2011:97.

和其他部门举办的幼儿园等四大类。其中最为主要的是公办幼儿园和民办幼儿园,企事业单位幼儿园和其他部门举办的幼儿园正在逐步减少。为了保证幼儿教育事业的健康发展,《民办教育促进法》、《关于幼儿教育改革与发展的指导意见》和《国务院关于当前发展学前教育的若干意见》等法规政策对不同类型的幼儿园,明确提出了不同的管理侧重点。

(一) 公办幼儿园

《关于幼儿教育改革与发展的指导意见》指出,"地方各级人民政府要加强公办幼儿园建设,保证幼儿教育经费投入,全面提高保育、教育质量。"要以公办幼儿园为骨干,发挥其示范、培训、管理等多种功能,同时发挥其在贯彻党和国家教育方针、落实各项法规、实施和宣传先进的教育理念、开展教育科研、指导家庭教育等方面的独特作用,发挥公办幼儿园对其他类型幼儿园的示范和辐射作用,以扩大优质教育资源,提高幼儿教育的整体质量。为达到这一目的,政府要致力于提高其保教质量:

第一,保证经费投入。《关于幼儿教育改革与发展的指导意见》明确提出各地不得借转制之名,停止或减少对公办幼儿园的投入。

第二,制止"卖园风"。《关于幼儿教育改革与发展的指导意见》明确提出不得出售或变相出售公办幼儿园和乡(镇)中心幼儿园,已经出售的要限期收回。

第三,加强对公办幼儿园转制的审核。《关于幼儿教育改革与发展的指导意见》明确提出公办幼儿园转制,必须报经省级教育主管部门审批,这是为了防止私自转制损害幼儿的权益。

第四,加强农村公办幼儿园的建设。在农村幼儿教育资源缺乏的现状下,为加强公办幼儿园的建设,明确城乡中小学布局调整后,空余的校舍要优先用于举办幼儿园(班),以促进农村幼儿教育的不断发展。

基于公办幼儿教育资源严重不足的状况,《国务院关于当前发展学前教育的若干意见》把大力发展公办园,提供"广覆盖、保基本"的学前教育公共服务作为扩大普惠性幼儿教育资源,提高政府公共服务能力的重要举措。《国务院关于当前发展学前教育的若干意见》提出要加大政府投入,通过新建、改建、扩建等方式扩大公办资源:

1. 在公办资源短缺的城乡地区,新建一批公办幼儿园;
2. 利用中小学布局调整的富余资源和其他富余公共资源,优先改建幼儿园;
3. 鼓励优质公办幼儿园通过设立分支机构或通过合作办园的方式扩大公办资源;
4. 制定优惠政策,支持街道、农村集体办园。

(二) 民办幼儿园

发展幼儿教育必须充分调动各方面的积极性。国家积极鼓励社会力量通过捐资或投资来参与办园。《国务院关于当前发展学前教育的若干意见》指出,各级政府要在大力发展公办幼儿园的同时,采取多种措施鼓励和扶持社会力量举办幼儿园,为社会提供多层次、多样化的教育选择空间。国务院办公厅转发教育部等的《关于幼儿教育改革与发展的指导意见》也指出,要"积极鼓励和提倡社会各方面力量采取多种形式举办幼儿园",推进以公办为示范、民办为主体的多元化办园体制,形成公办与民办幼儿园共同发展的双赢格局。各地要认真贯彻《民办教育促进法》,把民办幼儿教育纳入当地幼儿教育事业发展的总体规划,广泛吸纳社会人才和资金,大力支持社会组织和个人投资办园。

《国务院关于当前发展学前教育的若干意见》突出强调了鼓励和扶持民办幼儿园的几点措施:

第一,通过保证合理用地、减免税费等方式,支持社会力量举办幼儿园。

第二,创新支持方式,积极扶持民办幼儿园特别是面向大众、收费较低的普惠性民办幼儿园。采取政府购买服务、减免租金、以奖代补、派驻公办教师等方式,引导和支持民办幼儿园提供普惠性幼教服务。

第三,公办、民办一视同仁,进一步强调了民办幼儿园在审批登记、分类定级、评估指导、教师培训、职称评定、资格认定、表彰奖励等方面与公办幼儿园享有同等地位。

民办幼儿园虽发展迅猛,但教育质量参差不齐,容易走向两个极端,这要求教育主管部门加强指引和监督,积极将民办幼儿园导向良性发展的路途。《关于幼儿教育改革与发展的指导意见》提出:“各级教育部门要加强对社会力量举办幼儿园保育、教育工作的指导和监督,规范办园行为,保证办园的正确方向。”各地要着力扶持一批办园方向端正、具有良好社会信誉的民办幼儿园为榜样。

同时,《民办教育促进法》第六章规定了政府主管部门对民办学校的管理和监督问题,目的是建立一种对民办学校的外部约束机制。《民办教育促进法》中的相关规定同样适用于民办幼儿园。根据《民办教育促进法》规定,国家教育行政部门及有关部门对民办幼儿园的管理与监督的范围和方式主要如下:

第一,对民办幼儿园的教育教学和教师培训工作进行指导。《民办教育促进法》第四十条规定:“教育行政部门及有关部门应当对民办学校的教育教学工作、教师培训工作进行指导。”政府主管部门对幼儿园教育教学工作的指导是本职工作的重要内容和职责。民办幼儿园的教育教学工作决不仅仅是民办幼儿园自己的事,而是关系到贯彻国家的幼儿教育方针、政策,培养社会需要的合格人才之大事,所以民办幼儿园有义务接受政府主管部门对其教育教学工作的指导。教师的素质高低,关系着幼儿教育的质量和办学效益的高低,关系着幼儿园的生存和发展。为此,政府主管部门对教师培训工作的指导,历来是教育教学管理的重要内容。

第二,对民办幼儿园的督导和评估。《民办教育促进法》第四十一条规定:“教育行政部门及有关部门依法对民办学校实行督导,建立民办学校信息公示和信用档案制度,促进提高办学质量;组织或者委托社会中介组织评估办学水平和教育质量,并将评估结果向社会公布。”幼儿教育督导是指教育行政部门根据党和国家的教育方针、政策,遵循教育规律,采用科学方法,对幼儿园工作进行有目的、有计划的考查与分析,并作出实事求是的科学评定,提出积极可行的建议,给出明确中肯的指导。幼儿教育评估是指政府主管部门按照国家的法律、法规、方针、政策,对幼儿园的办学水平和教育质量进行估量和评价。评估民办幼儿园,可以由政府主管部门组织人员成立评估委员会进行,也可以委托社会中介组织进行。政府主管部门可以结合督导和评估,对民办幼儿园实行定期检查制度。

第三,审批机关对民办幼儿园招生简章与广告的备案。《民办教育促进法》第四十二条规定:“民办学校的招生简章和广告,应当报审批机关备案。”民办幼儿园的招生简章和广告,是民办幼儿园面向社会公开招生的重要宣传手段。招生简章和广告中的重要内容,如收费项目与标准,需要教育和物价部门批准的,还应注明批准文号。民办幼儿园招生简章和广告的发布适用于《广告法》。民办幼儿园招生简章和广告的宣传是直接面对幼儿及其家长的,因此,首要的是内容真实可信。

第四,有关部门应及时处理受教育者及其亲属的申诉。《民办教育促进法》第四十三条规定:“民办学校侵犯受教育者的合法权益,受教育者及其亲属有权向教育行政部门和其他有关部门申诉,有关部门应当及时予以处理。”由于民办幼儿园的特殊性质,其在对幼儿的收费和退费、招生简章与实际不符、管理混乱、保教质量低下、幼儿的人身伤害事故等问题上极易引起幼儿家长的不满。为此,有关部门对于幼儿家长的申诉,应当及时予以妥善处理,不得以任何理由拖沓或拒绝,从而保障幼儿的合法权益。

二、幼儿园的内部管理与监督

幼儿园的运行不仅仅要靠外部的管理与监督,自我管理与监督同样十分重要。这部分内容主要包括了园长负责制,以及园长负责制下的幼儿园教职工民主参与管理制。

教职工民主参与管理制度的核心是教职工大会。《民办教育促进法》第二十七条规定:“民办学校依法通过以教师为主体的教职工代表大会等形式,保障教职工参与民主管理和监督。”所谓“教职工大会”，就是以教师为主的代表大会，它是幼儿教师实现民主参与幼儿园行政管理，保护自身政治与民事权益的平台，与园长负责制不可分割。

民办幼儿园在管理上相较于公办幼儿园，一个最突出的特点就是有理事会或董事会这样一个全权决策机构。那么，如何在民办幼儿园中实施民主管理与监督呢？其实，就像西方人常说的“上帝的归上帝，国王的归国王”那样，决策权归理事会或董事会，行政管理权归园长，参与权归所有幼儿教师。三者如同西方政治制度上的“三权分立”一样，互相制约。

具体而言，教职工大会应建立定期的会议制度，不设常设机构，幼儿园工会承担教职工大会工作机构的任务，充当常设机构的角色。工会是维护教师与职工合法权益，保障教师和职工参与民主管理的组织。除教职工代表大会外，幼儿园的园务委员会是幼儿园日常管理民主化的另一重要形式，它由保教、医务、财会等人员的代表以及家长代表组成，其主任为园长。园长作为园务委员会主任，定期召开会议，对全园工作计划、工作总结、人员奖惩、财务预决算方案，规章制度的建立、修改、废除，以及其他涉及全园工作的重要问题进行审议。不设园务委员会的幼儿园，上述重大事项由园长召开全体教职工会议商议。

思考与练习

一、问答题

1. 法律对举办幼儿园的主体资格的禁止性规定有哪些？
2. 简述举办幼儿园的实体要件。
3. 简述当前幼儿园教育经费的来源渠道。
4. 请解释什么是幼儿园登记注册制度？什么是法人的分立与合并？
5. 试分析登记注册制度与准入制度的异同。
6. 教师聘任制的概念涵盖了哪些要素？
7. 简述教师聘任制的主要内容。
8. 请分析法人的终止是否等同于法人的解散？
9. 简述教育行政部门及有关部门对民办幼儿园管理与监督的范围和方式。

二、材料分析题

1. 办园利润是否可以随意支配？

王某投资办了一所民办幼儿园。在学期将要结束时，幼儿园进行了财务核算，结果是还结余了5万元。于是，王某便打算用结余的5万元开一家杂货店。可他亲自聘任的幼儿园园长却竭力反对他这样做，说他违反了幼儿园管理的相关规定。

请问王某可不可以这样做？为什么？幼儿园的经费管理到底有哪些规定呢？

2. 设立分园需依法

“闻莺”幼儿园有16个教学班，教职员工70余人，但依然不能满足广大幼儿的入园需求。幼儿园董事会就扩大幼儿园规模的问题讨论了多次，但始终未能敲定具体方案。

为了满足幼儿的入园需求，幼儿园在园外租用了所在社区的部分办公用房，并将托班幼儿和小班幼儿全部安排在此就读。有家长对此表示不满，向教育局举报该幼儿园擅设分园。“南都”小区的开发商提出要与“闻莺”幼儿园合作，称只要“闻莺”幼儿园在小区内的配套厂地上开设分园，就可以免费使用该场地30年。“闻莺”幼儿园董事会决定利用这一机会，重新规划幼儿园，并根据就读幼儿的分布情况，将幼儿园分立为“闻莺一幼”、“闻莺二幼”和“闻莺三幼”。

由于“闻莺”幼儿园将要分解成3个独立的幼儿园，所以需对财务进行清算。然而，负责财务清算的2名财会人员根本不知道从何入手。在做好基本的准备工作之后,新园于当年9月开始招生。但不久后,幼儿园收到了区教育局的《教育行政处罚告知书》,称"闻莺"3所幼儿园未经注册登记就擅自对外招生,违反了相关规定,故拟对幼儿园处以停止招生、停止办园的行政处罚。

结合案例,分析幼儿园分立的一般程序。

第五章　幼儿园的保育与教育

[本章学习目标]

1. 了解幼儿教育机构保育与教育相结合的必要性及其措施。
2. 熟悉幼儿教育机构保育工作的意义及其基本要求。
3. 熟悉幼儿教育机构教育工作的特点、原则和基本要求。
4. 熟悉《幼儿园工作规程》的基本内容。
5. 掌握《幼儿园教育指导纲要(试行)》的基本要求。
6. 掌握《3—6岁儿童学习与发展指南》的基本内容。

[导入案例]

"诚实"主题沙龙

10月份,我园教师汇聚一堂,针对老师们普遍反映的困惑——如何对孩子进行诚实教育,如何在保教结合的工作中培养孩子良好的品质,开展了一次有意义的主题沙龙活动。

(一) 谈谈心目中的诚实

庞老师主持了活动,她引导大家思考"诚实教育存在的主要问题是什么",大家反映出很多问题,于是她让大家思考这些问题的实质是什么,接着又问大家,怎么理解"诚实"一词?

一石激起千层浪,老师们争先回答。有的说:"诚实就是不说谎。"有的说:"诚实就是踏踏实实做事。"有的说:"如果人生是一座花园,诚实就是阳光。"还有的说:"诚实是人生的桥梁,没有这座桥,就不能到达人生的彼岸。"

(二) 通过故事解读诚实、解决问题

心理阅读组的老师们将她们搜集到的"手捧空花盆的孩子"、"皇帝的新装"等故事通过PPT的形式在沙龙中和大家分享。

通过老师们的讨论,大家认识到"人以诚为本,以信为天"。诚实表现的是对自己和别人的尊重。

王老师:学龄前期是孩子形成良好思想品德的关键期。在这一时期的孩子经常会撒谎,当孩子们撒谎时,千万不能一味地去批评、指责他们。作为他们的教师,应该正确分析他们撒谎的原因,以各种形式去引导他们做一个诚实的孩子,养成良好的行为习惯。

庞老师:在我们班曾出现这样的情况,红红突然跑来对我说:"老师,我的书不见了。"希希说:"老师,我看见洁洁把书放到她的柜子里了。"我走到洁洁的柜子边证实,果然,在她的柜子里有一本书。但是,当我问她的时候,她却不承认,这个时候该怎么办?

吴老师:我觉得我们应该分析一下,造成孩子不诚实的原因有很多,孩子会把看到的与联想的、真实的与希望的、做过的与记忆的混淆;有的是成人的言行引起孩子说谎;还有的是为达到某种目的而说谎。先要搞清楚孩子撒谎是出于哪一种原因。

讨论后,老师们建议,先向孩子介绍诚实的品德观念,有针对性地找一些有关诚实的故事讲给孩子们听,然后观察孩子的言行,若改正了错误,就及时表扬他们,如果还没有效果则可以采用其他教育方式。

吴老师:我们班也发生过孩子不诚实的现象。午餐时,贝贝突然对我说:"老师,我肚子不舒服,吃不完菜了。"我说:"是不是想上厕所,还是早上吃太多了消化不良,不舒服就少吃些。"后来,我发现她不是不舒服,而是挑食。针对这种情况,我分析了她说谎的原因,及时了解了她的情况。在集体活动中,通过讨论"挑食好不好"以及"健康的食物人人爱"等活动,让孩子们从中了解到各种菜能给予人体不同的营养。对贝贝不喜欢吃的菜,每次我鼓励她少吃点,慢慢增多,渐渐地,她开始尝试一些不喜欢吃的食物,对于她的改变,我总是及时地在小朋友们面前表扬她。

庞老师小结:老师们要及时纠正孩子的不诚实行为,也要身体力行。对于每一位教师来说,任何欺骗和不诚实的举动,都有可能让自己在成长的道路上"搁浅"。

(三)帮助孩子养成良好的诚实品质

庞老师说:爱因斯坦曾经说过,诚实就是实在,不虚假。诚实是一个人的美德,有了诚实二字,一个人就会表露出坦荡从容的气度,诚实既是一种品格,也是一种素质和能力,那么,如何培养孩子的诚实品质?希望大家踊跃献出宝贵意见。

王老师:可以满足孩子合理的要求和愿望。

沈老师:可以创造一个宽松、愉快、民主、和谐的氛围。只有保持诚实真挚的态度,使孩子感到成人的爱护和关心,他才能够信赖成人,有了过失才敢于承认。

马老师:让"诚实教育"主动化。可利用故事,把诚实做人的道理寓教于故事之中,使孩子明白什么是诚实,什么是虚假和欺骗,应该怎样做,不该怎样做。

陆老师:要有正确的教育方法。当发现孩子有不诚实的言行时,要采取细致、耐心的方法,冷静地听听孩子的想法,分析原因,对症下药。切不可急躁、粗暴,甚至施加暴力,进行打骂、体罚等,这样只会适得其反,使孩子为了躲避责罚打骂而说谎。

蔡老师:和孩子建立真诚和相互信任的关系。对孩子必须言而有信,以诚相待,这样,孩子才会信任你,有什么事、有什么想法都愿意告诉你。

周老师:制定一些规则并严格要求。例如,不是自己的东西不能带回家;没有得到别人的同意,不可随便拿别人的东西。

(四)家园合作让诚实之花绽放

王老师:诚实教育不仅要在幼儿园进行,家庭教育也很重要。我们要和家长沟通交流,让家长配合,一定能事半功倍。

曹老师:对,当孩子说谎时,让家长不要发火,要心平气和地与孩子进行交流,才能清楚孩子说谎的动机或目的是什么。

周老师:家长要教育孩子讲信用,答应别人的事要做到,自己更要给孩子树立良好的榜样,对孩子讲信用。

郭老师:及时鼓励也很重要,告诉家长当孩子守时守信时,不管事情多么微小,都要及时鼓励、褒奖。

庞老师:作为老师,让我们携手并肩为孩子们架起诚实的心灵彩虹,开辟出诚实教育的一片蔚蓝的天空,让我们的孩子们养成诚实习惯,成就美好未来,诚实做人、诚挚待人、诚恳学习、诚信做事,让诚实伴随他们的美丽人生!

《幼儿园管理条例》:"幼儿园应当保障幼儿的身体健康,培养幼儿的良好生活、卫生习惯;促进幼儿的智力发展;培养幼儿热爱祖国的情感以及良好的品德行为。"

《幼儿园工作规程》:“幼儿园的品德教育应当以情感教育和培养良好行为习惯为主,注重潜移默化的影响,并贯穿于幼儿生活以及各项活动之中。”

《幼儿园教育指导纲要(试行)》:“在体育活动中,培养幼儿坚强、勇敢、不怕困难的意志品质和主动、乐观、合作的态度。”“在共同的生活和活动中,以多种方式引导幼儿认识、体验并理解基本的社会行为规则,学习自律和尊重他人。”“与家庭、社区合作,引导幼儿了解自己的亲人以及与自己生活有关的各行各业人们的劳动,培养其对劳动者的热爱和对劳动成果的尊重。”“充分利用社会资源,引导幼儿实际感受祖国文化的丰富与优秀,感受家乡的变化和发展,激发幼儿爱家乡、爱祖国的情感。”“适当向幼儿介绍我国各民族和世界其他国家、民族的文化,使其感知人类文化的多样性和差异性,培养理解、尊重、平等的态度。”“在幼儿生活经验的基础上,帮助幼儿了解自然、环境与人类生活的关系。从身边的小事入手,培养初步的环保意识和行为。”

《中华人民共和国未成年人保护法》:“幼儿园应当做好保育、教育工作,促进幼儿在体质、智力、品德等方面和谐发展。”

《中小学教师职业道德规范》:“培养学生良好品行,激发学生创新精神,促进学生全面发展。”

《3—6岁儿童学习与发展指南》:“重视幼儿的学习品质。幼儿在活动过程中表现出的积极态度和良好行为倾向是终身学习与发展所必需的宝贵品质。要充分尊重和保护幼儿的好奇心和学习兴趣,帮助幼儿逐步养成积极主动、认真专注、不怕困难、敢于探究和尝试、乐于想象和创造等良好学习品质。忽视幼儿学习品质培养,单纯追求知识技能学习的做法是短视而有害的。”

《胡锦涛在全国教育工作会议上的讲话》:“要基本普及学前教育,重点发展农村学前教育,遵循幼儿身心发展规律,坚持科学保教方法,加强学前教育管理,保障幼儿快乐健康成长”。

诚实是一种无形资本,从小培养孩子诚信的品格就等于为孩子的未来融资。本次沙龙主要围绕“诚实教育”进行研讨,旨在培养孩子的良好品质。沙龙以“头脑风暴”的形式开展,鼓励教师人人发言,毫无保留地诉说自己的困惑,并利用集体力量寻找原因。老师们群策群力,结合自己的教学经验以及阅读的相关书籍,对诚实教育问题提出了各自的意见和看法。

第一节 幼儿园的保育工作

幼儿园的保育工作,是指成人为幼儿提供生存、发展所必需的环境和物质条件,同时给予精心的照顾和保护,以促进他们健康成长,逐步增进他们生活自理的能力。狭义的理解,保育就是对幼儿身体的保护和养育。广义的理解,保育是对幼儿身体的保护,对幼儿各种心理过程发展的促进和培养。

一、保育工作的意义

(一)良好的保育工作,能促进幼儿生理、心理健康发展

幼儿是正在成长发展的个体,身体健康是幼儿成长发展的物质基础,也是他们心理发展的必要条件。《幼儿园管理条例》第十三条特别提出:“幼儿园应当保障幼儿的身体健康,培养幼儿的良好生活、卫生习惯。”

《幼儿园工作规程》第十七条也规定,“幼儿园必须切实做好幼儿生理和心理卫生保健工作”。在确定保育和教育的主要目标时,《幼儿园工作规程》还把“促进幼儿身体正常发育和机能的协调发展,增强体质,促进心理健康,培养良好的生活习惯、卫生习惯和参加体育活动的兴趣”置于首位。这些都表明,由于幼儿体质柔弱、各种器官都很娇嫩、机体发育不完善,加上天性好动,但又缺乏生活经验,体力不

足,自制能力、生活自理能力都很差,因此,育儿机构的全体工作人员,在保育工作中,必须掌握幼儿生理、心理特点,在生活上要特别给予小心照看,注意保护,并且要创设条件,为幼儿提供良好的卫生教育环境,维护他们的生命安全,开展必要的锻炼,增强他们的体质,帮助他们养成健康、安全生活所必需的行为习惯和正确的态度,促进幼儿生理的健康发展。

(二)良好的保育工作,能促进家长了解、重视幼儿园的保育工作,并与之协调一致

保育工作的目的,是做好幼儿生理、心理卫生保健工作,促进幼儿的健康成长,为幼儿的全面发展奠定基础,这是和广大幼儿家长的愿望相一致的。但是广大幼儿家长对如何保育、教育孩子并不一定具备专业的知识和经验。因此,幼儿园的工作人员,特别是教师、保健工作者、保育员,除了身体力行为家长们树立保育工作的榜样外,还要向家长介绍幼儿在园的一日生活安排,介绍保育工作的内容和对幼儿的要求,这对取得家庭在幼儿保育上的协调一致,起着极为重要的作用。

幼儿的成长发展既具有连续性,又具有阶段性,每一阶段的保育要求不尽相同,但却是循序渐进、因时制宜的,有时则会呈螺旋式提高。比如生活、卫生习惯的养成,疾病的防治,体育锻炼的开展,乃至独立生活能力的培养,健康心理和活泼性格的形成,都与幼儿的发展规律密切相关。因此,幼儿园有责任在做好保育工作的同时,向家长传授幼儿保育的基本知识。

除传授理论知识外,还应该传授些实用方法,帮助家长掌握和实施理论知识,使得幼儿在园、在家都能在统一的保教要求下得到发展。幼儿园还可以通过和家长接触,了解和研究家长在家庭保育方面的好做法、好经验,这不仅可以丰富老师的知识、技能,还可在家长会上向其他家长进行推广。这样协调一致地开展工作,既有利于促进幼儿的健康成长,也传播了精神文明,为全民素质的全面提高尽了一份责任。

二、保育工作的基本要求

(一)合理安排幼儿一日生活

合理的生活作息制度和有序的生活节奏,是保证幼儿身心健康发展的重要因素。《幼儿园工作规程》第十八条规定:"幼儿园应当制定合理的幼儿一日生活作息制度。"

1985 年卫生部颁发的《托儿所、幼儿园卫生保健制度》在"生活制度"部分,对幼儿一日生活活动时间进行了分配,还专门列表供幼儿园参考。各类幼儿园(班)都应该因地制宜,因时制宜,按照法规要求,为幼儿酌情安排好一日生活。

幼儿一日活动的组织应注意以下几点:

1. 时间分配的结构,应包括有利于幼儿身心发展的全部活动,动静交替、室内外活动时间应平衡。

2. 有指导、有组织的集体活动与自选活动,安静活动与运动性活动,集体活动与个人活动、小组活动在时间分配上应有一定比例,要给幼儿一定的独自活动时间,以便于幼儿独立性的发展。

3. 时间表应富有节奏和重复性,同时又有一贯性和灵活性,不要使幼儿产生生理、心理疲劳。

4. 尽可能减少时间上的等待和浪费。有些地方的幼儿园,存在幼儿睡眠时间不足,户外体育活动时间不足等现象,其中,言语刺激不足还会引发听说、对话时间少等问题,这些现象和问题应该引起重视,进而得到改善。

(二)做好疾病防治工作,培养幼儿良好的生活卫生习惯

贯彻"预防为主"的方针,是保证身体健康、减少疾病发生的重要措施。特别是幼儿,器官柔嫩,抵抗力差,机体正在发展,刚由家庭转到幼儿园集体中,与外界接触多了,增加了感染疾病的可能性。因此,根据国家法规要求,在防治疾病方面,幼儿园要做好以下几项工作:

1. 定期进行健康检查

建立健康检查制度,是了解幼儿生长发育状况,及时防病治病,保障幼儿健康的重要措施。

《幼儿园工作规程》第十九条规定:"幼儿园应当建立幼儿健康检查制度和幼儿健康卡或档案。每年体检一次,每半年测身高、视力一次,每季度量体重一次;注意幼儿口腔卫生,保护幼儿视力。”

《托儿所、幼儿园卫生保健制度》在“健康检查制度”部分,特别要求“幼儿在入园前,必须进行全身体格检查”,有传染病接触史的幼儿,“经过检疫期,无症状方可入园”。

案例 5 - 1

4 岁幼儿与小朋友分享鼠药①

以为是好吃的东西,4 岁的小明(化名)将一些绿色小颗粒带到幼儿园分给小朋友们吃,殊不知,这种绿色的小颗粒是用来杀死老鼠的,学名叫“溴鼠灵”。

26 日早晨,老师对孩子进行例行晨检时,在一些孩子的衣兜里发现了一些绿色颗粒,很像鼠药。一问才知,是小明从家里带来的,给一些平时关系比较好的小朋友分了吃。老师赶紧将可疑物品收了上来,经与小明的家长沟通证实,物品可能是鼠药!

“孩子可能误食了鼠药……”26 日 8 时 40 分许,磐石市“小红帽”幼儿园小班家长接到老师打来的电话。“我一听吓坏了,赶紧到幼儿园去了。”萌萌(化名)的妈妈说。

27 日中午,记者虾米到磐石市医院,儿科病房有 13 个孩子,消化内科有 6 个孩子,最大的 5 岁,最小的 2 岁。因为孩子太小,一会儿说吃了,一会儿又说没吃,说不清到底吃了没有,家长只好把孩子送到医院洗胃、治疗。“孩子才 3 岁,哪遭过这样的罪啊! 我们 6 个人按着洗胃,孩子哇哇地哭。”家长心疼不已。

医生介绍,现在主要是排毒治疗,“溴鼠灵”的解药是维生素 K_1,磐石市医院已派人去吉林市请专家会诊。事件发生后,磐石市委、市政府高度重视,市领导来到现场,指示相关部门采取一切措施全力救治,确保每个孩子得到及时有效的治疗。目前,有 19 个孩子入院,1 个确认鼠药中毒,2 个送到长春治疗。

幼儿入园健康检查制度是疾病预防的有力措施。建立并遵守合理适宜的入园检查制度,能及时有效地防止传染病及危险事故的发生。幼儿入园健康检查包括两个方面: 一是幼儿新生的入园体检;二是每日的幼儿入园健康检查,也称晨午检。

我国出台的一些政策条文都明确规定了幼儿园要建立幼儿入园的健康检查制度,防止疾病的发生与传播。《幼儿园工作规程》(1996)第十四条、第十五条和《幼儿园管理条例》(1989)第十八条明确提出了幼儿园应当“建立幼儿健康检查制度和幼儿健康卡或档案”,“建立卫生保健制度,防止发生食物中毒和传染病的流行”。

对于日常的入园健康检查来说,晨午检需要本班教师和有经验的卫生保健人员认真执行。晨午检的主要目的是防止幼儿将传染病及危险品带到园内。检查一般在日托幼儿每天入园时、整托幼儿早晨起床后进行。《托儿所幼儿园卫生保健工作规范》(2012)对此有详细规定:“(1) 做好每日晨间或午间入园(所)检查。检查内容包括询问儿童在家有无异常情况,观察精神状况、有无发热和皮肤异常,检查有无携带不安全物品等,发现问题及时处理。(2) 应当对儿童进行全日健康观察,内容包括饮食、睡眠、大小便、精神状况、情绪、行为等,并做好观察及处理记录。(3) 卫生保健人员每日深入班级巡视 2 次,发现患病、疑似传染病儿童应当尽快隔离并与家长联系,及时到医院诊治,并追访诊治结果。(4) 患病儿童应当离园(所)休息治疗。如果接受家长委托喂药时,应当做好药品交接和登记,并请家长签字确认。”

2. 建立并严格执行有关的卫生保健制度

《幼儿园工作规程》第二十条指出:“幼儿园应当建立卫生消毒、晨检、午检制度和病儿隔离制度,配

---

① 改编自: 李申. 以为是好吃的,4 龄童将鼠药带到幼儿园分给小朋友[OL]. [2007 - 04 - 28]. http://news.sohu.com/20070428/n249763035.shtml.

合卫生部门做好计划免疫工作。幼儿园应当建立传染病预防和管理制度,制定突发传染病应急预案,认真做好疾病防控工作。幼儿园应当建立患病幼儿用药的委托交接制度,未经监护人委托或者同意,幼儿园不得给幼儿用药。幼儿园应当妥善管理药品,保证幼儿用药安全。"

《幼儿园管理条例》第十八条要求:"幼儿园应当建立卫生保健制度,防止发生食物中毒和传染病的流行。"第二十条要求:"幼儿园发生食物中毒、传染病流行时,举办幼儿园的单位或者个人应当立即采取紧急救护措施,并及时报告当地教育行政部门或卫生行政部门。"

《托儿所、幼儿园卫生保健制度》对卫生消毒及隔离制度,预防疾病制度,卫生保健登记、统计制度也提出了相应要求。预防疾病,关键是要提高幼儿的身体素质,加强体育锻炼,增强幼儿体质,提高幼儿对疾病的抵抗能力。

幼儿园要按上述法规要求,采取一定的防病措施。比如搞好环境卫生、个人卫生,做好消毒工作。幼儿园应该建立室内外环境清扫制度,建立责任制,分工包干;应确立要求,定时清扫、定时消毒、定期检查。对幼儿卫生也应该规定勤加照料,日常生活用品、专人用品,定时清洗消毒,特别要指导幼儿讲究卫生,养成良好的生活、卫生习惯,逐步培养生活自立、自理的能力,增强对疾病的抵抗能力。

《幼儿园管理条例》第十八条和第二十条提到对于食物中毒和传染病的流行,必须靠建立卫生保健制度防范,并要及时采取紧急救护措施。

特别是传染病流行期间,幼儿园发生情况后,如何隔离消毒,《托儿所、幼儿园卫生保健制度》第六部分,规定得细致又明确。为了全体幼儿的健康,消除家长的思想负担,幼儿园全体工作人员都应严格执行卫生保健制度,尽心尽责地做好幼儿的疾病防治工作。

(三) 建立安全防护和检查制度,增强幼儿自我保护意识

幼儿年龄幼小,缺乏安全知识和自我防护能力,重视幼儿安全,加强安全保护教育,制定安全保护和检查制度,是幼儿园保育工作的重要组成部分,是国家对幼儿园的基本要求。

1. 《未成年人保护法》第十七条规定:"学校和幼儿园安排未成年学生和儿童参加集会、文化娱乐、社会实践等集体活动,应当有利于未成年人的健康成长,防止人身安全事故。"第二十六条又规定:"儿童食品、玩具、用具和游乐设施,不得有害于儿童的安全和健康。"

2. 《幼儿园管理条例》明确规定:"举办幼儿园必须将幼儿园设置在安全区域内。严禁在污染区和危险区内设置幼儿园。""幼儿园应当建立安全防护制度,严禁在幼儿园内设置威胁幼儿安全的危险建筑物和设施,严禁使用有毒、有害物质制作教具、玩具。"还规定,凡"园舍、设施不符合国家卫生标准、安全标准,妨害幼儿身体健康或者威胁幼儿生命安全的","使用有毒、有害物质制作教具、玩具的","在幼儿园周围设置有危险、有污染或者影响幼儿园采光的建筑和设施的",将由教育行政部门或者由教育行政部门建议有关部门对责任人员给予行政处分,情节严重构成犯罪的,由司法机关依法追究刑事责任。

3. 《幼儿园工作规程》对安全防护工作作出了具体规定,第十二条要求:"幼儿园应当严格执行国家和地方幼儿园安全管理的相关规定,建立健全门卫、房屋、设备、消防、交通、食品、药物、幼儿接送交接、活动组织和幼儿就寝值守等安全防护和检查制度,建立安全责任制和应急预案。"

4. 《托儿所、幼儿园卫生保健制度》在安全制度方面,也提出了具体要求。如各项活动要以孩子为中心,工作人员要注视儿童各项活动;要注意房屋、场地、家具、玩具、用具使用的安全,避免触电、碰伤、摔伤、烫(烧)伤等事故的发生;要妥善保管药物,服药要仔细核对,剧毒药品要专人管理,严禁放在班上;要建立健全儿童接送制度,不得丢失幼儿。团结全体工作人员乃至全体家长严格执行各项安全防护制度,重视和加强对幼儿的安全防护教育,让幼儿在长期的潜移默化的教育氛围中增强安全意识,学习安全知识,学会自我保护,培养应变能力,应该是我们促进幼儿健康发展的重要内容。

(四) 提供合理的饮食,养成良好的进餐习惯

科学地安排饮食、养成幼儿良好的进食习惯是保证幼儿营养,提高幼儿身体素质,增强幼儿机体抵抗力,降低幼儿疾病发生率的重要途径。

《幼儿园工作规程》规定:"供给膳食的幼儿园应当为幼儿提供安全卫生的食品,编制营养平衡的幼儿食谱,定期计算和分析幼儿的进食量和营养素摄取量。""幼儿园应保证供给幼儿饮水,为幼儿饮水提供便利条件。""幼儿园应当每周向家长公示幼儿食谱,并按照相关规定进行食品留样。"这里要特别提出的是,幼儿园的任务就是促进幼儿健康成长。进食、饮水,包括大小便,是人类生活、生存的基本需求,任何幼儿园都应该在这儿方面为幼儿提供方便。

《托儿所、幼儿园卫生保健制度》对幼儿饮食也提出了三方面的要求。

饮食管理方面,要求有专人负责,民主管理,并建立伙委会;伙食费要专款专用,计划开支,合理使用;伙食要因时制宜,制定食量食谱;每天要按人按量供应当天烹制的饭菜;成人伙食和幼儿伙食严格分开,不允许侵占幼儿伙食;保健人员要定期进行营养分析,保证进食量和营养的摄入量;要按时开饭,保证幼儿吃好吃饱每餐饭。

幼儿饮食方面,食谱要适合幼儿年龄,食物要多种多样,保证幼儿得到合理的营养素和足够的热量;食物要注意调配花样,科学烹调,尽力保存营养素;少吃甜食,晚餐不能以甜食、菜汤、面汤为主;要加强对体弱儿的饮食管理,对病儿要视病情做病号饭。

饮食卫生方面,要求保持厨房清洁;严格执行《食品卫生法》,炊事用具,生熟分开,食具严格消毒;食物有防蝇设备;不买、不加工变质食物,买进的熟食要热处理后再吃;搞好进食卫生,饭前用肥皂和流动水洗手,饭桌要用肥皂水或碱水揩洗干净;培养幼儿不吃零食、不偏食的习惯;水果要洗净削皮再吃;炊事员要做到上灶前洗手,如厕前脱工作服,便后用肥皂洗手,操作时不抽烟等。

要特别提出的是,幼儿园在为幼儿科学安排饮食的同时,要养成幼儿良好的进食习惯。比如定时定量,使机体有规律地进行消化活动;不挑食、不偏食、少吃零食,使身体得到应有的营养;要细嚼慢咽,以利消化吸收;要养成进餐的文明习惯,正确摆放和使用餐具,不随便抛撒饭菜,不大声说话,不随便离开饭桌,饭后漱口等。从小养成好习惯,能使人一辈子受益。

(五) 积极开展体育锻炼,增强幼儿体质

开展体育锻炼,促进幼儿身体的正常发展和机能发展是保证幼儿各方面健康发展的前提。

《幼儿园管理条例》第十三条强调"幼儿园应当保障幼儿的身体健康"。

《幼儿园工作规程》第五条,进一步把"促进幼儿身体正常发育和机能的协调发展,增强体质,促进心理健康,培养良好的生活习惯、卫生习惯和参加体育活动的兴趣",作为幼儿体育的主要目标。在第十八条中,还具体规定幼儿园"正餐间隔时间为3.5—4小时。在正常情况下,幼儿户外活动时间(包括户外体育活动时间)每天不得少于2小时,寄宿制幼儿园不得少于3小时,高寒、高温地区可酌情增减"。

《托儿所、幼儿园卫生保健制度》在"体格锻炼制度"部分,对幼儿园开展游戏和体育活动,保证幼儿每天户外活动的时间,充分利用自然因素,有计划、有步骤地开展体格锻炼,提出了具体要求。

1995年6月,国务院发布的《全民健身计划纲要》第七条,阐明了全民健身计划"以全国人民为实施对象,以青少年和儿童为实施重点",并且强调"青少年和儿童的健康成长关系到国家的富强和民族的昌盛,要发动全社会关心他们的体质和健康"。

值得注意的是,在当前许多幼儿园的幼儿一日活动中,户外体育活动时间不足,少于《幼儿园工作规程》的规定。幼儿正处在成长发展阶段,对自然的适应能力比较差,常常因为天气乍冷乍热而感冒。开展户外体育活动,利用阳光、空气,甚至水、风、雪等自然条件适当地开展锻炼,能增强幼儿对气候的应变力,对疾病的抵抗力,增强幼儿体质。幼儿园应该从执法的高度,组织好幼儿的户外体育活动,促进幼儿肌体的健康发展。

第二节 幼儿园的教育工作

一、根据幼儿身心发展特点和规律,促进幼儿全面发展

早期教育是奠基性教育,是让儿童更好地适应未来的教育,是在尊重儿童年龄特点基础上进行的教育。早期教育不是早点让孩子学习知识,早期教育开发也不等同于早期智力开发,而是促进儿童身心全面和谐发展。要遵循儿童发展的规律,要尊重儿童的年龄特点,要让他们在适宜的阶段做适宜的事情。幼儿园的孩子思维处于直觉形象阶段,感知与体验活动更加符合其发展特点,故幼儿园教育应基于孩子的生活经验,而不是书本中的概念和知识。只要与孩子生活有关的,是他们感兴趣、急于想知道或解决的,有助于拓展其经验和视野的内容,都是幼儿园教育教学的内容,与孩子有关的社会生活及幼儿的游戏都是重要的教学资源。

案例 5-2

活动设计与空间营造①

(一)设计适合不同年龄段孩子的活动

准确把握幼儿发展的阶段性特征,是科学、有效地实施教育的前提。丁老师是幼儿园体育教研组组长,她把本学年教研组的研究目标定位在"了解不同年龄段幼儿动作发展特点,探寻有效促进方式"上。为了达到这个目标,她和组员一起查找相关资料,对幼儿"走、跑、跳"等基本动作的发展规律进行了理论学习,再通过对自己所在园小中大班幼儿的观察,初步归纳出不同年龄段幼儿基本动作的发展特点。如以平衡为例,小班幼儿能沿地面直线或在较窄的低矮物体上走一段距离;中班幼儿能在较窄的低矮物体上平稳地走一段距离;大班幼儿能在斜坡、荡桥和有一定间隔的物体上较平稳地行走。接下来,教研组的老师们根据不同年龄段孩子的平衡能力,设计出与之相匹配的教学活动。

如小班上学期的体育活动"水果丰收",教师以摘水果的游戏贯穿整个教学过程,设计了"三关"的游戏情节,让小班的孩子在有趣的游戏中不知不觉地锻炼了平衡能力。第一关是让孩子们穿过宽度为15厘米的"田间小路",去采摘树上的水果;第二关难度加大,老师将宽度为5厘米的平衡木粘贴在塑胶地上,孩子们要在这条更窄的小路上平稳地走过;第三关挑战难度更高,出现了一条高5厘米,宽20厘米的独木桥,孩子们一边伸展手臂保持平衡,一边小心翼翼地走过"独木桥"。顺利完成三种水果的采摘任务后,孩子们将得到一枚勤劳奖章。

中班老师设计的教学活动是"花样走平衡",老师准备了几条高度和宽度各不相同的平衡木,摆放成U字形,每条平衡木的旁边还提供了不同的材料包,双臂夹球的示意图表示在通过平衡木时必须双臂同时夹住两个球,而侧身拍手的示意图表示的是必须一边像螃蟹那样横着走过平衡木,一边拍手。这样的设计既符合中班孩子的动作发展特点,又让孩子们兴趣大增,他们沿着U字形的场地活动,一次又一次地尝试花样走平衡,乐此不疲,既达到了锻炼的目的,又让孩子们体验了克服困难、挑战自我的成就感。

大班老师展示的是一组晨间锻炼的平衡组合,她们用饮料罐制作出了梅花桩,让孩子们在有一定间隔的梅花桩上行走,体验了"武林高手"的感觉;她们给平衡木的中央垫了海绵垫,让平衡木摇身变成了"跷跷板",孩子们走到中间时必须侧身两脚分开,让"跷跷板"的另一头着地后

---

① 尹坚勤,管旅华.《幼儿园教师专业标准(试行)》案例式解读[M].上海:华东师范大学出版社,2013:31-32.

再快速通过;她们将轮胎摆成S型,中间位置插上小红旗,一声令下,两个大班的孩子分别从两端向中间出发,谁最先到达中间,拔起小红旗,谁就获胜。这种活动既锻炼了孩子们的平衡能力,又满足了这个年龄段孩子们好胜的特性,受到了孩子们的欢迎。

(二)给孩子自主阅读营造适合的空间

李老师对在班级开展幼儿自主阅读活动一直颇有兴趣。

从小班起,她就努力为孩子们营造一个宽松、舒适的阅读空间。她在阅读区里安置了温馨的小沙发和小方桌,摆放了几个松软的靠垫,在书架上摆放了大量的单页单幅图画书。这些图画书情节简单,故事短小,主要角色突出,易于理解。为了培养小班孩子的阅读兴趣,李老师坚持每天餐前请孩子们轮流选择一本图画书,然后自己读给孩子们听,孩子们通过老师绘声绘色的讲述,对图书产生了浓厚的兴趣,在自由活动时会主动到阅读区寻找喜欢的故事书,自己安静地翻看。久而久之,很多孩子都养成了爱看书的好习惯。

到了中班,随着孩子生活经验的不断积累和语言能力的飞速发展,阅读区里出现了单页多幅的图画书,为了鼓励孩子们根据自己的理解,说出故事的情节,李老师还投放了录音机,引导孩子们尝试把自己讲述的故事用录音机记录下来,在餐前准备活动环节播放给大家听,极大地激起了孩子们阅读的热情,也为老师准确了解孩子的语言发展水平提供了帮助。

大班阶段,考虑到孩子们已经能根据故事的部分情节或图书画面的线索,猜想故事情节的发展,而且孩子们的绘画技能也有了很大的提高,李老师在阅读区又增加了各种画笔和纸张,鼓励孩子们把自己续编或者创编的故事画出来,阅读区里孩子们自己创作的图画书越来越多,一到自由活动时间,阅读架前就挤满了挑选图书的小朋友。大班下学期,孩子们对文字符号的兴趣越来越浓,老师开始引导孩子们学做读书笔记,鼓励他们把自己喜欢的书名写下来,书里的主要角色用简笔画画下来,最后用图画或者文字(请老师或父母帮忙)表达自己的想法。随着一本本稚嫩的读书笔记的出现,阅读区不但成了小朋友们分享阅读感悟的乐园,也成为老师和家长走进儿童,了解儿童内心世界的桥梁。

《幼儿园管理条例》要求:“幼儿园可以根据本园的实际,安排和选择教育内容与方法,但不得进行违背幼儿教育规律,有损于幼儿身心健康的活动。”

《幼儿园工作规程》要求幼儿园:“遵循幼儿身心发展规律,符合幼儿年龄特点,注重个体差异,因人施教,引导幼儿个性健康发展。”

《幼儿园教育指导纲要(试行)》要求幼儿园必须把保护幼儿生命和促进幼儿的健康放在工作的首位。要树立正确的教育观念,在重视幼儿身体健康的同时,高度重视幼儿的心理健康。

《国家中长期教育改革和发展规划纲要(2010—2020年)》要求:“树立科学的质量观,把促进人的全面发展、适应社会需要作为衡量教育质量的根本标准。”“坚持全面发展。全国加强和改进德育、智育、体育、美育。坚持文化知识学习与思想品德修养的统一、理论学习与社会实践的统一、全面发展与个性发展的统一。”

《国务院关于当前发展学前教育的若干意见》要求:“必须坚持科学育儿,遵循幼儿身心发展规律,促进幼儿健康快乐成长。”

《中小学和幼儿园教师资格考试标准(试行)》要求教师:“了解婴幼儿生理与心理发展的基本规律,熟悉幼儿身体发育、动作发展和认知、情绪情感、个性、社会性发展的特点”。

《教师教育课程标准(试行)》要求教师“理解‘保教结合’的重要性,学会按幼儿的成长特点进行科学的保育和教育。”“了解儿童身心发展的一般规律和影响因素,熟悉幼儿年龄阶段特征和个体发展的差异性。”“了解幼儿认知发展、学习方式的特点及影响因素,熟悉幼儿建构知识、获得技能的过程。”

《3—6岁儿童学习与发展指南》提出:“儿童的发展是一个整体,要注重领域之间、目标之间的相互渗透和整合,促进幼儿身心全面协调发展,而不应片面追求某一方面或几方面的发展。”

二、尊重个体差异,满足幼儿发展的不同需求

在日常教育中,作为教师的我们更应该尊重幼儿在发展水平、能力、经验、学习方式等方面的个体差异,因人施教,主动了解和满足有益于幼儿身心发展的不同需求,努力使每一个幼儿都能获得满足和成功。

案例5-3

信任“合约”①

墙角下,一个小小的身影正注视着那一株悄悄开放的淡紫色雏菊,眼神中有一些无奈,一丝期待……

女孩曼曼亦如这雏菊,长相平常,性格内向,不爱说话,做事慢条斯理,优柔寡断,总是少股子冲劲。平时,其他小朋友们早已用餐完毕,只有曼曼一个人还慢条斯理地吃着已经变冷的饭菜;午睡起床,其他小朋友们都已穿好衣裤、叠好被子,享用美味的午点,曼曼却还坐在小床边犹豫着是先叠被子还是先穿衣服……渐渐地小朋友们都叫她“小慢慢”。一次数学活动课上,我要求孩子们以小组PK的形式完成活动内容,其他组的小朋友很快地完成了,只剩下Y小组。“你快点呀,都是你,害我们组又是最后一名!”“是啊,和曼曼一组真倒霉,每次都拿不到第一名!”Y小组的成员们不停地埋怨。此时的曼曼,显得特别委屈,小脸涨得通红,她紧紧地咬着嘴唇,时而托着腮帮子冥思苦想,时而又继续思考,反反复复。我悄悄走到曼曼身边,看了看曼曼画在纸上的内容,俯下身子对曼曼说:“曼曼,这很好啊,你为什么要擦掉呢?”曼曼抬头望着我,疑惑地说:“真的吗?老师,我有点不相信自己……”“是的,曼曼,你完成得很好!”在我的鼓励下,曼曼很快地完成了,并郑重其事地将纸放到我手中。我摸着曼曼的头说:“曼曼加油啊,老师相信你是一个非常聪明的孩子,只不过有时候做事情的速度慢了些,如果你做事的速度再加快一点,小朋友们会越来越喜欢你的!”曼曼点了点头,擦了擦眼角即将掉落的眼泪,默默地走到了教室的窗前,若有所思……

看着曼曼失落的神情,我不断地问自己:怎样帮助曼曼调整现状,让她尽快树立信心,并得到同伴的信任与喜欢呢?

一次自主性游戏中,小舞台电脑上不经意间播放了一段儿童戏曲视频《天上掉下个林妹妹》,孩子们都被小演员的表演深深吸引,我突然发现在角落里玩耍的曼曼居然会唱这段戏曲,而且还有模有样地学着小演员做起了动作,陶醉在戏曲和舞蹈中的曼曼自信开朗,与平时判若两人。原来曼曼喜欢戏曲表演,我心里一喜……我主动找曼曼妈妈沟通,了解到曼曼在家常常跟着外公外婆学唱戏,登台表演过许多次,还获得过奖项。曼曼也很想在小朋友面前表演,可是一直没有机会。曼曼妈妈说了解孩子在幼儿园的情况,曼曼的慢性子让她失去了伙伴们的认可,这个问题也一直困扰着曼曼的家庭。针对孩子的这一情况,我和曼曼妈妈悄悄签订了一份信任“合约”,决定共同帮助曼曼寻回自信,赢得小伙伴们的支持!

为了让小朋友们更加喜爱戏曲,我在班级里开展了一个“我是中华小戏迷”的主题活动,和孩子们一起了解戏曲的种类,欣赏戏曲的服装、道具,学唱几段经典戏曲,班级里刮起了一阵戏曲风,连家长们也参与进来了。在整个主题活动中,曼曼的表现都非常积极,她会主动和小朋友们讲一些戏曲的知识,还会手把手地教女孩子们走台步、甩袖子,曼曼还主动邀请了她的外公外婆为小朋友们现场演唱。

① 尹坚勤,管旅华.《幼儿园教师专业标准(试行)》案例式解读[M].上海:华东师范大学出版社,2013:39-41.

主题活动进入尾声,我决定在班级开展少儿戏曲表演大赛,报名活动火热进行中,可我迟迟未等到曼曼。一次放学后,我悄悄留下了曼曼和她的妈妈:"曼曼,马上就要开始戏曲表演大赛了,你为什么不报名呀?""老师,我还没想好……"曼曼低着头使劲揉搓着衣角,"曼曼,你肯定行,听说你演的林妹妹特别棒,老师好想看看,小朋友们也都非常期待你的表演呢!""对啊,曼曼,咱们就演林妹妹,妈妈帮你准备服装和道具,还可以邀请外婆的好朋友帮你一起排练,你绝对没问题!"在我们的共同鼓励下,曼曼终于露出了笑容,坚定地说:"好,老师,我就演林妹妹!"

隐约中,我仿佛看到了舞台上那个自信、优美、舒展着自己的小小表演者——曼曼……

比赛如期举行,小选手们一个个铆足了劲,生怕自己落后了。终于轮到曼曼上场了,只见曼曼身着一身藕粉色戏服,长长的水袖,飘动的裙摆,一双缀满小花的绣花鞋,梳着林妹妹样子的古装头,化着精致的戏曲妆,一亮相就得到了观众热烈的掌声。随后的表演中,曼曼一转身、一迈步、一颦一笑像极了林妹妹,全班孩子都被曼曼的表演折服了!表演结束后,孩子们都拉着爸爸妈妈要求和曼曼一起合影,此时的曼曼眼里终于露出了自信的笑容!

让我意想不到的事还在继续着,曼曼真的变了,连做事的速度都快了不少,那双眼睛似乎更坚定更有神了……

墙角下,那一株雏菊终于等来了一群小朋友,她们有的给她浇水,有的称赞它漂亮,有的还用简笔画给它作画,野菊把腰杆挺得直直的,在秋日的阳光下尽情绽放!

《中华人民共和国教师法》提出教师应"关心、爱护全体学生,尊重学生人格,促进学生在品德、智力、体质等方面全面发展"。

《幼儿园工作规程》规定幼儿园教育应当贯彻以下原则和要求:"体、智、德、美等方面的教育应当互相渗透,有机结合。遵循幼儿身心发展的规律,符合幼儿年龄特点,注重个体差异,因人施教,引导幼儿个性健康发展。""幼儿园应当充分尊重幼儿的个体差异,根据幼儿不同的心理发展水平,研究有效的活动形式和方法,注重培养幼儿良好的个性心理品质。"

《幼儿园教育指导纲要(试行)》要求:"幼儿园教育应尊重幼儿的人格和权利,尊重幼儿身心发展的规律和学习特点,以游戏为基本活动,保教并重,关注个别差异,促进每个幼儿富有个性的发展。""尊重幼儿在发展水平、能力、经验、学习方式等方面的个体差异,因人施教,努力使每一个幼儿都能获得满足和成功。"

《中华人民共和国未成年人保护法》要求:"学校应当尊重未成年学生受教育的权利,关心、爱护学生,对品行有缺点、学习有困难的学生,应当耐心教育、帮助,不得歧视,不得违反法律和国家规定开除未成年学生。"

《国务院关于当前发展学前教育的若干意见》要求:"遵循幼儿身心发展规律,面向全体幼儿,关注个体差异,坚持以游戏为基本活动,保教结合,寓教于乐,促进幼儿健康成长。"

《教师教育课程标准(试行)》提出教师应"尊重幼儿的个体差异,相信幼儿具有发展的潜力,乐于为幼儿创造发展的条件和机会"。

案例5-3中,教师通过观察、了解,主动与家庭沟通,努力挖掘孩子身上的亮点,发现了孩子喜爱戏曲并在戏曲表演上有一定天赋,也非常想在同伴面前展现,于是教师根据孩子的需求,制定了一份"个性化计划"。最终,孩子在教师、家庭的共同配合下,逐渐摆脱困扰,寻回自信,并赢得了伙伴的支持。整个活动中,教师充分认识了孩子的个性特点,从幼儿的个性差异中寻找突破口,尊重孩子、信任孩子,并确定了"以优势带领弱势,满足孩子需求"这一教育途径,努力为孩子营造一个充满爱与信任的环境,与孩子进行心灵的沟通,聆听孩子的心声,帮助孩子处理一些难题,最终成为了孩子信赖的朋友。

三、安排一日生活,对幼儿进行相关指导

一日生活是幼儿园教育区别于小学教育的一个重要特征。幼儿园应科学合理地组织一日生活,给予幼儿良好的生活照料,充分体现保教结合的幼儿园教育特点。

案例 5-4

幼儿园一日生活过渡环节中存在的问题①

目前,关于一日生活组织的过渡环节,大多数幼儿园都存在着这样的状况:

(1) 教师的认识较片面。在教师的心目中,对过渡环节的认识比较狭窄,处理方法也比较单一。有的教师认为过渡环节就是休息环节,于是放任自流,让幼儿自由活动,不出安全事故就行;有的认为过渡环节就是生活环节,仅限于集体活动结束后去小便、洗手、喝水等;还有的则认为过渡环节也要按照老师的意愿进行集体活动,无形中占去了幼儿许多游戏和自主学习的时间,幼儿没有一丁点自由放松的机会。

(2) 过渡环节过于紧凑,转换过于频繁。幼儿园的一日作息时间安排都有明确的规定,相对来说安排得比较紧凑,尽可能地压缩了一项活动与另一项活动之间的过渡与转换时间。在过渡环节中,教师一般也都比较急躁,对幼儿的行为实施过多的控制和干预,不断地催促幼儿尽快喝水、及时进入教室、抓紧时间收拾图书和玩具,在嘈杂声中声嘶力竭地呐喊:"小朋友们坐好了,我们该进行下一个活动项目了!"

《幼儿园教师专业标准(试行)》(2012)对于教师所应具有的"一日生活的组织与保育"的专业能力提出了具体要求,第40—43条分别是"合理安排和组织一日生活中的各个环节,将教育灵活地渗透到一日生活中"、"科学照料幼儿日常生活,指导和协助保育员做好班级常规保育和卫生工作"、"充分利用各种教育契机,对幼儿进行随机教育"、"有效保护幼儿,及时处理幼儿的常见事故,危险情况优先救护幼儿"。

《幼儿园教育指导纲要(试行)》(2001)第三部分第九条指出,幼儿园教师要"科学、合理地安排和组织一日生活",在时间安排上"应有相对的稳定性与灵活性,既有利于形成秩序,又能满足幼儿的合理需要,照顾到个体差异",在各活动的衔接上做到"教师直接指导的活动和间接指导的活动相结合,保证幼儿每天有适当的自主选择和自由活动时间。教师直接指导的集体活动要能保证幼儿的积极参与,避免时间的隐性浪费",在一日安排上"尽量减少不必要的集体行动和过渡环节,减少和消除消极等待现象",一日生活的管理要"建立良好的常规,避免不必要的管理行为,逐步引导幼儿学习自我管理"。

《幼儿园工作规程》(2016)第二十六条规定:"幼儿一日活动的组织应当动静交替,注重幼儿的直接感知、实际操作和亲身体验,保证幼儿愉快的、有益的自由活动。"

《教育部关于规范幼儿园保育教育工作防止和纠正"小学化"现象的通知》指出:"幼儿园(含学前班,下同)要遵循幼儿的年龄特点和身心发展规律,科学制定保教工作计划,合理安排和组织幼儿一日生活。"

案例5-4指出的是幼儿园教师处理一日生活过渡环节时在认识上,操作上存在的一些问题。过渡环节是幼儿园一日生活、游戏、学习、运动等活动之间的间隙,教师在组织一日生活的过程中,应使各环节转换自然、有序、安全,尽量减少不必要的过渡环节,减少和消除消极等待现象。过渡环节作为一种独特的教育资源和教育契机,教师在实践中应充分利用,使过渡环节的价值得以合理、充分地发挥。

首先,幼儿园教师应认真对待过渡环节的保教价值。如案例中呈现的,很多教师认为过渡环节是

---

① 孟中芳. 有效利用一日生活中的过渡环节[C]. 2012年幼儿教师专业与发展论坛论文集. 2013: 16.

教师的“休息时间”,或者认为其是单纯的生活环节,或者认为过渡环节需要完全由教师掌控,这些都是对过渡环节的不正确定位。过渡环节不仅起着各环节直接的过渡作用,还可以独立发挥积极的教育价值,同幼儿园一日生活中的其他组织形式建立起积极的联络互动,共同发挥教育影响。

其次,实践中过渡关节是可以节奏缓慢,而又与其他环节有机连接的。从案例中可以看到,很多教师将过渡环节的时间尽可能地压缩了,并加强控制以“赶环节,”这可能是幼儿园的工作安排需要,但是忽视了幼儿的主体性和发展需要。幼儿的一日生活,包括过渡环节,都应从幼儿的身心发展需要出发,既然过渡环节存在独特的教育价值,教师在工作中就可以适当放缓节奏,给予幼儿自主权,保证活动间的过渡自然合理而又衔接紧凑,切实做到有效利用一日生活中的过渡环节。

四、鼓励幼儿自主游戏,体验游戏的快乐和满足

游戏是幼儿园里进行的基本活动,是幼儿根据自己的兴趣、需要,自由选择游戏内容、材料、玩伴和游戏方法,自主开展游戏情节,自发交流游戏经验的动态游戏过程,它是幼儿根据自己的兴趣与愿望自发自愿主动进行的活动。

案例 5－5

游戏区里真热闹①

(一) 佳佳不高兴

游戏活动开始,娃娃家人数已满,可佳佳很想进去,不愿意到别的游戏区去玩。老师走过来说:“你看,这儿的人已经满了,看看哪个游戏区还有空,这个区下次再来玩。”佳佳还是不肯走,教师连哄带劝地将她带到旁边的建筑区,边走边许诺下次游戏活动时一定让佳佳到娃娃家去玩。佳佳坐在建筑区中,一脸无趣,虽手中拿着积木,但眼睛却不时地瞟向娃娃家。

(二)“地震了”

吃完上午的加餐,洋洋、恒恒、乐乐、明睿就来到教室东游戏区,挑选自己喜欢的宠物玩具。乐乐拿拿小白兔,又摸摸小狗,最后抱起了小熊找食物去了;恒恒把小猫、小羊、小狗都排在地上,小心翼翼地在它们身上盖上了一块小毯子;洋洋把小猴子藏在一个旺仔牛奶盒子里……

玩了一会儿后,他们纷纷跑到其他游戏区,小宠物们被七零八落地堆在了地上,周围还有许多盒子。忽然,明睿面朝上躺到堆满宠物和盒子的地上,把三个空牛奶盒子“压”在自己的身上,呻吟着喊道:“快……快来人哪!快来救我啊!”洋洋听到叫声后急忙跑过来问:“你怎么了?”“地震了,我被压在房子下面了。”明睿继续叫道:“疼死了,快来救我啊。”洋洋抓住他的手臂说:“你……你别着急,坚持一下,我马上来救你。”说完跑到教室里拿来玩沙用的铲子,铲了起来。

我在一旁建议:“上面压的东西太重了,光用铲子铲恐怕不行。”这时许多孩子听到声音,都围了过来,有的说:“要用吊车。”有的说:“要用车来运废墟。”乐乐则从教室里找来了簸箕,潇潇开来了救护车,翟阳开来了玩沙用的吊车、挖土机……大家开始忙碌起来。

“哇,我看见她的腿了!”潇潇惊呼道。

“脸也出来了!”洋洋高兴地跳了起来,“快,快拿毛巾来!”

乐乐赶紧递上一个用餐巾纸折成的长方形说:“毛巾在这,快把眼睛捂起来!”

明睿边接毛巾边断断续续地说:“叔——叔,我——要可乐,要——冰镇的。”

思思急忙到“超市”买来一瓶“可乐”,递过去说:“可乐,给你。”

“我们快把他送到医院去吧。”瑶瑶建议说。“嗨哟!”“嗨哟!”大家一起把他抬上了救护车。

① 尹坚勤,管旅华.《幼儿园教师专业标准(试行)》案例式解读[M].上海:华东师范大学出版社,2013:18－21.

(三) 洗衣服

娃娃家里,瑞瑞和小羽正忙得热火朝天。只见小羽拿起奶茶杯,用勺子在杯子里舀起来"喝"了两口,便把杯子放在桌子上,转身拿起一个罐子摆弄起来,捣鼓了一会儿后,扔在一边。两人就像小搬运工一样,一会儿功夫就把娃娃家的东西搬得"面目全非",娃娃家里一片狼藉。

"爸爸妈妈们,一会儿有客人要来,快把家里打扫一下吧!"一直在一边观察的我好心提醒道。但是忘我游戏的两个孩子头都没抬。突然,瑞瑞站起身,扭过头看了看娃娃家的小床,跑过去抓起"被子"一下扔到"锅"里,然后用两只手在里面揉搓起来。"呀,爸爸你怎么把被子放到锅里去了?"一旁的我顿时着急起来,因为娃娃的锅是用废旧的泡沫盒做的,不太结实,经不起他这样捣鼓。"我在帮娃娃洗被子呢!"瑞瑞抬起头看了我一眼说道,然后继续卖力地"洗"着。我恍然大悟,于是转身走到游戏柜边,拿起一只圆形的塑料盆走过去,递给他说:"爸爸,这有洗衣服的盆,就用它来洗吧。""好的。"瑞瑞接过去,把"被子"放到盆里,高兴地继续"洗"着。

在案例(一)中,我们发现,在原本应愉快的游戏活动中,佳佳并不快乐,由于娃娃家人数的限制,她的选择落空了。老师们展开讨论,最后一致认为兴趣是孩子最好的老师,案例(一)的佳佳想到娃娃家去,就让她去,为什么要硬生生地扼杀她的愿望呢?既然幼儿有兴趣,而这个娃娃家人数已满,我们就再多开两个娃娃家,限制区域人数是为了保证活动质量,但我们不能因此剥夺孩子自主选择游戏内容的权利。

在案例(二)中游戏区里的孩子们由地上零散的动物玩具、盒子以及社会大环境的焦点话题,自发生成了新的游戏内容——"地震了",游戏情节基本模仿电视新闻报道的内容。案例中老师及时观察到孩子们对原有的游戏内容已经厌倦,并捕捉到了有价值的、孩子感兴趣的信息,及时给予了积极的支持与引导,推动了幼儿园游戏的深入发展。整个游戏过程中孩子们主动、积极、快乐、充满爱心,这一游戏不仅培养了孩子的同情心,还发展了他们的创造力和想象力。

在案例(三)中,由于小班幼儿的思维水平处于直觉行动思维阶段,因此在"娃娃家"中,有些孩子总是玩得有模有样,会抱娃娃、给娃娃做饭、哄娃娃睡觉;但也有些孩子经常让人看不懂他们想干什么,行为似乎没有什么明显的情节,有时看起来,他们纯粹是对摆弄、搬运娃娃家的物品乐此不疲。然而,他们看似在摆弄游戏物品和材料,其实他们是在边摆弄边思考,本案例中的孩子瑞瑞就是这样,在教师的"启发"下,他突然生成了"洗被子"的情节,可能是锅的形状跟洗衣盆很相似,从而引发了孩子的联想。但是老师误以为孩子仍是在无意义地摆弄游戏材料,好在教师及时理解了他的行为并为他找到了替代品,从而让孩子的游戏得以顺利进行下去。

思考与练习

一、简答题

1. 简述《幼儿园教育指导纲要(试行)》中健康教育的指导要点。
2. 简述《幼儿园教育指导纲要(试行)》中语言教育的指导要点。
3. 简述《幼儿园教育指导纲要(试行)》中社会教育的指导要点。
4. 简述《幼儿园教育指导纲要(试行)》中科学教育的指导要点。
5. 简述《幼儿园教育指导纲要(试行)》中艺术教育的指导要点。
6. 简述《幼儿园工作规程》中幼儿园保育和教育的主要目标。
7. 简述《幼儿园工作规程》中幼儿园教育应当贯彻的原则和要求。

二、材料分析题

规则的制定①

班里新开了一个活动区，里边放了一些以前没有的玩具。孩子们被吸引了过来，一下子挤进了十几个人。不一会儿，争吵声、告状声就传了出来。

“老师，您看看吧！里边人太多了！都没法玩了！”

“那么怎么办？”老师问。

“不能一下子进来这么多人！这里边最多只能进5个人！”

“先来的先玩，后来的人得有人出去才能进来！”

“我们做几个挂牌放在活动区门口，谁先来就拿一个挂在脖子上，没有牌子的就不能再进来了！”

……

孩子们体验到没有规则的不方便，理解了规则的必要性，于是，在老师的启发下自己商议制定了规则并自觉地遵守。

问题：结合《3—6岁儿童学习与发展指南》，分析和评价案例中教师的教育行为。

① 李季湄，冯晓霞.《3—6岁儿童学习与发展指南》解读.北京：人民教育出版社，2013：175.

第六章　幼儿教师的权利与义务

[本章学习目标]

1. 了解幼儿教师的社会角色和法律地位。
2. 熟悉幼儿教师的权利义务和道德规范。
3. 学习劳动争议和人事争议的解决方式。

[导入案例]

取得幼儿园教师资格须依法①

刘某高中毕业后,没有考上理想的大学。刘某的父母希望能帮女儿找到一个较为满意的工作,经多方打听后,认为让女儿做幼儿园教师是一个不错的选择。但是,由于刘某没有幼儿师范学校毕业的学历和普通话二级证书,不能申请报考教师资格考试。

为了帮女儿尽快找到一份工作,刘某的父母托人给女儿办理了假的普通话二级证书和幼儿园教师资格证书。刘某拿着假的资格证书到县城某幼儿园应聘。幼儿园工作人员在审核刘某证书时,发现证书上的编号有问题,于是就到相关机关核实真伪。经查发现,刘某的教师资格证书并不是国家统一发放的证书。

刘某应聘使用假证书一事,事实清楚,该区教育局对刘某作出了处罚,规定她在5年内不得申请认定教师资格,并没收了她的假证书。

案例中,刘某因为不具有幼儿师范学校毕业的学历和普通话二级证书,不能申请参加幼儿园教师资格考试。她通过非法手段办理了假幼儿园教师资格证书和普通话二级证书,违反了取得教师资格证书的规定,根据我国制定的相关法律,刘某应受到相应处罚。

《〈教师资格条例〉实施办法》(2000)第二十七条规定:“对使用假资格证书的,一经查实,按弄虚作假、骗取教师资格处理,5年内不得申请认定教师资格,由教育行政部门没收假证书。”《教师资格条例》第十九条规定:有弄虚作假、骗取教师资格的或品行不良、侮辱学生,影响恶劣的情形之一的,由县级以上人民政府教育行政部门撤销其教师资格。被撤销教师资格的,自撤销之日起5年内不得重新申请认定教师资格,其教师资格证书由县级以上人民政府教育行政部门收缴。因此,案例中刘某所在区的区教育局处罚刘某5年内不得申请认定教师资格,并没收了她的假证书。

第一节　幼儿教师的社会角色和法律地位

一般而言,从事某一职业的人都会扮演两种社会角色,即职业外的公民角色和职业角色,前者是每

① 洪秀敏.幼儿园教师必知的60条教育政策与法规[M].北京:中国轻工业出版社,2014:198.有删减。

一个人都会扮演的角色,也是人的基本角色。作为公民,每个人与其他公民的角色基本相同。后者是特定行业的角色,因行业的不同,而有很大的差异,即便是相同行业,也可能因具体的分工或是层级不同,而具有不同的角色。如虽都是从事幼儿教育,幼儿园园长与幼儿教师、幼儿教师与保育员之间的职业角色就稍有差异;虽同为教师,幼儿园教师与高校教师的职业角色也有很大差异。幼儿教师是一种职业角色,但作为自然人,幼儿教师首先扮演的是公民角色。

一、作为公民的幼儿教师

作为公民的幼儿教师,享有宪法规定的基本权利,并且要履行宪法规定的基本义务。

(一)公民的基本权利

中国公民享有人身自由权、住宅不受侵犯权、人格尊严权、通信自由和通信秘密权;在政治上享有选举权和被选举权,并且具有言论、出版、集会、结社、游行、示威自由;在社会经济方面享有财产权、劳动权、劳动者休息权、退休人员生活保障权、获得物质帮助权、受教育权等;在基本权利受到侵犯时,有获得救济的权利,包括申诉权、控告权、取得国家赔偿权、取得国家补偿权等;此外,在社会生活方面,具有宗教信仰自由,进行科研、文艺创作和其他文化活动的自由等。我国宪法还确立了平等权,即所有公民,在法律面前一律平等。

案例 6-1

> 2013 年 11 月 25 日 16 时许,重庆市长寿区发生一起"摔婴案",一名 10 岁女童李某殴打一名 1 岁男婴并将其摔下 25 楼,致其受伤害,昏迷数日。12 月 4 日,该男婴家人向长寿区法院提起民事诉讼,区法院已受理此案。①

这是一起严重侵犯公民人身权的案件,但由于案例 6-1 中的李某在侵犯该男婴人身权时只有 10 岁,故而不能追究其刑事责任。但作为该男婴的监护人,其父母可以通过民事诉讼的途径,向李某及其父母要求赔偿。上述人身权受到侵犯并向法院起诉侵权一事,体现了《宪法》规定的"公民人身权不受侵犯的权利"和"权利受到侵犯后向国家机关进行控告的权利"。

当然,对权利的救济需要结合《中华人民共和国侵权责任法》(以下简称《侵权法》)、《中华人民共和国民事诉讼法》等法律的具体规定才能实现。单凭《宪法》是无法实现公民权利,也无法对权利进行救济的。

(二)公民的基本义务

根据《宪法》的规定,我国公民有维护国家统一和民族团结的义务,遵守宪法和法律的义务,维护祖国的安全、荣誉和利益的义务,依法服兵役的义务以及依法纳税的义务等。此外,《宪法》第四十九条同时规定了"夫妻双方有实行计划生育的义务","父母有抚养教育未成年子女的义务,成年子女有赡养扶助父母的义务"。

案例 6-2

> 2013 年 3 月 20 日,雪后,气温 -3℃ 至 8℃。北京海淀区北四环西路辅路鼎好大厦东侧楼下,一名年轻女子在三轮车上产下了孩子,悄然离去。孩子在雪后的寒风中裸露了 40 分钟,后虽经网友和医护人员的全力抢救,最终依然未能存活下来。②

---

① 蔡双燕,刘相琳. 重庆 10 岁女孩电梯摔婴婴儿坠楼 25 层经抢救苏醒[EB/OL]. http://www.chinanews.com/sh/2013/1206/5587012.shtml. 2016-7-3.

② 女子寒冷街头产子遗弃致死说明:公民的基本生存尊严没有得到满足[EB/OL]. http://bbs.tianya.cn/post-free31553281.shtml. 2016-7-3.

近年来,此类产子后将婴儿遗弃的案件屡见报端。这种遗弃子女的行为,不仅没有尽到《宪法》第四十九条规定的抚养未成年子女的义务,也构成了我国《刑法》第二百六十一条规定的遗弃罪,可能面临被处5年以下有期徒刑、拘役或管制的刑事处罚。

除了上述宪法规定的基本权利和义务之外,其他法律也分别对公民的权利和义务进行了规定,如民法中规定的债权、物权、继承权,诉讼法中规定的各项程序权利,义务教育法中的适龄儿童受教育权等。这些权利是对基本权利的阐述或具体化,基本权利需要在具体的各项权利中才能实现。

二、作为职业的幼儿教师

幼儿教师作为一种职业,对幼儿教师提出了特殊的要求。这不仅体现在幼儿教师的资格认证方面,在幼儿教师行业规范以及幼儿教师的职业道德方面也有所体现。《教师法》对幼儿教师的资格认定、权利义务等内容进行了规定。

(一) 国家教师制度

国家教师制度是国家以法律设定和推行的教师制度的总称,通常由教师资格或许可制度、职务或职称制度、任用制度、培训进修制度和奖惩制度组成。

1. 幼儿教师资格制度

(1) 幼儿教师的资质要求

我国实行教师资格制度。根据《教师法》第十条规定,取得幼儿教师资格须符合以下条件:具有中国国籍;遵守宪法和法律,热爱教育事业,具有良好的思想品德;热爱学前教育事业,爱护幼儿;具备相应的学历或者经国家教师资格考试合格;具有教育教学能力。《教师法》第十一条规定,取得幼儿园教师资格,应当具备幼儿师范学校毕业及其以上学历。当然,具备上述条件的公民,须经过法律授权的行政机关或其委托的行政机构的认定,方能取得幼儿教师资格。

另外,《教师法》第十四条规定了不能取得幼儿教师资格情形,即被剥夺政治权利或者因故意犯罪受到有期徒刑及以上刑事处罚的,不能取得幼儿教师资格;已经取得幼儿教师资格的,将丧失幼儿教师资格。

《教师资格条例》第七条规定,中国公民依照本办法申请认定教师资格应当具备《教师法》规定的相应学历。《〈教师资格条例〉实施办法》第八条规定了申请认定教师资格者的教育教学能力应当符合下列要求:具备承担教育教学工作所必需的基本素质和能力。具体测试办法和标准由省级教育行政部门制定。普通话水平应当达到国家语言文字工作委员会颁布的《普通话水平测试等级标准》二级乙等以上标准。具有良好的身体素质和心理素质,无传染性疾病,无精神病史,适应教育教学工作的需要,在教师资格认定机构指定的县级以上医院体检合格。

(2) 取得幼儿教师资格

2011年,教育部发布《关于开展中小学和幼儿园教师资格考试改革试点的指导意见》和《幼儿园教师专业标准征求意见稿》。2013年8月15日印发了《中小学教师资格考试暂行办法》和《中小学教师资格定期注册暂行办法》,确定幼儿园教师资格考试,今后实行全国统考。2011年下半年,在浙、鄂两省展开关于幼儿园教师资格考试改革的工作。2012年,试点工作扩大到河北、上海、广西、海南等省市,旨在统一规范幼儿教师的入职标准,促进幼儿教师的专业发展,试点省市已达到10个。到目前为止,已如期完成试点任务,取得显著成效。

新的幼儿园教师资格考试标准是幼儿教师职业准入的国家标准,是从事幼儿园教师职业的最基本要求,是进行幼儿园教师资格考试的基本依据。考试分为笔试和面试两部分。笔试主要考核申请人从事幼儿教师职业所应具备的教育理念、职业道德和教育法律法规知识;科学文化素养和阅读理解、语言表达、逻辑推理和信息处理等基本能力;教育教学、学生指导和班级管理的基本知识等。面试所考核的是申请人的职业道德、心理素质、仪表仪态、言语表达、思维品质等基本素养和教学设计、实施、评价等教学基本技能。

在新制度下，每一个从事幼儿教育工作的公民，均应当参加幼儿教师资格考试。师范类专业学生申请教师资格，也应参加教师资格考试，并且在职教师每五年要进行一次注册考核，不达标者将被取消资格。《幼儿园教师专业标准（试行）》是引领幼儿园教师专业发展的基本准则，是开展幼儿园教师培养、准入、培训、考核等工作的重要依据。

2. 幼儿教师职务制度

我国并无专门的有关幼儿教师职务制度的规范，只是根据《小学教师职务试行条例》的规定，认为幼儿园教师也适用该条例。因此，幼儿园教师职务分为幼儿园三级教师、二级教师、一级教师和高级教师。根据该条例的规定，幼儿教师职务一般由同行专家组成的教师职务评审组织依据《小学教师职务试行条例》规定的任职条件评审。

拓展阅读

《小学教师职务试行条例》节选

第二条　小学教师职务是根据学校的教育教学工作需要设置的工作岗位。小学教师职务设小学高级教师、小学一级教师、小学二级教师、小学三级教师。各级教师职务应有定额。小学高级教师为高级职务，小学一级教师为中级职务，小学二级教师和小学三级教师为初级职务。

第三条　小学教师职务实行聘任或任命制。聘任或任命教师职务，必须经过教师职务评审委员会从政治思想、文化专业知识水平、教育教学能力、工作成绩和履行职责等方面进行评审，认定具备担任相应职务的条件，由学校或县以上教育行政部门领导进行聘任或任命。聘任或任命教师担任职务应有一定的任期，每一任期一般为三至五年，可以续聘或连任。

3. 幼儿教师任用制度

《小学教师职务试行条例》第三条规定，小学教师职务实行聘任或任命制。这一规定也适用于幼儿园教师。

《教师法》第十七条规定，“学校和其他教育机构应当逐步实行教师聘任制”；《幼儿园管理条例》第二十三条和《幼儿园工作规程》第四十一条规定，幼儿园教师实行聘任制；幼儿园教师可以由幼儿园园长聘任，也可由举办幼儿园的单位或个人聘任。聘任制度是幼儿园教师的入职要求，也是幼儿园任用教师的基本制度。

4. 幼儿教师考核、奖励、培养和培训制度

我国《教育法》第三十五条规定，“通过考核、奖励、培养和培训，提高教师素质，加强教师队伍建设”。

(1) 幼儿教师的考核

教师考核结果是教师受聘任教、晋升加薪、实施奖惩的依据。幼儿教师考核工作具有导向作用，是对幼儿教师工作的监督；通过考核得出的结论，决定着幼儿教师的职务升迁和工资水平，因此也具有鼓励先进、鞭策后进的作用。

根据《教师法》的规定，幼儿教师的考核内容包括政治思想、业务水平、工作态度和工作成绩，也就是所谓的“德、能、勤、绩”。其中主要的考核内容应当是幼儿教师的业务水平和工作成绩。业务水平解决的是幼儿教师是否适合幼儿教师这一职业，其工作能力如何的问题，决定着幼儿教师的去留；工作成绩解决的是幼儿教师工作成果、贡献的问题，决定着是否提高幼儿教师职务、是否提高其工资待遇、是否给予其奖励。

案例 6－3

某幼儿园通过幼儿及其家长和社会各界人士对该园教师进行了一次综合考评。幼儿教师肖某常常无故缺课、迟到、早退，并在园内组织的多次业务考核中成绩不合格。在多次劝导无效后，该幼儿园决定将其解聘。试析幼儿园的做法是否合理。①

案例6－3中，肖某由于经常无故缺课、迟到、早退，违反了幼儿园的管理规范，其行为已经构成教育事故；且其多次在业务考核中不合格，表明其业务水平不足。当肖某在师德、工作态度和业务水平方面都没有达到相应的要求时，将其辞退是合理的。

对幼儿教师的考核，应当坚持客观、公正、准确的原则，并需要充分听取教师本人、其他教师以及学生的意见。但是，从听取学生意见的规定来看，《教师法》第二十三条的规定明显没有顾及幼儿教育的特点，是应当予以改善的。由于幼儿教育对“家园共育”提出了较高的要求，因此，对幼儿教师的考核，可以听取幼儿家长的意见。

（2）幼儿教师的奖励

幼儿教师凡在幼儿园保教工作、教育改革、科学研究、园务建设、家长工作、社会服务等方面取得突出成绩的，根据《教师法》第三十三条的规定，可以获得国务院和地方各级人民政府及有关部门的表彰、奖励。对有重大贡献的幼儿教师，依照国家有关规定，可授予其荣誉称号。奖励包括物质奖励和精神奖励，甚至会出现一些职务奖励。《教师法》第七章规定，国家支持和鼓励社会组织或者个人向依法成立的奖励教师的基金组织捐助资金，对教师进行奖励。如2006年5月22日，在广东省表彰南粤优秀幼儿教师暨颁发刘宇新奖金大会上，广东省教育基金会表彰奖励了202名优秀幼儿教师，并向每位优秀幼儿教师颁发刘宇新奖金1000元。② 精神奖励是一种荣誉，能激励幼儿教师努力向上。通过为幼儿教师设立“优秀教师奖”、“园丁奖”等也能起到激励教师的作用。此外，许多地区存在“教而优则仕”的现象，即对于教学水平高、资格老的幼儿教师，让其参与园务管理，从一线教师岗位走向管理岗位。

（3）幼儿教师的培养和培训

《教师法》第四章专门对教师的培养和培训作了明确的规定。根据该法的规定，各级人民政府和有关部门应当办好师范教育，并采取措施，鼓励优秀青年进入各级师范学校学习。各级教师进修学校承担培训中小学教师的任务。

为了提高教师的生源质量，2007年教育部、财政部、中央编办、人事部联合制定了《教育部直属师范大学师范生免费教育实施办法（试行）》（以下简称《实施办法》），指出“从2007年秋季入学的新生起，在北京师范大学、华东师范大学、东北师范大学、华中师范大学、陕西师范大学和西南大学六所部属师范大学实行师范生免费教育”。免费师范生政策并未包含幼儿教师在内，但是，有些地方政府在幼儿园师资培养方面迈出了很大的一步。比如，2010年，江苏省针对当前幼教师资性别比例失衡，绝大多数幼儿园没有男教师的问题，启动了五年制师范幼儿教育专业免费师范男生培养工作，当年招收了300名初中毕业的男生，2011年招收300名，2012年、2013年分别招收600名。

《教师法》第十八条规定，各级师范学校学生享受专业奖学金，应该根据经济发展水平，适当调高每月发放的专业奖学金数额，尤其是幼儿教育专业奖学金，以此来吸引优秀生源选择幼儿教育专业。

目前，我国幼儿教师比较缺乏，且又相对集中于大中城市，对于中小城市、农村地区以及偏远山区来说，合格的幼儿教师严重不足。基于我国师范院校较少的现实状况，《教师法》第十八条第二款规定非师范学校应当承担培养和培训中小学教师的任务。当前情况下，我们应当将实施办法的适用对象扩大到幼儿教师的培养上。而少数民族地区和边远地区，更需要国家的重视，国家应在政策上与财政上

① 武祥海，李小红. 以案释法：幼儿园涉法事务全解析[M]. 南京：南京师范大学出版社，2011：77.
② 郑志军，张慧. 广东省表彰奖励2006年南粤优秀幼儿教师暨颁发刘宇新奖金大会[J]. 广东教育（综合版），2006，(11)：封底。

予以支持,为这些地区培养更多的幼儿教师。

案例 6-4

某市幼儿园教师杨某经当地教育委员会和幼儿园批准后到某师范大学进修。进修一年结束后她才发现,幼儿园将她进修期间的工资扣了一半,还扣发了节假日教师享有的福利。试问幼儿园的做法是否合法?①

在职幼儿教师的培训问题是幼儿教育事业发展中的一个重要问题。幼儿教师要提升职业技能、理论水平,需要不断地学习,也就是进修;幼儿教师需要终身学习,以应对不断变化发展的社会生活。一般而言,培养幼儿教师的院校,也是对在职幼儿教师进行培训的场所。进修相对灵活,短则三五日,长则三五周或更长,每年可组织多次。幼儿教师的进修,一方面是幼儿教师自我提升的需要,另一方面,幼儿教师作为劳动者,其享有的劳动权利包括职业培训。进修期间,幼儿教师享有国家规定的工资福利待遇。幼儿教师进修院校应当充分发挥培训幼儿教师的作用,有计划、有步骤地开设课程,帮助各类幼儿园在职教师更新知识,提高业务素质。上述案例中,幼儿园扣发幼儿教师工资和福利的做法,是违反法律规定的。

(二)幼儿教师的职业定位和特征

《教师法》对教师的社会地位和作用进行了确认,该法第三条规定,"教师是履行教育教学职责的专业人员,承担教书育人,培养社会主义事业建设者和接班人、提高民族素质的使命"。根据《幼儿园工作规程》第二条的规定,"幼儿园是对3周岁以上学龄前幼儿实施保育和教育的机构。幼儿园教育是基础教育的重要组成部分,是学校教育制度的基础阶段"。根据《幼儿园教师专业标准(试行)》的规定,"幼儿园教师是履行幼儿园教育工作职责的专业人员"。

虽然就广义而言,幼儿教师与其他教师的职业定位具有相似性,即教书育人,培养社会主义事业建设者和接班人、提高民族素质,但是,由于其他教师承担的主要是"教育教学职责",而幼儿教师主要从事的是"保育与教育"工作,且幼儿园的教育与中小学的教育差异悬殊,这种无差别的职业定位对于幼儿教师而言并不合理。这一点与幼儿教师的职业特点是有密切关系的。

三、幼儿教师职业的权利和责任

(一)幼儿教师的法律身份

除了具有公民身份外,幼儿教师还是种职业,幼儿教师作为劳动者,其与幼儿园是劳动合同关系或者行政上的人事关系;同时,幼儿教师是劳动者,也是教育者,作为教育者的幼儿教师,基于《教师法》等法律的规定,具有某些特殊的权利义务。

(二)作为劳动者的幼儿教师

由聘任制而产生的幼儿教师,与幼儿园之间属于劳动合同关系,双方地位平等,分别是劳动者和用人单位的身份。基于《中华人民共和国劳动法》(以下简称《劳动法》)和《中华人民共和国劳动合同法》(以下简称《劳动合同法》),幼儿教师享有平等就业和选择职业的权利、取得劳动报酬的权利、休息休假的权利、获得劳动安全卫生保护的权利、接受职业技能培训的权利、享受社会保险和福利的权利、提请劳动争议处理的权利以及法律规定的其他劳动权利。

案例 6-5

女教师李某为H市X区某幼儿园聘任教师,劳动合同期限从2011年9月至2014年9月。2012年7月李某因怀孕开始休假,同年11月19日,李某女儿出生。自2012年7月起,幼儿园未

① 武祥海,李小红.以案释法:幼儿园涉法事务全解析[M].南京:南京师范大学出版社,2011:66.

给李某发工资。李某休完产假后找园长要求上班,园长让她等通知。至2013年8月下旬,幼儿园通知李某回校参加招生工作,但该月底,又以生源不佳为由将李某辞退。李某就此向X区劳动人事争议仲裁委员会申请仲裁,要求该幼儿园补发工资。①

这是一个幼儿园侵犯幼儿教师权利的案件,《劳动合同法》第四十二条规定,女职工在孕期、产期、哺乳期的,用人单位不得根据该法第四十条、第四十一条的规定解除劳动合同。该幼儿园自2012年7月起即不发李某工资,在李某哺乳婴儿期间将其辞退,违反了《劳动合同法》的规定。

《中华人民共和国劳动与社会保障法》规定,国家建立基本养老保险、基本医疗保险、工伤保险、失业保险、生育保险等社会保险制度,幼儿教师在年老、疾病、工伤、失业、生育等情况下可以依法从国家和社会获得相应的物质帮助。如张某系某幼儿园教师,2011年1月16日,他在上班途中被一辆闯红灯的电动车撞伤,造成腰椎粉碎性骨折。② 根据《工伤保险条例》第十四条第六款的规定可知,职工在上下班途中,受到非本人主要责任的交通事故伤害的,应当认定为工伤。张某应当被认定为工伤,享受工伤保险待遇。

同样,作为劳动者的幼儿教师,应当完成劳动任务,提高职业技能,执行劳动安全卫生规程,遵守劳动纪律和职业道德。与用人单位签订劳动合同的幼儿教师,除了上述法定权利义务外,还享有合同约定的权利,并且应当履行合同约定的义务。

享有事业单位编制的幼儿教师与由聘任制而产生的教师的待遇有所不同,并不受劳动法和劳动合同法的调整,而是直接受《教师法》的调整。根据《教师法》第六章的规定,幼儿教师作为教师的一员,其平均工资水平应当不低于或者高于国家公务员的平均工资水平,并逐步提高,并且有正常的晋级增薪措施。幼儿教师享受教龄津贴和其他津贴;到少数民族地区和边远贫困地区从事幼儿教育工作的幼儿教师,可以享受另外的补贴。

幼儿教师在住房的建设、租赁、出售方面享有优先、优惠权,县、乡两级人民政府应当为农村幼儿教师住房提供方便。幼儿教师的医疗,享受与当地国家公务员同等的待遇;幼儿园应当定期对教师进行身体健康检查,并因地制宜安排教师进行休养;医疗机构应当为当地教师的医疗提供方便。幼儿教师退休或者退职后,享受国家规定的退休或者退职待遇。县级以上地方人民政府可以适当提高长期从事教育教学工作的幼儿退休教师的退休金比例。对于国家补助、集体支付工资的幼儿教师,各级人民政府应当采取措施,改善其待遇,逐步做到在工资收入上与国家支付工资的教师同工同酬。

(三)作为教育者的幼儿教师

作为教育者的幼儿教师,具有特定的权利和义务。其权利和义务是在教育教学活动中产生并由教育法律规范所设定的,与教师职务和职责密切相关。

1. 幼儿教师的权利

根据《教师法》第二章的规定,幼儿教师享有以下权利:

(1)教育权,即进行保育教育活动,开展保育教育改革和实验的权利。幼儿教师可以根据课程计划、工作量,结合自身的保育教育特点,自主地组织教育活动;针对不同的教育对象,可以开展个别化、差异化的教育方式,并进行教育方式的改革和实验。比如幼儿教师根据教学大纲的要求,对小班幼儿进行爬的健康教育活动,就是其行使教育权的行为。

(2)科学研究权,即从事科学研究、学术交流、参加专业的学术团体并在学术活动中发表意见的权

---

① 雷思明,刘静.教育律师的忠告:例说中小幼教师必知的75条法规[M].北京:中国轻工业出版社,2013:284.有改动。

② 刘秀丽,赵艳婕.例析交通事故中教师工伤的认定[J].早期教育(教师版),2011,(04):31.

利。但是,幼儿教师从事科学研究,应当注意相应的伦理规范,不得侵害幼儿的生命健康权利和有关教育权利,要注重保护幼儿的隐私和其他相关权利。如某幼儿教师参加在江苏省某市举办的"第一届全国幼儿美术教育学术研讨会",并将自己在美术教育方面的研究写成论文,收录到年会论文集中,即为行使科学研究权的行为。

(3) 管理幼儿权,即指导幼儿的学习和发展,评定幼儿成长发展的权利。管理幼儿虽是幼儿教师的权利,但也是幼儿教师的职责所在。幼儿教师在保教过程中居于主导地位,因此,其可以按照幼儿园或其他机构的课程内容,指导幼儿主动地学习,通过观察、分析,对幼儿的学习适时进行评价;并可以在客观、公正的基础上,对幼儿的品德、学习、劳动等方面给予恰如其分的评价。幼儿教师还可以运用其所掌握的科学方法,使幼儿的个性和能力得到充分的发展。比如,在自由活动时,一名幼儿发现一条毛毛虫,几名幼儿围观。由于此时与日常的自由活动不同,因此针对这一行为,幼儿教师可以引导幼儿对毛毛虫进行观察,并告知其不要用手去摸毛毛虫。这就是对幼儿行为的管理。

案例 6－6

郑某是某幼儿园大班幼儿,平时非常顽皮,爱跟别人打架,不爱学习。一天上识字课时,任课老师让他回答问题,他答不出,就故意学动物叫,声音怪里怪气,扰乱课堂秩序。任课老师批评他,他还做鬼脸,并顶撞老师。无奈之下,任课老师只好把他带出教室,交给其班主任管教。郑某家长知道此事后,认为任课老师不应当在上课时将其带出教室,说老师这样做是违法的,侵犯了孩子的受教育权,要求幼儿园对此道歉。幼儿园老师是否有权这样做?①

案例6－6中的任课老师所做的是正当行使管理幼儿权的行为。郑某享有受教育权,但是,其享有该权利的同时,不得妨碍其他幼儿行使该权利。从其行为来看,他已经明显影响了正常的教学活动,如果任由其行为,会对其他幼儿的受教育权造成侵害。任课老师将其带出教室是为了维持正常的教学秩序,是合理合法的。郑某家长的要求是没有法律依据的。

(4) 获取报酬待遇权,即按时获取工资报酬,享受国家规定的福利待遇以及寒暑假期的带薪休假的权利。虽然获取报酬和休息休假是劳动者均享有的权利,但由于教师职业的特殊要求,教育者享有的劳动报酬和休息休假方面的权利与其他劳动者稍有差异。幼儿教师工资包括基础工资、职务工资、课时报酬、奖金、教龄津贴、班主任津贴以及其他津贴,并且《教师法》规定,教师的平均工资水平应当不低于或者高于国家公务员的平均工资水平,并逐步提高。另外,幼儿教师除了像所有劳动者享有正常的法定节假日之外,还享有带薪寒暑假。前例中幼儿教师李某在休产假时,幼儿园不发、减发其工资的行为,是对其获得报酬权的侵犯。

(5) 民主管理权,即对幼儿园的保教工作、管理工作和教育行政部门的工作提出意见和建议,通过教职工代表大会或者其他形式,参与学校的民主管理的权利。此权利可以进一步发挥幼儿教师的主动性、积极性,以保障其民主权利和切身利益,推进园内民主建设,提高幼儿园管理效率和水平。比如,幼儿教师出于对幼儿入园、离园安全问题的考虑,向园长建议在幼儿入园、离园时,由两名幼儿教师在门口负责照看,就是幼儿教师参与幼儿园民主管理的行为。

(6) 进修培训权,即根据《教师法》的规定,幼儿教师有参加进修或者其他方式的培训的权利。一方面,幼儿教师进修可以更新知识,调整知识结构,提高业务素质,另一方面,幼儿教师要保障保教质量,也需要不断地提高职业技能和业务水平。教育行政部门和幼儿园以及其他幼儿教育机构应当采取各种形式,开辟多种渠道,保证幼儿教师进修培训权的行使。比如,《浙江省乡镇中心幼儿园骨干教师培训指导方案》规定,要对能在幼儿园教育工作中发挥骨干作用,积极进行教育教学改革探索,起到示

① 周天枢.老师和家长需要知道的100个幼儿园法律问题[M].广州:中山大学出版社,2005:49－50.

范、引领和辐射作用的乡镇中心幼儿园骨干教师进行培训,通过培训,帮助其提升自己的教师专业精神、幼儿园教育能力以及园本教研能力。

2. 幼儿教师的义务

根据《教师法》第八条的规定,幼儿教师应当履行下列义务:

遵守宪法、法律和职业道德,为人师表,严禁虐待、歧视、体罚和变相体罚、侮辱幼儿人格等损害幼儿身心健康的行为;贯彻国家的教育方针,遵守规章制度,执行幼儿园的保教计划,履行聘用合同,完成保教任务;对幼儿开展符合幼儿身心特点并且有利于幼儿身心健康发展的保教活动;关心、爱护全体幼儿,尊重幼儿人格,促进幼儿在健康、语言、社会、科学、艺术等方面全面发展;保护幼儿,制止有害于幼儿的行为或者其他侵犯幼儿合法权益的行为,指导幼儿家长的家庭教育活动,批评和抵制有害于幼儿健康成长的现象;不断提高个人修养和保教业务水平。

案例 6－7

幼儿潘潘因集体教学活动时离开座位被周老师罚站 2 小时。后因顽皮、与同学打闹又多次被周老师罚站。其间,周老师多次不让潘潘参加集体户外活动,并对其他幼儿说谁表现最差、最坏,就让谁和潘潘在一起,不准参加户外活动。潘潘因此而不愿再来幼儿园。半年后,潘潘开始出现精神异常,总是长时间吸气,神情委屈,后来发展到语言混乱,直到最后在家中打父母、砸东西,说及要送他到幼儿园,他表现出极大的抗拒。家长了解情况后,将周老师告上法庭。请对周老师的行为进行评析。①

周老师长时间、多次对潘潘进行罚站的行为,构成对潘潘的变相体罚;不让潘潘参加集体活动的行为,构成对潘潘的孤立;对其他幼儿说谁表现最差、最坏就让谁和潘潘在一起,是对幼儿的侮辱,构成对潘潘人格尊严的伤害。可见,周老师的行为违反了幼儿教师的义务。

第二节　幼儿教师的社会关系

幼儿教师作为社会职业之一,与其工作的机构、工作的对象等会发生种种关系。同样,幼儿教师也是社会中的公民,基于公民行使权利和履行义务的行为,也会与其他公民或机构发生关系。

一、幼儿教师与幼儿园

案例 6－8

某幼儿园需招聘 3 名幼儿教师,小王通过了笔试、面试,被该园录用。幼儿园与小王签订为期 2 年的劳动合同,约定试用期 2 个月,月薪 2000 元,社会保险费用根据法律的有关规定执行。试析小王与幼儿园之间是什么法律关系。②

基于聘任制而形成的幼儿教师与幼儿园的关系,属于劳动关系,受《劳动法》和《劳动合同法》有关规定的调整。一般认为,聘任是用人单位和劳动者之间双方的法律行为,基于相互同意而形成劳动关系,双方法律地位平等。幼儿教师作为劳动者,提供劳动,获得相应的报酬;幼儿园接受幼儿教师的劳动,并对其支付报酬。聘任始于幼儿园面向社会公开招聘,在幼儿园方面是择优录用;聘任一般具有一定的期限,期限届满时,可以选择续聘或解聘;双方协商一致,可以解除劳动合同关系;聘任

① 武祥海,李小红. 以案释法:幼儿园涉法事务全解析[M]. 南京:南京师范大学出版社,2011:138. 有改动。
② 武祥海,李小红. 以案释法:幼儿园涉法事务全解析[M]. 南京:南京师范大学出版社,2011:58.

制产生的幼儿教师和幼儿园均可以在一定条件下单方解除劳动合同,但基于社会诚信、基于对教育事业的负责以及基于对劳动者权利的保障,幼儿教师不能随意离职,幼儿园更不能无故辞退幼儿教师。

享有人事编制的幼儿教师,与幼儿园是一种行政法律关系。一般认为,幼儿园和幼儿教师的法律地位有一个共同点,即代表国家和社会的利益,带有公共性质。《教师法》第二十二条、《幼儿园管理条例》第二十二条规定教育行政部门及有关部门对教师工作进行指导、服务和监督,并对教师的资格、职务、职责等作了具体规定,除此之外,还规定幼儿园根据国家规定,自主进行教师管理工作。对于享有人事编制的幼儿教师,在其出现违纪或是违反职业道德的行为时,幼儿园、教育行政部门可以对其进行行政处分。情节严重、构成犯罪的,由司法机关依法追究刑事责任。比如,某在编幼儿教师因向幼儿家长推销图书,影响较为恶劣,该园园长在全园教职工会议上对其点名批评,进行口头告诫,是对该教师的行政处分。幼儿园执行《教师法》的规定,因处理失职行为而与在编幼儿教师发生的关系,属于教育行政法律关系,双方的地位是不平等的,不适用《劳动合同法》的规定。

二、幼儿教师与幼儿

根据《幼儿园教师专业标准(试行)》的基本精神,幼儿教育以幼儿为本。具体体现在尊重幼儿权益,以幼儿为主体,充分调动和发挥幼儿的主动性;遵循幼儿身心发展特点和保教活动规律,提供适合的教育,保障幼儿快乐健康成长等方面。

幼儿是受教育者,幼儿教师是施教者。幼儿教师应成为幼儿学习活动的支持者、合作者、引导者。考虑到幼儿教育活动的特殊性,幼儿是保教对象,而幼儿教师是保教的提供者,因此在与幼儿发生关系时,幼儿教师扮演着更多的角色,他们既是幼儿生活的照料者,也是幼儿学习的支持者;是幼儿学习社会行为规范和人际交往、体验社会角色和彼此的情感并且初步学习适应社会生活的引路人;是幼儿学习的示范者和模仿对象,是幼儿游戏的伙伴。

幼儿教师与幼儿之间,既是师生关系,也含有“亲子关系”的应有之义;既有伙伴关系的成分,也存在指导者与被指导者、保护者与被保护者的关系。比如,某幼儿园的何园长和幼儿园孩子的关系比较亲近,拉近了以园长为代表的教师群体和幼儿的关系,每天早晨晨检时,何园长早早来到大门外迎接孩子们,有的孩子亲切地喊:“何妈妈!”有的家长说:“孩子看见何园长比看见自己的亲妈妈还要亲呢!”何园长听后笑了,忙把孩子从车子上抱下来,亲亲孩子的小脸,捋捋小辫,看到哪个孩子的手脸脏,赶紧给他们洗干净。

三、幼儿教师与幼儿家长

在对幼儿进行教育的过程中,幼儿教师与幼儿家长应当是合作关系。

《幼儿园工作规程》规定,幼儿园应当主动与幼儿家庭沟通合作,为家长提供科学育儿宣传指导,帮助家长创设良好的家庭教育环境,共同担负教育幼儿的任务。

幼儿园应当建立幼儿园与家长联系的制度。幼儿园可采取多种形式,指导家长正确了解幼儿园保育和教育的内容、方法,定期召开家长会议,并接待家长的来访和咨询。

幼儿园应当认真分析、吸收家长对幼儿园教育与管理工作的意见与建议。

幼儿园应当建立家长开放日制度并成立家长委员会。

根据《幼儿园教育指导纲要(试行)》,家庭是幼儿园重要的合作伙伴。幼儿园应本着尊重、平等、合作的原则,争取家长的理解、支持和主动参与,并积极支持、帮助家长提高教育能力。

幼儿教师基于一定的专业水平,对幼儿家长的家庭教育活动进行指导,帮助家长了解幼儿在园情况,科学指导幼儿在家的学习、生活习惯和社会性的养成等。

比如,幼儿的早期阅读可以促进幼儿心智的发展,增强幼儿的语言表达能力,让幼儿对阅读产生兴趣,进而激发幼儿的求知欲望。幼儿家长由于精力和专业能力所限,可能不知道应该让幼儿阅读哪些作品,也不了解怎样对幼儿的阅读进行指导。此时,幼儿教师就可以发挥专业所长,指导幼儿家长如何选择阅读作品及怎样对幼儿的早期阅读进行引导等。

从幼儿园是幼儿教育的主要场所来看,幼儿教师是幼儿教育的主要承担者,而幼儿家长在幼儿教师的指导下,对幼儿教育进行配合,使幼儿在家庭中巩固其在幼儿园习得的行为习惯。由此看来,幼儿家长是幼儿教师对幼儿进行教育时的辅助者。

幼儿往往会在家庭中习得一些不良习惯,如打人、挑食、不懂礼貌等,在幼儿园中,幼儿教育的一个重要内容就是要矫正幼儿的这些不良习惯。现实生活中也确实存在如此现象,甚至幼儿在幼儿园习得了良好的行为习惯,但周末或是假期在家庭生活中,又被家长不正确的教养方式所改变,继而需要幼儿园再次帮幼儿改变不良的习惯。比如,某幼儿园大班一幼儿在幼儿园午餐时,几乎不自己去吃饭,每次都是教师在其他幼儿都吃完后,喂他几口才吃几口。而事后从该幼儿的奶奶那里得知,该幼儿在家仍然要由其喂食。对此,教师也专门对其进行了自己吃饭的训练,一段时间后,该幼儿可以自己吃饭。但由于他经常会请假在家一段时间,当他再次进入幼儿园时,又变得不会自己吃饭了。

四、幼儿教师与教育行政部门

国务院教育行政部门主管全国的教师工作,地方教育行政部门是幼儿教师的主管机关。根据《教师法》第十六条、第二十六条、第三十一条的规定,国务院教育行政部门制定幼儿教师各方面工作的具体办法和措施,如幼儿教师享受教龄津贴和其他津贴的具体办法等。地方教育行政部门负责具体的实施工作,县级以上人民政府教育行政部门对幼儿教师资格进行认定,对违法违规的幼儿教师,有权予以处分,并且对幼儿教师的考核工作进行指导、监督。

案例 6－9

2012 年 10 月,网上曝光了幼儿园教师颜某某虐待幼儿的照片。照片显示,其强行揪住一名幼童双耳向上提起,幼儿表情痛苦。通过搜索,网友发现了该老师网络空间的众多照片里,与幼儿园有关的照片多达 700 多张,其中包括多张虐童照片:有将孩子扔进垃圾筒的,有用宽胶带封住孩子嘴巴的,还有罚站、悬空爬桌子、头顶簸箕以及男孩女孩互相亲吻、跳舞时被脱掉裤子等照片。该市教育局很快介入调查,10 月 24 日上午,对当事女教师颜某某、童某作出开除处理。①

温岭市教育局对虐童幼儿教师颜某某、童某进行开除处理就是一种行政处分(行政处罚是与行政处分不同的两种处理方式,拘留是公安机关作出的行政处罚,此处意在讲明主管部门对她们的纪律处分)。另外,教育行政部门应当履行相应的职责,为幼儿教师完成保教任务提供必要的保障,也应当根据法律的规定,制定幼儿教师培训规划,对幼儿教师进行多种形式的思想政治培训和业务培训。

幼儿教师可以对教育行政部门的工作提出意见和建议;幼儿园或其他教育机构侵犯其合法权益的,或者对幼儿园或者其他教育机构作出的处理不服的,可以向教育行政部门提出申诉;幼儿教师认为教育行政部门侵犯其根据本法规定享有的权利的,可以向同级人民政府或者上一级人民政府有关部门提出申诉。比如,“小天使”幼儿园一名老教师李某要求园长黄某停止借故克扣教职员工工资、奖金的

---

① 董碧水.温岭“幼师虐童”引发社会关注,四成在职幼师无资格证,浙江展开师德排查[N].中国青年报,2012－10－27(01).

行为，但黄某不仅拒绝这一要求，还以李某工作表现不佳为由将其辞退。李某将此事向区教育局进行申诉，区教育局应受理李某的申诉请求。①

教育行政部门既是幼儿教师的行政主管机关，对幼儿教师有监督管理之责，同时，它们也负责保障幼儿教师行使权利，落实幼儿教师的各项权利。

幼儿教师除上述关系之外，根据幼儿园的保教活动的特点，其与幼儿园的保育人员也关系密切；除了与作为主体的"幼儿园"发生关系之外，幼儿教师与幼儿园的行政管理人员也会发生关系。当出现第三人对幼儿的侵权时，幼儿教师也可能参与相关的争议解决活动甚至是诉讼活动。

第三节　幼儿教师的道德规范

教师一直以来都是受人尊重的职业之一，主要原因是教师不仅传道、授业、解惑，同时也是道德行为的楷模。社会和历史传统赋予教师崇高的地位和声望，同时在法制化社会中，教师也受到法律法规的约束，其中，《教师法》第八条明确规定教师应当"遵守宪法、法律和职业道德"。

一、道德规范与法律规范

（一）道德规范与法律规范的区别和联系

教师职业道德对规范教师行为具有重要作用，但其并不等同于法律义务。教师的法律义务是由国家通过立法确定的教师的基本行为准则，而教师伦理或道德标准一般不由国家制定，而是由教师专业组织或教师集体制定，反映出教师专业人员的基本特征。我国教育事业具有相当的特殊性，《中小学教师职业道德规范》由教育部制定和修订。

道德和法律都是调整、维护社会关系和秩序的手段，二者具有互补性。一般而言，法律是最低标准的道德，凡法律所禁止的，必为道德所否定。但二者的基础和价值取向并不相同，因此，即便是道德上认为是善的，法律未必会予以保护；道德所认为恶的，法律也未必会禁止。随着法制化社会建设的推进，道德与法律的逐渐分开，法律和道德在不同的领域分别发挥各自的作用。这也就意味着，在幼儿教育领域，虽然对幼儿教师的职业道德要求较高，但职业道德与法律并不是一回事；违反法律的行为可能受到法律的制裁，但违反职业道德的行为，并不意味着要受法律制裁。

案例 6－10

一个幼儿园中班的小朋友，一次回家跟妈妈学舌，问妈妈："什么是弱智？什么是弱智学校？"妈妈奇怪女儿为什么会问这个问题。女儿说："今天我们老师对我们班的小鸣说：'你就该去弱智学校'。"请对该幼儿口中的老师的行为进行评价。②

该幼儿的老师对班上的幼儿说其应该去"弱智学校"，显然是不恰当的，没有尊重幼儿的人格尊严，是师德有问题的表现。

（二）幼儿教师道德规范的重要性

幼儿教师道德规范亦称幼儿教师伦理规范。幼儿教育活动本质上是一种价值创造活动，幼儿教师专业伦理规范的建设是幼儿教育伦理价值实现的依托，也是幼儿教育伦理秩序形成的必经之路。

幼儿教师专业伦理规范至少可以使幼儿教师在实践中保持起码的伦理警觉，对影响幼儿利益的行为有主动的选择与评判意识，并寻求可能的解决路径。具体来讲，幼儿教师专业伦理规范的重要性主要体现在：幼儿教师专业伦理规范能指引幼儿教师解决在实践中遇到的伦理问题，能够维护幼儿教师

① 武祥海，李小红. 以案释法：幼儿园涉法事务全解析[M]. 南京：南京师范大学出版社，2011：67.

② 谭欣. 师德的魅力——师德典型案例分析[EB/OL]. http://scpx.cersp.com/article/browse/296009.jspx.20131225.

团体的凝聚力，能够推进幼儿教师的专业化进程，能够保护弱小幼儿不受伤害，幼儿教师的专业伦理水平对幼儿伦理品质的形成有潜移默化的影响作用。①

二、道德规范对幼儿教师的要求

案例 6-11

钱某与“北极星”幼儿园是劳动合同关系，钱某在工作中比较积极努力，业务水平高，且在幼儿园保教工作中取得了很好的成绩。2011 年 3 月，幼儿园与钱某签订无固定期限劳动合同。自此之后，钱某在工作上日益懈怠，不按时上下班，经常骂班上的幼儿笨，在幼儿家长接送幼儿时数落幼儿的行为问题，责怪幼儿欠缺家教。试从幼儿教师道德规范的角度分析钱某的行为。②

与我国香港、台湾地区以及美国等国不同，现大陆地区尚无专门的幼儿教师职业道德或伦理规范。《中小学教师职业道德规范》规定的中小学教师的职业道德规范包括爱国守法、爱岗敬业、关爱学生、教书育人、为人师表、终身学习。

从其内容来看，与教师的法定义务有很大程度的重合。这些职业道德规范也可以让幼儿教师来共同遵守；但涉及具体的内容时，由于中小学教育活动与幼儿教育活动有很大的不同，难以令幼儿教师完全遵照执行。幼儿教师职业道德规范应当根据幼儿教育的特点和幼儿的身心特点，另外赋予其具体的内容。因此，借鉴其他国家或地区的经验，制定我国大陆地区幼儿教育专业伦理守则或职业道德是理性的选择。比如，我国台湾地区的《幼儿教育专业伦理守则》要求幼儿教育专业伦理守则应该让幼儿教师明确：幼儿期是人类生命周期中独特且重要的阶段；幼儿教育工作以幼儿发展知识为基础；应尊重及支持幼儿与家庭之间的亲密关系；了解幼儿的最佳方法是从其家庭、文化和社会脉络着手；尊重每个个体的尊严、价值和独特性；在信任、尊重和关心的关系中，最能帮助幼儿和成人发挥其最大的潜能。该守则从幼儿教师对幼儿、对家庭、对同事、对社会四个方面分别设置理念与实际执行上的指引原则，可谓非常全面。这也为我国大陆地区尽快制定适合具体国情的幼儿教育专业伦理守则或道德规则提供了有益的借鉴。

拓展阅读

全美幼教协会《伦理操守准则与承诺声明》节选

核心价值观

幼儿保育伦理行为标准是在历史的进程中就逐步深植于此领域的核心价值观，我们认同和遵从这些观念。我们承诺：

儿童时期是人类整个生活中的一个独特的而有价值的阶段；

一切工作都是建立在儿童是怎样发展和学习的认识基础之上的；

重视并且协助促进儿童和他们家庭之间的联系；

在儿童的家庭、文化、社区和社会环境的背景之下，尽最大可能地理解和支持儿童；

尊重每个个体（包括儿童、家庭成员和团体成员）的尊严、价值和独特性；

尊重儿童、家庭和团体的差异性；

在信任和尊重的关系环境中，才可以让儿童和成人充分发掘他们的全部潜能。

第一部分　对儿童的伦理责任

① 王小溪，姚伟. 幼儿教师专业伦理规范的历史追寻与现实价值[J]. 现代教育管理，2013，(05)：73-78.
② 武祥海，李小红. 以案释法：幼儿园涉法事务全解析[M]. 南京：南京师范大学出版社，2011：57.

童年是整个人类生活中的一个独特的和有价值的阶段。我们最重要的责任是为每一个儿童提供一个安全、健康、促进成长的环境来对其进行保育。我们承诺支持儿童的发展和学习，尊重个体差异并帮助儿童学会生活、游戏和合作。我们还应承诺促进儿童的自我意识的培养、能力的提高、自我价值的实现、适应性的增强和身体健康发展。

理想目标

1. ——熟悉幼儿保育的相关基础知识，并通过接受再教育和训练，保持知识的更新。

2. ——基于当前幼儿教育、儿童发展领域的知识和研究以及相关的原理指导教育实践活动，教育活动要考虑到每个儿童的具体情况。

3. ——认识和尊重每个儿童独特的品质、能力和潜能。

4. ——意识到儿童的弱点和他们对成人的依赖。

5. ——创造和保持安全健康的环境以培养孩子的社会、情感、认知和身体发展，并尊重他们的尊严和贡献。

6. ——使用适合儿童的评估工具和策略来评估儿童，保证评价设置的初衷来评价儿童，要本着有利于儿童的目的来评价儿童。

7. ——使用评价信息来理解和支持儿童的发展和学习，指导教师识别哪些儿童需要额外的服务。

8. ——支持每个儿童在一个融合环境中游戏和学习的权利，满足正常或是残疾儿童的需要。

9. ——提倡和确保每个，包括那些有特殊需要的儿童有机会接触那些需要成功的支持服务。

10. ——确保每个儿童的文化、语言、民族和家庭结构得到承认和接纳。

11. ——提供给所有儿童他们使用所懂的语言的机会，除了英语，还要让儿童能够继续使用他们家庭的语言。

12. ——当儿童和家庭需要从一个学习环境转换至下一个环境时，要同家庭合作，以提供一个安全、平缓的过渡。

原则

1. ——无论如何，我们不能伤害儿童。我们不应该参与进那些在情感上、身体上伤害儿童，不尊重儿童、不体面的、危险的、剥削的、吓人的活动。在准则中这条原则优先于其他所有原则。

2. ——我们应该以积极的情感、充满认知刺激和支持儿童文化、语言、民族及家庭结构的社会环境来关心和教育儿童。

3. ——我们不应通过否定效益、给予特殊优待或是凭借性别、种族、国籍、移民地位、首选的家庭语言、宗教信仰、治疗状态、残疾程度或是婚姻地位/家庭结构、性别定位或是宗教信仰和家庭的其他联盟而将儿童排除在活动之外。（当有法律委托的应为一部分儿童群体提供特殊服务时，这条原则的部分条例不适用）

4. ——我们应该使用两种交流方式对待所有有关方面（包括家庭和工作人员），参与到关于孩子的决策中，同时，确保敏感信息的机密性。

5. ——我们应该使用合适的评价体系，这套评价体系应该包括多样信息来源，提供有关儿童学习和发展的信息。

6. ——事关儿童的决策，尤其是入学、留级或对儿童进行特殊的教育安排，决不能只依据某一单一评价，比如说仅凭成绩分数，或是某一次的观察，而是要依据来自多种渠道的综合信息。

7. ——我们应该努力建立同每个儿童的个体关系,提供适宜个体的教学策略、学习环境和课程设置。同家庭合作,让每个儿童都从教育活动中受益,如果用尽各种努力,当前的定位都不适合某个孩子的需求,或者这个孩子严重妨碍了其他儿童从教育活动中受益,我们应该同家庭、合适的专家合作来协商决定是否需要给予其额外的特殊服务或特殊的安排。

(这条原则的部分条例,不适用于有法律委托的应为一部分特殊儿童群体提供特殊服务的情况)

8. ——我们应该熟悉危险因素、虐待和忽视儿童的症状,包括身体、性的、言语和情感的虐待,以及身体、情感、教育和医疗上的忽视。我们应该了解并遵守保护儿童免受虐待和忽视的国家法律和社区处理方式。

9. ——当我们有充足的理由怀疑儿童受到虐待和忽视时,我们应该向有关社区机构报告,并且持续关注,确保已经采取了合适的行动。必要情况下,家长、监护人应该被告知此事准备或已经向有关部门报告。

10. ——当其他人告诉我们,他或她怀疑儿童正在被虐待或是忽视时,我们应该协助这个人采取合适的行为来保护儿童。

11. ——当我们意识到实践或是情境威胁到儿童的健康、安全或是幸福时,我们有伦理责任来保护儿童或是通知家长或其他可以保护儿童的人。

第四节 幼儿教师的法律风险及其预防

案例 6-12

2009 年,王某大学毕业后竞聘到一所幼儿园担任幼师,双方签订了为期 5 年的劳动合同,月工资 1500 元,试用期为 4 个月。双方还约定,除非发生不可抗力或意外事件,合同期满前任何一方不得解除合同,否则要承担违约责任。

情景一:王某在幼儿园工作 1 年后,感觉没有任何发展前景,于是提出辞职。幼儿园以缺少老师为由,拒绝了王某的辞职请求。

情景二:王某工作 1 年半后,一天,在组织幼儿进行游戏时,发现两幼儿起争执而没有及时制止,后来一幼儿被另一幼儿推倒,摔到一块石头上,手臂出血,送到医院后,缝了几针。

情景三:王某工作 3 年后,在一次组织户外活动时,从幼儿园外飞来一枚硬币,刚好砸中班上的一个幼儿,致其脸部流了不少血。王某赶紧出去看是谁扔的硬币,但没有发现人。该幼儿被送到医院后,花费医药费 800 元。该幼儿家长认为幼儿园对该幼儿受伤事件应当负责,幼儿园认为是王某的责任,要王某赔偿该幼儿家长的医药费损失。

情景四:王某班上一个名叫 qq 的幼儿一次在跑步时不小心摔伤,qq 爸爸认为王某没有照顾好 qq,便与 qq 的妈妈一起冲入幼儿园对王某挥拳殴打,致王某眼底出血,鼻骨骨折,身上多处软组织受损。①

试分别对上述情形进行分析。

① 武祥海,李小红.以案释法:幼儿园涉法事务全解析[M].南京:南京师范大学出版社,2011:61-83.

一、幼儿教师的劳动、人事关系纠纷

幼儿教师作为劳动者，与幼儿园之间要么是劳动合同关系，要么是人事关系。在履行劳动合同的过程中，难免会出现合同的履行、解除等方面的争议。

根据《劳动合同法》的规定，幼儿园作为用人单位与作为劳动者的幼儿教师建立劳动关系，订立、履行、变更、解除或者终止劳动合同，依照《劳动合同法》执行。

聘任制幼儿教师与幼儿园或其他教育机构的关于订立、履行、变更、解除或者终止劳动合同的纠纷，根据《劳动合同法》的规定，本应为劳动纠纷，但是根据《劳动人事争议仲裁办案规则》以及各地方“人事争议解决办法”的规定，幼儿教师与公办幼儿园之间的纠纷，不适用劳动仲裁程序解决，而视为人事纠纷按照人事仲裁程序解决，因为公办幼儿园属于事业单位。至于私人办园或私营企业办园，或是其他非公立早期教育机构，则不是事业单位，此时幼儿教师与这些单位的争议属于劳动争议，适用劳动仲裁程序解决。

如2003年，北京市海淀区立新学校三位老师因对立新学校将其从教学岗位转为流动服务岗位的决定不服，三人以要求回原岗位工作、补发相应待遇为由，向海淀区人事仲裁委员会提出申诉。2004年2月24日，该委裁决对三人的仲裁请求不予支持。三人向法院提起诉讼，后法院驳回其诉讼请求。① 这一案件，便是通过人事仲裁途径，解决学校与教师间的纠纷。

劳动纠纷的解决方式，包括幼儿教师与幼儿园的协商、劳动监察部门组织下的调解、劳动仲裁以及诉讼；教育法还赋予幼儿教师向教育行政部门申诉的权利。人事纠纷的解决程序与此大致相当，幼儿教师可以与幼儿园协商，可以请求主管部门进行调解，也可以申请人事仲裁，对人事仲裁结果不服的，可以起诉解决；同样，幼儿教师也可以向教育行政部门申诉。发生在幼儿教师身上的劳动纠纷或人事纠纷，包括早期教育机构与幼儿教师之间因确认劳动关系，订立、履行、变更、解除和终止劳动合同，工作时间、休息休假、社会保险、福利、培训以及劳动保护、劳动报酬、工伤医疗费、经济补偿或者赔偿金等发生的争议；公办幼儿园与在编教师之间因除名、辞退、辞职、离职等解除人事关系以及履行聘用合同发生的争议等。比如，幼儿教师因怀孕而被幼儿园解聘，幼儿教师与园方领导商量无果而申请劳动仲裁；某公立幼儿园幼儿教师因体罚幼儿被幼儿园辞退，幼儿教师不服，申请人事仲裁；幼儿教师因幼儿园发展前景不好而辞职，但幼儿园以合同未满为由而不予允许，幼儿教师申请劳动仲裁等，均属于这一类型的纠纷。

聘任制幼儿教师与幼儿园协商一致，可以解除劳动合同，此时，幼儿园应当根据幼儿教师工作的时间长短，对其予以相应的补偿。幼儿教师提前三十天通知幼儿园，可以解除劳动合同；试用期间，幼儿教师和幼儿园可以随时解除劳动合同。幼儿园单方面解除劳动合同的，应当承担相应的赔偿或补偿责任。《劳动合同法》对劳动合同的解除进行了详细的规定。

在公立幼儿园中，幼儿教师认为幼儿园没有履行劳动合同或是解除劳动合同的行为侵害了其合法权益的，可以向人事仲裁机构申请仲裁；引例情景一中，王某可以根据《劳动合同法》第七十七条的规定，申请劳动仲裁。对仲裁结果不服的，可以向法院起诉；但仲裁程序是提起诉讼的前置程序。

此外，认为合法权益受到幼儿园非法侵害的幼儿教师，可以向幼儿园所在地教育行政部门申诉。根据《教师法》第三十九条的规定，教师的合法权益包括教师在职务聘任、教学科研、工作条件、民主管理、培训进修、考核奖励、工资福利待遇、退休等方面的内容。教育行政部门应当在接到申诉的三十日内作出处理。如果教育行政部门在三十日内没有作出决定，幼儿教师可以向人民法院提起行政诉讼，起诉教育行政部门不作为违法。另外，即便教育行政部门在三十日内作出决定，但幼儿教师对其所作的决定不服的，也可以向法院起诉教育行政部门。

---

① 汤苏莉. 海淀三下岗教师不服仲裁案被驳回[EB/OL]. 法律教育网 http://www.chinalawedu.com/news/1000/2/2004/7/he70332538341674002 1645_122508.htm.20131225.

二、幼儿教师个人的法律风险

案例 6-13

某市“红旗”幼儿园教师杨某集十几年教学经验,总结出一套如何培养幼儿动手能力的方法。幼儿园园方指派另一青年教师李某将其方法总结成书面材料以便推广,李某在向杨某请教并跟班听课的基础上,根据自己的构思编写了介绍杨某教学方法的材料交给园方,园方对此材料很满意。该市某出版社拟以《幼儿动手能力的培养》为名,将该材料出版发行,作者署名为杨某。李某看到书稿后提出异议,认为该书的作者是自己而非杨某。而幼儿园则认为,该书的著作权应归幼儿园所有。①

你认为应当怎样解决上述著作权归属的问题?

幼儿教师为完成幼儿园工作任务所创作的作品是职务作品。上例中幼儿教师李某所写的《幼儿动手能力的培养》属于这类作品。但由于幼儿园并没有参与具体的整理事宜,也没有提供专门的款项和设备,更未与杨某、李某就著作权的归属达成协议,因此不能享有该书的著作权。杨某只是该方法的发明人,其方法是李某编写书面材料的素材,杨某本人并未参与创作活动,也未与李某达成合著该作品的协议,杨某亦不享有该书著作权,该书的著作权应由李某单独享有。但幼儿园可在业务范围内对该书享有优先使用权。

幼儿教师在幼儿园中,也可能面临人身健康或其他权利被侵犯的现象,因幼儿教师与幼儿之间的问题而引发的幼儿家长侵犯幼儿教师人身健康权利的事件时见报端。针对上述可能出现的法律风险或问题,幼儿教师一方面需要能够预见,并对之进行预防;另一方面,当相应的问题出现时,应当有适当的处理方式,以防止损失的扩大或伤害的加重。比如幼儿家长殴打幼儿教师的侵权事件,往往事出有因,幼儿教师在日常的保教活动中关爱幼儿,以适当的方式处理幼儿的行为方面的问题,便可有效避免这类问题。

对于已经造成伤害结果的,幼儿教师可以起诉侵权人,要求民事赔偿,甚至可以到公安机关报案,要求追究侵权人的刑事责任。比如,某县教委拟在全县教师中评选县级教学能手,刘老师符合参评条件,并向学校报名申请。学校召开有关人员会议,传达了县级教学能手和市级教学能手报评条件,成立了考评领导小组。在此之前,县委、县政府号召全县党政事业单位工作人员为县里的某项事业募集资金,并限期各有关单位完成任务。学校在这次推荐报评教学能手活动中规定,凡未完成募股任务的,一律不予推荐。由于刘老师未按要求交纳股金,学校拒绝推荐其为县级教学能手。刘老师得知自己未被推荐后,来到学校校长办公室,在质问李校长有关情况时,两人发生争吵并厮打,在厮打过程中,刘老师受伤。正在会议室开会的部分教师听到刘老师呼救后,急忙跑去劝解。此时,刘老师已躺在地上,处于昏迷状态,众人立即将刘老师送到医院治疗。经鉴定,刘老师身体损伤为钝器伤,鉴定结论为轻微伤(偏重)。后刘老师向法院提起诉讼。② 这一事件虽非发生在幼儿园,但这是一起校内人员侵犯教师人身权利的事件。可见,教师有受到校内外人员侵权的可能。

除上述与工作有关的法律问题之外,幼儿教师还会面临一些个人法律事务,比如,买卖物品时与出卖方签订买卖合同;向朋友借钱或是借钱给朋友签订的借款合同;侵权或被侵权时的停止侵害以及损害赔偿问题;租赁或购买房屋时签订的房屋租赁合同或房屋买卖合同;缔结婚姻时关于婚前财产的约定,结婚后关于家庭共同财产的问题,以及继承问题等,均是作为公民的幼儿教师在日常生活中可能遇到的问题。

---

① 武祥海,李小红.以案释法:幼儿园涉法事务全解析[M].南京:南京师范大学出版社,2011:69.

② 解立军.教师维权之谁侵犯了教师的人身权[J].人民教育,2004,(20):20.

一般而言，幼儿教师按照基本的社会规范生活，在工作中尽到幼儿教师应尽的义务，按照有关法律和职业道德的规定开展保教活动，可以避免大多数的法律风险。至于难以避免的意外伤害事件，其出现后也会有相应的处置措施，并不需要幼儿教师因为担忧这些而影响自己的生活和保教工作。

拓展阅读

幼儿教育专业伦理守则

前言

幼教工作者会经常面临很多的难题，需要基于道德和伦理的本质来作决策，兹将本守则公开，陈述我们在幼教领域的责任及应有的道德行为，以便幼教工作者遭遇伦理困境时，可以有一个依循的准则。

本守则之建立系基于下列共同认知：

幼儿期是人类生命周期中独特且重要的阶段。

幼儿教育工作乃是以幼儿发展知识为基础的。

尊重及支持幼儿与家庭之间的亲密关系。

了解幼儿的最佳方法是从其家庭、文化和社会脉络着手。

尊重每个个体的尊严、价值和独特性。

在信任、尊重和关心的关系中，最能帮助幼儿和成人发挥其最大的潜能。

本伦理守则分为四个部分，每一部分都包含了理念与实际执行上的指引原则：

对幼儿方面。

对家庭方面。

对同事方面。

对社会方面。

一、对幼儿的伦理

（一）理念

尊重幼儿的权利与独特性，保障教育权，提供适宜性发展的教保方案。

（二）原则

1. 在任何情况下，我们绝不能伤害幼儿，不应有不尊重、胁迫、利诱或其他对幼儿身心造成伤害的行为。

2. 应公平对待幼儿，不因其性别、外表、宗教、族群、家庭社会地位等的不同，而有差别待遇。

3. 我们应了解幼儿的需要与能力，创造并维持安全、健康的环境，提供适宜性发展的方案。

4. 我们应熟悉幼儿被虐待和被忽略的征兆，采取合宜的行动保护幼儿，掌握确切的证据时，应向主管机构通报。

5. 我们应知道早期疗育系统的运作过程，能及早发现、通报、转介及给予相关的协助。

二、对家庭的伦理

（一）理念

尊重及信任所服务的家庭，了解家长的需求，协助或增长家长的幼教理念及为人父母的技巧。

（二）原则

1. 应尊重每个家庭之习俗、宗教及其文化，并尊重其教养的价值观和为幼儿作决定的权利。

2. 我们应该让家庭知道我们的办学理念、政策和运作方式。

3. 如涉及影响幼儿权益的重要决定，我们要让家长参与。

4. 当有意外或特殊状况发生时,我们应实时让家长知道。

5. 如涉及与幼儿有关的研究计划、拍照、摄影、作品,我们事前应该让家长知道,并尊重其同意与否的决定。

6. 我们应尊重幼儿与家庭的隐私权,谨慎使用与幼儿家庭相关的记录与数据。

7. 当家庭成员为幼儿教养方式产生冲突时,我们应坦诚地提出我们对幼儿的观察,帮助所有关系人作成适当的决定。

三、对同事的伦理

(一) 理念

基于专业知识,与工作伙伴、雇主或部属建立及维持信任与合作的关系,共同营造有益于专业成长的工作环境。

(二) 原则

1. 对工作伙伴的伦理

(1) 我们应与工作伙伴共享资源和信息,并支持工作伙伴,满足专业的需求与发展。

(2) 当我们对工作伙伴的行为或观点感到担忧时,应让对方知道我们的担忧,并和他一起用专业的知识与判断来解决问题。

(3) 我们应与工作伙伴共同讨论、分工并接纳工作伙伴给予的建议,适当地调整自己。

2. 对雇主的伦理

(1) 当我们不赞同任职机构的政策时,应先在组织内透过建设性的管道或行动表达意见。

(2) 当我们代表组织发言时,应从维护组织权益的角度来发言并行动。

(3) 我们应积极参与机构举办之活动,并给予适当的建议。

3. 对部属的伦理

(1) 我们应创造一个良好的工作环境,使工作人员得以维持其生计与自尊。

(2) 我们应配合法令制定合宜的人事政策,并以书面明示所有工作人员。

(3) 对于无法达到任职机构标准的部属,应先给予关切,并尽可能协助他们改善,如必须解雇时,一定要让部属知道被解雇的原因。

(4) 应发展合理明确的考核制度,对部属的考核与升迁,应根据部属的成就记录以及他在工作上的能力来考虑。

四、对社会的伦理

(一) 理念

让社会了解幼儿的权利与幼教的事业,提供高质量的教育方案与服务,重视与小区的互动,以及关怀幼儿与家庭福祉的政策与法令。

(二) 原则

1. 我们应为小区提供高质量、符合小区需求和特色的教保方案与服务。

2. 我们有义务让小区了解幼儿及其权益,提升小区家长的亲子职能。

3. 当我们有证据显示机构或同事违反保护幼儿的法令规定时,应先循内部渠道解决;若在合理的时间内没有改善,应向有关当局举报。

资料来源:

1. 我国台湾幼儿教育改革研究会。

2. 武蓝蕙. 幼儿教保专业伦理[M]. 台北:群英出版社,2005.

思考与练习

一、问答题

1. 根据《教师法》规定，取得幼儿园教师资格需要具备什么条件？

2. 简述幼儿教师的权利。

3. 简述幼儿教师的义务。

4. 简述幼儿教师职业道德规范。

二、材料分析题

5岁男童阳阳比较好动，常常不按照老师的要求活动，因此班主任李老师一直都不喜欢他。2006年11月12日，班里的小朋友都在一起玩玩具，阳阳与汪汪因为一部小汽车而争抢起来，阳阳将汪汪推倒在地，并将小汽车扔出了窗外。事后，李老师将阳阳的小手绑住，将他放在教室里高高的柜子上，随即关上门离开教室。阳阳为了挣脱绳索，在扭动身体时不慎从柜子上掉下来，被摔成脑震荡，额头缝了3针。事后，阳阳的家长要求李老师承担全部责任，但李老师认为，根据《教师法》和《教育法》的规定，她享有管理学生的权利，对阳阳所造成的伤害仅仅是场意外事故，她只承担部分责任。

请结合上述案例回答：你是否同意李老师的解释？有什么法律依据？

第七章　幼儿园工作人员的资质和职责

［本章学习目标］

1. 了解园长的任职资格。
2. 掌握园长的主要职责。
3. 理解园长负责制的含义及教职工民主参与管理的重要性。
4. 了解幼儿园园长的各种角色。
5. 掌握保育员的两大任职条件。
6. 了解保育员的职业道德。
7. 理解造成保育员现状的内外原因及改善途径。
8. 了解其他工作人员的任职条件与主要职责。

［导入案例］

我园的“法制园长”

一、审视幼儿园虐童案例

各类法制节目、电视新闻、网络近来都有虐童、伤童案例的曝光，引起媒体的一片哗然，全社会都在用最严厉的词语谴责着这些职业道德沦丧、教育规范意识缺失的教师。同时，被曝光的幼儿园教师的任职资格与岗位资质情况也遭到公众的质疑。这些教师没有经过专业的幼教理念与基础知识的学习，没有通过专业的入职考试，更没有受到规范的岗位培训和继续教育。幼儿园作为教育机构若能对国家的教育方针政策进行有效传达和落实，也就能帮助从事幼儿教育的每个老师从思想上建立完善的职业道德体系，形成教育法律法规的内化。

二、拟定幼儿园规章制度

党的教育方针政策以及各项教育法律法规的出台和革新，是对幼儿教育职业的监督和保障，同时也是幼儿园制定岗位职责的标准。在我们幼儿园，每项制度或规定的出台都要经历发起提议、年级组讨论、园长室制定发布、全园公示的程序。先后出台的制度或规定有针对个人的园长职责、副园长职责、教师岗位职责、考勤制度；有针对园舍设备的财产保管制度、资料管理细则；有针对专用教室的音乐室管理办法、电脑室工作制度、亲子阅读室读书守则等；有针对教学活动的一日活动常规、教学研讨制度、家园联系制度等；有针对安全方面的家长接送制度、预防疾病制度、幼儿中途离园制度等。

深刻理解和领会国家政策及地方法规，细化幼儿园的各项制度。依法治教、从严管理，能有效保障一所幼儿园政策的运行，同时也能提高教师的自律性。这些制度和规定的出台并不是对教师的约束，反而大大提高了教师的工作效率，健全的工作制度是教师身份、社会地位和专业成长的坚实保障。

三、强化幼儿教师法律意识

与儿童、幼儿教育、幼儿教育资源等相关的法律条文很多，而审视幼儿师范的各类专业教材，此类专门的学科却非常少。换言之,幼教从业人员在工作中的法律意识比较淡薄,这就导致很多教师在一些不可避免的事故或纠纷中处于弱势地位。法律是保护教师、儿童最公正和最有效的手段。所以我们幼儿园特聘一名“法制园长”,他是市司法局的一位干事,熟悉各项法律法规,同时还参与各项地方教育政策的制定。根据园长的职责,“法制园长”会定期来园为教师们作“法律讲座”,让教师在第一时间掌握最新的政策和法规。在此基础上,幼儿园组织教师开展各类讨论和学习活动:《幼儿园工作规程》《幼儿园教育指导纲要(试行)》《3—6岁儿童学习与发展指南》等的解读、师德演讲、幼儿园安全问题沙龙……教师们根据自身工作实际,积极认真地学习、理解,并进行深入探讨。

教师是专业性比较单一而且突出的群体,他们在工作中往往会忽视一些法律问题。面对文化背景复杂多样的家长群体、面临高标准的行业要求,幼儿教师的法律意识已经成为专业知识中不可或缺的组成部分。为了让每条法规深入人心,成为日常工作的基本保障,幼儿园要利用各种手段和方法组织教师进行法律法规学习,这样的学习应成为各幼儿园的常规性活动之一。

相关法律法规:

《中华人民共和国宪法》中与幼儿教育相关的内容;

《幼儿园管理条例》为加强幼儿园的管理,促进幼儿教育事业的发展而制定;

《中华人民共和国教师法》为保障教师的合法权益,建设具有良好思想品德和业务素质的教师队伍,促进社会主义教育事业的发展而制定;

《教师资格条例》为提高教师素质,加强教师队伍建设而制定;

《幼儿园工作规程》为加强幼儿园的科学管理,提高保育和教育质量而制定;

《幼儿园教育指导纲要(试行)》为贯彻《教育法》《幼儿园管理条例》《幼儿园工作规程》,指导幼儿园深入实施素质教育而制定;

《中华人民共和国民办教育促进法》为实施科教兴国战略,促进民办教育事业的健康发展,维护民办学校和受教育者的合法权益,根据宪法和教育法而制定;

《关于幼儿教育改革与发展指导意见》为进一步推动幼儿教育的改革与发展,根据《中共中央、国务院关于深化教育改革,全面实施素质教育的决定》《国务院关于基础教育改革与发展的决定》而制定;

《中小学幼儿园安全管理办法》为加强中小学、幼儿园安全管理,保障学校及其学生和教职员工的人身、财产安全,维护中小学、幼儿园正常的教育教学秩序,根据《教育法》等法规而制定;

《中华人民共和国未成年人保护法》为保护未成年人的身心健康,保障成年人的合法权益,促进未成年人在品德、智力、体质等方面发展,培养有理想、有道德、有文化、有纪律的社会主义建设者和接班人,根据宪法而制定;

《国家中长期教育改革和发展规划纲要(2010-2020年)》是根据“优先发展教育,建设人力资源强国”战略,为促进教育事业科学发展,全面提高国民素质,加快社会主义现代化进程而制定的规划纲要;

《国务院关于当前发展学前教育的若干意见》为积极发展幼儿教育,着力解决当前存在的“入园难”问题,满足适龄儿童的入园需求,促进幼儿教育事业科学发展,提出本意见;

《托儿所、幼儿园卫生保健管理办法》为提高托儿所、幼儿园卫生保健工作水平,预防和减少疾病发生,保障儿童身心健康而制定;

《中小学和幼儿园教师资格考试标准》为加强中小学和幼儿园教师队伍,提高教师队伍整体素质,完善教师资格制度,严格教师入口关,促进教师专业化而制定;

《教师教育课程标准(试行)》为落实教育规划纲要,深化教师教育改革,规范和引导教师教育课程与教学,培养造就高素质专业化教师队伍而制定;

《幼儿园收费管理暂行办法》为加强幼儿园收费管理工作,规范幼儿园收费行为,保障受教育者和幼儿园的合法权益,根据相关法律法规而制定;

《学前教育督导评估暂行办法》为促进地方人民政府及相关部门切实履行发展幼儿教育的职责,全面实施学前教育三年行动计划,有效缓解“入园难”问题,满足适龄儿童入园需求,推进幼儿教育事业加快发展而制定;

《幼师教师专业标准(试行)》为促进幼儿园教师专业发展,建设高素质幼儿园教师队伍,根据教师法而制定;

《3—6岁儿童学习与发展指南》为深入贯彻教育规划纲要,落实《国务院关于当前发展学前教育的若干意见》,帮助广大幼儿园教师和家长了解3—6岁儿童学习与发展的规律和特点,全面提高科学保育水平而制定。

第一节 幼儿园园长

案例 7-1[①]

女子唐某某1986年从内江市农广校幼师专业毕业,取得了幼师执业资格。在工厂打工期间,唐某某为了解决打工者子女入托难的问题,使自己所学的幼教专业知识和技能派上用场,开始创办专门接收打工子弟的幼儿园。

她所创办的幼儿园收费低廉,很受打工者家庭的欢迎。但第二年,她用所有积蓄创办的第一个幼儿园因手续不齐全,被相关教育部门勒令停办整改。接着,唐某某因同样的原因多次办学失败,可谓屡办屡败,屡败而屡办。最后,经过几番大的折腾,她于2006年又在一居住区办起了名为“智多星”的幼儿园,但由于生源下滑而生意日渐惨淡。其丈夫以离婚相威胁劝其放弃举办幼儿园,但唐某某依然不为所动。在离婚协议关于财产分割内容上,她只要求将“智多星”幼儿园分给自己。

凭着一股韧劲,唐某某一度把“智多星”幼儿园经营得像模像样,还租用了相对固定的园址。但2010年,“智多星”幼儿园在有关部门的严查中,还是因为办园条件不达标而被彻底取缔。但她不甘心,于是将“智多星”幼儿园迁址转为“地下”办学。这期间,有家长(刘某某)打电话询问其幼儿园可否接受他家1岁零8个月大的儿子(刘小某),在犹豫中,唐某某出于办学信誉的考虑,还是决定接受。这成了她一生的巨大转折点。

2011年3月31日中午,由于刘小某的家长曾反映其孩子在幼儿园好像没有吃饱,唐某某叮嘱老师多给刘小某喂点饭。饭后1小时左右,唐某某按惯例让老师将刘小某带至其自己的房间午睡。下午3时40分,唐某某叫刘小某起床,发现刘小某躺在婴儿床上,嘴唇发紫,呼吸已经十分微弱,中午吃的饭菜从其嘴角流了出来。其后,唐某某和幼儿园的一名厨师(郭某)慌忙将刘小某送往医院抢救。可是,刘小某最终抢救无效死亡。

在抢救过程中,为了不让医院通知刘小某的家长,唐某某谎称自己是刘小某的亲生母亲,除了她以外,孩子没有其他亲属,并在死亡确认书上签下了自己的名字,在尸检同意书上私自签了不同意。最后,唐某某伙同郭某将刘小某的尸体带离医院至某处坟地,挖坑掩埋。

面对刘小某父亲刘某某的一次次来电询问幼儿园为何迟迟未将孩子像往常一样送回家,唐某某又谎称下午带刘小某一起逛街,路过一西瓜摊时,刘小某吵着要吃西瓜,可等她挑好西瓜后,孩子却不见了。为了将戏演得更像,唐某某还向当地公安局报警,声称园内一儿童走失。

① 李鸿波.一龄童猝死幼儿园 园长埋尸被判赔偿[J].法庭内外,2011(11):23-27.因编写需要,已作删改。

> 可纸是永远包不住火的，最终事情真相大白。公安机关尸检报告判定，刘小某可能因为中午吃得过饱，午睡时引起呕吐，后呕吐物吸入气管，导致异物阻塞气管窒息性死亡。悲伤而愤怒的刘某某将唐某某等人告上法庭，法院一审判决：被告唐某某赔偿原告刘某某丧葬费、死亡赔偿金96205元；由被告唐某某、郭某连带赔偿原告刘某某实际支出费用和精神抚慰金82740元。

这是一个让整个社会震惊的案例，每个人都在事后对案例中的园长进行了价值上的评判，或是口诛笔伐，或是同情怜悯。将这样一个可能在道德层面引起争议的案例放置于此，目的不在于表明编者的价值取向，因为对一件事情抑或一个人物在价值判断上的争论毫无意义，且永无定论，真正的目的在于通过客观理性地分析案例本身，引申出本节的核心话题：如何从多视角出发，全方位地重新正确认识与定位被称作"一园之魂"的幼儿园园长。

一、园长的聘任

在案例7－1中，"智多星"幼儿园的创办人是唐某某，而其园长也是唐某某。这就让人产生了第一个误解：园长就是幼儿园的创办人，或幼儿园创办人理所当然就是园长。其实，园长是一个独立的职位，园长需要经过一个聘任的程序方可担任。

《教师法》和《教育法》都在宏观层面提及了学校及其他教育机构管理人员的规范性问题。例如：《教育法》第三十六条的第一款规定"学校及其他教育机构中的管理人员，实行教育职员制度"。教育职员制度实际上主要针对的是高等教育，其被1998年颁布的《高等教育法》确立为高校行政人员的人事制度。

关于幼儿园园长聘任问题的首部法规是1989年颁布的《幼儿园管理条例》，其第二十三条明确规定"幼儿园园长由举办幼儿园的单位或个人聘任，并向幼儿园的登记注册机关备案"；其第九条明确地规定了"幼儿园园长、教师应当具有幼儿师范学校（包括职业学校幼儿教育专业）毕业程度，或者经教育行政部门考核合格"。

2016年3月1日，国家教育部公布了经过再次修订的《幼儿园工作规程》，其中第三十九条规定"幼儿园教职工应当贯彻国家教育方针，具有良好品德，热爱教育事业，尊重和爱护幼儿，具有专业知识和技能以及相应的文化和专业素养，为人师表，忠于职责，身心健康。幼儿园教职工患传染病期间暂停在幼儿园的工作，有犯罪、吸毒记录和精神病史者不得在幼儿园工作。"与再次修订前的条文相对比，可以发现新规有以下特色：第一，不仅规定幼儿园教职工要爱护幼儿，而且首先要尊重幼儿，所有保教工作的开展要真正站在幼儿的视角，以幼儿独有的思维去看待幼儿的行为和发展。第二，规定幼儿园教职工必须具有相关的专业知识和技能以及一定程度的文化和专业水平，才能上岗。相对于之前的建议性、鼓励性用词"努力学习"和"提高"，新规定更在乎一个合格幼儿园教职工所应具备的最基本的岗位要求，而不是在岗后的发展目标。明确了如果幼儿园教职工没有相应的专业知识和技能，就绝对不能上岗。第三，增加了第二款的限制性规定，明确了两类禁止在幼儿园工作的人和一种须暂停教职工工作的情况，使得整个规定更为细致全面。

1996年的《幼儿园工作规程》第三十六条重申了《幼儿园管理条例》第二十三条的相关内容，并首次规定园长不仅可由幼儿园举办者聘任，亦可由其"任命①"，同时补充规定"非地方人民政府设置的幼儿园园长应报当地教育行政部门备案"，重申了《幼儿园管理条例》第九条规定的园长任职所需的学历要求，并追加了"以上"两字，同时增加规定了"幼儿园园长还应有一定的教育工作经验和组织管理能

---

① "任命"意为"下命令任用"，特用于教育行政机关决定某一在编幼儿园教师担任公立幼儿园园长的情形；而"聘任"则意为"聘请某人担任某一职务"，一般以签订雇佣合同的方式进行。

力,并获得幼儿园园长岗位培训合格证书”。2016年新修订的《幼儿园工作规程》第四十条第二款同样规定了园长的两种产生方式:任命或聘任,并不再区分是否是地方人民政府设置的园长,均需要报当地教育行政部门备案。第四十条明确将担任幼儿园园长的学历要求提高为“应当具有《教师资格条例》规定的教师资格、具备大专以上学历、有三年以上幼儿园工作经历和一定的组织管理能力”,并吸收了原国家教育委员会于1996颁发的《全国幼儿园园长任职资格职责和岗位要求(试行)》的规定,明确幼儿园园长必须取得幼儿园园长岗位培训合格证书。这表明了国家高度重视幼儿园园长的上岗培训工作。

《民办教育促进法》第二十四条规定:“民办学校参照同级同类公办学校校长任职的条件聘任校长,年龄可以适当放宽,并报审批机关核准。”并在附则第六十五条中解释:“本法所称的民办学校包括依法举办的其他民办教育机构;本法所称的校长包括其他民办教育机构的主要行政负责人。”结合第二十三条的规定和第六十五条的立法解释,推理分析可得,民办幼儿园园长的聘任条件参照公办幼儿园园长的聘任条件执行,且可在任职者年龄上适当放宽条件。事实上,幼儿园园长在任职年龄上并没有法定限制①。

通过对上述条文的列举与分析,已将幼儿园园长聘任这一环节展现得非常清晰明了,从中我们也可以明白,唐某某作为一名幼儿园的创办者,自己聘任了自己为其创办的幼儿园的园长。诚然,法律法规没有禁止这种行为,但对照以上罗列的相关法律法规,唐某某有资格来担任园长吗?这个问题留给读者自己来思考和回答。

二、园长的职责

做园长到底可以干些什么、必须干些什么和不能干些什么?即园长的法定权利和职责有哪些?“职责”是职务与责任的统一,是基于特定职务而产生的责任。一般而言,园长的权利往往也就是一种必须承担的责任。

(一)法律法规上园长的主要职责

《教育法》由于是有关教育的基本法律,并没有细致地规定园长职责;而《教师法》所规定的主要内容如同其名,是各类学校和其他教育机构教师的权利和义务,这里指称的教师应理解为不包括幼儿园园长,尽管事实上确有部分园长既从事着具体的教学工作,也进行着园内的行政管理工作。

《幼儿园管理条例》第二十三条第一款规定了幼儿园内部管理的总原则,“幼儿园园长负责幼儿园的工作”,这在学理上被称为“园长负责制②”。《幼儿园工作规程》相较于《幼儿园管理条例》更为具体地展开说明了园长负责幼儿园的哪些工作——幼儿园园长负责幼儿园的全面工作,其主要职责如下:1. 贯彻执行国家的有关法律、法规、方针、政策和上级主管部门的规定。2. 负责保育教育、卫生保健、安全保卫工作。3. 负责建立并组织执行各种规章制度。4. 负责按照有关规定聘任、调配教职工。指导、检查和评估教师以及其他工作人员的工作,并给予奖惩。5. 负责教职工的思想工作,组织业务学习,并为他们的学习、进修、教育研究创造必要的条件。关心教职工的身心健康,维护他们的合法权益,改善他们的工作条件。6. 组织管理园舍、设备和经费。7. 组织和指导家长工作。8. 负责与社区的联系和合作。

而《全国幼儿园园长任职资格职责和岗位要求(试行)》可谓以上两个法规的集大成者,在充分继承前述条款的前提下,另作了便于实际操作的扩展性阐释。

现结合2016年《幼儿园工作规程》的规定,将园长的主要职责归纳如下:

1. 贯彻执行国家的有关法律、法规、方针、政策和地方的相关规定。负责建立并组织执行各种规章

---

① 幼儿园园长的任职年龄没有“法定限制”,即法律上的限定,但一般幼儿园,特别是民办幼儿园在聘任园长时往往是有年龄限制的,比如要求30—35岁或50岁以下,等等。

② 明确幼儿园内部实行“园长负责制”规定的是《幼儿园工作规程》第五十二条第一款:“幼儿园实行园长负责制,园长在举办者和教育行政部门领导下,依据本规程负责领导全园工作。”

制度，依法进行内部管理。

2. 负责教职工的政治思想工作、职业道德教育，组织文化、业务学习，并为他们的政治、文化和业务进修创造必要条件；维护教职工的正当权益，关心并逐步改善教职工的生活和工作条件；发挥教职工（或教职工代表）代表大会在幼儿园民主管理中的作用，调动和发挥教职工的主动性、积极性和创造性。

3. 主持幼儿园的保教工作、领导和组织安全保卫、卫生保健工作，贯彻有关的法规和规章，确保幼儿在园安全、卫生和健康；领导和组织教育工作，贯彻执行国家幼儿园课程标准，促进幼儿身心和谐发展。

4. 领导和组织行政工作，包括教师和其他工作人员的聘任、调配、考核（检查和评估）、任免和奖惩及园舍、设备和经费管理等。

5. 密切与家长和社区的联系。向家长和社区宣传正确的教育思想及科学育儿知识，争取家长和社区支持幼儿园工作。

案例 7－2①

2008年4月，被告王荣花在朝阳区东坝乡租用了一处有四间平房的农家小院，开办了名为“阳光乐园”的幼儿园，并自当幼儿园园长。2010年1月17日上午，共有10名幼儿留在园内，而照看他们的仅有王荣花哥哥的女友李彦巧一人（统管幼儿园的教学、卫生、饮食等）。午餐过后，其中一个孩子要求晚上包饺子吃，而幼儿园厨房里只有白菜，恰恰有多名幼儿不喜欢吃白菜饺子。于是，李彦巧自己提着菜篮子，去菜场买土豆和肉。

临出门时，李彦巧忘了将放置在教室里的电热取暖器的插头拔掉，而正是这一疏忽直接导致了悲剧的发生。午休期间，一些孩子在教室隔壁的房间睡觉，而另一些处于无人照看状态下的小朋友开始在教室里玩电热取暖器。玩着玩着，电热取暖器倒地后起火，火势迅速蔓延至教室隔壁的房间，点燃了那里的棉被，大多数孩子跑到院子里呼救。

消防队员接到报警后立刻赶到现场，并很快将大火扑灭。不幸的是年仅2岁的女童玲玲在这次火灾中失去了宝贵的生命。事发后，警方将王荣花和李彦巧带走调查。2010年4月底，检察院以消防责任事故罪对王荣花提起公诉，以过失致人死亡罪对李彦巧提起公诉。

经过调查，“阳光乐园”幼儿园并没有办学资质，不是合法办学机构，且曾多次被教育、安监、消防部门警告存在安全隐患，要求王荣花予以消除。但王荣花仅做了表面上的掩饰而未做实质上的整改。事发当天，王荣花自己因声带水肿，在家中休养，而原本仅有的两名幼儿教师早已相继离开。

最终，一审法院判决：李彦巧犯过失致人死亡罪，鉴于其有自首情节并自愿认罪，从轻判处有期徒刑3年；王荣花犯消防责任事故罪，鉴于其自愿认罪，并积极赔偿受害人父母万余元，从轻判处有期徒刑2年。

拓展阅读

园长的岗位要求②

1. 基本思想品德要求：

（1）坚持党的基本路线，拥护党的十一届三中全会以来的方针政策。努力学习建设有中国特色社会主义理论。

（2）热爱幼儿教育事业，热爱幼儿，尊重、依靠、团结教职工。

（3）实事求是，公正廉洁，严于律己，以身作则，作风民主。

（4）敬业守职，努力学习，积极进取，勇于改革创新。

---

① 此案例参见《中国消防》2010年第18期，42页。原作者刘杰，因编写需要，已作删改。

② 摘自国家教育委员会1996年1月26日颁布的《全国幼儿园园长任职资格、职责和岗位要求（试行）》。

2. 岗位专业要求:

(1) 正确领会和掌握国家的教育方针、政策和法规的基本精神,熟悉幼儿教育法规和规章,坚持依法办园。

(2) 有一定的幼儿卫生、心理和教育的基本理论,了解和掌握幼儿身心发展和教育的基本规律,有正确的教育观念。正确掌握国家幼儿园课程的主要内容和基本精神,并能组织实施。

(3) 有幼儿园科学管理的基本知识。

3. 岗位能力要求:

(1) 能根据党和国家的有关方针、政策和法规、规章,结合本园实际,制定本园发展规划和工作计划并组织实施。

(2) 有管理和指导保教工作的能力、能组织管理幼儿园卫生保健工作;指导教师制定适合幼儿发展水平的教育计划;正确评析保育教育工作;组织开展有效的教研工作,帮助保教人员提高业务水平,改进保教工作。

(3) 有一定的组织协调能力,能调动教职工的积极性,善于依靠和动员家长、社区等各方面的力量参与和支持幼儿园建设。

(4) 有一定的撰写文稿和口语表达能力,能拟定工作计划,撰写工作经验和研究报告,并指导教师撰写文稿。

(二) 园长负责制

园长负责制属于幼儿园的领导体制,可谓幼儿园内部管理的灵魂。具体是指幼儿园园长在举办者和教育行政部门的领导下,在党支部的保证监督、教职工的民主参与管理下,全面负责幼儿园保育教育和行政管理工作,共同实现幼儿园工作目标的一种基本管理制度。①

案例 7-3②

某单位所属幼儿园的陈老师,在日常工作中不能很好地遵守劳动纪律,时有迟到、早退、串班聊天等违章情况的发生。在年底奖金发放时,园长根据奖罚制度,从其年终奖金中扣发150元作为处罚,并将这150元奖给出满勤、工作积极认真负责的李老师,以期起到奖优罚劣、奖勤罚懒、调动职工积极性的作用。陈老师感到心里很不平衡,认为幼儿园工作量大,放松一下没什么了不起,况且也没出现什么意外情况,要求园长退还扣发的奖金。

园长认为,既然制定了规章制度,就该认真贯彻执行,否则会挫伤本园职工的积极性,因此拒绝了陈老师的要求。陈老师很愤怒,认为园长对自己有看法,是打击报复她,于是她对园长进行人身攻击,并让家里人和她一起到园里大吵大闹,看到园长没有让步的意思,又找到单位主管的幼儿园上级领导哭闹,歪曲事实。

而此领导在没有调查清楚的情况下,轻率地表态,认为批评一下就可以,让园长把扣发的奖金还给陈老师,这样就使园长处于被动地位和两难境地。但园长并不盲从上级领导,而是写材料呈报上级,讲明情况:如果不能贯彻执行幼儿园的规章制度,那么自己就无法胜任园长的工作,况且自己的做法是正确的。

上级领导对此很重视,经反复调查研究,做出决定:① 给陈老师记处分一次,扣发奖金不必退还。② 表扬了该园园长对工作认真负责、能把制定的方针政策贯彻执行到底的做法。

---

① 王普华.幼儿园管理[M].北京:高等教育出版社,2005:115.
② 张燕,邢利娅.幼儿园管理案例及评析[M].北京:北京师范大学出版社,2002:29-30.

园长负责制包含了以下两方面的含义：

第一，园长对外作为幼儿园的法人代表，代表幼儿园整体做好与上级行政管理机构（包括上级领导）和社会（如所在社区、街道、具体的居民）之间的沟通和交流工作，为顺利开展内部管理扫清障碍；代表幼儿园参与有关的民事或行政诉讼。如案例7-3中，园长严格根据已有制度办事是完全正确的，但如果没有得到上级的支持、理解与信任，那么园长管理行为的效力就会大打折扣。

第二，园长对内作为幼儿园的最高行政管理者，既统筹园内各项工作有条不紊的开展，协调处理教职员工间的工作关系，还全面承担幼儿园在民主管理前提下由于决策而产生的风险与责任。

园长对内的最高行政管理权是园长负责制的核心，具体包括了决策指挥权、人事管理权和财政管理权。由于园长负责制赋予了园长十分大的权力，对权力的控制和监督显得尤为重要，以免美好的制度在运行中因无形地被歪曲而走样。建立健全法律法规是个好方法，但属于外部环境的改善，漫长且一般难以控制。更好的方法已经在园长负责制的定义中得到体现，即"两手"抓——第一手，党支部的保证监督；第二手，教职工的民主参与管理。

前者讲求政治思想上的领导与指引，不具体展开。这里重点介绍教职工如何民主地参与到幼儿园的管理中去。

教职工可以通过园务委员会来参与管理。具有审议作用的园务委员会由保教、医务、财务人员的代表及家长代表组成，园长任主任，定期召开园务会议（遇重大问题可临时召集），对幼儿园工作计划、工作总结、人员奖惩、财务预算和决算方案及规章制度的建立、修改、废除等涉及全园工作的重大问题进行审议。①

由园长全面负责幼儿园保教和行政管理工作、党支部的保证监督、教职工的民主参与管理组成的"三位一体"的园长负责制是个较为科学的领导制度，但在对这一制度的理解与应用过程中，首先要特别注意避免走入两大误区②——"权利至上"（片面夸大园长的职权）和"权利真空"（片面夸大园长的职责）。其次，园长应该做到以下两点③：一是，做坚持原则的园长，按制度决定了的正确决策办事，绝不能收回。二是，在特殊和意外事故中，除了果断作出决策以外，还应请示上级，让领导研究分析，采取正确决策，共同管理好幼儿园。

综上所述，我们回到案例7-1，姑且权当唐某某就是个合法创办的幼儿园所聘任的园长吧。人们（包括编者本人）责难这位园长的时候，往往会轻易地把关注的焦点集中在埋尸的行为上。细想之下，这无疑又是一个误解。将唐某某埋尸的行为算作是园长的管理行为或园长未尽职责不说是错误的，也是牵强的，这仅仅表明了唐某某个人处理问题的方式是极端荒唐的、不合理的、不道德的。每个人在面对同一突如其来的危机时，都可能因过于慌张而失去理智。

关键在于，唐某某园长一直没有在她创立的幼儿园里建立并执行我们所谓的规章制度，甚至她根本没有一点依法治园的意识；她没有严格把好教师和其他职工的聘任关；她没有也不可能给予保教人员规范的各方面的专业培训（保教人员不能意识到让饱餐的婴儿餐后平躺极有可能导致食物从食道回流至气管，从而堵塞气管引起窒息危及生命）；她没有坚持贯彻执行关于幼儿园招生的相关规定，而让一个只有1岁零8个月的婴儿进入幼儿园；她没有完好地配备幼儿园必需的保健人员和相关设备，导致发生幼儿伤害事故时难以及时处置……我们可以根据案情推断出唐某某作为园长却未尽园长之职的结论。刘小某的死亡，在编者看来，不可避免。

再深入分析就会发现，唐某某作为园长最大的问题在于她始终不曾考虑过，也不曾明白过，幼儿园的园长到底应该扮演怎样的角色。这一问题将在接下来的论述中得到解答。

---

① 屈玉霞. 幼儿园经营与管理[M]. 北京：科学出版社，2011：59.

② 王洪成. 论园长负责制实施中的两个误区[J]. 学前教育研究，2000(6)：47.

③ 张燕，邢利娅. 幼儿园管理案例及评析[M]. 北京：北京师范大学出版社，2002：30.

三、园长的角色[①]

幼儿园园长到底有哪些社会角色需要扮演呢?园长主要需扮演教育者、领导者、管理者、经营者、学习者、服务者和开拓创新者等。园长首要的角色便是拥有先进教育理念的教育者,然后才是领导者和管理者。一个完全不懂教育的人,即使拥有强大的领导力和出众的管理才干,也是不可能胜任园长职位的。作为领导者,园长决定着一个幼儿园的办学方向、品味和层次,[②]这时其所要优先考虑的是幼儿园的生存和发展。管理者是园长实际上扮演的主要角色,在实际的管理过程中,也有三种不同的角色定位——经理人、组织者和交流者[③]。经营者的角色让园长更加关注作为一个公司、企业的幼儿园,其本身的经济效益,其目标就是打造一所效益良好的园所。学习者角色则要求园长能够接受继续教育,有终身学习的理念取向,所谓"学无止境"——不仅仅在于知识的汲取和更新,更为重要的是能力的提升和经验的累积。服务者角色意为园长在日常管理之余,还要给幼儿身心发展、家长教育观念转变、教师职业成长提供足够的支持与帮助。最后,幼儿园园长要有开拓创新的勇气、创新精神和对社会发展进程的敏锐洞察力和把握力。

在案例7-1中,编者认为唐某某在实际上可能仅仅扮演了三种角色:低层次的教育者、完全不合格的管理者和马马虎虎的经营者。而面对自己所创办的幼儿园,她更像是在艰难地经营,而非有效地管理。

最后,编者简要摘录了三个发生在我们身边的,幼儿园园长因渎职失职而涉嫌犯罪的真实案例(见案例7-4),以供读者深入思考本节内容。

案例7-4

(一)

2013年1月,黄某在相关部门的许可下创办了南召县云阳镇培优幼儿园,并自任园长。根据幼儿园的相关安全规定,黄某应对校园安全负责。同年5月31日,黄某发现该幼儿园南墙边的秋千架摇篮发生故障,就拆掉了摇篮,将固定秋千架的绳子去掉,准备将秋千架拆除,但因其他事延误未能及时拆除,也未对秋千采取安全保护措施。6月6日上午10时许,秋千架倾倒,将在该幼儿园上学的5岁幼儿袁某头部砸伤,黄某等人当即将袁某送到医院抢救,经医院检查,袁某已死亡。11时37分,黄某拨打"110"报警,并在现场配合公安机关人员调查。

法院审理认为,被告人黄某身为幼儿园的负责人(园长),应对幼儿园的安全负责,在发现秋千架有安全隐患的情况下,应对其进行拆除,在未拆除完毕的情况下,应当预见到秋千架会倾倒,自己的行为可能引发危害社会的结果,但黄某心存侥幸,致使发生重大事故,致一人死亡,其行为构成教育设施重大安全事故犯罪。黄某在事故发生后,主动向公安机关报案,并在公安机关传唤后能如实地供述自己的罪行,系自首,可对其从轻处罚,遂依法作出如下判决:被告人黄某犯教育设施重大安全事故犯罪,判处有期徒刑1年,缓刑2年。[④]

(二)

河北省平山县两河乡两河村的两所幼儿园因生源问题产生矛盾,甲幼儿园园长李某因生源都被乙幼儿园抢走了,十分气愤,遂产生了报复乙幼儿园的想法。2013年4月24日早晨,李某用注射器将毒鼠强注射到酸奶中,并派知情的教师王某将其和拼音本等物装在一起,放置在了乙幼

---

① 角色,通常指"戏剧或电影、电视中,演员扮演的剧中人物",也"比喻生活中某种类型的人物"。西方学者萨宾(T.R. Sarbin)从心理学的角度,认为角色是对某一社会地位或身份占有者的行为期待。而著名管理学家卡茨和卡恩(Katz & Kahn)则认为角色是人们在既定的运作关系中所必须采取的标准化行为模式。社会学将这种具有一定社会地位或身份的人所应有的行为模式称为社会角色。

② 李江红.浅谈幼儿园园长的角色转换[J].甘肃教育,2011(24):18.

③ 赵丽娟.试论如何扮演好幼儿园园长的角色[J].现代教育教学导刊,2013(5):23.

④ 秋千未固定砸死男童 幼儿园园长犯罪领刑[EB/OL].http://www.hnfzb.com/hnfzb/dsjz/2013/11/20/183254.shtml.原文已作修改。

儿园附近的幼儿上学必经之路上。

当日，平山县两河乡两河村一老人在送孙女丙和外孙女丁上学的路上，意外捡到了一瓶酸奶和几个拼音本。而当孙女丙和外孙女丁相继分着喝下这瓶酸奶后，两女童突然全身抽搐、不省人事，后当场死亡。警方在立案调查后发现，酸奶中竟含有毒鼠强，经过缜密的侦查，警方确定在酸奶中投毒的正是甲幼儿园园长李某。随后，两名犯罪嫌疑人（李某和王某）因涉嫌投放危险物质罪被警方刑事拘留。①

（三）

2011年5月，数百名离职幼儿教师集体向媒体投诉珠海香洲创艺荣泰中英文幼儿园（民办园）克扣老师工资、克扣孩子伙食。曾任这家幼儿园厨师的吴清秀向媒体表示，"这里的厨师很难当，做300多人的饭，每4天才能用一瓶普通矿泉水瓶装的油，1个鸡蛋、1个苹果要一分为四、一分为六，分给4个人、6个人，1根香肠要对半再对半切……"

随着媒体的介入调查发现，这家幼儿园在财务管理上存在着严重的问题。曾任这家幼儿园会计的黄美梅提供了该园2010年11月的伙食费实际支出账单。这份账单表明，当月真实的买菜款仅为8040元，比虚假的账单少48826元。据此推算，每个孩子在该园日均花费不到1元钱。即使加上煤气费、油米钱和厨师费，每月实际支出也远低于每个孩子每月交的210元伙食费。且有家长反映："每个月仅克扣伙食费就高达5万元，一年总计克扣60万元。"但该幼儿园原园长莫宝珠作出的回应是：这是"清淡营养餐"。

接到相关报案后，珠海市公安局以及香洲分局组织力量调查此案。经查，该园原园长莫宝珠在任期间，不但通过虚开现金支出票据，以实际不到1元的"清淡营养餐"克扣幼儿伙食费，而且在收取的幼儿伙食费、保险费、保育费等项目上涉嫌诈骗和职务犯罪。

2011年5月12日，因涉嫌诈骗和职务犯罪，珠海香洲创艺荣泰中英文幼儿园原园长莫宝珠被刑事拘留。②

第二节 幼儿园其他工作人员

按照相关法律法规的规定，幼儿园还需配备诸如保育员、医务人员、后勤人员、安保人员和园长以外的其他管理人员，统称为"其他工作人员"。在"其他工作人员"中，保育员的地位较为重要，因为其承担了整个幼儿园保教工作的一半，也是现代幼儿教师正常开展教学活动不可或缺的助手。

一、保育员

案例 7-5③

王芳（19岁），四川省广汉市万福镇人。2000年，王芳的父母双双去世，为其留下10万元家产。她在郫县打工时认识了大她近10岁的雷洋，一见钟情的王芳不顾雷"离过婚"并带有一子，心甘

① 河北平山幼儿园投毒案两名犯罪嫌疑人被刑拘[EB/OL]. http://www.chinanews.com/fz/2013/05-03/4782418.shtml. 案例中，编者为指称方便，将两名犯罪嫌疑人称为李某和王某，且因编写需要，将具体的案情做了一定的改变，与事实有一定出入，特此说明。

② 珠海一幼儿园园长因涉嫌诈骗和职务犯罪被刑拘[EB/OL]. http://news.xinhuanet.com/legal/2011-05/15/c_121418441.htm. 原文已作修改。

③ 负心郎花去痴情女数万遗产 弱女子斗胆绑架幼女[EB/OL]. http://news.xinhuanet.com/newscenter/2002-08/20/content_531563.htm. 原文已作修改。

情愿地与其过起了同居生活,并拿出4万元用雷洋的名义开了一家茶楼,还花了2万元装修。

2002年4月,雷洋的妻子来到茶楼,告诉了王芳她和雷洋已经结婚的事实,并辱骂她。王芳得知后彻底崩溃,一气之下割腕自杀,幸得其朋友救起。伤愈后,眼见着身上本就不多的钱已花得所剩无几,王芳决定离开雷洋,回家重新生活。途经金堂县城新区十里大道时,那里的繁华盛景令她动了绑架弄钱的歪念。

同年5月23日,王芳来到金堂赵镇,化名曾洁到"星光"职介所登记找幼教工作。经名为"红蜻蜓"的幼儿园面试,王芳成为该园的保育员。5月28日下午,王芳午休后正在叠被子,一个3岁的小女孩因为要上厕所找她。见四下无人,园内后门大开,王芳借机将小女孩哄骗出幼儿园,带至其在郫县犀浦的暂住地。

晚上,王芳连夜写好敲诈信自称黑帮成员,因老大坐牢急需5万元救人,恐吓"红蜻蜓"幼儿园在2日内将5万元打入指定账号,若报警或不从,后果自负。次日,王芳带着女孩回到金堂,并将装有存折及密码的恐吓信交给幼儿园,其后返回郫县犀浦,购买了一部手机,并花100元将女孩全托寄养在犀浦一幼儿园内1个星期。此后2天,手持储蓄卡的王芳不断到银行查看账户,发现卡上存入了3万元,但密码却被修改取不出钱。

6月3日,王芳用新买的手机打电话到"红蜻蜓"幼儿园,催其尽快交清赎款。金堂警方通过技术侦查手段,查出恐吓电话来自犀浦方向。6月4日,警方现场抓获在街上闲逛的王芳,并根据其交代,从犀浦某幼儿园中成功解救出被绑女孩。

案例7-5中"红蜻蜓"幼儿园在招聘保育员时,并没有仔细考察其所聘用人员的基本情况,例如查看应聘者的身份信息并做详细登记。这让案件中的犯罪嫌疑人王芳有了可乘之机,最终导致一起绑架幼儿园幼儿的案件发生。

案例中并没有说明王芳的文化程度如何,也没有说明她是否曾经受过相关的培训,但我们不禁要问,法律上有没有像规定教师和园长的任职条件一样规定保育员的任职条件呢?更进一步,保育员日常须做哪些工作,即其主要职责是什么?在工作中其须具备怎样的职业道德和素养?现实中,保育员的素质和生存状态如何?若不理想,又怎么去改善和提高?种种问题有待一一回答。

(一)保育员的任职条件

依照《幼儿园工作规程》第四十二条的规定,"幼儿园保育员应当符合本规程第三十九条规定,并应具备高中毕业以上学历,受过幼儿保育职业培训"。

对于我国保育员的学历要求,有专家认为这样的要求定得过低,应该学习西方发达国家设立高学历门槛。纵观其他国家和地区的幼教机构规程,除美国伊利诺伊州《日托中心执照发放标准》规定幼教机构教师助理需要拥有高中学历以及阿拉巴马州《日托中心和夜间托管中心规程最低标准》规定教师助理必须至少接受过八年级的教育之外,大多数国家和地区的相关文件都没有关于教师助理(或保育员)最低学历的规定。①

"受过幼儿保育职业培训"则是保育员任职的专业背景条件。国外不重视学历的同时,又极其注重保育员是否受过正规系统化的相关培训,是否拥有足够的驾驭此项工作的能力。比如,澳大利亚新南威尔士州《儿童服务规章》规定,如果一组儿童中有一名小于两岁,幼教机构就必须聘请一名保育员全程照看,这名保育员必须满足以下条件之一:① 是已完成育儿学校继续教育课程并获得四级证书,或接受过正规儿童服务培训机构的培训并获得三级证书的注册护士;② 是具有为儿童服务的经验的注册

---

① 严冷,于开莲,高维华等.中外幼教机构工作人员聘任条件的比较:基于对各国(地区)幼教机构规程的分析[J].学前教育研究,2011(8):3-9.

护士;③ 获得儿童保育证书、相关专业大专学历或正规培训机构颁发的儿童服务培训证书。①

拓展阅读

我国保育员职业技能鉴定(职业标准之职业概况简介)②

1. 职业名称

保育员

2. 职业定义

在托幼机构、社会福利及其他保教机构中,辅助教师负责婴幼儿养育、保健,并协助教师对婴幼儿进行教育的人员。

3. 申报条件

——初级(具备以下条件之一者)

(1) 经本职业初级正规培训达规定标准学时数,并取得结业证书。

(2) 在本职业连续见习工作2年以上。

(3) 本职业学徒期满。

——中级(具备以下条件之一者)

(1) 取得本职业初级职业资格证书后,连续从事本职业工作3年以上,经本职业中级正规培训达规定标准学时数,并取得结业证书。

(2) 取得本职业初级职业资格证书后,连续从事本职业工作5年以上。

(3) 连续从事本职业工作7年以上。

(4) 取得经人力资源和社会保障行政部门审核认定的、以中级技能为培养目标的中等以上职业学校本职业(专业)毕业证书。

——高级(具备以下条件之一者)

(1) 取得本职业中级职业资格证书后,连续从事本职业工作4年以上,经本职业高级正规培训达规定标准学时数,并取得结业证书。

(2) 取得本职业中级职业资格证书后,连续从事本职业工作6年以上。

(3) 取得高级技工学校或经人力资源和社会保障行政部门审核认定的、以高级技能为培养目标的高等职业学校本职业(专业)毕业证书。

(4) 取得本职业中级职业资格证书的大专以上本专业或相关专业毕业生,连续从事本职业工作2年以上。

4. 鉴定方式

分为理论知识考试和技能操作考核。理论知识考试采用闭卷笔试等方式,技能操作考核采用模拟现场或实际操作等方式。理论知识考试和技能操作考核均实行百分制,成绩皆达60分及以上者为合格。

5. 考评人员与考生配比

理论知识考试考评人员与考生配比为1∶15,每个标准教室不少于2名考评人员;技能操作考核考评员与考生配比为1∶2,且不少于3名考评员。

① 严冷,于开莲,高维华等. 中外幼教机构工作人员聘任条件的比较:基于对各国(地区)幼教机构规程的分析[J]. 学前教育研究,2011(8):3-9.

② 人力资源和社会保障部. 保育员(职业标准详细信息)[EB/OL]. http://ms.nvq.net.cn/.

6. 鉴定时间

理论知识考试时间不少于90分钟;技能操作考核时间不少于90分钟。

7. 鉴定场地设备

理论知识考试在标准教室进行,技能操作考核在学前教育机构进行。

(二) 保育员的主要职责①

2016年新《幼儿园工作规程》在第四十二条第二款简明概括了保育员的主要职责如下:

1. 负责本班房舍、设备、环境的清洁卫生和消毒工作;
2. 在教师指导下,科学照料和管理幼儿生活,并配合本班教师组织教育活动;
3. 在卫生保健人员和本班教师指导下,严格执行幼儿园安全、卫生保健制度;
4. 妥善保管幼儿衣物和本班的设备、用具。

保育员的第一项职责类似于"保洁员",具体包括每日清洁卫生工作(如拖地、开窗通风等)和定期清洁卫生工作(如对玩具的消毒和洗晒等)。而其最后一项职责类似于"管家"或"保姆",具体包括对幼儿物品(衣物、被褥与随身首饰等)、班级财产(桌椅、日用品与教玩具等)的整理和保管。之所以说是"类似于",即表明实际上不是。如果只将保育员肤浅地理解为"保洁员"和"保姆"的合二为一,不仅仅是对其的不尊重和歧视,更是一种片面乃至错误的认识。

无法否认,保育员是在幼儿的身旁做具体工作的,幼儿在这个过程中,绝不单单是个旁观者和"欣赏者"。他们在看,也在模仿,而模仿恰恰是这个年龄段孩子主要的学习方式。如果想让幼儿学会将取来的玩具在游戏后放回原位或整理自己的物品(让玩具回家),幼儿教师在特意开展的主题社会活动的课堂上,即使强调一百遍,也毫无效果;而保育员日常的爱护和整理物品的行为,会潜移默化地让幼儿在好奇的模仿中养成同样的好习惯,并且这样的模仿是会在幼儿之间"传染"的。我国古代所谓"言传身教"大概就是如此。从这个层面上讲,保育员是幼儿更好的"老师②"。

保育员的第二项职责直接体现了其作为教育者的作用。"管理幼儿生活"表明保育员是幼儿的生活教师。"配合本班教师组织教育活动"表明保育员是"配班",是教师的助理。保育员要积极地参与到整个教学活动设计和实施过程中去,在设计教学活动时献计献策,在准备教学活动时尽心尽力,在进行教学活动时切忌不闻不问。如今,幼儿教师的工作压力巨大,往往感觉分身乏术,期盼保育员能分忧解难。只有教师和保育员地位平等、分工明确而又通力合作,才能创造出一个真正优秀的幼儿班级。

拓展阅读

某示范幼儿园保育员的主要工作③

1. 晨间清洁卫生

(1) 每天7点半开窗通风,冬季开窗15分钟。

(2) 检查幼儿的茶杯。准备保温桶里的幼儿饮用水。可在前一天晚上放入开水,以使第二天有饮用的温开水。水温要符合幼儿安全,以滴在成人手背上不烫为宜,如开水过烫则要开盖降温。

(3) 湿扫湿抹。先用清水将窗沿、桌面、玩具柜擦一遍。然后再用消毒液擦一遍。最后把地面、走廊拖一遍。

---

① 有些教材可能称之为"岗位要求",如童宪明主编的《幼儿教育法规与政策》。而《幼儿园工作规程》使用"主要职责"一词。很难说用哪一个词更为确切,且其所要表达的内容是一致的。本书使用后者是出于忠实于法条的考虑。

② 曾有国内学者提议撤销保育员称谓,将保育员也称为"教师"。参见姜冬梅:《幼儿园可否撤销保育员称谓》,《山东教育》2003年增刊第3期。本书认为,改变一个称谓多数是形式意义大于实际意义,且若均称为"教师",会造成现有法律法规指称上的混乱。如果将保育员也称作"教师",那么是否应该将保育员和教师的任职条件统一呢?

③ 童宪明. 幼儿教育法规与政策[M]. 上海: 复旦大学出版社,2013: 97-98.

(4) 最后整理。做到不凌乱,杂物不乱放。

(5) 盥洗室的准备。为幼儿备好洗手的肥皂,检查幼儿擦手的毛巾是否齐全。

(6) 厕所的清洁卫生。先用清水冲洗一遍,然后用消毒液再刷一遍。

2. 晨间接待

(1) 配合教师做好接待工作。

(2) 做到穿戴整齐,仪表整洁、大方,接待热情。与家长简短交谈,了解一下幼儿在家的情况。检查一下幼儿的口袋。

(3) 对患病的幼儿或情绪不好的幼儿要特别关照。

(4) 组织幼儿擦椅子,指导幼儿擦,但不要过多地干涉和过多地要求。这一点根据情况来做,不一定每天都擦。

3. 幼儿户外活动中的保育护理

(1) 幼儿户外活动每日不少于2小时。

(2) 保育员注意观察每一个幼儿,注意幼儿使用的活动器具的安全。幼儿衣服不宜穿得过多。安排幼儿按顺序玩,不要拥挤和推打。

(3) 幼儿在户外活动时,保教人员要全神贯注,不得随意离开幼儿,也不要聚在一起聊天。

(4) 做操时,保育员要关心幼儿的情绪等。

(5) 保育员负责做好活动后的整理和安全防护工作。

4. 大小便习惯的培养

(1) 为幼儿准备敞开式的、清洁卫生的、安全的符合幼儿特点的盥洗和如厕设备。幼儿在进食前或如厕后必须用肥皂洗手。

(2) 组织幼儿盥洗时,要维持好幼儿的秩序。

(3) 注意观察幼儿大小便情况,如有异常,要及时记录并向保健教师汇报。

(4) 保教人员在处理完幼儿大小便后,要用肥皂洗手。

5. 盥洗

(1) 养成幼儿进食前、大小便后用肥皂洗手的习惯。洗手时,教幼儿怎么卷袖子或将袖子往上拉。

(2) 洗手时,手心、手背、手指缝到手腕关节活动处都要洗,先用流水淋湿手心、手背等处,然后抹上肥皂,双手心搓出肥皂泡后,再用流水冲洗干净,洗完双手后,将小手在水池内甩三下,防止水滴在地上,最后用自己的毛巾擦干双手。保教人员要帮助年纪较小的幼儿拉下袖子。

(3) 保教人员要帮助不会洗手的幼儿洗手。

(4) 对将大便拉在身上或腹泻的幼儿,先帮他们换下弄脏的衣裤,然后用便纸擦干净幼儿屁股,再用温水给幼儿清洗。洗屁股的盆要专用,每次用后消毒备用。洗屁股时由前往后洗,也可用水壶冲洗。

(5) 给幼儿盥洗时,动作要轻柔,语言要和蔼可亲,不要留长指甲或戴容易擦伤幼儿皮肤的戒指。对将大便拉在身上的幼儿不能训斥或埋怨,以免增加幼儿的心理负担。

6. 早点的安排

(1) 幼儿的早点工作由保教人员相互配合,各尽其责,教师负责组织幼儿有序地上厕所、洗手,保育员负责点心的准备。

(2) 保育员做好早点前的桌面消毒。

(3) 倒牛奶时,保育员必须到每个幼儿位子上去倒。一次不能倒得太多,以杯子的一半的量为宜,并注意第二次添加。

(三) 保育员的职业道德①

劳动部在制定《保育员国家职业技能标准(试行)》时,编写了保育员职业守则,从而形成了保育员群体的职业道德。

1. 爱岗敬业,热爱幼儿

忠诚于学前教育事业,勤恳敬业,甘为人梯,乐于奉献,对工作高度负责,认真完成本职工作,不断提高对幼儿生活的管理、护理、教育等能力。热爱儿童,对幼儿充满爱心,耐心教育,平等对待,使幼儿感到集体的温暖,促进幼儿身心健康发展。

2. 为人师表,遵纪守法

衣着整洁朴素,不戴首饰,不化浓妆,言谈举止文雅大方,同时必须以身作则,严以律己,自觉遵守国家的法律法规和幼儿园的各项规章制度,自觉维护幼儿园声誉。

3. 积极进取,开拓创新

深入学习教育学、心理学、教育法等方面的知识,做到理论结合实践;要熟练掌握现代教育技术,能用直观形象的方法来展示保育的内容;要有创新的精神,不断探索,在教学中实现自我更新、自我完善。

4. 尊重家长,热情服务

既要加强与家长的交流,又要认真听取家长的意见,还要给予家长必要的科学育儿方面的指导,与家长建立诚挚平等的关系。

5. 文明礼貌,团结协作

热爱幼儿园,以园为家;服从调配,相互协调,自觉参与幼儿园的有关活动;团结同志,谦虚谨慎,关爱幼儿,关心幼儿园的各项活动,积极配合教师。

(四) 保育员的现状

幼儿教育质量的提升离不开保育员的辛勤工作,也需要保育员掌握专业性的理论与技能。但是,保育员的现实情况如何呢?通过案例让我们了解一下保育员的现状。

案例 7-6

某市"安祺"幼稚园(民办幼儿园)保育员赵某某,23 岁,无保育员从业资格证书,也未曾有保育工作经验。2013 年 5 月 9 日午睡时,赵某某班上的男童航航不好好睡觉,老是讲话,当航航因某样东西掉到墙边而爬起来去捡时,赵某某便用绣十字绣的针在航航的手上扎了 14 个针眼……②

这样的情形还有很多。无论是什么类型什么级别的幼儿园,保育员的素质状况都很堪忧。对于幼儿园保育员基本素质的现状,有人做过一个细致的问卷调查研究③,结论是存在以下的问题:(1) 身心素质差(身体普遍处于亚健康状态、心理素质水平低、情绪调控能力差);(2) 事业心淡薄;(3) 学历水平低,缺乏系统的专业知识与技能;(4) 保教观念落后(认为"保育员"就是"保姆"、消极保育多于积极保育、不能平等对待与尊重幼儿、忽视自身行为的隐性教育价值);(5) 保教能力不高(保育工作缺乏科学性和规范性、忽视幼儿的心理保育、缺乏参教意识和行为、教育敏感性不强且缺乏随机教育意识、保育科研能力和自我监控能力缺乏)。

保育员整体素质的低下造成了其生存环境的恶劣。最直接表现在保育员的工资待遇不佳,与教师所享有的待遇不可同日而语。随便用百度搜索一下关键词"保育员工资待遇",跳出的大部分信息都显

---

① 王林. 保育员的职业道德与素养[J]. 学前教育研究,2012(10):57-59.

② 男童午睡讲话遭保育员扎 14 个针眼 当事者被开除[EB/OL]. http://www.chinanews.com/edu/2013/05-11/4807964.shtml. 已作删改。

③ 杨彦涓. 幼儿园保育员基本素质存在的问题及对策的研究[D]. 湖南师范大学硕士学位论文,2008.

示保育员工资待遇低下，从业者大多呼吁要和幼儿教师同酬。第二个较为明显的表现是保育员群体的社会地位偏低，社会对其评价较差，民众普遍没有形成对保育员工作的崇敬感。最后一个容易被忽视的表现是保育员整体年龄结构的失衡，确切来说是年龄大多偏高（优质幼儿园广泛存在幼儿教师因年龄大而退居二线从事保育员工作的情况），得不到“新鲜血液”的补给。

（五）保育员现状的改善

针对保育员的糟糕现状，我们怎么去改善呢？真正有效、可行的建议和对策一定是基于对现实的充分感知、体会和理性的分析提出的。综合一些学者提出的观点，我们归纳了两方面，共十条建议和对策，见表 7－1。

表 7－1 改善保育员现状的建议和对策

<table>
<tr><th></th><th>从提升保育员本身素质出发</th><th>从改善保育员外部环境出发</th></tr>
<tr><td>1.</td><td rowspan="2">保育员自身提高文化水平和专业技能，积极适应社会的发展</td><td>政策和法规提高对保育员的任职条件和岗位要求</td></tr>
<tr><td>2.</td><td>幼儿园严格执行保育员持证上岗制度</td></tr>
<tr><td>3.</td><td>保育员要加强对自我的认同感，转变对自己职业的看法；积极保护自身合法权益</td><td>政府和幼儿园提高保育员的地位和经济待遇</td></tr>
<tr><td>4.</td><td>保育员自身要重视保育知识和技能的不断学习、更新和提高；主动把握培训的机会</td><td>相关机构加强对保育员的职前培训；幼儿园加强保育员的职后培训（包括选送保育员参加脱产的专业培训和开展园本培训等）</td></tr>
<tr><td>5.</td><td rowspan="2">保育员自身强化竞争意识和合作意识，开展相互之间的探讨和学习，通过自我管理提升专业精神；积极投入保育科研活动，培养自身的科研意识并学会反思</td><td>幼儿园开展保育竞技和保育科研（幼儿园之间与幼儿园内部）</td></tr>
<tr><td>6.</td><td>幼儿园内部制定合理的保育员奖惩激励机制（实行岗位绩效评估）</td></tr>
</table>

全国很多幼儿园近几年积极开始了“保育员岗位绩效评估”制度的尝试，将保育工作的好坏直接与个人奖金的多少挂钩，以提高非在编的保育员工作的积极主动性。表 7－2 是福建某一实行该制度的幼儿园制定的具体评估表，以供参考。

表 7－2 保育员岗位绩效评估表

<table>
<tr><td colspan="2">年　月　日</td><td>姓名：</td><td colspan="4">班级：</td></tr>
<tr><td rowspan="2"></td><td rowspan="2" colspan="2">评估标准</td><td rowspan="2">分值</td><td colspan="3">评估得分</td></tr>
<tr><td>自评</td><td>互评</td><td>园评</td></tr>
<tr><td rowspan="3">卫生和保管</td><td colspan="2">1. 负责本班清洁卫生，每天做好包干区卫生工作，每周大扫除一次</td><td>10</td><td></td><td></td><td></td></tr>
<tr><td colspan="2">2. 每天做好杯子、毛巾的消毒工作</td><td>10</td><td></td><td></td><td></td></tr>
<tr><td colspan="2">3. 安善保管幼儿衣服和班级设备、用品</td><td>10</td><td></td><td></td><td></td></tr>
<tr><td rowspan="3">管理幼儿</td><td colspan="2">1. 管理好幼儿的生活</td><td>10</td><td></td><td></td><td></td></tr>
<tr><td colspan="2">2. 进食前组织幼儿洗手，并让幼儿吃饱、睡好</td><td>10</td><td></td><td></td><td></td></tr>
<tr><td colspan="2">3. 能根据天气冷热，及时给幼儿增减衣服</td><td>5</td><td></td><td></td><td></td></tr>
<tr><td rowspan="2">参与教育</td><td colspan="2">1. 配合本班教师组织适当的教育活动，参与幼儿早操、游戏活动的组织，做好教玩具准备、整理工作</td><td>15</td><td></td><td></td><td></td></tr>
<tr><td colspan="2">2. 帮助老师做好安全防护工作</td><td>10</td><td></td><td></td><td></td></tr>
</table>

(续表)

	评估标准	分值	评估得分		
			自评	互评	园评
工作态度	1. 遵守幼儿园的规章制度,不迟到、不早退、不随便请假	10			
	2. 上班时间不干私活,坚守工作岗位	5			
	3. 团结同志,不讲不团结的话,有协作精神	5			
总评		总分			
备注					

二、其他工作人员

(一) 其他工作人员的任职条件

1. 卫生保健人员

根据2016年《幼儿园工作规程》第四十三条第一款和2010年由卫生部和教育部联合发布的《托儿所幼儿园卫生保健管理办法》第十一条的规定,幼儿园医务人员的任职条件如下:

(1) 在卫生室工作的医师应按国家有关规定和程序取得卫生行政部门颁发的《医师执业证书》;

(2) 在卫生室工作的护士应当取得卫生行政部门颁发的《护士执业证书》;

(3) 在保健室工作的保健员应当具有高中以上学历,并经过卫生保健专业知识培训和幼儿保健职业培训,具有托幼机构卫生保健基础知识,掌握卫生消毒、传染病管理和营养膳食管理等技能。

一般幼儿园均须配备医师和护士,但规模较小的幼儿园可以退而求其次,选择配备保健员。

2. 事务人员

事务人员包括了幼儿园的后勤人员、安保人员、财会人员和园长以外的管理人员等。《幼儿园工作规程》并没有具体言明他们各自的任职条件,但规定了"幼儿园其他工作人员的资格和职责,参照国家和地方的有关规定执行"。

(二) 其他工作人员的主要职责

1. 医务人员

2016年新《幼儿园工作规程》第四十三条第二款初步规定了幼儿园医务人员的主要职责有:

(1) 协助园长组织实施有关卫生保健方面的法规、规章和制度,并监督执行。

(2) 负责指导调配幼儿膳食,检查食品、饮水和环境卫生。

(3) 负责晨检、午检和健康观察,做好幼儿营养、生长发育的监测和评价;定期组织幼儿健康体检,做好幼儿健康档案管理。①

(4) 密切与当地卫生保健机构的联系,协助做好疾病防控和计划免疫工作。

(5) 向幼儿园教职工和家长进行卫生保健宣传和指导。

(6) 妥善管理医疗器械、消毒用具和药品。

《托儿所幼儿园卫生保健管理办法》更为具体地规定了"幼托机构卫生保健工作包括以下内容":

(1) 根据儿童不同年龄特点,建立科学、合理的一日生活制度,培养儿童良好的卫生习惯。

(2) 为儿童提供合理的营养膳食,科学制定食谱,保证膳食平衡。

(3) 制定与儿童生理特点相适应的体格锻炼计划,根据儿童年龄特点开展游戏及体育活动,并保证

---

① 此项为2016年再次修订《幼儿园工作规程》时新增加的。

儿童户外活动时间,增进儿童身心健康。

(4) 建立健康检查制度,开展儿童定期健康检查工作,建立健康档案。坚持晨检及全日健康观察,做好常见病的预防,发现问题及时处理。

(5) 严格执行卫生消毒制度,做好室内外环境及个人卫生。加强饮食卫生管理,保证食品安全。

(6) 协助落实国家免疫规划,在儿童入托时应当查验其预防接种证,有未按规定接种的儿童,要告知其监护人,督促监护人带儿童到当地规定的接种单位补种。

(7) 加强日常保育护理工作,对体弱儿进行专案管理。配合妇幼保健机构定期开展儿童眼、耳、口腔保健,开展儿童心理卫生保健。

(8) 建立卫生安全管理制度,落实各项卫生安全防护工作,预防伤害事故的发生。

(9) 制定健康教育计划,对儿童及其家长进行多种形式的健康教育。

(10) 做好各项卫生保健工作信息的收集、汇总和报告工作。

2. 事务人员

与其任职条件一样,参照政府的有关规定执行。

思考与练习

一、问答题

1. 什么是幼儿园园长负责制?

2. 简述幼儿园园长的任职资格。

3. 简述幼儿园园长的主要职责。

4. 简述保育员的任职条件和主要职责。

二、材料分析题

2004 年 5 月的一天,某市幼儿园小(1)班的小朋友如往常一样在教室里上音乐课。突然,一名 30 多岁的陌生男子破门而入,老师和孩子们还没明白过来是怎么回事,该名男子便从衣兜里拿出一把匕首,迅速挟持了老师,孩子们吓得缩成一团,有的还哇哇大哭起来。慌乱之中,该名男子一脚踢在了离他最近的一位坐在前排的小朋友的脸上,正好踢在鼻子上,当时这名小朋友的鼻子鲜血直流。

面对紧急情况,园方迅速报警,警方立即赶到并制服了该名男子。原来该名男子正在逃避警方的追捕,情急之下,他跳墙闯入了该幼儿园。幼儿园老师随即将受伤的孩子送往医院治疗,并及时通知了孩子家长,但经医院诊断,孩子的鼻骨骨折,共花去医疗费等 3000 多元。孩子家长认为孩子是在园期间受到的伤害,故要求幼儿园承担法律责任。

幼儿园的处理有问题吗?在这种情况下,幼儿园是否要承担责任?

第八章　儿童权利与保护

[本章学习目标]

1. 掌握《儿童权利公约》中儿童保护的四项基本原则。
2. 知道《儿童权利公约》中儿童的年龄规定。
3. 理解《儿童权利公约》中儿童最大利益原则。
4. 熟悉《中国儿童发展纲要(2011—2020年)》的基本原则。

[导入案例]

不吃猪肉非偏食,幼儿宗教信仰须尊重①

斌斌是一个回族儿童,父母信仰伊斯兰教,禁吃猪肉。斌斌的母亲也特意向幼儿园老师说明了该情况,请幼儿园尽量照顾斌斌的民族生活习惯。而保育员刘某却认为,小孩子根本不懂什么信仰,而且不吃猪肉是偏食的习惯,要纠正。所以在平常吃饭时,刘某就劝说斌斌要吃猪肉,不然会营养不良,影响身体成长。斌斌既不能拒绝刘某的劝说,又不能违背母亲的叮嘱,很是为难。

斌斌是否享有信仰自己民族宗教的权利?

[分析要点]

宗教信仰自由是宪法赋予公民的一项基本权利。宪法第三十六条规定,中华人民共和国公民有宗教信仰自由。任何国家机关、社会团体和个人不得强制公民信仰宗教或者不信仰宗教,不得歧视信仰宗教的公民和不信仰宗教的公民。

斌斌虽然年纪小,但同样享有宗教信仰自由权。

联合国《儿童权利公约》第三十条规定,宗教、语言等方面属于少数人或为土著居民的儿童不得被剥夺享有自己的文化、信奉自己的宗教或使用自己的语言的权利。

儿童时期是人生发展的关键时期。为儿童提供必要的生存、发展、受保护和参与的机会及条件,最大限度地满足儿童的发展需要,发挥儿童潜能,将为儿童一生的发展奠定重要基础。而"儿童最大利益原则"和儿童受教育权的保护是保证与保护儿童权利的前提条件。

第一节　儿童最大利益原则

随着人类进入权利时代,儿童的权利和成人的权利一样,都被看作是普遍权利的一部分。

① 周天枢.老师和家长需要知道的100个幼儿园法律问题[M].广州:中山大学出版社,2005:45.

一、从《儿童权利宣言》到《儿童权利公约》

第一次世界大战后,鉴于儿童在战乱中遭受的苦难,英国发起成立“拯救儿童国际联盟”,并发布了《儿童权利宪章》。在国际联盟大会(Assemble of the League of Nations)①的积极推动下,1924 年通过了《儿童权利宣言》。

1969 年,联合国大会通过《儿童权利宣言》,宣告了各国儿童应当享有的各项基本权利,标志着儿童权利保护进入到一个新的历史阶段。

> “……鉴于儿童因身心尚未成熟,在其出生以前和以后,均需要特殊的保护及照料,包括法律上的适当保护;……发布这一儿童权利宣言,以期儿童能有幸福的童年,为其自身的社会的利益得享《宣言》中所说明的各项权利和自由,并号召所有父母和一切男女个人以及各自愿组织、地方当局和各国政府确认这些权利。”(序言)

该宣言还明确要求:

> “儿童的最大利益应成为对儿童的教育和指导负有责任的人的指导原则;儿童的父母首先负有责任。”(原则七)
>
> “儿童在一切情况下均应属于首先受到保护和救济之列。”(原则八)
>
> “身心或所处社会地位不正常的儿童,应根据其特殊情况的需要给予特别的治疗、教育和照料。”(原则五)

该宣言首次在国际范围内宣布了儿童最大利益原则。从此,儿童最大利益原则成为保护儿童权利的一项国际性指导原则。

将儿童权利保护和最大利益原则推向新阶段的是 1989 年《儿童权利公约》。1989 年《儿童权利公约》的制定和通过是“儿童最大利益”作为一项国际普遍承认的原则得以确立的里程碑。

《儿童权利公约》第一条,开宗明义:“为本公约之目的,儿童系指 18 岁以下的任何人,除非对其适用之法律规定成年年龄少于 18 岁。”

《儿童权利公约》共分为四部分。第一部分是序言,序言回顾了《联合国宪章》的原则,以及有关人权的宣言和《公约》中的相关原则。第二部分(第一条—第四十一条)是实质性条款,这一部分包括儿童的定义、《儿童权利公约》的原则以及儿童权利的具体内容。第三部分(第四十二条—第四十五条)是程序性条款,这一部分规定缔约国有定期提交执行公约情况报告的义务,联合国儿童权利委员会负责审议各缔约国的报告,并规定了儿童权利委员会的组成和任期。第四部分(第四十六条—第五十四条)规定了公约的签署、批准、加入、生效、修改、保留、退出等事项。

更为重要的是,《儿童权利公约》提出了关于儿童保护的四项基本原则,即不歧视原则(第二条);儿童最大利益原则(第三条);确保儿童的生命权、生存权和发展权原则(第六条);尊重儿童的意见原则(第十二条)。这四项原则所强调的不同方面,在每个儿童个体成长的过程中是相辅相成、不可分割的。

案例 8-1

广州市天河区某幼儿园人身损害赔偿纠纷案②

贝贝于 2001 年 8 月 7 日出生,2006 年 9 月到广州天河区某幼儿园小班进行托管学习。2007 年 3 月 16 日 11 时许,幼儿园的梁老师为包括贝贝在内的小朋友分汤。在梁老师背对贝贝为其他小朋友分汤、没有注意到贝贝的情况下,贝贝从自己的座位上摔倒在地。贝贝摔倒后,梁老师

---

① 联合国的前身。二战结束后,国际联盟被联合国所取代。

② 佚名.广州市天河区童星幼儿园因人身损害赔偿纠纷一案[O/L]. http://www.lawxp.com/case/c328022.html. 2016-07-13. 有删改。

将贝贝扶起,贝贝称脖子后面痛,老师检查后没有发现流血。另一名老师为贝贝擦药,并安排其休息。幼儿园下午放学时,老师将贝贝受伤的情况告知了其法定代理人。

同日17时30分许,贝贝到广州市第六人民医院门诊就医,医生检查后初步诊断为头部挫伤。2007年3月17日,贝贝再次到第六人民医院门诊就医,经头颅CT检查后,诊断为左侧头枕部骨折。2007年3月19日,贝贝的情况被诊断为急性闭合性轻型颅脑损伤,贝贝住院接受治疗。2007年3月29日,贝贝母亲为其转院,接受进一步治疗。前后的医疗费用共计7000多元。事后,幼儿园和家长就赔偿问题闹上了法庭。幼儿园辩称贝贝坐翻板凳摔倒是自己的原因造成的,园方不应负主要责任,对此法院没有采纳,并最终判决幼儿园支付3826.5元医疗费和2000元精神损害抚慰金。

人身权是宪法赋予公民的基本权利。人身权与公民的人身密切相关,由人格权和身份权构成。人格权包括各项具体的权利,如生命权、自由权、姓名权、名誉权、肖像权等;身份权是与人的地位、身份或资格不可分离的权利,如亲属权、监护权、继承权以及著作权和发明权等。

生命权是公民人身权利的一种,指自然人具有的保护和维持其生命不受任何非法侵害的权利。公民的生命权是最重要的人身权,是其他一切活动得以开展的前提。

儿童作为公民,享有公民所享有的一切人身权利。对儿童而言,生命、健康是其最大的利益。因此,国际、国内的法律制度都十分重视保护儿童的人身和生命安全。

联合国《儿童权利公约》对儿童的生命权作了明确的规定。《儿童权利公约》第六条规定:"缔约国确认每个儿童均有固有的生命权。"第十九条规定:"缔约国应采取一切适当的立法、行政、社会和教育措施,保护儿童受父母、法定监护人或其他任何负责照管儿童的人的照料时,不致受到任何形式的身心摧残、伤害或凌辱,忽视或照顾不周,虐待或剥削,包括性侵犯。"我国对儿童的人身权和生命权的保护,与《儿童权利公约》的精神是基本一致的。比如,《中国儿童发展纲要(2011—2020年)》规定,要"保护儿童人身权利"。

儿童的人身权受到国际、国内法律的保护,任何人都不得非法剥夺和侵犯儿童的生命权。教育机构和教师作为儿童在学校的人身法律关系的义务主体,对儿童的生命、健康、安全等负有保障的义务。教育机构和教师应该采取积极的措施,维护学生的人身权利。任何人如果非法侵犯儿童的人身权和生命权,就要承担相应的法律责任。

二、儿童利益最大原则的中国法律实践

我国于1990年签署、1992年批准《儿童权利公约》后,儿童教育在政府教育事业发展安排上获得了"优先"地位。1996年国务院《中国的儿童状况》白皮书提出:"中国政府一直把儿童教育置于整个教育事业发展的优先地位。"显然,这里的"优先"还不是处理儿童利益相关人之间的纠纷时的儿童利益优先。2001年5月公布的《中华人民共和国儿童发展状况报告》宣称:

> 坚持儿童优先的原则,充分保证儿童的生存、发展、受保护和参与权利,是中国政府的一贯政策;在各项工作实践中贯彻儿童优先原则,保护所有儿童的合法权益;坚持儿童优先原则,加大对儿童事业的资金投入;"儿童优先"的原则进一步深入人心;涉及儿童发展的重大活动,党和国家领导人都亲自参与,率先体现儿童优先的原则;强化儿童优先的意识;中国的大众传媒始终把"儿童优先"的宣传作为重要内容;国家在制定法律法规和政策时将充分体现儿童优先的原则,有利于儿童的发展。
>
> ——摘自2001年《中华人民共和国儿童发展状况报告》

2011年国务院颁布了《中国儿童发展纲要(2011—2020年)(以下简称《纲要》)》,《纲要》的基本原则与《公约》基本精神一致。其基本原则有以下方面:

1. 依法保护原则。在儿童身心发展的全过程,依法保障儿童合法权利,促进儿童全面健康成长。

2. 儿童优先原则。在制定法律法规、政策规划和配置公共资源等方面优先考虑儿童的利益和需求。

3. 儿童最大利益原则。从儿童身心发展特点和利益出发,处理与儿童相关的具体事务,保障儿童利益最大化。

4. 儿童平等发展原则。创造公平社会环境,确保儿童不因户籍、地域、性别、民族、信仰、受教育状况、身体状况和家庭财产状况受到任何歧视,所有儿童享有平等的权利与机会。

5. 儿童参与原则。鼓励并支持儿童参与家庭、文化和社会生活,创造有利于儿童参与的社会环境,畅通儿童意见表达渠道,重视、吸收儿童意见。

经过改革开放三十多年来的发展,特别是签署《儿童权利公约》近二十年来的发展,我国初步形成了以宪法为基础,以《未成年人保护法》为主干,包括《婚姻法》《继承法》《义务教育法》《母婴保健法》以及有关的行政法规、地方法规在内的一套保护儿童的法律体系,这个体系已经成为中国法律体系的重要组成部分。

我国除了设立专门保护未成年人权益的单行法律,如《未成年人保护法》《预防未成年犯罪法》以外,还在《民法通则》《民事诉讼法》《刑法》《刑事诉讼法》《婚姻法》《继承法》《收养法》《劳动法》《教育法》《监狱法》《残疾人保障法》等法律法规及相关司法解释中,规定了保护未成年人的内容。在这个法律体系里,儿童最大利益原则已经得到不同程度的体现。比如,我国1950年《婚姻法》第二十三条规定,离婚时财产分割根据“照顾妇女及子女利益和有利发展生产的原则判决”,1980年《婚姻法》第三十一条规定,离婚时,对夫妻共同财产的处理应根据“照顾女方和子女权益的原则判决”,而2001年修正后的新《婚姻法》第三十九条,则一改以往女方在前,子女在后的顺序,表述为离婚时的财产分割,应根据“照顾子女和女方权益的原则判决”。这种顺序的变更,充分体现了儿童利益最大原则这一法律意识。

第二节 儿童的教育利益

儿童的教育利益主要体现在“有学上”“上好学”,相应的权利就是教育公平权、教育质量权。强调教育质量权并把它和教育公平权放在一起作为儿童受教育权的基本内容,有利于更全面、更集中地反映儿童作为受教育者的利益要求,有利于防止对儿童利益的侵害,更好地体现权利的本质,也有利于建立更具完整性、科学性的教育权利体系。

一、儿童的教育公平权

根据宪法的原则性规定,教育法强调了教育平等。《教育法》第九条规定:“中华人民共和国公民有受教育的权利和义务。公民不分民族、种族、性别、职业、财产状况、宗教信仰等,依法享有平等的教育机会。”

儿童受教育权无法得到保障是现实中存在的问题。近些年来,国家和社会对进城务工人员子女教育问题、农村女童教育问题给予了许多关注,但是还是存在一些客观因素,使儿童的教育权益无法得到保障。

案例 8－2

到底是谁打翻了牛奶?①

王老师刚给小朋友端好牛奶,才一转身,就听见几个小朋友一起叫起来:"王老师,杨艺的牛奶打翻了!"王老师转过头去一瞧,可不是吗,牛奶正顺着桌沿往下滴呢,可还没等王老师说什么,杨艺和唐震就用手指着对方,一起说:"是他(她),是他(她)把牛奶打翻的。"

王老师有些生气地问:"到底是谁打翻的?""是他(她)。"他们异口同声地叫起来。"是吗?"王老师陷入沉思,杨艺是班里的乖孩子,聪明,漂亮,大家都喜欢她。而唐震呢? 则是个十分调皮捣蛋的孩子,常做一些莫名其妙的事。想到这儿,王老师立即看着唐震想好好地批评批评他,没想到,她看到的却是他那清澈的双眼,紧张地看着自己,难道……? 王老师心里一动: 难道这次不是他? 可不能在没有弄清楚事实真相前随便批评人,不然会深深地伤害到孩子。

于是,王老师又问了他们俩几次到底是谁把牛奶打翻的,可他俩都说不是自己,是对方,周围的小朋友也说是唐震。王老师听了很生气: 不但不承认自己的错误,还要撒谎,真得好好批评批评。可再一瞧唐震那双无辜的眼睛,王老师又觉得不像是他打翻的,究竟是怎么回事呢? 王老师灵机一动,想出一个好办法来,她对全班小朋友说:"现在王老师也分辨不出到底是谁把牛奶打翻了,但是杯子上面肯定留下了他的指纹,我们每个人的指纹都不一样,所以我们现在就请医生阿姨用显微镜来帮助我们看看,这只杯子上留下的到底是谁的指纹。这样我们就知道到底是谁把牛奶打翻了。"

没想到王老师话还没说完,杨艺就低下头开始哭起来,王老师一下子就明白了到底是怎么回事了。王老师也非常吃惊,自己差一点就错怪了一个无辜的孩子,差一点就对一个孩子造成了无法弥补的伤害。更有甚者,其他孩子因为唐震常调皮被老师批评,现在发生了和他有关的事情就全都认为是他干的。这也给王老师敲响了警钟——不管遇到什么事情,一定要耐心地了解清楚事情经过以后才下结论。

《儿童权利公约》要求缔约国对儿童的人格给予尊重。如《儿童权利公约》第三十七条规定:"任何儿童不受酷刑或其他形式的残忍、不人道或有辱人格的待遇或处罚。"

幼儿虽然年纪较小,心智发育还不成熟,但也与成人一样具备人格,一样享有人格尊严权。同时,每一位幼儿都应该平等地享有人格尊严权,教师应该平等地尊重和关怀每一个幼儿,而不要根据幼儿的家庭、性别、民族、长相、学业表现等对幼儿实行"差别对待",甚至侮辱或讽刺幼儿。

案例中的王老师没有根据两位幼儿以前的表现判断是唐震犯了错,并武断地指责他,而是反复仔细地询问。王老师也没有因为其他幼儿的"证词"就认定是唐震犯了错误,而不听他的申辩。在这件事情的处理过程中,王老师充分做到了明辨事实,尊重幼儿的人格尊严,巧妙地运用教育智慧和经验保护了幼儿的自尊心。试想,如果王老师不是耐心地调查事实真相就认定是唐震干的,并对其进行批评,就侵犯了唐震的人格尊严权,这对其自尊心造成的伤害也将是难以弥补的。

二、儿童的教育质量权

儿童"有学上"并不必然意味着儿童在教育方面的最大利益得到了保障,还要看教育的质量、教育的方式,是否真正符合儿童的利益。儿童天真可爱,同时又是脆弱、幼稚而被动的,这个特点意味着,如果教育质量低,那么儿童接受教育可能会比不接受教育受到的伤害更大。

(一)《儿童权利公约》关于教育质量权的规定

根据儿童权利委员会的解释,《儿童权利公约》第二十八条强调的是缔约国在建立教育体系和确保

① 李咏诗. 幼儿园案例分析 2. [EB/OL]. (2017－03－30). http://www.jxteacher.com/lcyj/column28087/22426d91－e6a9－417c－94f3－68e9fc8dd80e.html. 2017－3－30.

教育准入方面的义务,第二十九条第一款则强调了儿童在教育质量方面享有的个人和主体权利。这样的规定以儿童主体权利为中心,体现了儿童最大利益原则。

《儿童权利公约》第二十九条第一款的意义重大而深远。其中所有缔约国商定的教育目的,在于支持和保护公约的核心价值,即每个儿童固有的人的尊严及其平等和不可剥夺的权利。第二十九条第一款分五项列出的这些目标,全部与实现儿童的人的尊严和权利直接相关,同时考虑到了儿童的特殊发展需要和不同的发展能力。具体如下:充分发展儿童的全部潜力;培养对人权的尊重;增强特性和属性意识;儿童的社会化和与他人的交往及对环境的尊重。

(二)我国有关儿童教育质量权的法律

我国有关教育的若干法规都有强调提高教育质量的规定。例如,2015 年《中华人民共和国教育法》第二次修正案第十一条规定:"国家……推进教育改革,推动各级各类教育协调发展,建立和完善终身教育体系……促进教育质量提高。"2012 年国务院发布的《教育督导条例》以"提高教育质量,促进教育公平"为宗旨(第一条),将教育质量、义务教育的普及状况等作为主要内容(第十一条)。2016 年修订的《中华人民共和国民办教育促进法》第四条强调民办教育要保证教育质量。

从法律实践看,我国儿童教育中,体罚、不人道以及有辱人格的待遇还时有发生。我国现行法律对禁止体罚、不人道以及有辱人格的待遇提出了明确要求。如《未成年人保护法》第二十一条规定:"学校、幼儿园、托儿所的教职员工应当尊重未成年人的人格尊严,不得对未成年人实施体罚、变相体罚或者其他侮辱人格尊严的行为。"第六十三条规定:"学校、幼儿园、托儿所的教职员工对未成年人实施体罚、变相体罚或者其他侮辱人格行为的,由其所在单位或者上级机关责令改正;情节严重的,依法给予处分。"

《中华人民共和国刑法》第二百三十四条规定:"故意伤害他人身体的,处三年以下有期徒刑、拘役或者管制。犯前款罪,致人重伤的,处三年以上十年以下有期徒刑;致人死亡或者以特别残忍手段致人重伤,造成严重残疾的,处十年上有期徒刑、无期徒刑或者死刑。本法另有规定的,依照规定。"第二百三十五条规定:"过失伤害他人致人重伤的,处三年以下有期徒刑或者拘役,本法另有规定的,依照规定。"

《中华人民共和国教师法》第三十七条规定:"教师有下列情形之一的,由所在学校,其他教育机构或者教育行政部门给予行政处分或者解聘:(一)故意不完成教育教学任务,给教学工作造成损失的;(二)体罚学生,经教育不改的;(三)品行不良,侮辱学生,影响恶劣的。教师有前款第(二)项,第(三)项所列情形之一,情节严重,构成犯罪的,依法追究刑事责任。"

思考与练习

一、问答题

1. 简述《儿童权利公约》中的儿童保护四项基本原则。
2. 举例说明《儿童权利公约》中的儿童最大利益原则。
3. 简述《中国儿童发展纲要(2011—2020 年)》的基本原则。

二、材料分析题

请依照儿童发展权保护的相关内容分析下面两个案例。

案例 1

教学楼改建 孩子活动受限

某市实验幼儿园由于改建,仅有的西教学楼无法容纳现有的全部班级,因此该园让大班 9 个班搬到市第二实验幼儿园。为了便于各自独立管理,两个幼儿园划分了相对固定的通道和活动场地,但是由于客观条件的限制,幼儿的活动也受到了限制。据家长反映,实验幼儿园的孩子从西门过,这里狭小拥挤。实验幼儿园的孩子不准到操场和楼顶的平台上玩耍,孩子们只能天天待在教室里玩。

案例 2

为了安全该限制孩子的活动吗?

某幼儿园一中班幼儿玩滑梯时,重心没稳住,身体一侧和耳后根碰到了树枝,被划破了皮。事后,老师们怕出意外,就尽量减少带孩子们去户外荡秋千、滑滑梯、攀爬绳架的次数;即使带幼儿出去玩,老师们也规定,荡秋千时,小朋友之间不能帮着推,自己也不能荡高,攀爬绳架时,不能从架顶上翻过去,等等。由于这些游戏规则限制了幼儿们的行动,孩子们在玩的过程中再也没有以前的激情和创意了。

第九章　幼儿与教育政策法规

[本章学习目标]

1. 熟悉幼儿在幼儿教育中的法律地位。
2. 了解幼儿教育权利保障的途径。
3. 学习并基本了解与幼儿有关的常见法律问题。
4. 学会处理与幼儿有关的法律问题。

[导入案例]

以儿童为本,安全第一①

由于幼儿年龄小,认知水平比较低,自我安全意识和防护意识较弱,因此幼儿园的安全工作就成了重中之重。家长把孩子送到幼儿园,是信任幼儿园,是将一份责任托付给了幼儿园,幼儿园就有责任照顾好、教育好孩子。

"为了一切孩子,为了孩子的一切,一切为了孩子"是湖北省宜昌市某幼儿园的宗旨。在日常生活的安全管理中,班级老师首先必须本着"安全第一"的思想意识,时时刻刻把幼儿的安全放在"第一",并将其贯穿到幼儿每天的一日活动中去,如每天的晨间检查、早餐前和午餐后、户外活动、如厕、喝水、午睡前后及午睡时的检查等,保证幼儿的一日活动一直在教师的视线内。在幼儿园的每个班级,教室里的所有设施都布置得既周密,又安全。暖气也做了安全防护措施,教师也会每天排查,以免幼儿在室内活动时受到伤害。每天的一日活动中,教师在组织幼儿户外活动时,会随时观察幼儿的一举一动,时刻注意幼儿的人身安全。幼儿园也很重视幼儿的饮食安全问题。

由此可知,安全问题是幼儿园教育的重中之重,我们务必要把保护幼儿的生命安全和促进幼儿的健康放在工作首位,关注每一位幼儿在园的点点滴滴,确保他们在园健康快乐地成长。幼儿年龄较小,生活自理能力差,生活经验少,最容易发生危险,需要成人及时的帮助和指导。因此,幼儿园在一日生活的各个环节都要对幼儿进行保育和教育,既要对孩子进行耐心细致的观察和照顾,又要随时进行教育指导;既要保证幼儿的安全健康,又要培养孩子的自理能力,在确保幼儿安全的前提下,真正体现孩子在园的主体地位。

健康包括身体健康和心理健康,是指"人在身体、心理和社会适应方面的良好状态"。《3—6岁儿童学习与发展指南》(2012)中指出:"发育良好的身体、愉快的情绪、强健的体质、协调的动作、良好的生活习惯和基本生活能力是幼儿身心健康的重要标志,也是其他领域学习与发展的基础。"幼儿园教师应

① 张洪. 以儿童为本,安全第一 http://www.jy135.com/html/baoyuzhongxin/anquan/20120722/40689.html. 2016-07-13. 有删改。

重视幼儿的身心健康,围绕这些内容对幼儿开展健康安全教育,这不仅关系到幼儿当前的健康状态,也关系到其一生的健康发展。

促进幼儿身心发展是幼儿教育的首要任务,其中,保护幼儿生命安全是重中之重,应将其放在促进幼儿身心健康发展的首要位置。儿童在幼儿阶段的身心发展都很脆弱,抵御疾病的能力较差,对环境的适应能力弱,自我保护能力不足,容易受到多方面的伤害,需要成人的关照和保护。为幼儿营造安全的环境与氛围,时刻保护幼儿的生命安全,是幼儿进行一切学习生活的基础。

因此,将保护幼儿生命安全放在首位、重视幼儿身心健康发展是幼儿园教师的重要职责。《幼儿园教育指导纲要(试行)》的第二部分提出:“幼儿园必须把保护幼儿的生命和促进幼儿的健康放在工作的首位。”2012 年颁布的《幼儿园教师专业标准(试行)》第六条也明确规定了教师应当“关爱幼儿,重视幼儿身心健康,将保护幼儿生命和安全放在首位”。

第一节　幼儿教育中的幼儿

一、幼儿的身心特点及其法律地位

幼儿教育的对象是接受义务教育之前的幼儿,其年龄一般在0—6 岁。在法律意义上,幼儿属于对自己行为的性质无认识能力,也无法预测自己行为后果的人。也就是说,幼儿因其年龄较小,心智尚未成熟,欠缺对其行为的认识能力;在做出一定行为时,对行为可能带来的一些结果没有预测能力;幼儿行为的发生是基于本能,欠缺法律上的控制能力。比如,幼儿园中发生的幼儿针对幼儿的伤害行为,如一名幼儿把另一名幼儿往墙上推,致其头部被撞流血。实施伤害行为的幼儿,对“推”的行为没有认识(年龄较小时),对另一名幼儿撞到墙上会受到伤害这一结果是没有预测能力的;一般而言,幼儿不会做出这种推的动作,但是当幼儿想着把另一个幼儿往墙上推时,他就推了,他在这样做时,不会考虑行为的后果。他或许对推的动作和撞到墙上的事实有所认识,因为刚刚听到的故事里讲到了“推”,以前的经验里,也有撞到墙上的印象,但对于整个行为以及行为的后果和其中的因果关系,以幼儿的心智是无法认识的,也不能强求幼儿对其有认识。如果是成人实施这样的行为,他就属于明知把人往墙上推的行为会造成他人受伤害的结果,或者应知会有造成他人受伤害的结果而故意这么做;或者至少是对行为和行为的后果都有认识,然而因为自己被胁迫做这样的事或是身体突发疾病而不能控制自己的行为,但对行为、行为的结果以及其中的因果关系是有意识的。

根据我国《民法通则》第十二条和《刑法》第十七条的规定,幼儿是没有民事责任能力①和刑事责任能力②的。在民事法律关系中,幼儿虽然因没有民事行为能力而无民事责任能力,但根据《民法通则》第九条的规定,幼儿具有民事权利能力③,依法享有民事权利和承担民事义务。不论是从《宪法》《刑法》《民法》等法律来看,还是从《中华人民共和国未成年人保护法》(以下简称《未成年人保护法》)等法律来看,幼儿是处于受保护的法律地位的,幼儿的侵权行为,由其监护人代为承担责任;对儿童的保护包括国家保护、社会保护、学校保护、家庭保护;在儿童利益受到侵害时,由其监护人作为其法定代理人提出权利主张;针对幼儿的犯罪会被处以更为严厉的刑罚,等等。比如《刑法》第二百三十四条第二款规定,奸淫不满十四周岁的幼女的,以强奸论,从重处罚,这是对幼儿权利保护的具体规定。

---

① 民事责任能力是指自然人能辨认和控制自己的行为,因而对其致人损害的后果要承担侵权民事责任的资格;民事权利能力是指法律赋予民事主体享有民事权利和承担民事义务的能力;民事行为能力是指能够独立有效地实施民事法律行为的地位或资格。

② 刑事责任能力是指行为人具备的刑法意义上辨认和控制自己行为的能力。我国《刑法》第十七条规定,未满十四周岁的人为无刑事责任能力人。

③ 根据我国《民法通则》第九条的规定,公民从出生时起到死亡时止,具有民事权利能力;该法第十二条第二款规定,不满十周岁的未成年人是无民事行为能力人,由他的法定代理人代理民事活动。

案例9－1

暑假的某日下午，幼儿园陈老师带领留园幼儿参加户外活动。为安全起见，陈老师在前面领队时，边走边大声招呼队尾跟上。中班幼儿小云与大班幼儿青青排在队尾。好闹的青青趁队伍行走拉开距离时，拉住小云边走边玩，结果在把小云背起来时，不慎将其摔倒在地。幼儿园工作人员及时将小云送到医院诊断治疗，小云被确诊为左股骨中断斜形闭合性骨折，住院三个月后康复。幼儿园为小云支付一万元医药费后，小云家长还要求幼儿园赔偿营养费、误工费、交通费等。试问，幼儿园该不该赔偿这笔钱？①

案例9－1中，幼儿园并无过错，应当由青青承担对小云的损害赔偿责任。但由于青青不具有民事行为能力，故而根据《侵权法》第三十二条的规定，应当由青青的监护人即青青父母承担侵权责任。

我国在2006年修订《未成年人保护法》时，对未成年人保护条款的制定更为全面、科学。该法第三条新增的“未成年人享有受教育权，国家、社会、学校和家庭尊重和保障未成年人的受教育权”，将未成年人的人格尊严保护提到法律高度。该法第二十一条还明确规定，学校、幼儿园、托儿所的教职员工应当尊重未成年人的人格尊严，不得对未成年人实施体罚、变相体罚或者其他侮辱人格尊严的行为。在促进幼儿的发展权方面，2001年教育部颁发的《幼儿园教育指导纲要（试行）》第二部分对幼儿园“教育内容与要求”规定，幼儿园的教育内容是全面的、启蒙性的，可以相对划分为健康、语言、社会、科学、艺术等五个领域，也可作其他不同的划分。各领域的内容应相互渗透，从不同的角度促进幼儿情感、态度、能力、知识、技能等方面的发展。

二、幼儿在幼儿教育中的地位

（一）享有受教育权

我国《宪法》第四十六条、《教育法》第九条规定，中华人民共和国公民有受教育的权利和义务。

根据《教育法》的规定，“国家实行学前教育、初等教育、中等教育、高等教育的学校教育制度”。《教育法》第二条规定，“在中华人民共和国境内的各级各类教育，适用本法”。

幼儿享有受教育权，《幼儿园管理条例》第十三条规定，“幼儿园应当贯彻保育与教育相结合的原则，创设与幼儿的教育和发展相适应的和谐环境，引导幼儿个性的健康发展。幼儿园应当保障幼儿的身体健康，培养幼儿的良好生活、卫生习惯；促进幼儿的智力发展；培养幼儿热爱祖国的情感以及良好的品德行为”。

《幼儿园教育指导纲要（试行）》是为指导幼儿园深入实施素质教育而制定的政策性文件，强调幼儿园教育应尊重幼儿的人格和权利，保教并重；从另一方面来说，假如《幼儿园教育指导纲要（试行）》是一份具有强制性的法律文件，那么幼儿园教育的义务，相对于幼儿来说，即为幼儿之权利；幼儿园教育的内容，也就是幼儿受教育权的内容。

（二）保育的对象

保育工作是一项基础性工作，合格的保育工作可以满足幼儿在园生活、游戏和学习的需要，确保幼儿接受基本的、有质量的幼儿教育，达到促进幼儿健康成长的目的。

《幼儿园工作规程》第四章第十七条规定：“幼儿园必须切实做好幼儿生理和心理卫生保健工作。幼儿园应当严格执行《托儿所幼儿园卫生保健管理办法》以及其他有关卫生保健的法规、规章和制度。”

---

① 周天枢．老师和家长需要知道的100个幼儿园法律问题［M］．广州：中山大学出版社，2005：39．

根据《幼儿园教职工配备标准(暂行)》,我国全日制幼儿园每班要配备2名专任教师、1名保育员(或配备3名专任教师),保教人员与幼儿比达到1∶7至1∶9;半日制幼儿园每班要配备2名专任教师,有条件的可配备1名保育员,保教人员与幼儿比达到1∶11至1∶13。

上述法规明确了幼儿是保育的对象,用法规将幼儿保育工作确定下来,保证了幼儿的合法权益。

第二节 幼儿伤害事故类型

发生幼儿在园伤害事故情况,通常与幼儿园的管理、幼儿教师和保育员有一定关系。近年来,幼儿在各种托幼机构接受保教服务的过程中,身心健康受到侵害的事件层出不穷,其表现形式可以概括为以下几种。

一、故意违法犯罪行为

故意违法犯罪行为对幼儿的身心伤害最为严重。凡是《刑法》规定为犯罪的行为,即是法律所禁止的行为。《刑法》第二百三十二条规定故意杀人罪、第二百三十四条规定故意伤害罪,便是禁止故意杀人与故意伤害的行为。《刑法》对公民身心健康权的保护,还体现在规定强奸罪、猥亵罪、侮辱罪、拐卖儿童罪等方面。

《中华人民共和国侵权责任法》(以下简称《侵权法》)第六条规定,行为人因过错侵害他人民事权益的,应当承担侵权责任。幼儿在身心方面享有的权利,根据《侵权法》第二条的规定,包括生命权、健康权、姓名权、名誉权、荣誉权、肖像权、隐私权等。故意伤害幼儿身心健康的行为是行为人有意实施的,实施这种行为的人,既可以是幼儿园内部人员,也可以是幼儿园外部人员。

(一) 幼儿园内部人员的侵害行为

《幼儿园工作规程》第六条规定,"幼儿园教职工应当尊重、爱护幼儿,严禁虐待、歧视、体罚和变相体罚、侮辱幼儿人格等损害幼儿身心健康的行为"。幼儿园内部人员实施的故意侵害行为,可能会有虐待、歧视、体罚和变相体罚、故意伤害、性侵害等。

案例9-2

S省T市"蓝天蒙台梭利"幼儿园的一位女老师对年仅5岁的孩子们施暴,扇耳光、揪脸,下手毫不留情。在2012年10月15日下午4点左右,短短10分钟的时间,这位老师就在一个女童的脸上狂扇了70余下耳光。该幼儿教师的行为是否侵犯了该幼儿的权利?①

这是一起严重的侵犯幼儿人身权利的事件。根据《侵权法》第六条的规定,案例9-2中打人的幼儿教师应当承担侵权责任。《侵权法》第三十八条规定:"无民事行为能力人在幼儿园、学校或者其他教育机构学习、生活期间受到人身损害的,幼儿园、学校或者其他教育机构应当承担责任,但能够证明尽到教育、管理职责的,不承担责任。"幼儿在幼儿园受到来自幼儿教师的侵害,根据《侵权法》第三十八条的规定,幼儿园应当承担责任。幼儿园承担责任后,可以向侵害幼儿权益的教师追偿。

根据《未成年人保护法》第六十三条规定,该打人幼儿教师还应当承担行政责任,情节严重的,应承担刑事责任。

(二) 幼儿园外部人员的侵害行为

校外人员故意违法犯罪而对幼儿身心健康造成侵害的现象也时有发生。

---

① 只因不会做算术,五岁女童被狂扇70余下耳光[N].钱江晚报,2012-10-24.

案例 9-3

2010年5月12日8时左右,S省N县Y镇"林场村"幼儿园(民营)发生一起凶杀案。犯罪嫌疑人吴某某持菜刀闯入该村幼儿园,致使7名幼儿和2名成人当场死亡,20多人受伤,死亡的7名儿童为5男2女,2名成人为幼儿园教师刘某及其母亲。其中2名儿童伤势严重,伤者被送往汉中市的3201医院抢救。S省政府应急办公室提供的信息称,犯罪嫌疑人吴某某,男性,48岁,初中肄业,系林场村四组人,身患多种疾病,多次医治未见好转,对治疗失去信心,思想压力大,行凶后返回家中自杀身亡。接到案件通报后,S省委书记做出批示,要求全力抢救受伤人员,做好家属安抚工作,并妥善做好善后工作。同时要求在全省进一步开展校园安全排查工作。①

对于这一案例,吴某某应当承担全部责任,其中既有刑事责任,又有刑事附带民事责任。但由于吴某某行凶后自杀,其行为无法进入审判程序。

此类故意违法犯罪事件,系行为人抓住幼儿园管理方面的漏洞,明目张胆地实施违法犯罪。其特点是难以预料,事发突然,让人来不及反应便已经造成了侵害;或是行为人蓄谋已久,防不胜防;或纵然事先有相关方面的预防与应对措施,但当面对具体的违法犯罪时,幼儿园方面也无法抵抗等。可以根据这类行为的违法程度,将其分为故意的侵权行为和犯罪行为。

二、幼儿园管理上的过失

《未成年人保护法》第二十二条规定,幼儿园、托儿所应当建立安全制度,加强对未成年人的安全教育,采取措施保障未成年人的人身安全。并且不得在危及未成年人人身安全、健康的校舍和其他设施、场所中进行教育教学活动。

《幼儿园管理条例》第十九条规定,幼儿园应当建立安全防护制度,严禁在幼儿园内设置威胁幼儿安全的危险建筑物和设施,严禁使用有毒、有害物质制作教具、玩具。

《幼儿园工作规程》第三章规定了有关幼儿园安全的内容。其中第十二条规定:幼儿园应当严格执行国家和地方幼儿园安全管理的相关规定,建立健全门卫、房屋、设备、消防、交通、食品、药物、幼儿接送交接、活动组织和幼儿就寝值守等安全防护和检查制度,建立安全责任制和应急预案。第十三条规定:幼儿园的园舍应当符合国家和地方的建设标准,以及相关安全、卫生等方面的规范,并定期检查维护,保障安全。幼儿园不得设置在污染区和危险区,不得使用危房。幼儿园的设备设施、装修装饰材料、用品用具和玩教具材料等,应当符合国家相关的安全质量标准和环保要求。入园幼儿应当由监护人或者其委托的成年人接送。

案例 9-4

某幼儿园新购的滑梯的滑道和滑梯平台之间出现断裂,幼儿园设置了写有"禁止攀玩"文字的警示牌,在滑梯周围围上栏杆,并已经要求生产厂维修。在维修之前,一幼儿在户外体育活动时,趁老师不注意溜到活动场地旁边的滑梯上玩,从该滑梯上摔下致残。②

案例中,幼儿园虽然设置了"禁止攀玩"的警示牌、围上了栏杆,但"禁止攀玩"的文字提醒,对于幼儿来说显然没有效用;简单的围上栏杆,并没有排除幼儿进入危险区域的可能。因此,幼儿园在发现危险之后,没有能够采取有效措施避免这一危险,是为管理有所不足,对幼儿受伤一事应当承担责任。

① 5·12陕西南郑幼儿园凶杀案.[EB/OL].http://baike.baidu.com/link?url=zEPXrA8I79mGyQTCWbrzHp1oKqI9f92BFx9xdohtxLCscKa74Kf-YzGz15ylgd3sX623zBIk_lYlP5TYL_RH-q.

② 林雪卿.幼儿教育法规[M].北京:科学出版社,2010:136-137.

案例 9-5

2001 年 6 月 4 日晚 21 时 10 分左右,江西广播电视艺术幼儿园小(六)班的班主任杨慧珍在宿舍内的过道上点了三盘蚊香。临走时,杨慧珍将这一情况告诉了当晚值班的保育员吴枝英。晚 11 时许,广电幼儿园保教主任倪愚琛和值班医生在巡查中发现小(六)班点了蚊香,倪进行了简单询问,但未作任何处理便离开了。11 时 30 分,吴枝英离开宿舍后约 45 分钟内未到宿舍巡视。在此期间,床上的棉被掉落在床边过道上点燃的蚊香上,引起燃烧后,火势迅速蔓延,造成 13 名 3 至 4 岁的幼儿在火灾中丧生。其中男孩 7 人、女孩 6 人,大部分为窒息死亡。法庭认为,担任小(六)班保育员的吴枝英既无上岗证,也未受过幼儿保育职业培训,身为广电幼儿园园长的刘越南违反有关规定让吴枝英担任保育员一职,属严重失职行为。2002 年 9 月,南昌市中级人民法院作出判决,保育员吴枝英、班主任杨慧珍因失火罪分别被判处有期徒刑 5 年和 3 年,保教主任倪愚琛因国有企业、事业单位失职罪被判处有期徒刑 3 年,园长刘越南因国有企业、事业单位失职罪被判处有期徒刑 3 年,缓期 3 年执行。①

该案中幼儿园方面存在的问题,主要是幼儿园的消防制度不健全,没有安装消防设施;园领导在招聘工作人员方面犯有重大的过错,将没有受过保育培训的人员请来做保育员。

幼儿园还存在其他可能导致幼儿受到侵害的情形,比如,幼儿园户外玩具失修,幼儿玩耍时因玩具出现问题而受到伤害;幼儿园中堆砌的物品倒坍或悬挂的物品落下砸伤幼儿;幼儿园中闯来一只流浪狗而幼儿园没有发现,也没有及时将其赶走,导致幼儿被狗咬伤;食堂管理问题致使幼儿出现食物中毒事件;幼儿园插座设计不合理,幼儿将手指插入,导致触电事件;幼儿园门卫管理不善或接送管理存在问题,致使幼儿从幼儿园走出丢失;幼儿园校车管理不善,致使幼儿被遗忘在校车中,因闷热窒息而死亡;幼儿园医务工作管理不健全或医务人员疏忽,致使幼儿打错针、吃错药而影响幼儿身体健康等。上述事件皆因幼儿园管理问题而引发,或主要因幼儿园管理问题而引发,并造成幼儿受到侵害。

此外,有些过失违法犯罪行为与幼儿园管理也有一定的关系,但主要责任并不在幼儿园。如 2012 年 12 月 24 日发生在江西的幼儿园校车驶入水塘致 11 名幼儿遇难事件,事故主要由校车司机引发(排除校车本身的问题),其主要责任在校车司机。但由于涉事幼儿园并没有经过审批,故而其具有不可推卸的责任。

此类事件的特征是多因过失而发生,原因在于幼儿园管理方面的不完善或没有尽到应尽的责任;在某些情况下,幼儿园设备或物品的质量存在瑕疵问题,由此而引发幼儿受伤害事件,而幼儿园在将这些设备用于幼儿园时,应当对其质量进行检验,并不能因为产品质量责任而免除幼儿园方面的责任。如果提高幼儿园管理水平和幼儿园有关人员的警惕性,此类事件大都可以避免。这也是这些事件发生后,让人倍感痛惜的原因。不过,从中也可看出相关人员责任意识的淡薄。在解决、预防此类事件上,可以将此作为一个问题提出。

三、幼儿教师的失职

案例 9-6

刘某,男,离异后带着 5 岁女儿兰兰再婚。其再婚妻子李某性格执拗倔强。一日早晨,夫妻二人因为家庭生活琐事争吵了几句,刘某没有理睬李某,就送女儿去幼儿园了。到了幼儿园后,刘某交代幼儿园老师单某,如果继母来接兰兰,不要让她接,他会来接的。单某知道兰兰的家庭情况,也了解其继母的性格,便应允了。午饭过后不久,李某到幼儿园接兰兰回家。单某想到兰兰

① 林雪卿.幼儿教育法规[M].北京:科学出版社,2010:139-140.

父亲的交代，正要拒绝，但是转念一想，是兰兰的继母接女儿，就又答应了。过后，单某越想越担心，就跑到了兰兰的家里，发现家门没有锁，进到室内，单某在一堆旧衣服里发现了兰兰，而此时兰兰已经没有呼吸了，送到医院经抢救无效死亡。

这个案例中，幼儿园教师单某是否有过错？

（自编案例）

《未成年人保护法》第二十二条规定，幼儿园安排未成年人参加集会、文化娱乐、社会实践等集体活动，应当有利于未成年人的健康成长，防止发生人身安全事故。《幼儿园工作规程》第十三条规定，“入园幼儿应当由监护人或者其委托的成年人接送”。因此，幼儿园教师是幼儿安全的主要承担者。

因幼儿教师疏忽导致幼儿身心健康受到损害的现象在现实中确实存在，且为数不少。幼儿是没有行为能力的，一般在幼儿园出现事故后，人们的第一反应是当时幼儿教师在哪里？她们是否有责任？幼儿园是否有责任？不过，这是一个相当复杂的问题，并不能认为一旦幼儿在幼儿园遭遇事故，就必然与幼儿教师和幼儿园有关联。

一般而言，此类事件的构成包括三个要素：其一，幼儿有受到伤害的事实；其二，幼儿教师存在疏忽；其三，幼儿教师的疏忽与幼儿受到伤害之间具有因果关系。幼儿是否受到伤害是较易判断的，但是幼儿教师是否存在疏忽就比较难判断了，即便幼儿教师存在某些疏忽，对这种疏忽与幼儿受到伤害之间有无因果关系以及因果关系的强度的判断也更为复杂，因为此时不仅要判断行为人的行为，也要考虑幼儿教育本身所具有的一些特点。比如一个陌生人来接幼儿回家，幼儿教师在没有向家长确认，该人也没有幼儿园接送卡的情况下，便让该人将幼儿领走，事后发生该幼儿受到侵害的情形，就与幼儿教师有莫大关系。

在案例9－6中，刘某叮嘱过单某自己会来接兰兰，并强调不要让兰兰的继母李某接走兰兰。然而，单某让李某将兰兰接走，最后李某将兰兰杀害。这样，我们会认为单某对兰兰的死负有责任。但是，李某通过与刘某建立婚姻关系，成为兰兰的法定监护人，虽然兰兰的父亲对单某说不让李某接走兰兰，然而单某作为教师，不能就此而阻碍法定监护人李某接走兰兰。刘某在叮嘱单某时，并没有告诉她李某可能会对兰兰的生命构成威胁这一情况，单某因此也就不可能预料到李某会杀害兰兰这一情况；不能要求单某因了解李某的性格而让她预料到李某可能会杀害兰兰。就常理而言，也不能要求幼儿教师只允许某个人接走幼儿，除非来接幼儿的这个人事先在幼儿的接送者名单中根本不存在并且也从来没有接送过幼儿。因此，李某接走兰兰并将其杀害的事件，对于单某而言，是无法预料的意外，不能责怪单某。在李某与刘某交恶而影响到兰兰生命的情况下，即便单某不让李某接走兰兰，李某也可以找到其他机会向兰兰下毒手。兰兰父亲刘某既没有如实告知单某有关事实，也没有采取进一步的措施对兰兰进行保护，在兰兰受害一事上，是有过失的。

四、幼儿自身引起的伤害

在幼儿伤害事故中，如果是幼儿自身原因引起的伤害问题，一般情况下，应该由幼儿自己承担责任。

案例9－7

欣欣就读于“华鹏”幼儿园小一班。在一次户外活动中，欣欣突然呕吐、四肢抽搐并昏厥。代班老师即时做了救助工作并将欣欣送往医院，但是欣欣在途中不幸死亡。经诊断，欣欣是因脑膜炎复发而猝死的。

（自编案例）

幼儿因特定疾病而受伤害,幼儿园不知情,可免责。根据教育部《学生伤害事故处理办法》的规定,幼儿有特异体质、特定疾病或异常心理状态,幼儿园不知情或者难于知情的,且履行了相应职责,行为并无不当的,一般不承担法律责任。

案例9-7中,欣欣曾患有特定疾病,但其家长并未告知"华鹏"幼儿园,让其多加注意,因此,幼儿园对欣欣旧病复发之事无法预见也不可能预防。欣欣病发后,幼儿园及时采取了救助措施,尽了善意的注意义务,因此,"华鹏"幼儿园对欣欣的猝死不承担法律责任。

五、意外伤害事故

所谓意外伤害事故,系指无人为因素(主要指无幼儿园和幼儿教师因素)却造成幼儿身心受到伤害的情形。既然是意外事故,那么幼儿园和幼儿教师即便采取了足够的防护措施也是难以避免的。此时,如果幼儿园能够证明尽到教育、管理职责的,可以根据《侵权法》第三十八条的规定,不承担责任。这类事故有幼儿的自我危险行为,幼儿间无法预见的相互伤害行为,外界突发事件等。

比如,幼儿不听教师多次劝阻,在教室内跑动时撞到桌子并摔倒,致胳膊骨折,应视为幼儿的自我危险行为;此时幼儿教师已尽安全提醒义务,不存在疏忽,要求幼儿教师追赶幼儿并强行制止幼儿的奔跑行为也是不合理的;也不能就此认为幼儿教室空间过于狭小,且物品摆放不合理,致使幼儿受伤,因为幼儿活动空间有相应的法律要求,即便其没有达到法律要求的空间,教室也并非可以奔跑的地方,因此,幼儿应对其受伤行为自负其责。

再如开展区角活动时,幼儿教师布置完阅读区幼儿的活动并讲明注意事项后,去指导表演区幼儿的活动,而阅读区两幼儿起了争执,一个幼儿用书角击打另一幼儿面部,致其鼻骨骨折,是为幼儿间无法预测的侵害行为,教师因尽到相应的义务而无需承担责任。由于幼儿对其行为的性质无认识,故而对于幼儿而言,幼儿间的伤害行为不适用故意伤害之说,只能称为意外伤害。所以,此部分责任,根据《民法通则》第一百三十三条、《侵权法》第三十二条的规定,应由实施侵害行为的幼儿家长承担。

案例9-8

2005年4月的一天,某幼儿园中班幼儿李明不知什么时候在哪里捡了一个小纸团,趁老师不注意时塞入鼻腔,后来他想用手指把纸团挖出来,但越挖纸团陷得越深。老师问他为什么老挖鼻孔,他才把情况告诉老师。由于纸团塞得较深,很难取出,园保健医生马上送李明去医院,并立即通知家长到医院共同处理。医生将纸团取出,但李明鼻膜出血,需住院治疗,共花去医疗费1000元。李明家长要求幼儿园承担这笔费用,幼儿园是否应该承担?①

案例9-8中的事故责任完全是由幼儿本人不听老师的教育和管理而引起的,李明趁老师不注意将小纸团塞进鼻子的行为并非老师所能预见的,幼儿时而挖鼻子的行为在幼儿园也经常出现;幼儿教师在看到李明挖鼻子的行为有些异常后,及时询问并送至医院处理,已尽到了照顾幼儿的责任。因此,李明应当自行承担责任,幼儿园并没有过错,根据《侵权法》第三十八条的规定,无需承担责任。

六、幼儿精神损害

一般而言,侵犯幼儿生命健康的行为,会伴随着对幼儿心理健康的影响,比如连续打幼儿七十多巴掌或是让幼儿之间互扇巴掌等,都会给儿童的心理造成严重的影响。根据《侵权法》第二十二条规定,侵害他人人身权益,造成他人严重精神损害的,被侵权人可以请求精神损害赔偿。具体而言,《最高人民法院关于确定民事侵权精神损害赔偿责任若干问题的解释》第一条规定,可以提起精神损害赔偿的有(1)生命权、

---

① 周天枢.老师和家长需要知道的100个幼儿园法律问题[M].广州:中山大学出版社,2005:88-89.

健康权、身体权;(2) 姓名权、肖像权、名誉权、荣誉权;(3) 人格尊严权、人身自由权以及隐私权。直接侵犯幼儿人格尊严的行为,包括对幼儿的言语侮辱、身体侮辱,不正当的教育方式,如责骂、不当的比较给幼儿的人格尊重带来的伤害等。此种行为一般是故意实施的,且多是那些素质不高的幼儿教师实施的。

案例 9-9

某市机关幼儿园大班幼儿兰兰被检查出患了精神分裂症。经查,兰兰班上的李老师曾让兰兰在墙角、厕所甚至在其他班里罚站,李老师甚至还拿着一把剪刀在兰兰面前吓唬她。兰兰妈妈意识到,兰兰可能是因为在幼儿园受到恐吓才导致精神分裂的。于是向法院起诉,要求园方赔偿医疗费和精神损失费。兰兰可以要求精神损害赔偿吗?①

上述案例中,法院判决该幼儿园赔偿兰兰医疗费 2500 元,精神损失费 5000 元,理由是幼儿园在教学过程中有一定过错,该过错与原告精神分裂症存在一定的联系。法院查明的事实表明,李老师确实对兰兰进行过恐吓,不仅没有尊重、爱护幼儿,反而直接侵犯了幼儿的权利,其在兰兰患精神分裂症这件事上是有过错的。根据《侵权法》第六条、第二十二条的规定,李老师应当承担侵权责任。

除上述生命健康权之外,幼儿还享有《民法通则》第九十九条至第一百零二条规定的姓名权、肖像权、名誉权、荣誉权等人身权利。这些权利也可能受到侵犯。

案例 9-10

(一)

某幼儿园钟老师用自己班上 10 个幼儿的姓名,报名参加了某市报刊举办的抽奖活动,结果幼儿星星被幸运抽中。因为领取奖品需凭幼儿的户口本,钟老师就把这件事告诉了星星的妈妈,并向她借户口本。可星星的妈妈却认为钟老师侵犯了星星的姓名权,要求钟老师交回兑奖凭条。星星还这么小,也享有姓名权吗?

(二)

某幼儿园拟请广告公司为小朋友拍照片,用于幼儿园的招生广告。在家长会上征得了家长们的同意后,幼儿园就约了广告公司到幼儿园为孩子们拍照。广告公司看见正在花园旁边玩耍的美丽的、活泼的幼女小霞,就请求幼儿园同意他们用小霞的照片做广告公司的商业广告挂历,并答应付给幼儿园相应的报酬。幼儿园同意了,并在事后得到了这笔报酬。某日,小霞妈妈无意间发现该广告挂历,找幼儿园和广告公司交涉未果,遂将广告公司和幼儿园诉至法院,要求其做出侵权赔偿。小霞也有自己的肖像权吗?是否受法律保护?

(三)

幼儿小聪有遗尿的毛病,这引起了保育员张某的反感。一天午睡醒来后,小聪又尿床了。张某不悦,大声斥骂:“你真是个窝囊废!你再尿床,就切掉你的小鸡鸡!”小朋友们哄堂大笑,小聪觉得无地自容,不肯再上幼儿园。小聪的妈妈认为张某的行为伤了孩子的自尊心,损害了小聪的名誉权,应当赔礼道歉。而张某则认为:小孩子没有什么名誉权!自己只是随口说了一句,没有那么严重。你认为呢?②

幼儿也享有姓名权、肖像权和名誉权。根据《民法通则》第一百二十条的规定,公民的姓名权、肖像权、名誉权、荣誉权受到侵害的,有权要求停止侵害,恢复名誉,消除影响,赔礼道歉,并可以要求赔偿损失。幼儿为无民事行为能力人,因此,幼儿的法定监护人可以向侵权人主张上述权利。《侵权法》第十

① 周天枢. 老师和家长需要知道的 100 个幼儿园法律问题[M]. 广州:中山大学出版社,2005:18-19.
② 周天枢. 老师和家长需要知道的 100 个幼儿园法律问题[M]. 广州:中山大学出版社,2005:16-17.

五条规定的承担侵权责任的方式有停止侵害、赔偿损失、赔礼道歉、消除影响、恢复名誉等。

因此,上述案例中钟老师未经星星家长同意而使用他的姓名,侵犯了其姓名权,但情节轻微,应当赔礼道歉,并且将兑奖凭条交给星星家长。小霞所在幼儿园及广告公司的行为则侵犯了小霞的肖像权,因为根据《民法通则》第一百条的规定,未经本人同意,不得以营利为目的使用公民的肖像。广告公司虽然征得幼儿园同意,但并未获得小霞的同意(因为小霞是无民事行为能力人,故而须征得小霞父母的同意),就以营利为目的展示了小霞肖像。在侵犯小霞肖像权一事上,幼儿园与广告公司属于共同侵权,根据《侵权法》第八条的规定,幼儿园应当承担连带责任。张某认为小聪是幼儿而无视其人格尊严,在同班小朋友面前辱骂小聪,造成对其名誉的贬损,侵犯了小聪的名誉权。根据《民法通则》第一百零一条、第一百二十条以及《侵权法》第十五条的规定,应当停止侵害,消除此事对小聪的影响,恢复小聪名誉。

七、幼儿著作权受到侵害

有关幼儿知识产权方面权益受到侵犯的问题,主要集中在幼儿著作权领域。《中华人民共和国著作权法》(以下简称《著作权法》)第十一条规定,“创作作品的公民就是该作品的作者”。幼儿创作的作品,幼儿就是作品的作者,享有相应的著作权。幼儿虽然不具有民事行为能力,但他仍然享有相应的权利,其权利由其法定监护人代为行使。《著作权法》第二条规定,中国公民、法人或者其他组织的作品,不论是否发表,依照本法享有著作权。《未成年人保护法》第四十六条也对未成年人的智力成果的保护作出了规定,“国家依法保护未成年人的智力成果和荣誉权不受侵犯”。这些作品根据《著作权法》第三条的规定,包括文字作品、音乐、戏剧、曲艺、舞蹈、杂技艺术作品、美术作品、摄影作品等。作品的著作权人包括:(1)作者;(2)其他依照本法享有著作权的公民、法人或者其他组织。著作权包括发表权、署名权、修改权等权利,他人若想使用著作权人的相关权利的,必须征得著作权人同意,并可能需要支付相应的报酬。使用幼儿作品的,须征得幼儿监护人的同意。

案例 9－11

5岁的辉辉就读于“腾飞”幼儿园,“腾飞”幼儿园将该园幼儿绘画作品结集出版,并公开发售,其中选登了辉辉6幅作品。辉辉妈妈看到后,认为幼儿园应该支付稿酬。可是幼儿园园长解释说:“你儿子才5岁,不享有著作权。况且你儿子的作品是在我园教师辅导下完成的。著作权应归幼儿园。”①

上述案例中,辉辉才5岁,不具备完全行为能力,但是他同样享有著作权。另外,辉辉的作品虽然是在教师辅导下完成的,但幼儿园不能据此就将辉辉的著作权视为己有,因为幼儿园教师对辉辉的辅导是在履行幼儿园对辉辉的教育义务。若是两人共同完成的作品,著作权由其共同享有。因此,幼儿园在使用时,应当支付相应的报酬。

同样,案例9－12中的丹丹对其作品也享有著作权。

案例 9－12

丹丹受画家父亲的熏陶,4岁开始作画,6岁时画的猴子就已经活灵活现了。幼儿园教师王某向她索要画作,她给了王老师绘画作品2幅。王老师爱不释手,将这2幅画送到了某出版社。该出版社在出版一本画集时将其收入,并署上了丹丹的名字。丹丹的妈妈知道此事后,找到王老师要求取回稿酬和样书。王老师以种种理由拒绝。于是丹丹妈妈向法院起诉,要求王老师退回稿酬和样书。丹丹还是个小孩子,她对画也享有著作权吗?②

① 武祥海.幼儿园侵害幼儿合法权益案例三则[J].早期教育,2007,(01):42.

② 周天枢.老师和家长需要知道的100个幼儿园法律问题[M].广州:中山大学出版社,2005:12－13.案例分析有改动。

本案是一起因幼儿的著作权受到侵害而引起的法律纠纷案。著作权又称版权,是指作者及其他著作权人依法对自己的作品享有的权利。著作权包括人身权和财产权两大类,其中,人身权具体包括发表权、署名权、修改权等,财产权具体包括复制权、发行权、展览权等。根据我国著作权法的规定,著作权自作品创作完成之日起自动产生,无须经过任何批准或登记手续。

《著作权法》第九条、第十一条规定,著作权首先属于作者,即作品的创作人。判断一个人是不是作者,关键是看该作品是否由其创作,与其是否具有行为能力并无关系,这是因为创作作品是事实行为而不是法律行为。因此,具有完全民事行为能力人可因其创作出作品而成为著作权人,而限制行为能力和无行为能力人也可因独立创作出作品而成为著作权人,受《著作权法》的保护。同时,我国《著作权法》第十八条规定:“美术等作品原件所有权的转移,不视为作品著作权的转移,但美术作品原件的展览权由原件所有人享有。”可见,将作品用于出版的授权,必须由该作品的著作权人作出。

据此,本案中丹丹虽然年幼,但她同样对自己的画享有著作权。王老师未经丹丹法定监护人的许可,把丹丹的作品拿到出版社去发表,已构成侵权。丹丹妈妈取回稿酬和样书的要求是合理合法的。

第三节 幼儿伤害事故产生的原因及其预防

一、幼儿身心健康受到侵犯的原因

有调查公布了幼儿在幼儿园身心受到侵犯的有关数据:幼儿在园伤害事故是由于幼儿园管理制度不健全造成的占2.3%;教师没有尽到责任的占3.8%;监护人对自己孩子的自我保护意识教育程度低的占18.2%;教师面对突发事件,防不胜防的占40.2%;幼儿园设施不安全的占21.9%;幼儿园没有系统的安全教育课程的占13.6%。① 也有调查显示,导致幼儿园伤害事件的原因主要有以下几个方面:因设施不符合标准而导致幼儿刮伤、摔伤甚至死亡;因教师及保育员失职对幼儿身心造成损害;因医务人员的疏忽,影响幼儿身体健康;因门卫制度不严导致幼儿被人拐骗;因幼儿自身原因导致突发性的伤害事故等。②

除了非人为因素的自然灾害和人为因素的故意侵犯幼儿身心健康权利的行为之外,幼儿园幼儿身心健康受伤害的主要原因如下:

其一,幼儿园管理方面的原因。这方面主要表现为:幼儿园园舍管理不善,没有排除可能使幼儿受到伤害的危险因素;幼儿园采购管理不到位,引进有质量问题的产品;幼儿园医务管理问题;幼儿园门卫管理问题;幼儿园食堂管理问题;幼儿园校车管理问题等。其中,幼儿园没有系统的安全教育课程,也应当归入此类原因中。

其二,幼儿教师方面的原因。其主要表现为幼儿教师疏忽,幼儿教师疏忽与幼儿受到伤害之间具有因果关系。从幼儿自我保护意识教育方面来说,幼儿教师也是应当承担一定教育责任的。幼儿园方面,应当有相应的安全课程和自我保护的主题教育活动。

其三,幼儿自身方面的原因。其中包括幼儿的自我危险行为和其他幼儿的不当行为;被犯罪分子诱骗等。

其四,幼儿食品供应商、幼儿园各物品供应商等方面的原因。幼儿园作为对幼儿进行保教的机构,其能力也是有限的,并不能确保其他单位供应的食品或是其他所用物品的质量一定符合要求。因此,如果系因食品、玩具或家具质量等原因引发幼儿伤害的,相应产品的供货人便是造成伤害的最终原因。将此部分原因列出,主要是为了幼儿园在赔付受伤害幼儿后向有关单位进行追偿的需要。

---

① 阮爱新.幼儿在园伤害事故的成因分析及对策[J].学前教育研究,2002,(05):63.
② 邱云.幼儿园伤害事故的类型及对策[J].教育评论,2003,(05):75.

二、幼儿身心健康权利的维护

(一) 幼儿及其监护人的权利救济

在幼儿身心健康权益受到侵犯后,一般是幼儿家长作为幼儿的法定监护人代幼儿维护权益的。《民法通则》第十四条规定,无民事行为能力人的监护人是他的法定代理人;第十六条规定,未成年人的父母是未成年人的监护人。

根据《民法通则》第一百三十四条、《侵权法》第十五条的规定,幼儿的监护人对于正在发生的侵害行为,可以要求有关人员停止侵害;发现幼儿园有可能存在危险时,有权要求园方排除可能对幼儿造成侵害的危险;对于已经造成的侵害,可以向责任人要求相应的人身损害赔偿和精神损害赔偿。并且,当存在犯罪行为时,幼儿监护人有权向有关机关报案,要求追究相关人员的刑事责任。

《侵权法》第三十四条规定,用人单位的工作人员因执行工作任务造成他人损害的,由用人单位承担侵权责任。幼儿家长在幼儿受伤害后,一般直接向幼儿园要求损害赔偿。幼儿教师作为幼儿园的工作人员,其行为所产生的责任,应由幼儿园代为承担,事后再行追究。即便是其他人在幼儿园对幼儿造成侵害或是幼儿园物品质量问题造成幼儿伤害的,监护人都可以向幼儿园索赔,因为幼儿园负有确保幼儿在园期间安全的义务。此时,在幼儿园之外,可能会存在第三人,包括直接侵害人和须承担产品质量责任的人。在这种情况下,监护人可以起诉幼儿园或者第三人,或者将他们作为共同被告,由其承担连带责任。

案例 9-13

某日早上,某幼儿园大班小朋友顺着楼道下楼去操场,在接近一楼的最后几个台阶处,楼道护栏突然倒塌,幼儿纷纷跌倒,相互叠压、踩踏,造成多个孩子受伤和两名幼儿骨折。事故发生后,幼儿园立即将受伤幼儿送医治疗。经调查发现,此楼道护栏的钢筋强度不够,园方早前已经发现其出现小的裂缝,但因没有及时维修,导致事故发生。受伤幼儿家长向幼儿园索赔,没有受伤的幼儿家长也以其子女受到惊吓为由,向幼儿园提出精神损害赔偿。而幼儿园则认为,这起事故是因为建筑单位在工程施工时偷工减料所致,应由建筑公司负责赔偿。①

在这起事故中,幼儿园要不要承担法律责任?应该承担哪些法律责任?

在这起案件中,“受伤幼儿家长”向幼儿园索赔,“没有受伤的幼儿家长”也以其子女受到惊吓为由向幼儿园提出精神损害赔偿,也就是指幼儿家长在幼儿受到侵害时,以幼儿法定代理人的身份向侵权者主张损害赔偿。该事故的发生,系由幼儿园园舍安全问题所致。

根据《幼儿园管理条例》第二十一条的规定,幼儿园的园舍和设施有可能发生危险时,举办幼儿园的单位或个人应当采取措施,排除险情,防止事故发生。然而,幼儿园在发现楼道护栏出现小裂缝后,没有采取任何的防护措施,对事故的发生负有不可推卸的责任。根据《侵权法》第三十八条的规定,受伤幼儿家长可以向幼儿园提出损害赔偿。

根据《侵权法》第八十五条的规定,作为所有人的幼儿园,对于因建筑物发生脱落造成他人损害,所有人在不能证明自己没有过错时,应当承担侵权责任。在本案中,楼道护栏系幼儿园园舍的一部分,为幼儿园所有。受伤幼儿家长也可以据此向幼儿园提出损害赔偿。

但事实上,幼儿楼道护栏倒塌是因为护栏的钢筋强度不够所致,也就是说施工单位在工程建设时偷工减料是导致这次事故的根本原因。根据《侵权法》第八十六条的规定,建筑物倒塌造成他人损害的,由建设单位与施工单位承担连带责任。因此,幼儿园在赔偿受伤幼儿之后,可以根据《侵权法》第八十五条的规定,向楼道护栏的建设者或施工者追偿。

---

① 周天枢.老师和家长需要知道的100个幼儿园法律问题[M].广州:中山大学出版社,2005:63-65.

（二）幼儿园及幼儿教师的抗辩

法律意义上的抗辩，是对抗权利人的履行请求并说明理由。幼儿园以及幼儿教师可以进行抗辩，其抗辩理由有第三人责任、证明自己无过错、意外事件、已经尽到合理注意义务而仍然无法避免等。另外，幼儿教师职务行为免责也可以成为抗辩理由。但是，幼儿园以第三人责任为由进行抗辩的，并不能免除幼儿园的损害赔偿责任；其在赔偿受害幼儿后，可以向第三人追偿，以挽回自己的损失。

1. 已履行合理注意义务的抗辩

关于幼儿教师的合理注意义务问题，需要在此进行特别说明。合理注意义务是相对于一般注意义务而言的，二者均系法律术语。一般注意义务指因社会接触或社会交往活动而对他人引发一定的危险，基于诚信原则、善良风俗或适当社会生活不成文的规则所要求的对此等危险之合理的注意而对一般人负有的除去或者防止危险的义务。合理注意义务的标准要高于一般注意义务，是对相关法律事由的抽象概括，由法官在具体的案件中，根据其社会生活经验的积累，考虑行为人“合理注意”的尺度。①

拓展阅读

以给婴儿喂奶一事为例，如果找一个亲戚代劳，该人没有相关的知识背景，因喂奶而导致婴儿呛到并住院治疗，只要该亲戚的喂奶方式与常人的喂奶方式一样，该亲戚就可因履行了一般注意义务而免责。但如果是请月嫂给婴儿喂奶，月嫂同样采用与常人一样的喂奶方式而导致婴儿被呛到住院的，她便不能因履行了一般注意义务而免责。

对于月嫂而言，其职业特点和其本身的知识经验，要求其比一般人具有更高的注意义务，即她可以预见到用哪些方式给婴儿喂奶可能呛到婴儿，如果能够避免而没有避免，便没有履行月嫂的合理注意义务。幼儿在幼儿园受意外伤害所产生的损害赔偿诉讼，一般适用民事法律进行解决，因此，这一法律关系可视为民事法律关系，民法上的“注意义务”可以适用于此。对于教育者，人们期望其尽到“与其职责相当的、符合一定水平标准的‘注意义务’”。②

在幼儿教育领域，幼儿教育的特点和幼儿教师的职务特性，要求幼儿教师在对幼儿安全事务进行管理时，具有高于一般人的注意义务，即在发生幼儿在幼儿园受到意外伤害的事件时，不是以理性的普通人应尽的注意义务为一般标准，判断幼儿教师是否尽到了一般注意义务，而是会对幼儿教师提出更高的要求。这一更高要求的注意义务是基于职务行为而产生的，即职务上的合理注意义务。它要求幼儿教师在进行相关的教育活动时，对其职务上能够预见的危险应当事先排除，或者避开这样的行为；如果其预见到而没有避免，或者应当预见到而由于疏忽没有预见的，则没有履行幼儿教师职务上的合理注意义务。

拓展阅读

在开展体育活动时，让两名幼儿手拉手去围拢其他幼儿，围住后三人手拉手再去围拢其他幼儿，如是等。一般人可能会预测到两个、三个幼儿去围拢其他幼儿时，会与其他幼儿相撞或是撞到墙上；其他幼儿有可能要挣脱，从而造成一些伤害。不过，他们一般不会预料到，两个、三个或更多幼儿拉在一起时，他们之间可能会因方向的不同，不等与他人商议便自己跑出去等，把其他幼儿拉倒，并因此受到伤害。

幼儿教师基于其专业知识背景，以及其对幼儿心理特点的了解和组织幼儿体育活动的经验，对

---

① 晏宗武. 论民法上的注意义务[J]. 法学杂志，2006，(04)：144.

② 内尔达・H・坎布朗麦凯布，马莎・M・麦卡锡，斯蒂芬・B・托马斯. 教育法学——教师与学生的权利(第五版)[M]. 江雪梅，茅锐，王晓玲，译. 北京：中国人民大学出版社，2010：470.

此应当能够预见。倘若其没有预见,或虽然预见,但因此游戏比较有趣,幼儿也比较喜欢,并且自信可以避免其中的危险,组织了该活动,而出现了幼儿意外伤害的情形,便是没有尽到合理注意义务。

此外还需要考虑相应的“危险”是否为教育活动本身所包含。比方说跑步相对于走路而言,更容易导致摔倒。如果幼儿园对幼儿进行的是正常的跑步训练,但幼儿因自身原因在跑步时摔倒,便不能归责于教师的过失。

合理注意义务实则是一种责任平衡,即确立幼儿教师在幼儿受到意外伤害时,在什么情况下承担责任比较合宜。这一责任的设置,应达到这样的效果,即既可以让其履行适当的注意义务,又不至于苛求其注意责任,以致其为了保安全而不进行相应的教育活动。作为幼儿园管理者和教师,在开展有潜在危险的活动时,一方面要尽量避免幼儿受到不必要的伤害,另一方面,在幼儿受到伤害后,要处理好与受伤幼儿、受伤幼儿家长等的关系。

2. 职务行为免责抗辩

在合理注意义务之外,幼儿教师还应遵循适当的教育原则;而幼儿教师的适当职务行为,应当享有免责权。这是教师教育权的要求,尤其是对幼儿教师而言。虽然幼儿安全问题是幼儿教育活动中应当首先考虑的因素,但是,若因幼儿园发生过安全事故,为了预防这样的事情再度发生,甚至连相对安全的活动也不开展,就违背了《幼儿园工作规程》关于幼儿教育活动开展的基本精神。

事实上,幼儿身上发生的伤害事故,多是意外伤害,一般发生在幼儿自由活动时或是区角活动中,真正在有组织的教学活动中发生的幼儿伤害事故是不多的。即使开展有挑战性的活动,如果对相关的事项预先做好应急预案,也可以将危险发生的可能性降到最低。在对幼儿进行教育的过程中,需要对幼儿提供一定的、可控的危机教育和安全教育;通过安全教育,使幼儿认识、了解危险,并学会避免危险,是幼儿教育内容的一个组成部分。

案例 9-14

2013 年 7 月 23 日 20 时许,韩某、李某驾车至大兴区,因停车问题与钱某发生争执。随后,韩某将钱某的女儿孙某某从幼儿车内抓起摔在地上,李某当场驾车带韩某逃离现场。7 月 26 日,被摔女童经抢救无效死亡。9 月 25 日,北京市一中院以故意杀人罪一审判处韩某死刑,剥夺政治权利终身,法院同时裁定准许受害人家属撤回此前对韩某提出的总计 273 万余元的附带民事诉讼请求。韩某随后提出上诉。同年 11 月 29 日,北京市高级人民法院二审维持原判。①

幼儿面临的伤害事件越来越多,有必要让幼儿了解一些危险的存在,也就是需对幼儿进行自我保护方面的教育。比如,遇到地震、火灾时,应怎样逃生;在有陌生人以幼儿喜欢的物品引诱幼儿,加以拐骗时,幼儿怎样作出反应等。在模拟训练期间,有可能出现幼儿间冲撞、刮擦等情况,甚至是摔跤、擦破皮肤等,这是应当允许的,即此“危险”是活动本身所包含的部分,需要教育幼儿识别与避免。

遵循适当教育原则,可能存在一些危险,但仍有必要让幼儿从中学习如何识别危险、避免危险。而且,教师享有一部分职务行为免责权,要学会利用这部分免责权为自己抗辩,即在组织教育活动时,教师只要履行了合理注意义务,且对可以预测的危险进行了防范,对于因无法预测而致使幼儿受到伤害的事件,教师应当免责;但是,教师应当预测到相应的活动不会威胁到幼儿的生命,不得对其造成严重伤害。此外,可以通过购买商业保险或是其他的方式,对幼儿的受伤害进行救助。即使因此而进入诉讼程序,也可以行使相应的抗辩权。

---

① 北京大兴摔婴案二审结果公布:被告韩磊获死刑[EB/OL]. http://news. qq. com/a/20131129/008440. htm? tu_type = 21&tp =5. 201411.

三、预防幼儿身心健康受侵犯的措施

幼儿园可以采取适当的措施,防止幼儿园成为违法犯罪分子的作案场所、防止幼儿成为违法犯罪分子侵害的对象。

(一) 建立健全相应的制度

预防幼儿身心健康受到侵害事件的发生,制度的构建是根本。制度是一种科学合理的组织运营体系,要完善幼儿园的管理体制,必须建立健全相应的制度。完善幼儿园管理体制,除完善幼儿园园舍管理制度、幼儿园食堂管理制度、幼儿园门卫管理制度、幼儿园卫生管理制度、幼儿园教师管理制度之外,还应建立以下几种制度。

首先,要建立应急预案管理制度。事故发生后,如何及时有效地处理事故,防止伤害的加重和损害的扩大,是幼儿园方面首先要考虑的问题。幼儿园在此方面,要建立一个应急预案管理制度,并且需要定期演练,这样可以防止因在面临突发事件或是幼儿伤害事故时不知如何应对或仓皇处理而造成伤害的加重。制度的建立在于通过常规化的运作,将问题的处理方式程式化,避免人为因素对意外伤害或是故意犯罪事件的处理产生不利影响。

其次,要建立并完善家园沟通制度和意外伤害事件善后处理制度。合理的家园沟通,应当是全体家长与幼儿园之间就幼儿园安全、教育内容和教育方式、家园互动的有效性等方面进行的沟通。比如,家长可以向幼儿园反映幼儿园园舍安全或其他管理方面的问题,要求幼儿园方面予以回应和解决;家长可以针对幼儿教师的不当行为向幼儿园方面进行投诉并要求处理等。家长与幼儿园应以此构建家园合作,预防幼儿园安全事故的发生。

再次,幼儿园需完善相关的合同管理制度。幼儿园的合同管理制度包括三方面内容:一是幼儿园与幼儿家长签订的教育合同,实质上是一份保教合同;二是幼儿园与工作人员签订的劳动合同,本质上是雇佣合同;三是幼儿园对外签订的合同,包括玩具、家具购买合同,食品供应合同,装修、安装合同等。完善幼儿园合同管理制度,主要针对后两种合同。

最后,幼儿园还应注重保险制度的建立,包括幼儿意外伤害保险制度、教师个人责任保险制度、幼儿园责任保险制度。有人认为,现代社会是一个风险社会,难以预料的风险会在难以预料的时间和场合以难以预料的方式出现。对于幼儿园和幼儿教师来说,通过购买一定的保险,由保险公司来承担相应的风险,就成为一种不错的选择。对于幼儿园来说,为预防因幼儿园方面的原因造成幼儿伤害而给自己带来更多的负担,幼儿园可以为幼儿购买意外伤害保险,为幼儿教师购买个人责任保险,为幼儿园购买责任保险,在幼儿发生意外伤害时,由保险公司来赔付,就可以缓解幼儿园方面的压力。

(二) 提高相关人员的重视程度

预防幼儿园意外伤害事故,人的因素是关键。每一种制度,并非自动地就能运转,而是需要人的适当作为,才能最大限度发挥作用。因此,提高相关人员对幼儿意外伤害事故的认识能力,能够使其知道幼儿园故意伤害的类型,了解什么样的行为与活动可能会出现意外伤害的情形,从而避免必然会造成无端伤害的行为与活动,对可能发生意外伤害但又有相当程度的开展必要的行为与活动,通过提高注意水平、制定更为完善的防护措施或是更完善地设计相关活动加以避免。以此为目的,在进行有关活动时,可以组织相关人员对有关活动进行评估,群策群力以发现其中可能存在的风险,对如何避免风险建言献策,甚至当评估的风险较高时,可以民主决定是否要开展这样的活动,如果要开展,可以提供哪些辅助等。

对于幼儿园发生的安全事故,幼儿园内各类人员均须进行反思。即便自己没有过错,也应以他人之教训,反观自己在相关事件中的状况,思考是否有可能发生一样的事件,怎样预防自己出现这样的状况。对于确系因幼儿园工作人员致使幼儿受伤害的事件,也应当追究相关人员的责任。不过,追究责任时,应考虑其主观过错的轻重,施以相应的惩戒,注意责任的平衡。

(三) 加强幼儿安全教育

对幼儿进行安全方面的教育,在避免某些意外伤害事故中,能够起到有效的作用。现实中,幼儿不仅在幼儿园会受到意外伤害,即便是在家中或是公共场所,也会面临受到意外伤害的危险。

对幼儿的安全教育,应区分一般的安全行为教育和特殊的安全行为教育。对于一般的安全行为教育,如用电安全、使用家庭生活用品的安全等,在各地幼儿园均应开展。这可以称为对幼儿自我危险行为的预防。

针对外界环境所带来的危险,应当结合具体的情况来实施安全教育。比方说,所在城市地区发生的拐骗幼儿事件较多,应当考虑防拐骗方面的安全教育;车辆较多的地区,可以开展交通安全方面的安全教育;走丢时,应当知道相应的信息及求助方式,如父母电话、家庭地址,寻找公安、交警等人提供帮助;在易发生地震、滑坡的山区,可以开展灾难中自保、自救方面的安全教育;在江浙闽粤等地因台风较为频繁、水域比较多,应当进行关于免受台风伤害、远离水域的安全教育,等等。

对幼儿的安全教育,应该采取多种方式进行。幼儿教师要运用多种策略,如游戏练习、情景模拟、感知行为、讨论评议、替代强化、借助电视新闻等方法以及幼儿园一日活动各环节的教育因素,让幼儿明白有关道理,学习简易可行的应急自救措施,增强防范应变的能力”。

思考与练习

一、问答题

1. 什么是民事责任能力?
2. 简述我国现行法律法规中关于幼儿受教育权的规定。
3. 简述我国现行法律法规中关于幼儿保育的规定。
4. 简述幼儿在园伤害事故处理的一般程序。
5. 简述有关幼儿精神损害的法律法规。
6. 在保护幼儿不受伤害方面,我国制定了哪些针对幼儿园的法律法规?
7. 简述我国关于幼儿身心健康权利的维护方面的法律法规。
8. 简述幼儿身心伤害的预防措施。

二、材料分析题

户外活动中,幼儿相互打闹受伤,如何判定幼儿园、家长责任?

萌萌和飞飞是某幼儿园大班的同班同学。一日,教师王某带领幼儿到户外活动,在排队时,王老师一再交代:“小朋友排队下楼梯时,不要拥挤、打闹。”下楼梯时,飞飞站在萌萌的背后,两人均在队尾,趁队伍行走拉开距离时,二人嬉闹时,萌萌不小心将飞飞绊倒,导致飞飞的左股骨中段发生斜形闭合性骨折。

事故发生后,幼儿园及时送飞飞到医院治疗,飞飞住院两个月后临床愈合。飞飞住院期间共花去医疗费5680元,飞飞的父母误工费、住宿费、医院伙食费、护理费、交通费及必要的营养费等共计4450元。飞飞的父母与幼儿园及萌萌的父母就医疗费和赔偿问题多次进行协商,他们要求幼儿园和萌萌的父母赔偿上述费用共计10130元。

萌萌的父母认为,萌萌入园意味着自己已经将萌萌及对其的监护责任托付给了幼儿园,萌萌在幼儿园时,自己作为法定监护人,不可能直接行使监护人责任,只有幼儿园才能监护孩子,因此,自己不应承担任何赔偿责任。幼儿园则提出,在孩子下楼之前,老师已经一再强调“不要拥挤、打闹”,且事故发生之后,幼儿园及时送飞飞到医院治疗,幼儿园主观和客观上都不存在过错,不应独自承担如此巨额的赔偿费用。协议未果，飞飞的父母作为代理人，以幼儿园及萌萌的父母为被告，向法院提起诉讼，要求幼儿园及萌萌的父母赔偿医疗费、误工费等共计10130元。

请问谁该承担这次意外事故的责任？幼儿园是不是在园幼儿的监护人？对幼儿的监护职责是否随着幼儿入园转移到幼儿园？在园幼儿发生意外伤害事故，幼儿园究竟应该按什么原则来承担民事责任？

附　　录

附录1 《幼儿园管理条例》

中华人民共和国国家教育委员会令第4号

1989年9月11日发布

第一章　总则

第一条　为了加强幼儿园的管理，促进幼儿教育事业的发展，制定本条例。

第二条　本条例适用于招收三周岁以上学龄前幼儿，对其进行保育和教育的幼儿园。

第三条　幼儿园的保育和教育工作应当促进幼儿在体、智、德、美诸方面和谐发展。

第四条　地方各级人民政府应当根据本地区社会经济发展状况，制定幼儿园的发展规划。

幼儿园的设置应当与当地居民人口相适应。

乡、镇、市辖区和不设区的市的幼儿园的发展规划，应当包括幼儿园设置的布局方案。

第五条　地方各级人民政府可以依据本条例举办幼儿园，并鼓励和支持企业事业单位、社会团体、居民委员会、村民委员会和公民举办幼儿园或捐资助园。

第六条　幼儿园的管理实行地方负责、分级管理和各有关部门分工负责的原则。

国家教育委员会主管全国的幼儿园管理工作；地方各级人民政府的教育行政部门，主管本行政辖区内的幼儿园管理工作。

第二章　举办幼儿园的基本条件和审批程序

第七条　举办幼儿园必须将幼儿园设置在安全区域内。严禁在污染区和危险区内设置幼儿园。

第八条　举办幼儿园必须具有与保育、教育的要求相适应的园舍和设施。幼儿园的园舍和设施必须符合国家的卫生标准和安全标准。

第九条　举办幼儿园应当具有符合下列条件的保育、幼儿教育、医务和其他工作人员：

（一）幼儿园园长、教师应当具有幼儿师范学校（包括职业学校幼儿教育专业）毕业程度，或者经教育行政部门考核合格。

（二）医师应当具有医学院校毕业程度，医士和护士应当具有中等卫生学校毕业程度，或者取得卫生行政部门的资格认可。

（三）保健员应当具有高中毕业程度，并受过幼儿保健培训。

（四）保育员应当具有初中毕业程度，并受过幼儿保育职业培训。

慢性传染病、精神病患者,不得在幼儿园工作。

第十条 举办幼儿园的单位或者个人必须具有进行保育、教育以及维修或扩建、改建幼儿园的园舍与设施的经费来源。

第十一条 国家实行幼儿园登记注册制度,未经登记注册,任何单位和个人不得举办幼儿园。

第十二条 城市幼儿园的举办、停办,由所在区、不设区的市的人民政府教育行政部门登记注册。

农村幼儿园的举办、停办,由所在乡、镇人民政府登记注册,并报县人民政府教育行政部门备案。

第三章 幼儿园的保育和教育工作

第十三条 幼儿园应当贯彻保育与教育相结合的原则,创设与幼儿的教育和发展相适应的和谐环境,引导幼儿个性的健康发展。

幼儿园应当保障幼儿的身体健康,培养幼儿的良好生活、卫生习惯;促进幼儿的智力发展;培养幼儿热爱祖国的情感以及良好的品德行为。

第十四条 幼儿园的招生、编班应当符合教育行政部门的规定。

第十五条 幼儿园应当使用全国通用的普通话。招收少数民族幼儿为主的幼儿园,可以使用本民族通用的语言。

第十六条 幼儿园应当以游戏为基本活动形式。

幼儿园可以根据本园的实际,安排和选择教育内容与方法,但不得进行违背幼儿教育规律,有损于幼儿身心健康的活动。

第十七条 严禁体罚和变相体罚幼儿。

第十八条 幼儿园应当建立卫生保健制度,防止发生食物中毒和传染病的流行。

第十九条 幼儿园应当建立安全防护制度,严禁在幼儿园内设置威胁幼儿安全的危险建筑物和设施,严禁使用有毒、有害物质制作教具、玩具。

第二十条 幼儿园发生食物中毒、传染病流行时,举办幼儿园的单位或者个人应当立即采取紧急救护措施,并及时报告当地教育行政部门或卫生行政部门。

第二十一条 幼儿园的园舍和设施有可能发生危险时,举办幼儿园的单位或个人应当采取措施,排除险情,防止事故发生。

第四章 幼儿园的行政事务

第二十二条 各级教育行政部门应当负责监督、评估和指导幼儿园的保育、教育工作,组织培训幼儿园的师资,审定、考核幼儿园教师的资格,并协助卫生行政部门检查和指导幼儿园的卫生保健工作,会同建设行政部门制定幼儿园园舍、设施的标准。

第二十三条 幼儿园园长负责幼儿园的工作。

幼儿园园长由举办幼儿园的单位或个人聘任,并向幼儿园的登记注册机关备案。

幼儿园的教师、医师、保健员、保育员和其他工作人员,由幼儿园园长聘任,也可由举办幼儿园的单位或个人聘任。

第二十四条 幼儿园可以依据本省、自治区、直辖市人民政府制定的收费标准,向幼儿家长收取保育费、教育费。

幼儿园应当加强财务管理,合理使用各项经费,任何单位和个人不得克扣、挪用幼儿园经费。

第二十五条 任何单位和个人,不得侵占和破坏幼儿园园舍和设施,不得在幼儿园周围设置有危险、有污染或影响幼儿园采光的建筑和设施,不得干扰幼儿园正常的工作秩序。

第五章 奖励与处罚

第二十六条 凡具备下列条件之一的单位或者个人,由教育行政部门和有关部门予以奖励:

(一) 改善幼儿园的办园条件成绩显著的;

(二) 保育、教育工作成绩显著的;

(三) 幼儿园管理工作成绩显著的。

第二十七条 违反本条例,具有下列情形之一的幼儿园,由教育行政部门视情节轻重,给予限期整顿、停止招生、停止办园的行政处罚:

(一) 未经登记注册,擅自招收幼儿的;

(二) 园舍、设施不符合国家卫生标准、安全标准,妨害幼儿身体健康或者威胁幼儿生命安全的;

(三) 教育内容和方法违背幼儿教育规律,损害幼儿身心健康的。

第二十八条 违反本条例,具有下列情形之一的单位或者个人,由教育行政部门对直接责任人员给予警告、罚款的行政处罚,或者由教育行政部门建议有关部门对责任人员给予行政处分:

(一) 体罚或变相体罚幼儿的;

(二) 使用有毒、有害物质制作教具、玩具的;

(三) 克扣、挪用幼儿园经费的;

(四) 侵占、破坏幼儿园园舍、设备的;

(五) 干扰幼儿园正常工作秩序的;

(六) 在幼儿园周围设置有危险、有污染或者影响幼儿园采光的建筑和设施的。

前款所列情形,情节严重,构成犯罪的,由司法机关依法追究刑事责任。

第二十九条 当事人对行政处罚不服的,可以在接到处罚通知之日起十五日内,向作出处罚决定的机关的上一级机关申请复议,对复议决定不服的,可在接到复议决定之日起十五日内,向人民法院提起诉讼。当事人逾期不申请复议或者不向人民法院提起诉讼又不履行处罚决定的,由作出处罚决定的机关申请人民法院强制执行。

第六章 附则

第三十条 省、自治区、直辖市人民政府可根据本条例制定实施办法。

第三十一条 本条例由国家教育委员会解释。

第三十二条 本条例自一九九〇年二月一日起施行。

附录2 《幼儿园教育指导纲要(试行)》

教育部关于印发《幼儿园教育指导纲要(试行)》的通知

教基〔2001〕20号

各省、自治区、直辖市教育厅(教委)、新疆生产建设兵团教委,部属师范大学:

为进一步贯彻第三次全国教育工作会议和全国基础教育工作会议精神,落实《国务院关于基础教育改革与发展的决定》,推进幼儿园实施素质教育,全面提高幼儿园教育质量,现将《幼儿园教育指导纲要(试行)》(以下简称《纲要》)印发给你们,从2001年9月起试行,并就贯彻实施《纲要》的有关问题通知如下:

一、《纲要》是根据党的教育方针和《幼儿园工作规程》(以下简称《规程》)制定的,是指导广大幼儿教师将《规程》的教育思想和观念转化为教育行为的指导性文件。各地教育行政部门要对《纲要》的实施工作给予充分重视,认真抓好。

要积极利用多种宣传媒介,采取多种形式,广泛、深入地宣传《纲要》,使广大幼儿教育工作者、幼儿家长以及社会人士都能了解《纲要》的指导思想和基本要求。

要通过多种形式的学习和培训,认真组织各级教育行政部门负责幼儿教育工作的行政人员、教研人员、幼儿园园长和教师学习和理解《纲要》,以有效地依据《纲要》的指导思想和基本要求,根据儿童发展的实际需要,制定教育计划和组织教育活动,进一步更新教育观念,提高教育技能。

二、贯彻实施《纲要》,要坚持因地制宜、实事求是的原则,认真制定本地贯彻《纲要》的实施方案。应从具体情况出发,切忌搞"一刀切"。各地可采取先试点的方法,对不同地区、不同类型、不同条件的幼儿园,分别提出不同的要求,待取得经验后逐步推开。

三、设有学前教育专业的高等师范院校和幼儿师范学校要认真、深入地学习《纲要》的精神,改革现行学前教育课程和师资培养方式,并主动配合教育行政部门做好贯彻实施《纲要》的宣传和培训工作。

四、各地在实施《纲要》的过程中,要注意不断研究和解决出现的困难和问题,要注意总结积累经验,并及时反映给我部。

1981年颁发的《幼儿园教育纲要(试行草案)》同时废止。

教育部

二〇〇一年七月二日

幼儿园教育指导纲要(试行)

第一部分　总　　则

一、为贯彻《中华人民共和国教育法》、《幼儿园管理条例》和《幼儿园工作规程》,指导幼儿园深入实施素质教育,特制定本纲要。

二、幼儿园教育是基础教育的重要组成部分,是我国学校教育和终身教育的奠基阶段。城乡各类幼儿园都应从实际出发,因地制宜地实施素质教育,为幼儿一生的发展打好基础。

三、幼儿园应与家庭、社区密切合作,与小学相互衔接,综合利用各种教育资源,共同为幼儿的发展创造良好的条件。

四、幼儿园应为幼儿提供健康、丰富的生活和活动环境,满足他们多方面发展的需要,使他们在快乐的童年生活中获得有益于身心发展的经验。

五、幼儿园教育应尊重幼儿的人格和权利,尊重幼儿身心发展的规律和学习特点,以游戏为基本活动,保教并重,关注个别差异,促进每个幼儿富有个性的发展。

第二部分 教育内容与要求

幼儿园的教育内容是全面的、启蒙性的,可以相对划分为健康、语言、社会、科学、艺术等五个领域,也可作其他不同的划分。各领域的内容相互渗透,从不同的角度促进幼儿情感、态度、能力、知识、技能等方面的发展。

一、健康

(一) 目标

1. 身体健康,在集体生活中情绪安定、愉快。

2. 生活、卫生习惯良好,有基本的生活自理能力。

3. 知道必要的安全保健常识,学习保护自己。

4. 喜欢参加体育活动,动作协调、灵活。

(二) 内容与要求

1. 建立良好的师生、同伴关系,让幼儿在集体生活中感到温暖,心情愉快,形成安全感、信赖感。

2. 与家长配合,根据幼儿的需要建立科学的生活常规。培养幼儿良好的饮食、睡眠、盥洗、排泄等生活习惯和生活自理能力。

3. 教育幼儿爱清洁、讲卫生,注意保持个人和生活场所的整洁和卫生。

4. 密切结合幼儿的生活进行安全、营养和保健教育,提高幼儿的自我保护意识和能力。

5. 开展丰富多彩的户外游戏和体育活动,培养幼儿参加体育活动的兴趣和习惯,增强体质,提高对环境的适应能力。

6. 用幼儿感兴趣的方式发展基本动作,提高动作的协调性、灵活性。

7. 在体育活动中,培养幼儿坚强、勇敢、不怕困难的意志品质和主动、乐观、合作的态度。

(三) 指导要点

1. 幼儿园必须把保护幼儿的生命和促进幼儿的健康放在工作的首位。树立正确的健康观念,在重视幼儿身体健康的同时,要高度重视幼儿的心理健康。

2. 既要高度重视和满足幼儿受保护、受照顾的需要,又要尊重和满足他们不断增长的独立要求,避免过度保护和包办代替,鼓励并指导幼儿自理、自立的尝试。

3. 健康领域的活动要充分尊重幼儿生长发育的规律,严禁以任何名义进行有损幼儿健康的比赛、表演或训练等。

4. 培养幼儿对体育活动的兴趣是幼儿园体育的重要目标,要根据幼儿的特点组织生动有趣、形式多样的体育活动,吸引幼儿主动参与。

二、语言

(一) 目标

1. 乐意与人交谈,讲话礼貌。

2. 注意倾听对方讲话,能理解日常用语。

3. 能清楚地说出自己想说的事。

4. 喜欢听故事、看图书。

5. 能听懂和会说普通话。

(二) 内容与要求

1. 创造一个自由、宽松的语言交往环境,支持、鼓励、吸引幼儿与教师、同伴或其他人交谈,体验语言交流的乐趣,学习使用适当的、礼貌的语言交往。

2. 养成幼儿注意倾听的习惯,发展语言理解能力。

3. 鼓励幼儿大胆、清楚地表达自己的想法和感受,尝试说明、描述简单的事物或过程,发展语言表达能力和思维能力。

4. 引导幼儿接触优秀的儿童文学作品,使之感受语言的丰富和优美,并通过多种活动帮助幼儿加深对作品的体验和理解。

5. 培养幼儿对生活中常见的简单标记和文字符号的兴趣。

6. 利用图书、绘画和其他多种方式，引发幼儿对书籍、阅读和书写的兴趣，培养前阅读和前书写技能。

7. 提供普通话的语言环境，帮助幼儿熟悉、听懂并学说普通话。少数民族地区还应帮助幼儿学习本民族语言。

（三）指导要点

1. 语言能力是在运用的过程中发展起来的，发展幼儿语言的关键是创设一个能使他们想说、敢说、喜欢说、有机会说并能得到积极应答的环境。

2. 幼儿语言的发展与其情感、经验、思维、社会交往能力等其他方面的发展密切相关，因此，发展幼儿语言的重要途径是通过互相渗透的各领域的教育，在丰富多彩的活动中去扩展幼儿的经验，提供促进语言发展的条件。

3. 幼儿的语言学习具有个别化的特点，教师与幼儿的个别交流、幼儿之间的自由交谈等，对幼儿语言发展具有特殊意义。

4. 对有语言障碍的儿童要给予特别关注，要与家长和有关方面密切配合，积极地帮助他们提高语言能力。

三、社会

（一）目标

1. 能主动地参与各项活动，有自信心。

2. 乐意与人交往，学习互助、合作和分享，有同情心。

3. 理解并遵守日常生活中基本的社会行为规则。

4. 能努力做好力所能及的事，不怕困难，有初步的责任感。

5. 爱父母长辈、老师和同伴，爱集体，爱家乡，爱祖国。

（二）内容与要求

1. 引导幼儿参加各种集体活动，体验与教师、同伴等共同生活的乐趣，帮助他们正确认识自己和他人，养成对他人、社会亲近、合作的态度，学习初步的人际交往技能。

2. 为每个幼儿提供表现自己长处和获得成功的机会，增强其自尊心和自信心。

3. 提供自由活动的机会，支持幼儿自主地选择、计划活动，鼓励他们通过多方面的努力解决问题，不轻易放弃克服困难的尝试。

4. 在共同的生活和活动中，以多种方式引导幼儿认识、体验并理解基本的社会行为规则，学习自律和尊重他人。

5. 教育幼儿爱护玩具和其他物品，爱护公物和公共环境。

6. 与家庭、社区合作，引导幼儿了解自己的亲人以及与自己生活有关的各行各业人们的劳动，培养其对劳动者的热爱和对劳动成果的尊重。

7. 充分利用社会资源，引导幼儿实际感受祖国文化的丰富与优秀，感受家乡的变化和发展，激发幼儿爱家乡、爱祖国的情感。

8. 适当向幼儿介绍我国各民族和世界其他国家、民族的文化，使其感知人类文化的多样性和差异性，培养理解、尊重、平等的态度。

（三）指导要点

1. 社会领域的教育具有潜移默化的特点。幼儿社会态度和社会情感的培养尤应渗透在多种活动和一日生活的各个环节之中，要创设一个能使幼儿感受到接纳、关爱和支持的良好环境，避免单一呆板的言语说教。

2. 幼儿与成人、同伴之间的共同生活、交往、探索、游戏等，是其社会学习的重要途径。应为幼儿提供人际间相互交往和共同活动的机会和条件，并加以指导。

3. 社会学习是一个漫长的积累过程，需要幼儿园、家庭和社会密切合作，协调一致，共同促进幼儿良好社会性品质的形成。

四、科学

（一）目标

1. 对周围的事物、现象感兴趣，有好奇心和求知欲。

2. 能运用各种感官，动手动脑，探究问题。

3. 能用适当的方式表达、交流探索的过程和结果。

4. 能从生活和游戏中感受事物的数量关系并体验到数学的重要和有趣。

5. 爱护动植物,关心周围环境,亲近大自然,珍惜自然资源,有初步的环保意识。

(二) 内容与要求

1. 引导幼儿对身边常见事物和现象的特点、变化规律产生兴趣和探究的欲望。

2. 为幼儿的探究活动创造宽松的环境,让每个幼儿都有机会参与尝试,支持、鼓励他们大胆提出问题,发表不同意见,学会尊重别人的观点和经验。

3. 提供丰富的可操作的材料,为每个幼儿都能运用多种感官、多种方式进行探索提供活动的条件。

4. 通过引导幼儿积极参加小组讨论、探索等方式,培养幼儿合作学习的意识和能力,学习用多种方式表现、交流、分享探索的过程和结果。

5. 引导幼儿对周围环境中的数、量、形、时间和空间等现象产生兴趣,建构初步的数概念,并学习用简单的数学方法解决生活和游戏中某些简单的问题。

6. 从生活或媒体中幼儿熟悉的科技成果入手,引导幼儿感受科学技术对生活的影响,培养他们对科学的兴趣和对科学家的崇敬。

7. 在幼儿生活经验的基础上,帮助幼儿了解自然、环境与人类生活的关系。从身边的小事入手,培养初步的环保意识和行为。

(三) 指导要点

1. 幼儿的科学教育是科学启蒙教育,重在激发幼儿的认识兴趣和探究欲望。

2. 要尽量创造条件让幼儿实际参加探究活动,使他们感受科学探究的过程和方法,体验发现的乐趣。

3. 科学教育应密切联系幼儿的实际生活进行,利用身边的事物与现象作为科学探索的对象。

五、艺术

(一) 目标

1. 能初步感受并喜爱环境、生活和艺术中的美。

2. 喜欢参加艺术活动,并能大胆地表现自己的情感和体验。

3. 能用自己喜欢的方式进行艺术表现活动。

(二) 内容与要求

1. 引导幼儿接触周围环境和生活中美好的人、事、物,丰富他们的感性经验和审美情趣,激发他们表现美、创造美的情趣。

2. 在艺术活动中面向全体幼儿,要针对他们的不同特点和需要,让每个幼儿都得到美的熏陶和培养。对有艺术天赋的幼儿要注意发展他们的艺术潜能。

3. 提供自由表现的机会,鼓励幼儿用不同艺术形式大胆地表达自己的情感、理解和想象,尊重每个幼儿的想法和创造,肯定和接纳他们独特的审美感受和表现方式,分享他们创造的快乐。

4. 在支持、鼓励幼儿积极参加各种艺术活动并大胆表现的同时,帮助他们提高表现的技能和能力。

5. 指导幼儿利用身边的物品或废旧材料制作玩具、手工艺品等来美化自己的生活或开展其他活动。

6. 为幼儿创设展示自己作品的条件,引导幼儿相互交流、相互欣赏、共同提高。

(三) 指导要点

1. 艺术是实施美育的主要途径,应充分发挥艺术的情感教育功能,促进幼儿健全人格的形成。要避免仅仅重视表现技能或艺术活动的结果,而忽视幼儿在活动过程中的情感体验和态度的倾向。

2. 幼儿的创作过程和作品是他们表达自己的认识和情感的重要方式,应支持幼儿富有个性和创造性的表达,克服过分强调技能技巧和标准化要求的偏向。

3. 幼儿艺术活动的能力是在大胆表现的过程中逐渐发展起来的,教师的作用应主要在于激发幼儿感受美、表现美的情趣,丰富他们的审美经验,使之体验自由表达和创造的快乐。在此基础上,根据幼儿的发展状况和需要,对表现方式和技能技巧给予适时、适当的指导。

第三部分 组织与实施

一、幼儿园的教育是为所有在园幼儿的健康成长服务的，要为每一个儿童，包括有特殊需要的儿童提供积极的支持和帮助。

二、幼儿园的教育活动，是教师以多种形式有目的、有计划地引导幼儿生动、活泼、主动活动的教育过程。

三、教育活动的组织与实施过程是教师创造性地开展工作的过程。教师要根据本《纲要》，从本地、本园的条件出发，结合本班幼儿的实际情况，制定切实可行的工作计划并灵活地执行。

四、教育活动目标要以《幼儿园工作规程》和本《纲要》所提出的各领域目标为指导，结合本班幼儿的发展水平、经验和需要来确定。

五、教育活动内容的选择应遵照本《纲要》第二部分的有关条款进行，同时体现以下原则：

（一）既适合幼儿的现有水平，又有一定的挑战性。

（二）既符合幼儿的现实需要，又有利于其长远发展。

（三）既贴近幼儿的生活来选择幼儿感兴趣的事物和问题，又有助于拓展幼儿的经验和视野。

六、教育活动内容的组织应充分考虑幼儿的学习特点和认识规律，各领域的内容要有机联系，相互渗透，注重综合性、趣味性、活动性，寓教育于生活、游戏之中。

七、教育活动的组织形式应根据需要合理安排，因时、因地、因内容、因材料灵活地运用。

八、环境是重要的教育资源，应通过环境的创设和利用，有效地促进幼儿的发展。

（一）幼儿园的空间、设施、活动材料和常规要求等应有利于引发、支持幼儿的游戏和各种探索活动，有利于引发、支持幼儿与周围环境之间积极的相互作用。

（二）幼儿同伴群体及幼儿园教师集体是宝贵的教育资源，应充分发挥这一资源的作用。

（三）教师的态度和管理方式应有助于形成安全、温馨的心理环境；言行举止应成为幼儿学习的良好榜样。

（四）家庭是幼儿园重要的合作伙伴。应本着尊重、平等、合作的原则，争取家长的理解、支持和主动参与，并积极支持、帮助家长提高教育能力。

（五）充分利用自然环境和社区的教育资源，扩展幼儿生活和学习的空间。幼儿园同时应为社区的早期教育提供服务。

九、科学、合理地安排和组织一日生活。

（一）时间安排应有相对的稳定性与灵活性，既有利于形成秩序，又能满足幼儿的合理需要，照顾到个体差异。

（二）教师直接指导的活动和间接指导的活动相结合，保证幼儿每天有适当的自主选择和自由活动时间。教师直接指导的集体活动要能保证幼儿的积极参与，避免时间的隐性浪费。

（三）尽量减少不必要的集体行动和过渡环节，减少和消除消极等待现象。

（四）建立良好的常规，避免不必要的管理行为，逐步引导幼儿学习自我管理。

十、教师应成为幼儿学习活动的支持者、合作者、引导者。

（一）以关怀、接纳、尊重的态度与幼儿交往。耐心倾听，努力理解幼儿的想法与感受，支持、鼓励他们大胆探索与表达。

（二）善于发现幼儿感兴趣的事物、游戏和偶发事件中所隐含的教育价值，把握时机，积极引导。

（三）关注幼儿在活动中的表现和反应，敏感地察觉他们的需要，及时以适当的方式应答，形成合作探究式的师生互动。

（四）尊重幼儿在发展水平、能力、经验、学习方式等方面的个体差异，因人施教，努力使每一个幼儿都能获得满足和成功。

（五）关注幼儿的特殊需要，包括各种发展潜能和不同发展障碍，与家庭密切配合，共同促进幼儿健康成长。

十一、幼儿园教育要与0—3岁儿童的保育教育以及小学教育相互衔接。

第四部分 教育评价

一、教育评价是幼儿园教育工作的重要组成部分，是了解教育的适宜性、有效性，调整和改进工作，促进每一个幼儿发展，提高教育质量的必要手段。

二、管理人员、教师、幼儿及其家长均是幼儿园教育评价工作的参与者。评价过程是各方共同参与、相互支持与合作的过程。

三、评价的过程，是教师运用专业知识审视教育实践，发现、分析、研究、解决问题的过程，也是其自我成长的重要途径。

四、幼儿园教育工作评价实行以教师自评为主，园长以及有关管理人员、其他教师和家长等参与评价的制度。

五、评价应自然地伴随着整个教育过程进行。综合采用观察、谈话、作品分析等多种方法。

六、幼儿的行为表现和发展变化具有重要的评价意义，教师应视之为重要的评价信息和改进工作的依据。

七、教育工作评价宜重点考察以下方面：

（一）教育计划和教育活动的目标是否建立在了解本班幼儿现状的基础上。

（二）教育的内容、方式、策略、环境条件是否能调动幼儿学习的积极性。

（三）教育过程是否能为幼儿提供有益的学习经验，并符合其发展需要。

（四）教育内容、要求能否兼顾群体需要和个体差异，使每个幼儿都能得到发展，都有成功感。

（五）教师的指导是否有利于幼儿主动、有效地学习。

八、对幼儿发展状况的评估，要注意：

（一）明确评价的目的是了解幼儿的发展需要，以便提供更加适宜的帮助和指导。

（二）全面了解幼儿的发展状况，防止片面性，尤其要避免只重知识和技能，忽略情感、社会性和实际能力的倾向。

（三）在日常活动与教育教学过程中采用自然的方法进行。平时观察所获的具有典型意义的幼儿行为表现和所积累的各种作品等，是评价的重要依据。

（四）承认和关注幼儿的个体差异，避免用划一的标准评价不同的幼儿，在幼儿面前慎用横向的比较。

（五）以发展的眼光看待幼儿，既要了解现有水平，更要关注其发展的速度、特点和倾向等。

附录3 《关于幼儿教育改革与发展的指导意见》

国务院办公厅转发教育部等部门(单位)
关于幼儿教育改革与发展的指导意见的通知

国办发〔2003〕13号

各省、自治区、直辖市人民政府,国务院各部委、各直属机构:

教育部、中央编办、国家计委、民政部、财政部、劳动保障部、建设部、卫生部、国务院妇儿工委、全国妇联《关于幼儿教育改革与发展的指导意见》已经国务院同意,现转发给你们,请认真贯彻执行。

国务院办公厅

二〇〇三年三月四日

关于幼儿教育改革与发展的指导意见

教育部 中央编办 国家计委 民政部 财政部

劳动保障部 建设部 卫生部 国务院妇儿工委 全国妇联

(二〇〇三年一月二十七日)

幼儿教育是基础教育的重要组成部分,发展幼儿教育对于促进儿童身心全面健康发展,普及义务教育,提高国民整体素质,实现全面建设小康社会的奋斗目标具有重要意义。改革开放以来,我国幼儿教育事业取得了长足发展,大中城市已基本满足了适龄儿童的入园需求;农村和老少边穷地区通过灵活多样的形式,为越来越多的学龄前儿童提供了受教育机会;幼儿教育质量得到提高。但是,目前我国幼儿教育总体水平还不高,地区之间、城乡之间发展不平衡,与经济、社会、教育的发展和人民群众日益增长的需求还不相适应;幼儿教育事业投入不足;一些地方对幼儿教育的重要性认识尚不到位,简单套用企业改制的做法,将幼儿园推向市场,减少或停止投入,甚至出售;有的地方幼儿教育管理力量薄弱。为进一步推动幼儿教育的改革与发展,根据《中共中央、国务院关于深化教育改革,全面实施素质教育的决定》(中发〔1999〕9号)和《国务院关于基础教育改革与发展的决定》(国发〔2001〕21号)精神,现提出如下意见:

一、幼儿教育改革与发展的目标

1. 今后5年(2003—2007年)幼儿教育改革的总目标是:形成以公办幼儿园为骨干和示范,以社会力量兴办幼儿园为主体,公办与民办、正规与非正规教育相结合的发展格局。根据城乡的不同特点,逐步建立以社区为基础,以示范性幼儿园为中心,灵活多样的幼儿教育形式相结合的幼儿教育服务网络。为0—6岁儿童和家长提供早期保育和教育服务。

今后5年,全国幼儿教育事业发展的总目标是:学前三年儿童受教育率达到55%,学前一年儿童受教育率达到80%;大中城市普及学前三年教育;全面提高0—6岁儿童家长及看护人员的科学育儿能力。

2. 各省、自治区、直辖市要按照积极进取、实事求是、分区规划、分类指导的原则,结合本地区实际制定今后5年幼儿教育改革与发展的工作规划。

城市和经济发达地区,学前三年儿童受教育率应达到90%;0—6岁儿童家长及看护人员普遍受到科学育儿的指导。

已经普及九年义务教育的县(市、区),学前三年儿童受教育率达到50%,学前一年儿童受教育率达到80%。90%的0—6岁儿童家长及看护人员受到科学育儿的指导。

尚未实现普及九年义务教育的县(市、区),学前三年儿童受教育率达到35%,学前一年儿童受教育率达到60%。大多数0—6岁儿童的家长及看护人员受到科学育儿的指导。

二、进一步完善幼儿教育管理体制和机制,切实履行政府职责

3. 坚持实行地方负责,分级管理和有关部门分工负责的幼儿教育管理体制。国家制定有关幼儿教育的法规、方针、政策及发展规划;省级和地(市)级人民政府负责本行政区域幼儿教育工作,统筹制定幼儿教育的发展规划,因地制宜地制定相关政策并组织实施,积极扶持农村及老少边穷地区的幼儿教育工作,促进幼儿教育事业均衡发展;县级人民政府负责本行政区域幼儿教育的规划、布局调整、公办幼儿园的建设和各类幼儿园的管理,负责管理幼儿园园长、教师,指导教育教学工作;城市街道办事处配合有关部门制定本辖区幼儿教育的发展计划,负责宣传科学育儿知识,指导家庭幼儿教育,提供活动场所和设备、设施,筹措经费,组织志愿者开展义务服务;乡(镇)人民政府承担发展农村幼儿教育的责任,负责举办乡(镇)中心幼儿园,筹措经费,改善办园条件;要发挥村民自治组织在发展幼儿教育中的作用,开展多种形式的早期教育和对家庭幼儿教育的指导。各级人民政府都有维护幼儿园的治安、安全和合法权益,动员和组织家长参与早期教育活动,指导家庭幼儿教育的责任。

4. 教育部门是幼儿教育的主管部门,要认真贯彻幼儿教育的方针、政策,拟定有关行政法规、重要规章制度和幼儿教育事业发展规划并组织实施;承担对幼儿园的业务领导,制定相关标准,实行分类定级管理,向有关部门提出对幼儿园收费标准的意见;建立幼儿教育督导和评估制度;培养和培训各类幼儿园的园长、教师,建立园长、教师考核和资格审定制度;具体指导和推动家庭幼儿教育;与卫生部门合作,共同开展0—6岁儿童家长的科学育儿指导。

卫生部门负责拟订有关幼儿园卫生保健方面的法规和规章制度,监督和指导幼儿园卫生保健业务工作,负责对0—6岁儿童家长进行儿童卫生保健、营养、生长发育等方面的指导。

国务院教育部门会同财政部门和价格主管部门,按照不以营利为目的的原则,制定幼儿园(班)收费管理办法。省、自治区、直辖市教育部门根据生均培养成本、当地经济发展水平、居民承受能力等情况提出对本地区公办幼儿园(班)最高和最低收费标准的意见,经同级财政部门和价格主管部门审核报省级人民政府批准后执行;民办幼儿园(班)要按照国家有关规定,根据办学成本合理确定收费标准,报有关部门备案并公示。各地区要采取切实措施确保低收入家庭和流动人口的子女享有接受幼儿教育的机会。对社会福利机构,流浪儿童救助保护机构的适龄儿童,要给予照顾,有关费用予以减免。

建设部门要会同教育部门在城镇规划中合理确定幼儿园的布局和位置,在城镇改造和城市小区建设的过程中,要建设与居住人口相适应的幼儿园。新区建设和旧区改造的幼儿园由当地政府统筹规划,利用各种资源安排,教育部门要加强对小区配套幼儿园的管理,可采取面向社会公开招标的办法举办幼儿园,任何单位和个人不得改变用途,也不得收取国家规定以外的费用。

民政部门要把发展幼儿教育作为城市社区教育的重要内容,与教育部门共同探索依托社区发展幼儿教育的管理机制和有关政策。

劳动保障部门在研究探索农村养老保险制度时,要统筹研究农村幼儿教师的养老保险问题;城市幼儿教师要按照国家有关规定参加城镇职工社会保险,要保障幼儿教师队伍的稳定和幼儿教师的合法权益。

编制部门要会同教育部门、财政部门制定幼儿园教职工的编制标准,加强幼儿园教师编制的管理和教职工队伍的建设,保证幼儿教育事业发展的基本需要,提高办学效益。

充分发挥各级妇女儿童工作委员会和妇联组织的作用。推动幼儿教育事业健康发展。

5. 建立和完善政府领导统筹,教育部门主管,有关部门协调配合,社区内各类幼儿园和家长共同参与的幼儿教育管理机制。发挥城市社区居委会和农村村民自治组织的作用,综合协调、动员并利用各种社会资源,促进幼儿教育事业健康发展。

三、加强管理,保证幼儿教育事业健康发展

6. 地方各级人民政府要加强公办幼儿园建设,保证幼儿教育经费投入,全面提高保育、教育质量。不得借转制之名停止或减少对公办幼儿园的投入,不得出售或变相出售公办幼儿园和乡(镇)中心幼儿园,已出售的要限期收回。公办幼儿园转制必须经省级教育部门审核批准。城乡中小学布局调整后,空余校舍要优先用于举办幼儿园。

7. 积极鼓励和提倡社会各方面力量采取多种形式举办幼儿园。社会力量举办的幼儿园,在审批注册、分类定级、教师培训、职称评定、表彰奖励等方面与公办幼儿园具有同等地位。各级教育部门要加强对社会力量举办幼儿园保育、教育工作的指导和监督,规范办园行为,保证办园的正确方向。

8. 加强对企事业单位幼儿园的管理。企事业单位转制后,可以继续举办幼儿园,也可将企事业单位办园资产整体无偿划拨，移交当地教育部门统筹管理；要通过实施联办、承办、国有民办等办园体制改革，提高办园效益和活力。实施办园体制改革要保证国有资产不流失，保育、教育质量不下降，广大幼儿教师合法权益受到保障、整体素质得到提高。

9. 县级以上教育部门负责审批各类幼儿园的举办资格、颁发办园许可证，并定期复核审验。价格主管部门和财政部门负责向已取得办园许可证并办理登记手续的幼儿园颁发收费许可证，提供行政事业性收费专用票据。未取得办园许可证和未办理登记手续，任何单位和个人不得举办幼儿园。要采取有力措施取缔非法举办的幼儿园。

10. 幼儿园不得以开办实验班、特色班和兴趣班等为由，另外收取费用，不得收取与幼儿入园挂钩的赞助费、支教费等。

四、全面实施素质教育，提高幼儿教育质量

11. 幼儿园要认真贯彻原国家教委《幼儿园工作规程》和教育部《幼儿园教育指导纲要（试行）》，积极推进幼儿教育改革，摆脱"保姆式"的教育模式，防止"应试教育"的消极因素向幼儿教育渗透，全面实施素质教育。要尊重儿童的人格尊严和基本权利，为儿童提供安全、健康、丰富的生活和活动环境，满足儿童多方面发展的需要；尊重儿童身心发展的特点和规律，关注个体差异，使儿童身心健康成长，促进体智德美等全面发展。

12. 幼儿园要建立促进教师专业水平不断提高的机制。要鼓励教师立足教育实践，开展日常教研活动，不断提高教师素质。

教育部门要建立社区和家长参与幼儿园管理和监督的机制，建立科学的评价体系，加强对幼儿园教育实验和科研的管理和指导。禁止在幼儿园从事违背教育规律的实验和活动。

13. 幼儿园要与家庭、社区密切合作。要充分利用幼儿园和社区的资源优势，面向家长开展多种形式的早期教育宣传、指导等服务，促进幼儿家庭教育质量的不断提高。

14. 加强示范性幼儿园建设。地方各级人民政府要合理布局，有计划地推动示范性幼儿园建设。要在城乡各类社会力量举办的幼儿园中扶持一批办学方向端正、管理严格、教育质量好并具有良好社会信誉的幼儿园作为示范性幼儿园。

15. 要充分发挥示范性幼儿园在贯彻幼儿教育法规、传播科学教育理念、开展教育科学研究、培训师资和指导家庭、社区早期教育等方面的示范、辐射作用。示范性幼儿园要参与本地区各类幼儿园的业务指导，协助各级教育部门做好保育、教育业务管理工作，形成以省、地、县、乡各级示范性幼儿园为中心，覆盖各级各类幼儿园的指导和服务网络。

16. 示范性幼儿园由省、地级教育部门组织评审认定。省级教育部门要根据国家有关规定制定示范性幼儿园的标准，并定期对示范性幼儿园进行指导、评估和审验，确保其发挥示范作用，带动本地区幼儿教育事业的整体发展和教育质量的提高。评审活动要简便和节俭，不要干扰地方政府和幼儿园的正常工作。

五、加强师资队伍建设，努力提高幼儿教师素质

17. 提高幼儿师范院校办学水平和教育质量。根据幼儿教育事业发展需要，确定招生规模；结合幼儿教育改革的实际，及时调整专业、课程设置和教学内容，深化教育教学改革，积极参与幼儿园的教育实践。

18. 制定幼儿教育师资培养、培训规划，加强幼儿教师培养、培训机构的建设。要按教育部《中小学教师继续教育规定》的要求，将幼儿教师的培训纳入当地中小学教师继续教育规划。

19. 要依据《教师资格条例》的有关规定，实行幼儿园园长、教师资格准入制度，严格实行持证上岗。要实行教师聘任制，建立激励机制，提高教师队伍的素质和水平。

20. 认真执行《中华人民共和国教师法》，幼儿教师享受与中小学教师同等的地位和待遇。依法保障幼儿教师在进修培训、评选先进、专业技术职务评聘、工资、社会保险等方面的合法权益，稳定幼儿教师队伍。

六、加强领导，保证幼儿教育改革与发展的顺利进行

21. 地方各级人民政府要提高对发展幼儿教育的认识，加强对幼儿教育工作的领导，把幼儿教育工作纳入本地经济、社会发展的总体规划，加强幼儿教育的科研工作，认真研究解决幼儿教育改革和发展中的热点、难点问题，一并制订相应的政策和措施，把幼儿教育工作作为考核各级地方人民政府教育工作的重要内容；要采取有效措施，积极发展农村和老少边穷地区的幼儿教育事业。

22. 地方各级人民政府要积极采取措施，加大对幼儿教育的投入，做到逐年增长。县级以上人民政府安排的财政性幼儿教育经费要保障公办幼儿园正常运转,保证教职工工资按时足额发放,保证示范性幼儿园建设和师资培训等业务活动正常进行,扶持和发展农村及老少边穷地区的幼儿教育事业。幼儿教育经费要专款专用,任何部门不得截留、挤占和挪用。乡(镇)人民政府的财政预算也要安排发展幼儿教育的经费。

23. 保证幼儿教育管理层层落实到位。要建立由教育部门牵头、有关部门参加的幼儿教育联席会议制度,通报、协调、解决幼儿教育事业发展中出现的问题,促进幼儿教育事业稳定健康发展。县级以上教育部门要加强幼儿教育管理,要办好乡(镇)中心幼儿园,发挥其对乡(镇)幼儿教育的指导作用,乡(镇)幼儿保育、教育的业务指导由乡(镇)中心幼儿园园长负责。

24. 地方各级人民政府要制定优惠政策,保证幼儿园(班)的公用事业费(煤、水、电、供热、房租等费用)按中小学的标准收缴。新建、改建、扩建幼儿园按照中小学校建设减免费用的有关规定减免相关费用。

25. 建立幼儿教育督导制度,坚持督政与督学相结合。国务院教育部门要制定幼儿教育工作督导评估暂行办法,省级人民政府要制定地方幼儿教育工作督导评估标准,把幼儿教育事业发展、幼儿教育质量、幼儿教育经费投入与筹措、幼儿教师待遇等列入各级政府教育督导内容,积极开展对幼儿教育热点难点问题的专项督导检查。

各级政府教育督导部门和教育行政部门要定期对各类幼儿园的保育、教育质量和管理水平进行督导和评估,并将评估结果向社会公示,接受社会和家长的监督。

附录 4 《国家中长期教育改革和发展规划纲要(2010—2020 年)》

中共中央国务院关于印发《国家中长期教育改革和发展规划纲要(2010—2020 年)》的通知

(2010 年 7 月 8 日中共中央 国务院文件中发[2010]12 号发布 自发布之日起施行)

现将《国家中长期教育改革和发展规划纲要(2010 - 2020 年)》(以下简称《教育规划纲要》)印发给你们,请结合实际认真贯彻执行。

《教育规划纲要》是 21 世纪我国第一个中长期教育改革和发展规划,是今后一个时期指导全国教育改革和发展的纲领性文件。教育是民族振兴、社会进步的基石,是提高国民素质、促进人的全面发展的根本途径,寄托着亿万家庭对美好生活的期盼。强国必先强教。中国未来发展、中华民族伟大复兴,关键靠人才,基础在教育。制定并实施《教育规划纲要》,优先发展教育,提高教育现代化水平,对满足人民群众接受良好教育需求,实现全面建设小康社会奋斗目标、建设富强民主文明和谐的社会主义现代化国家具有决定性意义。

各级党委和政府要切实加强对教育工作的领导,把落实教育优先发展、推动教育事业科学发展作为重要职责,加强对《教育规划纲要》实施的组织领导。要组织广大干部群众特别是各级领导干部认真学习《教育规划纲要》,深刻理解《教育规划纲要》提出的新思想新理念,深刻理解"优先发展、育人为本、改革创新、促进公平、提高质量"的工作方针,深刻理解"基本实现教育现代化,基本形成学习型社会,进入人力资源强国行列"的战略目标,深刻理解"坚持以人为本、全面实施素质教育"的战略主题,深刻理解教育改革发展的重点任务和重要举措,进一步增强做好教育工作的紧迫感和自觉性。要开展广泛深入的宣传活动,形成全党全社会重视、关心、支持教育发展的良好氛围。要结合本地区本部门实际,采取有力措施,把《教育规划纲要》提出的各项任务落到实处。

附:国家中长期教育改革和发展规划纲要(2010 - 2020 年)

目 录

序言

第一部分 总体战略

第一章 指导思想和工作方针

(一) 指导思想

(二) 工作方针

第二章 战略目标和战略主题

(三) 战略目标

(四) 战略主题

第二部分 发展任务

第三章 学前教育

(五) 基本普及学前教育

(六) 明确政府职责

(七) 重点发展农村学前教育

第四章 义务教育

（八）巩固提高九年义务教育水平
（九）推进义务教育均衡发展
（十）减轻中小学生课业负担
第五章　高中阶段教育
（十一）加快普及高中阶段教育
（十二）全面提高普通高中学生综合素质
（十三）推动普通高中多样化发展
第六章　职业教育
（十四）大力发展职业教育
（十五）调动行业企业的积极性
（十六）加快发展面向农村的职业教育
（十七）增强职业教育吸引力
第七章　高等教育
（十八）全面提高高等教育质量
（十九）提高人才培养质量
（二十）提升科学研究水平
（二十一）增强社会服务能力
（二十二）优化结构办出特色
第八章　继续教育
（二十三）加快发展继续教育
（二十四）建立健全继续教育体制机制
（二十五）构建灵活开放的终身教育体系
第九章　民族教育
（二十六）重视和支持民族教育事业
（二十七）全面提高少数民族和民族地区教育发展水平
第十章　特殊教育
（二十八）关心和支持特殊教育
（二十九）完善特殊教育体系
（三十）健全特殊教育保障机制

第三部分　体制改革
第十一章　人才培养体制改革
（三十一）更新人才培养观念
（三十二）创新人才培养模式
（三十三）改革教育质量评价和人才评价制度
第十二章　考试招生制度改革
（三十四）推进考试招生制度改革
（三十五）完善中等学校考试招生制度
（三十六）完善高等学校考试招生制度
（三十七）加强信息公开和社会监督
第十三章　建设现代学校制度
（三十八）推进政校分开、管办分离
（三十九）落实和扩大学校办学自主权
（四十）完善中国特色现代大学制度

（四十一）完善中小学学校管理制度

第十四章　办学体制改革

（四十二）深化办学体制改革

（四十三）大力支持民办教育

（四十四）依法管理民办教育

第十五章　管理体制改革

（四十五）健全统筹有力、权责明确的教育管理体制

（四十六）加强省级政府教育统筹

（四十七）转变政府教育管理职能

第十六章　扩大教育开放

（四十八）加强国际交流与合作

（四十九）引进优质教育资源

（五十）提高交流合作水平

第四部分　保障措施

第十七章　加强教师队伍建设

（五十一）建设高素质教师队伍

（五十二）加强师德建设

（五十三）提高教师业务水平

（五十四）提高教师地位待遇

（五十五）健全教师管理制度

第十八章　保障经费投入

（五十六）加大教育投入

（五十七）完善投入机制

（五十八）加强经费管理

第十九章　加快教育信息化进程

（五十九）加快教育信息基础设施建设

（六十）加强优质教育资源开发与应用

（六十一）构建国家教育管理信息系统

第二十章　推进依法治教

（六十二）完善教育法律法规

（六十三）全面推进依法行政

（六十四）大力推进依法治校

（六十五）完善督导制度和监督问责机制

第二十一章　重大项目和改革试点

（六十六）组织实施重大项目

（六十七）组织开展改革试点

第二十二章　加强组织领导

（六十八）加强和改善对教育工作的领导

（六十九）加强和改进教育系统党的建设

（七十）切实维护教育系统和谐稳定

实施

根据党的十七大关于“优先发展教育，建设人力资源强国”的战略部署，为促进教育事业科学发展，全面提高国

民素质，加快社会主义现代化进程，制定本《教育规划纲要》。

序　言

百年大计，教育为本。教育是民族振兴、社会进步的基石，是提高国民素质、促进人的全面发展的根本途径，寄托着亿万家庭对美好生活的期盼。强国必先强教。优先发展教育、提高教育现代化水平，对实现全面建设小康社会奋斗目标、建设富强民主文明和谐的社会主义现代化国家具有决定性意义。

党和国家历来高度重视教育。新中国成立以来，在以毛泽东同志、邓小平同志、江泽民同志为核心的党的三代中央领导集体和以胡锦涛同志为总书记的党中央领导下，全党全社会同心同德，艰苦奋斗，开辟了中国特色社会主义教育发展道路，建成了世界最大规模的教育体系，保障了亿万人民群众受教育的权利。教育投入大幅增长，办学条件显著改善，教育改革逐步深化，办学水平不断提高。进入 21 世纪以来，城乡免费义务教育全面实现，职业教育快速发展，高等教育进入大众化阶段，农村教育得到加强，教育公平迈出重大步伐。教育的发展极大地提高了全民族素质，推进了科技创新、文化繁荣，为经济发展、社会进步和民生改善作出了不可替代的重大贡献。我国实现了从人口大国向人力资源大国的转变。

当今世界正处在大发展大变革大调整时期。世界多极化、经济全球化深入发展，科技进步日新月异，人才竞争日趋激烈。我国正处在改革发展的关键阶段，经济建设、政治建设、文化建设、社会建设以及生态文明建设全面推进，工业化、信息化、城镇化、市场化、国际化深入发展，人口、资源、环境压力日益加大，经济发展方式加快转变，都凸显了提高国民素质、培养创新人才的重要性和紧迫性。中国未来发展、中华民族伟大复兴，关键靠人才，基础在教育。

面对前所未有的机遇和挑战，必须清醒认识到，我国教育还不完全适应国家经济社会发展和人民群众接受良好教育的要求。教育观念相对落后，内容方法比较陈旧，中小学生课业负担过重，素质教育推进困难；学生适应社会和就业创业能力不强，创新型、实用型、复合型人才紧缺；教育体制机制不完善，学校办学活力不足；教育结构和布局不尽合理，城乡、区域教育发展不平衡，贫困地区、民族地区教育发展滞后；教育投入不足，教育优先发展的战略地位尚未得到完全落实。接受良好教育成为人民群众强烈期盼，深化教育改革成为全社会共同心声。

国运兴衰，系于教育；教育振兴，全民有责。在党和国家工作全局中，必须始终坚持把教育摆在优先发展的位置。按照面向现代化、面向世界、面向未来的要求，适应全面建设小康社会、建设创新型国家的需要，坚持育人为本，以改革创新为动力，以促进公平为重点，以提高质量为核心，全面实施素质教育，推动教育事业在新的历史起点上科学发展，加快从教育大国向教育强国、从人力资源大国向人力资源强国迈进，为中华民族伟大复兴和人类文明进步作出更大贡献。

第一部分　总体战略

第一章　指导思想和工作方针

（一）指导思想。高举中国特色社会主义伟大旗帜，以邓小平理论和“三个代表”重要思想为指导，深入贯彻落实科学发展观，实施科教兴国战略和人才强国战略，优先发展教育，完善中国特色社会主义现代教育体系，办好人民满意的教育，建设人力资源强国。

全面贯彻党的教育方针，坚持教育为社会主义现代化建设服务，为人民服务，与生产劳动和社会实践相结合，培养德智体美全面发展的社会主义建设者和接班人。

全面推进教育事业科学发展，立足社会主义初级阶段基本国情，把握教育发展阶段性特征，坚持以人为本，遵循教育规律，面向社会需求，优化结构布局，提高教育现代化水平。

（二）工作方针。优先发展、育人为本、改革创新、促进公平、提高质量。

把教育摆在优先发展的战略地位。教育优先发展是党和国家提出并长期坚持的一项重大方针。各级党委和政府要把优先发展教育作为贯彻落实科学发展观的一项基本要求，切实保证经济社会发展规划优先安排教育发展，财政资金优先保障教育投入，公共资源优先满足教育和人力资源开发需要。充分调动全社会关心支持教育的积极性，共同担负起培育下一代的责任，为青少年健康成长创造良好环境。完善体制和政策，鼓励社会力量兴办教育，不断扩大社会资源对教育的投入。

把育人为本作为教育工作的根本要求。人力资源是我国经济社会发展的第一资源,教育是开发人力资源的主要途径。要以学生为主体,以教师为主导,充分发挥学生的主动性,把促进学生健康成长作为学校一切工作的出发点和落脚点。关心每个学生,促进每个学生主动地、生动活泼地发展,尊重教育规律和学生身心发展规律,为每个学生提供适合的教育。努力培养造就数以亿计的高素质劳动者、数以千万计的专门人才和一大批拔尖创新人才。

把改革创新作为教育发展的强大动力。教育要发展,根本靠改革。要以体制机制改革为重点,鼓励地方和学校大胆探索和试验,加快重要领域和关键环节改革步伐。创新人才培养体制、办学体制、教育管理体制,改革质量评价和考试招生制度,改革教学内容、方法、手段,建设现代学校制度。加快解决经济社会发展对高质量多样化人才需要与教育培养能力不足的矛盾、人民群众期盼良好教育与资源相对短缺的矛盾、增强教育活力与体制机制约束的矛盾,为教育事业持续健康发展提供强大动力。

把促进公平作为国家基本教育政策。教育公平是社会公平的重要基础。教育公平的关键是机会公平,基本要求是保障公民依法享有受教育的权利,重点是促进义务教育均衡发展和扶持困难群体,根本措施是合理配置教育资源,向农村地区、边远贫困地区和民族地区倾斜,加快缩小教育差距。教育公平的主要责任在政府,全社会要共同促进教育公平。

把提高质量作为教育改革发展的核心任务。树立科学的质量观,把促进人的全面发展、适应社会需要作为衡量教育质量的根本标准。树立以提高质量为核心的教育发展观,注重教育内涵发展,鼓励学校办出特色、办出水平,出名师,育英才。建立以提高教育质量为导向的管理制度和工作机制,把教育资源配置和学校工作重点集中到强化教学环节、提高教育质量上来。制定教育质量国家标准,建立健全教育质量保障体系。加强教师队伍建设,提高教师整体素质。

第二章　战略目标和战略主题

(三) 战略目标。到 2020 年,基本实现教育现代化,基本形成学习型社会,进入人力资源强国行列。

实现更高水平的普及教育。基本普及学前教育;巩固提高九年义务教育水平;普及高中阶段教育,毛入学率达到 90%;高等教育大众化水平进一步提高,毛入学率达到 40%;扫除青壮年文盲。新增劳动力平均受教育年限从 12.4 年提高到 13.5 年;主要劳动年龄人口平均受教育年限从 9.5 年提高到 11.2 年,其中受过高等教育的比例达到 20%,具有高等教育文化程度的人数比 2009 年翻一番。

形成惠及全民的公平教育。坚持教育的公益性和普惠性,保障公民依法享有接受良好教育的机会。建成覆盖城乡的基本公共教育服务体系,逐步实现基本公共教育服务均等化,缩小区域差距。努力办好每一所学校,教好每一个学生,不让一个学生因家庭经济困难而失学。切实解决进城务工人员子女平等接受义务教育问题。保障残疾人受教育权利。

提供更加丰富的优质教育。教育质量整体提升,教育现代化水平明显提高。优质教育资源总量不断扩大,更好满足人民群众接受高质量教育的需求。学生思想道德素质、科学文化素质和健康素质明显提高。各类人才服务国家、服务人民和参与国际竞争能力显著增强。

构建体系完备的终身教育。学历教育和非学历教育协调发展,职业教育和普通教育相互沟通,职前教育和职后教育有效衔接。继续教育参与率大幅提升,从业人员继续教育年参与率达到 50%。现代国民教育体系更加完善,终身教育体系基本形成,促进全体人民学有所教、学有所成、学有所用。

健全充满活力的教育体制。进一步解放思想,更新观念,深化改革,提高教育开放水平,全面形成与社会主义市场经济体制和全面建设小康社会目标相适应的充满活力、富有效率、更加开放、有利于科学发展的教育体制机制,办出具有中国特色、世界水平的现代教育。

(四) 战略主题。坚持以人为本、全面实施素质教育是教育改革发展的战略主题,是贯彻党的教育方针的时代要求,其核心是解决好培养什么人、怎样培养人的重大问题,重点是面向全体学生、促进学生全面发展,着力提高学生服务国家服务人民的社会责任感、勇于探索的创新精神和善于解决问题的实践能力。

坚持德育为先。立德树人,把社会主义核心价值体系融入国民教育全过程。加强马克思主义中国化最新成果教育,引导学生形成正确的世界观、人生观、价值观;加强理想信念教育和道德教育,坚定学生对中国共产党领导、社会主义制度的信念和信心;加强以爱国主义为核心的民族精神和以改革创新为核心的时代精神教育;加强社会主义荣辱观教育,培养学生团结互助、诚实守信、遵纪守法、艰苦奋斗的良好品质。加强公民意识教育,树立社会主义民主法治、自由平等、公平正义理念,培养社会主义合格公民。加强中华民族优秀文化传统教育和革命传统教育。把德育渗透于教育教学的各个环节,贯穿于学校教育、家庭教育和社会教育的各个方面。切实加强和改进未成年人思想道德建设和大学生思想政治教育工作。构建大中小学有效衔接的德育体系,创新德育形式,丰富德育内容,不断提高德育工作的吸引力和感染力,增强德育工作的针对性和实效性。加强辅导员、班主任队伍建设。

坚持能力为重。优化知识结构,丰富社会实践,强化能力培养。着力提高学生的学习能力、实践能力、创新能力,教育学生学会知识技能,学会动手动脑,学会生存生活,学会做人做事,促进学生主动适应社会,开创美好未来。

坚持全面发展。全面加强和改进德育、智育、体育、美育。坚持文化知识学习与思想品德修养的统一、理论学习与社会实践的统一、全面发展与个性发展的统一。加强体育,牢固树立健康第一的思想,确保学生体育课程和课余活动时间,提高体育教学质量,加强心理健康教育,促进学生身心健康、体魄强健、意志坚强;加强美育,培养学生良好的审美情趣和人文素养。加强劳动教育,培养学生热爱劳动、热爱劳动人民的情感。重视安全教育、生命教育、国防教育、可持续发展教育。促进德育、智育、体育、美育有机融合,提高学生综合素质,使学生成为德智体美全面发展的社会主义建设者和接班人。

专栏1 教育事业发展主要目标

指 标	单 位	2009 年	2015 年	2020 年
学前教育				
幼儿在园人数	万人	2658	3400	4000
学前一年毛入园率	%	74.0	85.0	95.0
学前两年毛入园率	%	65.0	70.0	80.0
学前三年毛入园率	%	50.9	60.0	70.0
九年义务教育				
在校生	万人	15772	16100	16500
巩固率	%	90.8	93.0	95.0
高中阶段教育*				
在校生	万人	4624	4500	4700
毛入学率	%	79.2	87.0	90.0
职业教育				
中等职业教育在校生	万人	2179	2250	2350
高等职业教育在校生	万人	1280	1390	1480
高等教育**				
在学总规模	万人	2979	3350	3550
在校生	万人	2826	3080	3300
其中:研究生	万人	140	170	200
毛入学率	%	24.2	36.0	40.0
继续教育				
从业人员继续教育	万人次	16600	29000	35000

注:*含中等职业教育学生数;**含高等职业教育学生数。

专栏2 人力资源开发主要目标

指 标	单 位	2009 年	2015 年	2020 年
具有高等教育文化程度的人数	万人	9830	14500	19500
主要劳动年龄人口平均受教育年限	年	9.5	10.5	11.2
其中：受过高等教育的比例	%	9.9	15.0	20.0
新增劳动力平均受教育年限	年	12.4	13.3	13.5
其中：受过高中阶段及以上教育的比例	%	67.0	87.0	90.0

第二部分 发展任务

第三章 学前教育

（五）基本普及学前教育。学前教育对幼儿身心健康、习惯养成、智力发展具有重要意义。遵循幼儿身心发展规律，坚持科学保教方法，保障幼儿快乐健康成长。积极发展学前教育，到2020年，普及学前一年教育，基本普及学前两年教育，有条件的地区普及学前三年教育。重视0至3岁婴幼儿教育。

（六）明确政府职责。把发展学前教育纳入城镇、社会主义新农村建设规划。建立政府主导、社会参与、公办民办并举的办园体制。大力发展公办幼儿园，积极扶持民办幼儿园。加大政府投入，完善成本合理分担机制，对家庭经济困难幼儿入园给予补助。加强学前教育管理，规范办园行为。制定学前教育办园标准，建立幼儿园准入制度。完善幼儿园收费管理办法。严格执行幼儿教师资格标准，切实加强幼儿教师培养培训，提高幼儿教师队伍整体素质，依法落实幼儿教师地位和待遇。教育行政部门加强对学前教育的宏观指导和管理，相关部门履行各自职责，充分调动各方面力量发展学前教育。

（七）重点发展农村学前教育。努力提高农村学前教育普及程度。着力保证留守儿童入园。采取多种形式扩大农村学前教育资源，改扩建、新建幼儿园，充分利用中小学布局调整富余的校舍和教师举办幼儿园（班）。发挥乡镇中心幼儿园对村幼儿园的示范指导作用。支持贫困地区发展学前教育。

第四章 义务教育

（八）巩固提高九年义务教育水平。义务教育是国家依法统一实施、所有适龄儿童少年必须接受的教育，具有强制性、免费性和普及性，是教育工作的重中之重。注重品行培养，激发学习兴趣，培育健康体魄，养成良好习惯。到2020年，全面提高普及水平，全面提高教育质量，基本实现区域内均衡发展，确保适龄儿童少年接受良好义务教育。

巩固义务教育普及成果。适应城乡发展需要，合理规划学校布局，办好必要的教学点，方便学生就近入学。坚持以输入地政府管理为主、以全日制公办中小学为主，确保进城务工人员随迁子女平等接受义务教育，研究制定进城务工人员随迁子女接受义务教育后在当地参加升学考试的办法。建立健全政府主导、社会参与的农村留守儿童关爱服务体系和动态监测机制。加快农村寄宿制学校建设，优先满足留守儿童住宿需求。采取必要措施，确保适龄儿童少年不因家庭经济困难、就学困难、学习困难等原因而失学，努力消除辍学现象。

提高义务教育质量。建立国家义务教育质量基本标准和监测制度。严格执行义务教育国家课程标准、教师资格标准。深化课程与教学方法改革，推行小班教学。配齐音乐、体育、美术等学科教师，开足开好规定课程。大力推广普通话教学，使用规范汉字。

增强学生体质。科学安排学习、生活、锻炼，保证学生睡眠时间。大力开展“阳光体育”运动，保证学生每天锻炼一小时，不断提高学生体质健康水平。提倡合理膳食，改善学生营养状况，提高贫困地区农村学生营养水平。保护学生视力。

（九）推进义务教育均衡发展。均衡发展是义务教育的战略性任务。建立健全义务教育均衡发展保障机制。推进义务教育学校标准化建设，均衡配置教师、设备、图书、校舍等资源。

切实缩小校际差距，着力解决择校问题。加快薄弱学校改造，着力提高师资水平。实行县（区）域内教师、校长交流制度。实行优质普通高中和优质中等职业学校招生名额合理分配到区域内初中的办法。义务教育阶段不得设置重点学校和重点班。在保障适龄儿童少年就近进入公办学校的前提下,发展民办教育,提供选择机会。

加快缩小城乡差距。建立城乡一体化义务教育发展机制,在财政拨款、学校建设、教师配置等方面向农村倾斜。率先在县(区)域内实现城乡均衡发展,逐步在更大范围内推进。

努力缩小区域差距。加大对革命老区、民族地区、边疆地区、贫困地区义务教育的转移支付力度。鼓励发达地区支援欠发达地区。

(十)减轻中小学生课业负担。过重的课业负担严重损害儿童少年身心健康。减轻学生课业负担是全社会的共同责任,政府、学校、家庭、社会必须共同努力,标本兼治,综合治理。把减负落实到中小学教育全过程,促进学生生动活泼学习、健康快乐成长。率先实现小学生减负。

各级政府要把减负作为教育工作的重要任务,统筹规划,整体推进。调整教材内容,科学设计课程难度。改革考试评价制度和学校考核办法。规范办学行为,建立学生课业负担监测和公告制度。不得以升学率对地区和学校进行排名,不得下达升学指标。规范各种社会补习机构和教辅市场。加强校外活动场所建设和管理,丰富学生课外及校外活动。

学校要把减负落实到教育教学各个环节,给学生留下了解社会、深入思考、动手实践、健身娱乐的时间。提高教师业务素质,改进教学方法,增强课堂教学效果,减少作业量和考试次数。培养学生学习兴趣和爱好。严格执行课程方案,不得增加课时和提高难度。各种等级考试和竞赛成绩不得作为义务教育阶段入学与升学的依据。

充分发挥家庭教育在儿童少年成长过程中的重要作用。家长要树立正确的教育观念,掌握科学的教育方法,尊重子女的健康情趣,培养子女的良好习惯,加强与学校的沟通配合,共同减轻学生课业负担。

第五章 高中阶段教育

(十一)加快普及高中阶段教育。高中阶段教育是学生个性形成、自主发展的关键时期,对提高国民素质和培养创新人才具有特殊意义。注重培养学生自主学习、自强自立和适应社会的能力,克服应试教育倾向。到2020年,普及高中阶段教育,满足初中毕业生接受高中阶段教育需求。

根据经济社会发展需要,合理确定普通高中和中等职业学校招生比例,今后一个时期总体保持普通高中和中等职业学校招生规模大体相当。加大对中西部贫困地区高中阶段教育的扶持力度。

(十二)全面提高普通高中学生综合素质。深入推进课程改革,全面落实课程方案,保证学生全面完成国家规定的文理等各门课程的学习。创造条件开设丰富多彩的选修课,为学生提供更多选择,促进学生全面而有个性的发展。逐步消除大班额现象。积极开展研究性学习、社区服务和社会实践。建立科学的教育质量评价体系,全面实施高中学业水平考试和综合素质评价。建立学生发展指导制度,加强对学生的理想、心理、学业等多方面指导。

(十三)推动普通高中多样化发展。促进办学体制多样化,扩大优质资源。推进培养模式多样化,满足不同潜质学生的发展需要。探索发现和培养创新人才的途径。鼓励普通高中办出特色。鼓励有条件的普通高中根据需要适当增加职业教育的教学内容。探索综合高中发展模式。采取多种方式,为在校生和未升学毕业生提供职业教育。

第六章 职业教育

(十四)大力发展职业教育。发展职业教育是推动经济发展、促进就业、改善民生、解决"三农"问题的重要途径,是缓解劳动力供求结构矛盾的关键环节,必须摆在更加突出的位置。职业教育要面向人人、面向社会,着力培养学生的职业道德、职业技能和就业创业能力。到2020年,形成适应经济发展方式转变和产业结构调整要求、体现终身教育理念、中等和高等职业教育协调发展的现代职业教育体系,满足人民群众接受职业教育的需求,满足经济社会对高素质劳动者和技能型人才的需要。

政府切实履行发展职业教育的职责。把职业教育纳入经济社会发展和产业发展规划,促使职业教育规模、专业设置与经济社会发展需求相适应。统筹中等职业教育与高等职业教育发展。健全多渠道投入机制,加大职业教育投入。

把提高质量作为重点。以服务为宗旨,以就业为导向,推进教育教学改革。实行工学结合、校企合作、顶岗实习的人才培养模式。坚持学校教育与职业培训并举,全日制与非全日制并重。制定职业学校基本办学标准。加强"双师型"教师队伍和实训基地建设,提升职业教育基础能力。建立健全技能型人才到职业学校从教的制度。完善符合职业教育特点的教师资格标准和专业技术职务(职称)评聘办法。建立健全职业教育质量保障体系,吸收企业参加教育质量评估。开展职业技能竞赛。

(十五)调动行业企业的积极性。建立健全政府主导、行业指导、企业参与的办学机制,制定促进校企合作办学法规,推进校企合作制度化。鼓励行业组织、企业举办职业学校,鼓励委托职业学校进行职工培训。制定优惠政策,鼓励企业接收学生实习实训和教师实践,鼓励企业加大对职业教育的投入。

(十六)加快发展面向农村的职业教育。把加强职业教育作为服务社会主义新农村建设的重要内容。加强基础教育、职业教育和成人教育统筹,促进农科教结合。强化省、市(地)级政府发展农村职业教育的责任,扩大农村职业教育培训覆盖面,根据需要办好县级职教中心。强化职业教育资源的统筹协调和综合利用,推进城乡、区域合作,增强服务"三农"能力。加强涉农专业建设,加大培养适应农业和农村发展需要的专业人才力度。支持各级各类学校积极参与培养有文化、懂技术、会经营的新型农民,开展进城务工人员、农村劳动力转移培训。逐步实施农村新成长劳动力免费劳动预备制培训。

(十七)增强职业教育吸引力。完善职业教育支持政策。逐步实行中等职业教育免费制度,完善家庭经济困难学生资助政策。改革招生和教学模式。积极推进学历证书和职业资格证书"双证书"制度,推进职业学校专业课程内容和职业标准相衔接。完善就业准入制度,执行"先培训、后就业"、"先培训、后上岗"的规定。制定退役士兵接受职业教育培训的办法。建立健全职业教育课程衔接体系。鼓励毕业生在职继续学习,完善职业学校毕业生直接升学制度,拓宽毕业生继续学习渠道。提高技能型人才的社会地位和待遇。加大对有突出贡献高技能人才的宣传表彰力度,形成行行出状元的良好社会氛围。

第七章 高等教育

(十八)全面提高高等教育质量。高等教育承担着培养高级专门人才、发展科学技术文化、促进社会主义现代化建设的重大任务。提高质量是高等教育发展的核心任务,是建设高等教育强国的基本要求。到2020年,高等教育结构更加合理,特色更加鲜明,人才培养、科学研究和社会服务整体水平全面提升,建成一批国际知名、有特色、高水平的高等学校,若干所大学达到或接近世界一流大学水平,高等教育国际竞争力显著增强。

(十九)提高人才培养质量。牢固确立人才培养在高校工作中的中心地位,着力培养信念执著、品德优良、知识丰富、本领过硬的高素质专门人才和拔尖创新人才。加大教学投入。把教学作为教师考核的首要内容,把教授为低年级学生授课作为重要制度。加强实验室、校内外实习基地、课程教材等基本建设。深化教学改革。推进和完善学分制,实行弹性学制,促进文理交融。支持学生参与科学研究,强化实践教学环节。加强就业创业教育和就业指导服务。创立高校与科研院所、行业、企业联合培养人才的新机制。全面实施"高等学校本科教学质量与教学改革工程"。严格教学管理。健全教学质量保障体系,改进高校教学评估。充分调动学生学习积极性和主动性,激励学生刻苦学习,增强诚信意识,养成良好学风。

大力推进研究生培养机制改革。建立以科学与工程技术研究为主导的导师责任制和导师项目资助制,推行产学研联合培养研究生的"双导师制"。实施"研究生教育创新计划"。加强管理,不断提高研究生特别是博士生培养质量。

(二十)提升科学研究水平。充分发挥高校在国家创新体系中的重要作用,鼓励高校在知识创新、技术创新、国防科技创新和区域创新中作出贡献。大力开展自然科学、技术科学、哲学社会科学研究。坚持服务国家目标与鼓励自由探索相结合,加强基础研究;以重大现实问题为主攻方向,加强应用研究。促进高校、科研院所、企业科技教育资源共享,推动高校创新组织模式,培育跨学科、跨领域的科研与教学相结合的团队。促进科研与教学互动、与创新人才培养相结合。充分发挥研究生在科学研究中的作用。加强高校重点科研创新基地与科技创新平台建设。完善以创新和质量为导向的科研评价机制。积极参与马克思主义理论研究和建设工程。深入实施"高等学校哲学社会科学繁荣计划"。

(二十一)增强社会服务能力。高校要牢固树立主动为社会服务的意识,全方位开展服务。推进产学研用结合,加快科技成果转化,规范校办产业发展。为社会成员提供继续教育服务。开展科学普及工作,提高公众科学素质和人文素质。积极推进文化传播,弘扬优秀传统文化,发展先进文化。积极参与决策咨询,主动开展前瞻性、对策性研究,充分发挥智囊团、思想库作用。鼓励师生开展志愿服务。

(二十二)优化结构办出特色。适应国家和区域经济社会发展需要,建立动态调整机制,不断优化高等教育结构。优化学科专业、类型、层次结构,促进多学科交叉和融合。重点扩大应用型、复合型、技能型人才培养规模。加快发展专业学位研究生教育。优化区域布局结构。设立支持地方高等教育专项资金,实施中西部高等教育振兴计划。新增招生计划向中西部高等教育资源短缺地区倾斜,扩大东部高校在中西部地区招生规模,加大东部高校对西部高校对口支援力度。鼓励东部地区高等教育率先发展。建立完善军民结合、寓军于民的军队人才培养体系。

促进高校办出特色。建立高校分类体系,实行分类管理。发挥政策指导和资源配置的作用,引导高校合理定位,克服同质化倾向,形成各自的办学理念和风格,在不同层次、不同领域办出特色,争创一流。

加快建设一流大学和一流学科。以重点学科建设为基础,继续实施"985工程"和优势学科创新平台建设,继续实施"211工程"和启动特色重点学科项目。改进管理模式,引入竞争机制,实行绩效评估,进行动态管理。鼓励学校优势学科面向世界,支持参与和设立国际学术合作组织、国际科学计划,支持与境外高水平教育、科研机构建立联合研发基地。加快创建世界一流大学和高水平大学的步伐,培养一批拔尖创新人才,形成一批世界一流学科,产生一批国际领先的原创性成果,为提升我国综合国力贡献力量。

第八章　继续教育

(二十三)加快发展继续教育。继续教育是面向学校教育之后所有社会成员的教育活动,特别是成人教育活动,是终身学习体系的重要组成部分。更新继续教育观念,加大投入力度,以加强人力资源能力建设为核心,大力发展非学历继续教育,稳步发展学历继续教育。重视老年教育。倡导全民阅读。广泛开展城乡社区教育,加快各类学习型组织建设,基本形成全民学习、终身学习的学习型社会。

(二十四)建立健全继续教育体制机制。政府成立跨部门继续教育协调机构,统筹指导继续教育发展。将继续教育纳入区域、行业总体发展规划。行业主管部门或协会负责制定行业继续教育规划和组织实施办法。加快继续教育法制建设。健全继续教育激励机制,推进继续教育与工作考核、岗位聘任(聘用)、职务(职称)评聘、职业注册等人事管理制度的衔接。鼓励个人多种形式接受继续教育,支持用人单位为从业人员接受继续教育提供条件。加强继续教育监管和评估。

(二十五)构建灵活开放的终身教育体系。发展和规范教育培训服务,统筹扩大继续教育资源。鼓励学校、科研院所、企业等相关组织开展继续教育。加强城乡社区教育机构和网络建设,开发社区教育资源。大力发展现代远程教育,建设以卫星、电视和互联网等为载体的远程开放继续教育及公共服务平台,为学习者提供方便、灵活、个性化的学习条件。

搭建终身学习"立交桥"。促进各级各类教育纵向衔接、横向沟通,提供多次选择机会,满足个人多样化的学习和发展需要。健全宽进严出的学习制度,办好开放大学,改革和完善高等教育自学考试制度。建立继续教育学分积累与转换制度,实现不同类型学习成果的互认和衔接。

第九章　民族教育

(二十六)重视和支持民族教育事业。加快民族教育事业发展,对于推动少数民族和民族地区经济社会发展,促进各民族共同团结奋斗、共同繁荣发展,具有重大而深远的意义。要加强对民族教育工作的领导,全面贯彻党的民族政策,切实解决少数民族和民族地区教育事业发展面临的特殊困难和突出问题。

在各级各类学校广泛开展民族团结教育。推动党的民族理论和民族政策、国家法律法规进教材、进课堂、进头脑,引导广大师生牢固树立马克思主义祖国观、民族观、宗教观,不断夯实各民族大团结的基础,增强中华民族自豪感和凝聚力。

(二十七)全面提高少数民族和民族地区教育发展水平。公共教育资源要向民族地区倾斜。中央和地方政府要进一步加大对民族教育支持力度。

促进民族地区各级各类教育协调发展。巩固民族地区义务教育普及成果,确保适龄儿童少年依法接受义务教育,全面提高普及水平,全面提高教育教学质量。支持边境县和民族自治地方贫困县义务教育学校标准化建设,加强民族地区寄宿制学校建设。加快民族地区高中阶段教育发展。支持教育基础薄弱地区改扩建、新建一批高中阶段学校。大力发展民族地区职业教育。加大对民族地区中等职业教育的支持力度。积极发展民族地区高等教育。支持民族院校加强学科和人才队伍建设,提高办学质量和管理水平。进一步办好高校民族预科班。加大对人口较少民族教育事业的扶持力度。

大力推进双语教学。全面开设汉语文课程,全面推广国家通用语言文字。尊重和保障少数民族使用本民族语言文字接受教育的权利。全面加强学前双语教育。国家对双语教学的师资培养培训、教学研究、教材开发和出版给予支持。

加强教育对口支援。认真组织落实内地省市对民族地区教育支援工作。充分利用内地优质教育资源,探索多种形式,吸引更多民族地区少数民族学生到内地接受教育。办好面向民族地区的职业学校。加大对民族地区师资培养培训力度,提高教师的政治素质和业务素质。国家制定优惠政策,鼓励支持高等学校毕业生到民族地区基层任教。支持民族地区发展现代远程教育,扩大优质教育资源覆盖面。

第十章 特殊教育

(二十八)关心和支持特殊教育。特殊教育是促进残疾人全面发展、帮助残疾人更好地融入社会的基本途径。各级政府要加快发展特殊教育,把特殊教育事业纳入当地经济社会发展规划,列入议事日程。全社会要关心支持特殊教育。

提高残疾学生的综合素质。注重潜能开发和缺陷补偿,培养残疾学生积极面对人生、全面融入社会的意识和自尊、自信、自立、自强的精神。加强残疾学生职业技能和就业能力培养。

(二十九)完善特殊教育体系。到2020年,基本实现市(地)和30万人口以上、残疾儿童少年较多的县(市)都有一所特殊教育学校。各级各类学校要积极创造条件接收残疾人入学,不断扩大随班就读和普通学校特教班规模。全面提高残疾儿童少年义务教育普及水平,加快发展残疾人高中阶段教育,大力推进残疾人职业教育,重视发展残疾人高等教育。因地制宜发展残疾儿童学前教育。

(三十)健全特殊教育保障机制。国家制定特殊教育学校基本办学标准,地方政府制定学生人均公用经费标准。加大对特殊教育的投入力度。鼓励和支持接收残疾学生的普通学校为残疾学生创造学习生活条件。加强特殊教育师资队伍建设,采取措施落实特殊教育教师待遇。在优秀教师表彰中提高特殊教育教师比例。加大对家庭经济困难残疾学生的资助力度。逐步实施残疾学生高中阶段免费教育。

第三部分 体制改革

第十一章 人才培养体制改革

(三十一)更新人才培养观念。深化教育体制改革,关键是更新教育观念,核心是改革人才培养体制,目的是提高人才培养水平。树立全面发展观念,努力造就德智体美全面发展的高素质人才。树立人人成才观念,面向全体学生,促进学生成长成才。树立多样化人才观念,尊重个人选择,鼓励个性发展,不拘一格培养人才。树立终身学习观念,为持续发展奠定基础。树立系统培养观念,推进小学、中学、大学有机衔接,教学、科研、实践紧密结合,学校、家庭、社会密切配合,加强学校之间、校企之间、学校与科研机构之间合作以及中外合作等多种联合培养方式,形成体系开放、机制灵活、渠道互通、选择多样的人才培养体制。

(三十二)创新人才培养模式。适应国家和社会发展需要,遵循教育规律和人才成长规律,深化教育教学改革,创新教育教学方法,探索多种培养方式,形成各类人才辈出、拔尖创新人才不断涌现的局面。

注重学思结合。倡导启发式、探究式、讨论式、参与式教学,帮助学生学会学习。激发学生的好奇心,培养学生的兴趣爱好,营造独立思考、自由探索、勇于创新的良好环境。适应经济社会发展和科技进步的要求,推进课程改革,加强教材建设,建立健全教材质量监管制度。深入研究、确定不同教育阶段学生必须掌握的核心内容,形成教学内容更新机制。充分发挥现代信息技术作用,促进优质教学资源共享。

注重知行统一。坚持教育教学与生产劳动、社会实践相结合。开发实践课程和活动课程,增强学生科学实验、生产实习和技能实训的成效。充分利用社会教育资源,开展各种课外及校外活动。加强中小学校外活动场所建设。加强学生社团组织指导,鼓励学生积极参与志愿服务和公益事业。

注重因材施教。关注学生不同特点和个性差异,发展每一个学生的优势潜能。推进分层教学、走班制、学分制、导师制等教学管理制度改革。建立学习困难学生的帮助机制。改进优异学生培养方式,在跳级、转学、转换专业以及选修更高学段课程等方面给予支持和指导。健全公开、平等、竞争、择优的选拔方式,改进中学生升学推荐办法,创新研究生培养方法。探索高中阶段、高等学校拔尖学生培养模式。

(三十三)改革教育质量评价和人才评价制度。改进教育教学评价。根据培养目标和人才理念,建立科学、多样的评价标准。开展由政府、学校、家长及社会各方面参与的教育质量评价活动。做好学生成长记录,完善综合素质评价。探索促进学生发展的多种评价方式,激励学生乐观向上、自主自立、努力成才。

改进人才评价及选用制度,为人才培养创造良好环境。树立科学人才观,建立以岗位职责为基础,以品德、能力和业绩为导向的科学化、社会化人才评价发现机制。强化人才选拔使用中对实践能力的考查,克服社会用人单纯追求学历的倾向。

第十二章　考试招生制度改革

(三十四)推进考试招生制度改革。以考试招生制度改革为突破口,克服一考定终身的弊端,推进素质教育实施和创新人才培养。按照有利于科学选拔人才、促进学生健康发展、维护社会公平的原则,探索招生与考试相对分离的办法,政府宏观管理,专业机构组织实施,学校依法自主招生,学生多次选择,逐步形成分类考试、综合评价、多元录取的考试招生制度。加强考试管理,完善专业考试机构功能,提高服务能力和水平。成立国家教育考试指导委员会,研究制定考试改革方案,指导考试改革试点。

(三十五)完善中等学校考试招生制度。完善初中就近免试入学的具体办法。完善学业水平考试和综合素质评价,为高中阶段学校招生录取提供更加科学的依据。改进高中阶段学校考试招生方式,发挥优质普通高中和优质中等职业学校招生名额合理分配的导向作用。规范优秀特长生录取程序与办法。中等职业学校实行自主招生或注册入学。

(三十六)完善高等学校考试招生制度。深化考试内容和形式改革,着重考查综合素质和能力。以高等学校人才选拔要求和国家课程标准为依据,完善国家考试科目试题库,保证国家考试的科学性、导向性和规范性。探索有的科目一年多次考试的办法,探索实行社会化考试。

逐步实施高等学校分类入学考试。普通高等学校本科入学考试由全国统一组织;高等职业教育入学考试由各省、自治区、直辖市组织。成人高等教育招生办法由各省、自治区、直辖市确定。深入推进研究生入学考试制度改革,加强创新能力考查,发挥和规范导师在选拔录取中的作用。

完善高等学校招生名额分配方式和招生录取办法,建立健全有利于促进入学机会公平、有利于优秀人才选拔的多元录取机制。普通高等学校本科招生以统一入学考试为基本方式,结合学业水平考试和综合素质评价,择优录取。对特长显著、符合学校培养要求的,依据面试或者测试结果自主录取;高中阶段全面发展、表现优异的,推荐录取;符合条件、自愿到国家需要的行业、地区就业的,签订协议实行定向录取;对在实践岗位上作出突出贡献或具有特殊才能的人才,建立专门程序,破格录取。

(三十七)加强信息公开和社会监督。完善考试招生信息发布制度,实现信息公开透明,保障考生权益,加强政府和社会监督。公开高等学校招生名额分配原则和办法,公开招生章程和政策、招生程序和结果,公开自主招生办法、程序和结果。加强考试招生法规建设,规范学校招生录取程序,清理并规范升学加分政策。强化考试安全责任,加强诚信制度建设,坚决防范和严肃查处考试招生舞弊行为。

第十三章　建设现代学校制度

(三十八)推进政校分开、管办分离。适应中国国情和时代要求,建设依法办学、自主管理、民主监督、社会参与的现代学校制度,构建政府、学校、社会之间新型关系。适应国家行政管理体制改革要求,明确政府管理权限和职责,明确各级各类学校办学权利和责任。探索适应不同类型教育和人才成长的学校管理体制与办学模式,避免千校一面。完善学校目标管理和绩效管理机制。健全校务公开制度,接受师生员工和社会的监督。随着国家事业单位分类改革推进,探索建立符合学校特点的管理制度和配套政策,克服行政化倾向,取消实际存在的行政级别和行政化管理模式。

(三十九)落实和扩大学校办学自主权。政府及其部门要树立服务意识,改进管理方式,完善监管机制,减少和规范对学校的行政审批事项，依法保障学校充分行使办学自主权和承担相应责任。高等学校按照国家法律法规和宏观政策，自主开展教学活动、科学研究、技术开发和社会服务，自主设置和调整学科、专业，自主制定学校规划并组织实施，自主设置教学、科研、行政管理机构，自主确定内部收入分配，自主管理和使用人才，自主管理和使用学校财产和经费。扩大普通高中及中等职业学校在办学模式、育人方式、资源配置、人事管理、合作办学、社区服务等方面的自主权。

（四十）完善中国特色现代大学制度。完善治理结构。公办高等学校要坚持和完善党委领导下的校长负责制。健全议事规则与决策程序，依法落实党委、校长职权。完善大学校长选拔任用办法。充分发挥学术委员会在学科建设、学术评价、学术发展中的重要作用。探索教授治学的有效途径，充分发挥教授在教学、学术研究和学校管理中的作用。加强教职工代表大会、学生代表大会建设，发挥群众团体的作用。

加强章程建设。各类高校应依法制定章程，依照章程规定管理学校。尊重学术自由，营造宽松的学术环境。全面实行聘任制度和岗位管理制度。确立科学的考核评价和激励机制。

扩大社会合作。探索建立高等学校理事会或董事会，健全社会支持和监督学校发展的长效机制。探索高等学校与行业、企业密切合作共建的模式，推进高等学校与科研院所、社会团体的资源共享，形成协调合作的有效机制，提高服务经济建设和社会发展的能力。推进高校后勤社会化改革。

推进专业评价。鼓励专门机构和社会中介机构对高等学校学科、专业、课程等水平和质量进行评估。建立科学、规范的评估制度。探索与国际高水平教育评价机构合作，形成中国特色学校评价模式。建立高等学校质量年度报告发布制度。

（四十一）完善中小学学校管理制度。完善普通中小学和中等职业学校校长负责制。完善校长任职条件和任用办法。实行校务会议等管理制度，建立健全教职工代表大会制度，不断完善科学民主决策机制。扩大中等职业学校专业设置自主权。建立中小学家长委员会。引导社区和有关专业人士参与学校管理和监督。发挥企业参与中等职业学校发展的作用。建立中等职业学校与行业、企业合作机制。

第十四章　办学体制改革

（四十二）深化办学体制改革。坚持教育公益性原则，健全政府主导、社会参与、办学主体多元、办学形式多样、充满生机活力的办学体制，形成以政府办学为主体、全社会积极参与、公办教育和民办教育共同发展的格局。调动全社会参与的积极性，进一步激发教育活力，满足人民群众多层次、多样化的教育需求。

深化公办学校办学体制改革，积极鼓励行业、企业等社会力量参与公办学校办学，扶持薄弱学校发展，扩大优质教育资源，增强办学活力，提高办学效益。各地可从实际出发，开展公办学校联合办学、委托管理等试验，探索多种形式，提高办学水平。

改进非义务教育公共服务提供方式，完善优惠政策，鼓励公平竞争，引导社会资金以多种方式进入教育领域。

（四十三）大力支持民办教育。民办教育是教育事业发展的重要增长点和促进教育改革的重要力量。各级政府要把发展民办教育作为重要工作职责，鼓励出资、捐资办学，促进社会力量以独立举办、共同举办等多种形式兴办教育。完善独立学院管理和运行机制。支持民办学校创新体制机制和育人模式，提高质量，办出特色，办好一批高水平民办学校。

依法落实民办学校、学生、教师与公办学校、学生、教师平等的法律地位，保障民办学校办学自主权。清理并纠正对民办学校的各类歧视政策。制定完善促进民办教育发展的优惠政策。对具备学士、硕士和博士学位授予单位条件的民办学校，按规定程序予以审批。建立完善民办学校教师社会保险制度。

健全公共财政对民办教育的扶持政策。政府委托民办学校承担有关教育和培训任务，拨付相应教育经费。县级以上人民政府可以根据本行政区域的具体情况设立专项资金，用于资助民办学校。国家对发展民办教育作出突出贡献的组织、学校和个人给予奖励和表彰。

（四十四）依法管理民办教育。教育行政部门要切实加强民办教育的统筹、规划和管理工作。积极探索营利性和非营利性民办学校分类管理。规范民办学校法人登记。完善民办学校法人治理结构。民办学校依法设立理事会或董事会，保障校长依法行使职权，逐步推进监事制度。积极发挥民办学校党组织的作用。完善民办高等学校督导专员制度。落实民办学校教职工参与民主管理、民主监督的权利。依法明确民办学校变更、退出机制。切实落实民办学校法人财产权。依法建立民办学校财务、会计和资产管理制度。任何组织和个人不得侵占学校资产、抽逃资金或者挪用办学经费。建立民办学校办学风险防范机制和信息公开制度。扩大社会参与民办学校的管理与监督。加强对民办教育的评估。

第十五章　管理体制改革

(四十五)健全统筹有力、权责明确的教育管理体制。以转变政府职能和简政放权为重点,深化教育管理体制改革,提高公共教育服务水平。明确各级政府责任,规范学校办学行为,促进管办评分离,形成政事分开、权责明确、统筹协调、规范有序的教育管理体制。中央政府统一领导和管理国家教育事业,制定发展规划、方针政策和基本标准,优化学科专业、类型、层次结构和区域布局。整体部署教育改革试验,统筹区域协调发展。地方政府负责落实国家方针政策,开展教育改革试验,根据职责分工负责区域内教育改革、发展和稳定。

(四十六)加强省级政府教育统筹。进一步加大省级政府对区域内各级各类教育的统筹。统筹管理义务教育,推进城乡义务教育均衡发展,依法落实发展义务教育的财政责任。促进普通高中和中等职业学校合理分布,加快普及高中阶段教育,重点扶持困难地区高中阶段教育发展。促进省域内职业教育协调发展和资源共享,支持行业、企业发展职业教育。完善以省级政府为主管理高等教育的体制,合理设置和调整高等学校及学科、专业布局,提高管理水平和办学质量。依法审批设立实施专科学历教育的高等学校,审批省级政府管理本科院校学士学位授予单位和已确定为硕士学位授予单位的学位授予点。完善省对省以下财政转移支付体制,加大对经济欠发达地区的支持力度。根据国家标准,结合本地实际,合理确定各级各类学校办学条件、教师编制等实施标准。统筹推进教育综合改革,促进教育区域协作,提高教育服务经济社会发展的水平。支持和督促市(地)、县级政府履行职责,发展管理好当地各类教育。

(四十七)转变政府教育管理职能。各级政府要切实履行统筹规划、政策引导、监督管理和提供公共教育服务的职责,建立健全公共教育服务体系,逐步实现基本公共教育服务均等化,维护教育公平和教育秩序。改变直接管理学校的单一方式,综合应用立法、拨款、规划、信息服务、政策指导和必要的行政措施,减少不必要的行政干预。

提高政府决策的科学性和管理的有效性。规范决策程序,重大教育政策出台前要公开讨论,充分听取群众意见。成立教育咨询委员会,为教育改革和发展提供咨询论证,提高重大教育决策的科学性。建立和完善国家教育基本标准。整合国家教育质量监测评估机构及资源,完善监测评估体系,定期发布监测评估报告。加强教育监督检查,完善教育问责机制。

培育专业教育服务机构。完善教育中介组织的准入、资助、监管和行业自律制度。积极发挥行业协会、专业学会、基金会等各类社会组织在教育公共治理中的作用。

第十六章　扩大教育开放

(四十八)加强国际交流与合作。坚持以开放促改革、促发展。开展多层次、宽领域的教育交流与合作,提高我国教育国际化水平。借鉴国际上先进的教育理念和教育经验,促进我国教育改革发展,提升我国教育的国际地位、影响力和竞争力。适应国家经济社会对外开放的要求,培养大批具有国际视野、通晓国际规则、能够参与国际事务和国际竞争的国际化人才。

(四十九)引进优质教育资源。吸引境外知名学校、教育和科研机构以及企业,合作设立教育教学、实训、研究机构或项目。鼓励各级各类学校开展多种形式的国际交流与合作,办好若干所示范性中外合作学校和一批中外合作办学项目。探索多种方式利用国外优质教育资源。

吸引更多世界一流的专家学者来华从事教学、科研和管理工作,有计划地引进海外高端人才和学术团队。引进境外优秀教材,提高高等学校聘任外籍教师的比例。吸引海外优秀留学人员回国服务。

(五十)提高交流合作水平。扩大政府间学历学位互认。支持中外大学间的教师互派、学生互换、学分互认和学位互授联授。加强与国外高水平大学合作,建立教学科研合作平台,联合推进高水平基础研究和高技术研究。加强中小学、职业学校对外交流与合作。加强国际理解教育,推动跨文化交流,增进学生对不同国家、不同文化的认识和理解。

推动我国高水平教育机构海外办学,加强教育国际交流,广泛开展国际合作和教育服务。支持国际汉语教育。

提高孔子学院办学质量和水平。加大教育国际援助力度,为发展中国家培养培训专门人才。拓宽渠道和领域,建立高等学校毕业生海外志愿者服务机制。

创新和完善公派出国留学机制,在全国公开选拔优秀学生进入国外高水平大学和研究机构学习。加强对自费出国留学的政策引导,加大对优秀自费留学生资助和奖励力度。坚持"支持留学、鼓励回国、来去自由"的方针,提高对留学人员的服务和管理水平。

进一步扩大外国留学生规模。增加中国政府奖学金数量,重点资助发展中国家学生,优化来华留学人员结构。实施来华留学预备教育,增加高等学校外语授课的学科专业,不断提高来华留学教育质量。

加强与联合国教科文组织等国际组织的合作,积极参与双边、多边和全球性、区域性教育合作。积极参与和推动国际组织教育政策、规则、标准的研究和制定。搭建高层次国际教育交流合作与政策对话平台,加强教育研究领域和教育创新实践活动的国际交流与合作。

加强内地与港澳台地区的教育交流与合作。扩展交流内容,创新合作模式,促进教育事业共同发展。

第四部分 保障措施

第十七章 加强教师队伍建设

(五十一)建设高素质教师队伍。教育大计,教师为本。有好的教师,才有好的教育。提高教师地位,维护教师权益,改善教师待遇,使教师成为受人尊重的职业。严格教师资质,提升教师素质,努力造就一支师德高尚、业务精湛、结构合理、充满活力的高素质专业化教师队伍。

(五十二)加强师德建设。加强教师职业理想和职业道德教育,增强广大教师教书育人的责任感和使命感。教师要关爱学生,严谨笃学,淡泊名利,自尊自律,以人格魅力和学识魅力教育感染学生,做学生健康成长的指导者和引路人。将师德表现作为教师考核、聘任(聘用)和评价的首要内容。采取综合措施,建立长效机制,形成良好学术道德和学术风气,克服学术浮躁,查处学术不端行为。

(五十三)提高教师业务水平。完善培养培训体系,做好培养培训规划,优化队伍结构,提高教师专业水平和教学能力。通过研修培训、学术交流、项目资助等方式,培养教育教学骨干、"双师型"教师、学术带头人和校长,造就一批教学名师和学科领军人才。

以农村教师为重点,提高中小学教师队伍整体素质。创新农村教师补充机制,完善制度政策,吸引更多优秀人才从教。积极推进师范生免费教育,实施农村义务教育学校教师特设岗位计划,完善代偿机制,鼓励高校毕业生到艰苦边远地区当教师。完善教师培训制度,将教师培训经费列入政府预算,对教师实行每五年一周期的全员培训。加大民族地区双语教师培养培训力度。加强校长培训,重视辅导员和班主任培训。加强教师教育,构建以师范院校为主体、综合大学参与、开放灵活的教师教育体系。深化教师教育改革,创新培养模式,增强实习实践环节,强化师德修养和教学能力训练,提高教师培养质量。

以"双师型"教师为重点,加强职业院校教师队伍建设。加大职业院校教师培养培训力度。依托相关高等学校和大中型企业,共建"双师型"教师培养培训基地。完善教师定期到企业实践制度。完善相关人事制度,聘任(聘用)具有实践经验的专业技术人员和高技能人才担任专兼职教师,提高持有专业技术资格证书和职业资格证书教师比例。

以中青年教师和创新团队为重点,建设高素质的高校教师队伍。大力提高高校教师教学水平、科研创新和社会服务能力。促进跨学科、跨单位合作,形成高水平教学和科研创新团队。创新人事管理和薪酬分配方式,引导教师潜心教学科研,鼓励中青年优秀教师脱颖而出。实施海外高层次人才引进计划、"长江学者奖励计划"和"国家杰出青年科学基金"等人才项目,为高校集聚具有国际影响的学科领军人才。

(五十四)提高教师地位待遇。不断改善教师的工作、学习和生活条件,吸引优秀人才长期从教、终身从教。依法保证教师平均工资水平不低于或者高于国家公务员的平均工资水平,并逐步提高。落实教师绩效工资。对长期在农村基层和艰苦边远地区工作的教师,在工资、职务(职称)等方面实行倾斜政策,完善津贴补贴标准。建设农村艰苦边远地区学校教师周转宿舍。研究制定优惠政策,改善教师工作和生活条件。关心教师身心健康。落实和完善教师医疗养老等社会保障政策。国家对在农村地区长期从教、贡献突出的教师给予奖励。

(五十五)健全教师管理制度。完善并严格实施教师准入制度,严把教师入口关。国家制定教师资格标准,提高教师任职学历标准和品行要求。建立教师资格证书定期登记制度。省级教育行政部门统一组织中小学教师资格考试和资格认定,县级教育行政部门按规定履行中小学教师的招聘录用、职务(职称)评聘、培养培训和考核等管理职能。

逐步实行城乡统一的中小学编制标准,对农村边远地区实行倾斜政策。制定幼儿园教师配备标准。建立统一的中小学教师职务(职称)系列,在中小学设置正高级教师职务(职称)。探索在职业学校设置正高级教师职务(职称)。制定高等学校编制标准。加强学校岗位管理,创新聘用方式,规范用人行为,完善激励机制,激发教师积极性和创造性。建立健全义务教育学校教师和校长流动机制。城镇中小学教师在评聘高级职务(职称)时,原则上要有一年以上在农村学校或薄弱学校任教经历。加强教师管理,完善教师退出机制。制定校长任职资格标准,促进校长专业化,提高校长管理水平。推行校长职级制。

创造有利条件,鼓励教师和校长在实践中大胆探索,创新教育思想、教育模式和教育方法,形成教学特色和办学风格,造就一批教育家,倡导教育家办学。大力表彰和宣传模范教师的先进事迹。国家对作出突出贡献的教师和教育工作者设立荣誉称号。

第十八章　保障经费投入

(五十六)加大教育投入。教育投入是支撑国家长远发展的基础性、战略性投资,是教育事业的物质基础,是公共财政的重要职能。要健全以政府投入为主、多渠道筹集教育经费的体制,大幅度增加教育投入。

各级政府要优化财政支出结构,统筹各项收入,把教育作为财政支出重点领域予以优先保障。严格按照教育法律法规规定,年初预算和预算执行中的超收收入分配都要体现法定增长要求,保证教育财政拨款增长明显高于财政经常性收入增长,并使按在校学生人数平均的教育费用逐步增长,保证教师工资和学生人均公用经费逐步增长。按增值税、营业税、消费税的3%足额征收教育费附加,专项用于教育事业。提高国家财政性教育经费支出占国内生产总值比例,2012年达到4%。

社会投入是教育投入的重要组成部分。充分调动全社会办教育积极性,扩大社会资源进入教育途径,多渠道增加教育投入。完善财政、税收、金融和土地等优惠政策,鼓励和引导社会力量捐资、出资办学。完善非义务教育培养成本分担机制,根据经济发展状况、培养成本和群众承受能力,调整学费标准。完善捐赠教育激励机制,落实个人教育公益性捐赠支出在所得税税前扣除规定。

(五十七)完善投入机制。进一步明确各级政府提供公共教育服务职责,完善各级教育经费投入机制,保障学校办学经费的稳定来源和增长。各地根据国家办学条件基本标准和教育教学基本需要,制定并逐步提高区域内各级学校学生人均经费基本标准和学生人均财政拨款基本标准。

义务教育全面纳入财政保障范围,实行国务院和地方各级人民政府根据职责共同负担,省、自治区、直辖市人民政府负责统筹落实的投入体制。进一步完善中央财政和地方财政分项目、按比例分担的农村义务教育经费保障机制,提高保障水平。尽快化解农村义务教育学校债务。

非义务教育实行以政府投入为主、受教育者合理分担、其他多种渠道筹措经费的投入机制。学前教育建立政府投入、社会举办者投入、家庭合理负担的投入机制。普通高中实行以财政投入为主,其他渠道筹措经费为辅的机制。中等职业教育实行政府、行业、企业及其他社会力量依法筹集经费的机制。高等教育实行以举办者投入为主、受教育者合理分担培养成本、学校设立基金接受社会捐赠等筹措经费的机制。

进一步加大农村、边远贫困地区、民族地区教育投入。中央财政通过加大转移支付,支持农村欠发达地区和民族地区教育事业发展,加强关键领域和薄弱环节,解决突出问题。

健全国家资助政策体系。各地根据学前教育普及程度和发展情况,逐步对农村家庭经济困难和城镇低保家庭子女接受学前教育予以资助。提高农村义务教育家庭经济困难寄宿生生活补助标准,改善中小学生营养状况。建立普通高中家庭经济困难学生国家资助制度。完善普通本科高校、高等职业学校和中等职业学校家庭经济困难学生资助政策体系。完善助学贷款体制机制。推进生源地信用助学贷款。建立健全研究生教育收费制度,完善资助政策,设立研究生国家奖学金。根据经济发展水平和财力状况,建立国家奖助学金标准动态调整机制。

(五十八)加强经费管理。坚持依法理财,严格执行国家财政资金管理法律制度和财经纪律。建立科学化、精细化预算管理机制,科学编制预算,提高预算执行效率。设立高等教育拨款咨询委员会,增强经费分配的科学性。

加强学校财务会计制度建设,完善经费使用内部稽核和内部控制制度。完善教育经费监管机构职能,在高等学校试行设立总会计师职务,提升经费使用和资产管理专业化水平。公办高等学校总会计师由政府委派。加强经费使用监督,强化重大项目建设和经费使用全过程审计,确保经费使用规范、安全、有效。建立并不断完善教育经费基础信息库,提升经费管理信息化水平。防范学校财务风险。建立经费使用绩效评价制度,加强重大项目经费使用考评。加强学校国有资产管理,建立健全学校国有资产配置、使用、处置管理制度,防止国有资产流失,提高使用效益。

完善学校收费管理办法,规范学校收费行为和收费资金使用管理。坚持勤俭办学,严禁铺张浪费,建设节约型学校。

第十九章　加快教育信息化进程

(五十九)加快教育信息基础设施建设。信息技术对教育发展具有革命性影响,必须予以高度重视。把教育信息化纳入国家信息化发展整体战略,超前部署教育信息网络。到2020年,基本建成覆盖城乡各级各类学校的教育信息化体系,促进教育内容、教学手段和方法现代化。充分利用优质资源和先进技术,创新运行机制和管理模式,整合现有资源,构建先进、高效、实用的数字化教育基础设施。加快终端设施普及,推进数字化校园建设,实现多种方式接入互联网。重点加强农村学校信息基础建设,缩小城乡数字化差距。加快中国教育和科研计算机网、中国教育卫星宽带传输网升级换代。制定教育信息化基本标准,促进信息系统互联互通。

(六十)加强优质教育资源开发与应用。加强网络教学资源体系建设。引进国际优质数字化教学资源。开发网络学习课程。建立数字图书馆和虚拟实验室。建立开放灵活的教育资源公共服务平台,促进优质教育资源普及共享。创新网络教学模式,开展高质量高水平远程学历教育。继续推进农村中小学远程教育,使农村和边远地区师生能够享受优质教育资源。

强化信息技术应用。提高教师应用信息技术水平,更新教学观念,改进教学方法,提高教学效果。鼓励学生利用信息手段主动学习、自主学习,增强运用信息技术分析解决问题能力。加快全民信息技术普及和应用。

(六十一)构建国家教育管理信息系统。制定学校基础信息管理要求,加快学校管理信息化进程,促进学校管理标准化、规范化。推进政府教育管理信息化,积累基础资料,掌握总体状况,加强动态监测,提高管理效率。整合各级各类教育管理资源,搭建国家教育管理公共服务平台,为宏观决策提供科学依据,为公众提供公共教育信息,不断提高教育管理现代化水平。

第二十章　推进依法治教

(六十二)完善教育法律法规。按照全面实施依法治国基本方略的要求,加快教育法制建设进程,完善中国特色社会主义教育法律法规。根据经济社会发展和教育改革的需要,修订教育法、职业教育法、高等教育法、学位条例、教师法、民办教育促进法,制定有关考试、学校、终身学习、学前教育、家庭教育等法律。加强教育行政法规建设。各地根据当地实际,制定促进本地区教育发展的地方性法规和规章。

(六十三)全面推进依法行政。各级政府要按照建设法治政府的要求,依法履行教育职责。探索教育行政执法体制机制改革,落实教育行政执法责任制,及时查处违反教育法律法规、侵害受教育者权益、扰乱教育秩序等行为,依法维护学校、学生、教师、校长和举办者的权益。完善教育信息公开制度,保障公众对教育的知情权、参与权和监督权。

(六十四)大力推进依法治校。学校要建立完善符合法律规定、体现自身特色的学校章程和制度,依法办学,从严治校,认真履行教育教学和管理职责。尊重教师权利,加强教师管理。保障学生的受教育权,对学生实施的奖励与处分要符合公平、公正原则。健全符合法治原则的教育救济制度。

开展普法教育。促进师生员工提高法律素质和公民意识,自觉知法守法,遵守公共生活秩序,做遵纪守法的楷模。

(六十五)完善督导制度和监督问责机制。制定教育督导条例,进一步健全教育督导制度。探索建立相对独立的教育督导机构,独立行使督导职能。健全国家督学制度,建设专职督导队伍。坚持督政与督学并重、监督与指导并重。加强义务教育督导检查,开展学前教育和高中阶段教育督导检查。强化对政府落实教育法律法规和政策情况的督导检查。建立督导检查结果公告制度和限期整改制度。

严格落实问责制。主动接受和积极配合各级人大及其常委会对教育法律法规执行情况的监督检查以及司法机关的司法监督。建立健全层级监督机制。加强监察、审计等专门监督。强化社会监督。

第二十一章　重大项目和改革试点

(六十六)组织实施重大项目。2010－2012年,围绕教育改革发展战略目标,着眼于促进教育公平,提高教育质量,增强可持续发展能力,以加强关键领域和薄弱环节为重点,完善机制,组织实施一批重大项目。

义务教育学校标准化建设。完善城乡义务教育经费保障机制,科学规划、统筹安排、均衡配置、合理布局。实施中小学校舍安全工程,集中开展危房改造、抗震加固,实现城乡中小学校舍安全达标;改造小学和初中薄弱学校,尽快使义务教育学校师资、教学仪器设备、图书、体育场地基本达标;改扩建劳务输出大省和特殊困难地区农村学校寄宿设施,改善农村学生特别是留守儿童寄宿条件,基本满足需要。

义务教育教师队伍建设。继续实施农村义务教育学校教师特设岗位计划,吸引高校毕业生到农村从教;加强农村中小学薄弱学科教师队伍建设,重点培养和补充一批边远贫困地区和革命老区急需紧缺教师;对义务教育教师进行全员培训,组织校长研修培训;对专科学历以下小学教师进行学历提高教育,使全国小学教师学历逐步达到专科以上水平。

推进农村学前教育。支持办好现有的乡镇和村幼儿园;重点支持中西部贫困地区充分利用中小学富余校舍和社会资源,改扩建或新建乡镇和村幼儿园;对农村幼儿园园长和骨干教师进行培训。

职业教育基础能力建设。支持建设一批职业教育实训基地,提升职业教育实践教学水平;完成一大批"双师型"教师培训,聘任(聘用)一大批有实践经验和技能的专兼职教师;支持一批中等职业教育改革示范校和优质特色校建设,支持高等职业教育示范校建设;支持一批示范性职业教育集团学校建设,促进优质资源开放共享。

提升高等教育质量。实施中西部高等教育振兴计划,加强中西部地方高校优势学科和师资队伍建设;实施东部高校对口支援西部高校计划;支持建设一批高等学校产学研基地;实施基础学科拔尖学生培养试验计划和卓越工程师、医师等人才教育培养计划;继续实施"985工程"和优势学科创新平台建设,继续实施"211工程"和启动特色重点学科项目;继续实施"高等学校本科教学质量与教学改革工程"、"研究生教育创新计划"、"高等学校哲学社会科学繁荣计划"和"高等学校高层次创新人才计划"。

发展民族教育。巩固民族地区普及九年义务教育成果,支持边境县和民族自治地方贫困县实现义务教育学校标准化;重点扶持和培养一批边疆民族地区紧缺教师人才;加强对民族地区中小学和幼儿园双语教师培养培训;加快民族地区高中阶段教育发展,启动内地中职班,支持教育基础薄弱县改扩建、新建一批普通高中和中等职业学校;支持民族院校建设。

发展特殊教育。改扩建和新建一批特殊教育学校,使市(地)和30万人口以上、残疾儿童少年较多的县(市)都有一所特殊教育学校;为现有特殊教育学校添置必要的教学、生活和康复训练设施,改善办学条件;对特殊教育教师进行专业培训,提高教育教学水平。

家庭经济困难学生资助。启动民族地区、贫困地区农村小学生营养改善计划;免除中等职业教育家庭经济困难学生和涉农专业学生学费;把普通高中学生和研究生纳入国家助学体系。

教育信息化建设。提高中小学每百名学生拥有计算机台数,为农村中小学班级配备多媒体远程教学设备;建设有效共享、覆盖各级各类教育的国家数字化教学资源库和公共服务平台;基本建成较完备的国家级和省级教育基础信息库以及教育质量、学生流动、资源配置和毕业生就业状况等监测分析系统。

教育国际交流合作。支持一批示范性中外合作办学机构;支持在高校建设一批国际合作联合实验室、研究中心;引进一大批海外高层次人才;开展大中小学校长和骨干教师海外研修培训;支持扩大公派出国留学规模;实施留学中国计划,扩大来华留学生规模;培养各种外语人才;支持孔子学院建设。

(六十七)组织开展改革试点。成立国家教育体制改革领导小组,研究部署、指导实施教育体制改革工作。根据统筹规划、分步实施、试点先行、动态调整的原则,选择部分地区和学校开展重大改革试点。

推进素质教育改革试点。建立减轻中小学生课业负担的有效机制;加强基础教育课程教材建设;开展高中办学模式多样化试验,开发特色课程;探索弹性学制等培养方式;完善教育质量监测评估体系,定期发布测评结果等。

义务教育均衡发展改革试点。建立城乡一体化义务教育发展机制;实行县(区)域内教师、校长交流制度;实行优质普通高中和优质中等职业学校招生名额合理分配到区域内初中的办法；切实解决区域内义务教育阶段择校问题等。

职业教育办学模式改革试点。以推进政府统筹、校企合作、集团化办学为重点，探索部门、行业、企业参与办学的机制；开展委托培养、定向培养、订单式培养试点；开展工学结合、弹性学制、模块化教学等试点；推进职业教育为"三农"服务、培养新型农民的试点。

终身教育体制机制建设试点。建立区域内普通教育、职业教育、继续教育之间的沟通机制；建立终身学习网络和服务平台；统筹开发社会教育资源，积极发展社区教育；建立学习成果认证体系，建立"学分银行"制度等。

拔尖创新人才培养改革试点。探索贯穿各级各类教育的创新人才培养途径；鼓励高等学校联合培养拔尖创新人才；支持有条件的高中与大学、科研院所合作开展创新人才培养研究和试验，建立创新人才培养基地。

考试招生制度改革试点。完善初中和高中学业水平考试和综合素质评价；探索实行高水平大学联考；探索高等职业学校自主考试或根据学业水平考试成绩注册入学；探索自主录取、推荐录取、定向录取、破格录取的具体方式；探索缩小高等学校入学机会区域差距的举措等。

现代大学制度改革试点。研究制定党委领导下的校长负责制实施意见。制定和完善学校章程，探索学校理事会或董事会、学术委员会发挥积极作用的机制；全面实行聘任制度和岗位管理制度；实行新进人员公开招聘制度；探索协议工资制等灵活多样的分配办法；建立多种形式的专职科研队伍，推进管理人员职员制；完善校务公开制度等。

深化办学体制改革试点。探索公办学校联合办学、中外合作办学、委托管理等改革试验；开展对营利性和非营利性民办学校分类管理试点；建立民办学校财务、会计和资产管理制度；探索独立学院管理和发展的有效方式等。

地方教育投入保障机制改革试点。建立多渠道筹措教育经费长效机制；制定各级学校学生人均经费基本标准和学生人均财政拨款基本标准；探索政府收入统筹用于支持教育的办法；建立教育投入分项分担机制；依法制定鼓励教育投入的优惠政策；对长期在农村基层和艰苦边远地区工作的教师实行工资福利倾斜政策等。

省级政府教育统筹综合改革试点。探索政校分开、管办分离实现形式；合理部署区域内学校、学科、专业设置；制定办学条件、教师编制、招生规模等基本标准；推进县（市）教育综合改革试点；加强教育督导制度建设，探索督导机构独立履行职责的机制；探索省际教育协作改革试点，建立跨地区教育协作机制等。

第二十二章　加强组织领导

（六十八）加强和改善对教育工作的领导。各级党委和政府要以邓小平理论和"三个代表"重要思想为指导，深入贯彻落实科学发展观，把推动教育事业优先发展、科学发展作为重要职责，健全领导体制和决策机制，及时研究解决教育改革发展的重大问题和群众关心的热点问题。要把推进教育事业科学发展作为各级党委和政府政绩考核的重要内容，完善考核机制和问责制度。各级政府要定期向同级人民代表大会或其常务委员会报告教育工作情况。建立各级党政领导班子成员定点联系学校制度。有关部门要切实履行职责，支持教育改革和发展。扩大人民群众对教育事业的知情权、参与度。

加强教育宏观政策和发展战略研究，提高教育决策科学化水平。鼓励和支持教育科研人员坚持理论联系实际，深入探索中国特色社会主义教育规律，研究和回答教育改革发展重大理论和现实问题，促进教育事业科学发展。

（六十九）加强和改进教育系统党的建设。把教育系统党组织建设成为学习型党组织。深入学习马克思列宁主义、毛泽东思想、邓小平理论、"三个代表"重要思想以及科学发展观，坚持用发展着的马克思主义武装党员干部、教育广大师生。深入推动中国特色社会主义理论体系进教材、进课堂、进头脑。深入开展社会主义核心价值体系学习教育。

健全各级各类学校党的组织。把全面贯彻党的教育方针、培养社会主义建设者和接班人贯穿学校党组织活动始终，坚持社会主义办学方向，牢牢把握党对学校意识形态工作的主导权。高等学校党组织要充分发挥在学校改革发展中的领导核心作用，中小学党组织要充分发挥在学校工作中的政治核心作用。加强民办学校党的建设，积极探索党组织发挥作用的途径和方法。

加强学校领导班子和领导干部队伍建设，不断提高思想政治素质和办学治校能力。坚持德才兼备、以德为先用人标准，选拔任用学校领导干部。加大学校领导干部培养培训和交流任职力度。

着力扩大党组织的覆盖面，推进工作创新，增强生机活力。充分发挥学校基层党组织战斗堡垒作用和党员先锋模范作用。加强在优秀青年教师、优秀学生中发展党员工作。重视学校共青团、少先队工作。

加强教育系统党风廉政建设和行风建设。大兴密切联系群众之风、求真务实之风、艰苦奋斗之风、批评和自我批评之风。坚持标本兼治、综合治理、惩防并举、注重预防的方针,完善体现教育系统特点的惩治和预防腐败体系。严格执行党风廉政建设责任制,加大教育、监督、改革、制度创新力度,坚决惩治腐败。坚持从严治教、规范管理,积极推行政务公开、校务公开。坚决纠正损害群众利益的各种不正之风。

(七十) 切实维护教育系统和谐稳定。加强和改进学校思想政治工作,加强校园文化建设,深入开展平安校园、文明校园、绿色校园、和谐校园创建活动。重视解决好师生员工的实际困难和问题。完善矛盾纠纷排查化解机制,完善学校突发事件应急管理机制,妥善处置各种事端。加强校园网络管理。建立健全安全保卫制度和工作机制,完善人防、物防和技防措施。加强师生安全教育和学校安全管理,提高预防灾害、应急避险和防范违法犯罪活动的能力。加强校园和周边环境治安综合治理,为师生创造安定有序、和谐融洽、充满活力的工作、学习、生活环境。

实　施

《教育规划纲要》是21世纪我国第一个中长期教育规划纲要,涉及面广、时间跨度大、任务重、要求高,必须周密部署、精心组织、认真实施,确保各项任务落到实处。

明确目标任务,落实责任分工。贯彻实施《教育规划纲要》,是各级党委和政府的重要职责。各地区各部门要在中央统一领导下,按照《教育规划纲要》的部署和要求,对目标任务进行分解,明确责任分工。国务院教育行政部门负责《教育规划纲要》的组织协调与实施,各有关部门积极配合,密切协作,共同抓好贯彻落实。

提出实施方案,制定配套政策。各地要围绕《教育规划纲要》确定的战略目标、主要任务、体制改革、重大措施和项目等,提出本地区实施的具体方案和措施,分阶段、分步骤组织实施。各有关部门要抓紧研究制定切实可行、操作性强的配套政策,尽快出台实施。

鼓励探索创新,加强督促检查。充分尊重人民群众的首创精神,鼓励各地积极探索,勇于创新,创造性地实施《教育规划纲要》。对各地在实施《教育规划纲要》中好的做法和有效经验,要及时总结,积极推广。对《教育规划纲要》实施情况进行监测评估和跟踪检查。

广泛宣传动员,营造良好环境。广泛宣传党的教育方针政策,广泛宣传优先发展教育、建设人力资源强国的重要性和紧迫性,广泛宣传《教育规划纲要》的重大意义和主要内容,动员全党全社会进一步关心支持教育事业的改革和发展,为《教育规划纲要》的实施创造良好社会环境和舆论氛围。

附录5 《国务院关于当前发展学前教育的若干意见》

国发〔2010〕41号

各省、自治区、直辖市人民政府,国务院各部委、各直属机构:

为贯彻落实党的十七届五中全会、全国教育工作会议精神和《国家中长期教育改革和发展规划纲要(2010—2020年)》,积极发展学前教育,着力解决当前存在的"入园难"问题,满足适龄儿童入园需求,促进学前教育事业科学发展,现提出如下意见。

一、把发展学前教育摆在更加重要的位置。学前教育是终身学习的开端,是国民教育体系的重要组成部分,是重要的社会公益事业。改革开放特别是新世纪以来,我国学前教育取得长足发展,普及程度逐步提高。但总体上看,学前教育仍是各级各类教育中的薄弱环节,主要表现为教育资源短缺、投入不足,师资队伍不健全,体制机制不完善,城乡区域发展不平衡,一些地方"入园难"问题突出。办好学前教育,关系亿万儿童的健康成长,关系千家万户的切身利益,关系国家和民族的未来。

发展学前教育,必须坚持公益性和普惠性,努力构建覆盖城乡、布局合理的学前教育公共服务体系,保障适龄儿童接受基本的、有质量的学前教育;必须坚持政府主导,社会参与,公办民办并举,落实各级政府责任,充分调动各方面积极性;必须坚持改革创新,着力破除制约学前教育科学发展的体制机制障碍;必须坚持因地制宜,从实际出发,为幼儿和家长提供方便就近、灵活多样、多种层次的学前教育服务;必须坚持科学育儿,遵循幼儿身心发展规律,促进幼儿健康快乐成长。

各级政府要充分认识发展学前教育的重要性和紧迫性,将大力发展学前教育作为贯彻落实教育规划纲要的突破口,作为推动教育事业科学发展的重要任务,作为建设社会主义和谐社会的重大民生工程,纳入政府工作重要议事日程,切实抓紧抓好。

二、多种形式扩大学前教育资源。大力发展公办幼儿园,提供"广覆盖、保基本"的学前教育公共服务。加大政府投入,新建、改建、扩建一批安全、适用的幼儿园。不得用政府投入建设超标准、高收费的幼儿园。中小学布局调整后的富余教育资源和其他富余公共资源,优先改建成幼儿园。鼓励优质公办幼儿园举办分园或合作办园。制定优惠政策,支持街道、农村集体举办幼儿园。

鼓励社会力量以多种形式举办幼儿园。通过保证合理用地、减免税费等方式,支持社会力量办园。积极扶持民办幼儿园特别是面向大众、收费较低的普惠性民办幼儿园发展。采取政府购买服务、减免租金、以奖代补、派驻公办教师等方式,引导和支持民办幼儿园提供普惠性服务。民办幼儿园在审批登记、分类定级、评估指导、教师培训、职称评定、资格认定、表彰奖励等方面与公办幼儿园具有同等地位。

城镇小区没有配套幼儿园的,应根据居住区规划和居住人口规模,按照国家有关规定配套建设幼儿园。新建小区配套幼儿园要与小区同步规划、同步建设、同步交付使用。建设用地按国家有关规定予以保障。未按规定安排配套幼儿园建设的小区规划不予审批。城镇小区配套幼儿园作为公共教育资源由当地政府统筹安排,举办公办幼儿园或委托办成普惠性民办幼儿园。城镇幼儿园建设要充分考虑进城务工人员随迁子女接受学前教育的需求。

努力扩大农村学前教育资源。各地要把发展学前教育作为社会主义新农村建设的重要内容,将幼儿园作为新农村公共服务设施统一规划,优先建设,加快发展。各级政府要加大对农村学前教育的投入,从今年开始,国家实施推进农村学前教育项目,重点支持中西部地区;地方各级政府要安排专门资金,重点建设农村幼儿园。乡镇和大村独立建园,小村设分园或联合办园,人口分散地区举办流动幼儿园、季节班等,配备专职巡回指导教师,逐步完善县、乡、村学前教育网络。改善农村幼儿园保教条件,配备基本的保教设施、玩教具、幼儿读物等。创造更多条件,着力保障留守儿童入园。发展农村学前教育要充分考虑农村人口分布和流动趋势,合理布局,有效使用资源。

三、多种途径加强幼儿教师队伍建设。加快建设一支师德高尚、热爱儿童、业务精良、结构合理的幼儿教师队伍。各地根据国家要求,结合本地实际,合理确定生师比,核定公办幼儿园教职工编制,逐步配齐幼儿园教职工。健全幼儿教师资格准入制度,严把入口关。2010 年国家颁布幼儿教师专业标准。公开招聘具备条件的毕业生充实幼儿教师队伍。中小学富余教师经培训合格后可转入学前教育。

依法落实幼儿教师地位和待遇。切实维护幼儿教师权益,完善落实幼儿园教职工工资保障办法、专业技术职称(职务)评聘机制和社会保障政策。对长期在农村基层和艰苦边远地区工作的公办幼儿教师,按国家规定实行工资倾斜政策。对优秀幼儿园园长、教师进行表彰。

完善学前教育师资培养培训体系。办好中等幼儿师范学校。办好高等师范院校学前教育专业。建设一批幼儿师范专科学校。加大面向农村的幼儿教师培养力度,扩大免费师范生学前教育专业招生规模。积极探索初中毕业起点五年制学前教育专科学历教师培养模式。重视对幼儿特教师资的培养。建立幼儿园园长和教师培训体系,满足幼儿教师多样化的学习和发展需求。创新培训模式,为有志于从事学前教育的非师范专业毕业生提供培训。三年内对 1 万名幼儿园园长和骨干教师进行国家级培训。各地五年内对幼儿园园长和教师进行一轮全员专业培训。

四、多种渠道加大学前教育投入。各级政府要将学前教育经费列入财政预算。新增教育经费要向学前教育倾斜。财政性学前教育经费在同级财政性教育经费中要占合理比例,未来三年要有明显提高。各地根据实际研究制定公办幼儿园生均经费标准和生均财政拨款标准。制定优惠政策,鼓励社会力量办园和捐资助园。家庭合理分担学前教育成本。建立学前教育资助制度,资助家庭经济困难儿童、孤儿和残疾儿童接受普惠性学前教育。发展残疾儿童学前康复教育。中央财政设立专项经费,支持中西部农村地区、少数民族地区和边疆地区发展学前教育和学前双语教育。地方政府要加大投入,重点支持边远贫困地区和少数民族地区发展学前教育。规范学前教育经费的使用和管理。

五、加强幼儿园准入管理。完善法律法规,规范学前教育管理。严格执行幼儿园准入制度。各地根据国家基本标准和社会对幼儿保教的不同需求,制定各种类型幼儿园的办园标准,实行分类管理、分类指导。县级教育行政部门负责审批各类幼儿园,建立幼儿园信息管理系统,对幼儿园实行动态监管。完善和落实幼儿园年检制度。未取得办园许可证和未办理登记注册手续,任何单位和个人不得举办幼儿园。对社会各类幼儿培训机构和早期教育指导机构,审批主管部门要加强监督管理。

分类治理、妥善解决无证办园问题。各地要对目前存在的无证办园进行全面排查,加强指导,督促整改。整改期间,要保证幼儿正常接受学前教育。经整改达到相应标准的,颁发办园许可证。整改后仍未达到保障幼儿安全、健康等基本要求的,当地政府要依法予以取缔,妥善分流和安置幼儿。

六、强化幼儿园安全监管。各地要高度重视幼儿园安全保障工作,加强安全设施建设,配备保安人员,健全各项安全管理制度和安全责任制,落实各项措施,严防事故发生。相关部门按职能分工,建立全覆盖的幼儿园安全防护体系,切实加大工作力度,加强监督指导。幼儿园要提高安全防范意识,加强内部安全管理。幼儿园所在街道、社区和村民委员会要共同做好幼儿园安全管理工作。

七、规范幼儿园收费管理。国家有关部门 2011 年出台幼儿园收费管理办法。省级有关部门根据城乡经济社会发展水平、办园成本和群众承受能力,按照非义务教育阶段家庭合理分担教育成本的原则,制定公办幼儿园收费标准。加强民办幼儿园收费管理,完善备案程序,加强分类指导。幼儿园实行收费公示制度,接受社会监督。加强收费监管,坚决查处乱收费。

八、坚持科学保教,促进幼儿身心健康发展。加强对幼儿园保教工作的指导,2010 年国家颁布幼儿学习与发展指南。遵循幼儿身心发展规律,面向全体幼儿,关注个体差异,坚持以游戏为基本活动,保教结合,寓教于乐,促进幼儿健康成长。加强对幼儿园玩教具、幼儿图书的配备与指导,为儿童创设丰富多彩的教育环境,防止和纠正幼儿园教育"小学化"倾向。研究制定幼儿园教师指导用书审定办法。建立幼儿园保教质量评估监管体系。健全学前教育教研指导网络。要把幼儿园教育和家庭教育紧密结合,共同为幼儿的健康成长创造良好环境。

九、完善工作机制,加强组织领导。各级政府要加强对学前教育的统筹协调,健全教育部门主管、有关部门分工负责的工作机制,形成推动学前教育发展的合力。教育部门要完善政策,制定标准,充实管理、教研力量,加强学前教育的监督管理和科学指导。机构编制部门要结合实际合理确定公办幼儿园教职工编制。发展改革部门要把学前教育纳入当地经济社会发展规划,支持幼儿园建设发展。财政部门要加大投入,制定支持学前教育的优惠政策。城乡建设和国土资源部门要落实城镇小区和新农村配套幼儿园的规划、用地。人力资源和社会保障部门要制定幼儿园教职工的人事(劳动)、工资待遇、社会保障和技术职称(职务)评聘政策。价格、财政、教育部门要根据职责分工,加强幼儿园收费管理。综治、公安部门要加强对幼儿园安全保卫工作的监督指导,整治、净化周边环境。卫生部门要监督指导幼儿园卫生保健工作。民政、工商、质检、安全生产监管、食品药品监管等部门要根据职能分工,加强对幼儿园的指导和管理。妇联、残联等单位要积极开展对家庭教育、残疾儿童早期教育的宣传指导。充分发挥城市社区居委会和农村村民自治组织的作用,建立社区和家长参与幼儿园管理和监督的机制。

十、统筹规划,实施学前教育三年行动计划。各省(区、市)政府要深入调查,准确掌握当地学前教育基本状况和存在的突出问题,结合本区域经济社会发展状况和适龄人口分布、变化趋势,科学测算入园需求和供需缺口,确定发展目标,分解年度任务,落实经费,以县为单位编制学前教育三年行动计划,有效缓解"入园难"。2011 年 3 月底前,各省(区、市)行动计划报国家教育体制改革领导小组办公室备案。

地方政府是发展学前教育、解决"入园难"问题的责任主体。各省(区、市)要建立督促检查、考核奖惩和问责机制,确保大力发展学前教育的各项举措落到实处,取得实效。各级教育督导部门要把学前教育作为督导重点,加强对政府责任落实、教师队伍建设、经费投入、安全管理等方面的督导检查,并将结果向社会公示。教育部会同有关部门对各地学前教育三年行动计划进展情况进行专项督查,组织宣传和推广先进经验,对发展学前教育成绩突出的地区予以表彰奖励,营造全社会关心支持学前教育的良好氛围。

国务院

二〇一〇年十一月二十一日

附录6 《中国儿童发展纲要(2011—2020年)》

国务院关于印发中国妇女发展纲要和中国儿童发展纲要的通知

国发〔2011〕24号

各省、自治区、直辖市人民政府,国务院各部委、各直属机构:

现将《中国妇女发展纲要(2011—2020年)》和《中国儿童发展纲要(2011—2020年)》印发给你们,请认真贯彻执行。

国务院

二〇一一年七月三十日

中国儿童发展纲要

(2011—2020年)

儿童时期是人生发展的关键时期。为儿童提供必要的生存、发展、受保护和参与的机会和条件,最大限度地满足儿童的发展需要,发挥儿童潜能,将为儿童一生的发展奠定重要基础。

儿童是人类的未来,是社会可持续发展的重要资源。儿童发展是国家经济社会发展与文明进步的重要组成部分,促进儿童发展,对于全面提高中华民族素质,建设人力资源强国具有重要战略意义。

2001年,国务院颁布了《中国儿童发展纲要(2001—2010年)》(以下简称纲要),从儿童健康、教育、法律保护和环境四个领域提出了儿童发展的主要目标和策略措施。十年来,国家加快完善保护儿童权利的法律体系,强化政府责任,不断提高儿童工作的法制化和科学化水平,我国儿童生存、保护、发展的环境和条件得到明显改善,儿童权利得到进一步保护,儿童发展取得了巨大成就。截至2010年,纲要确定的主要目标基本实现。儿童健康、营养状况持续改善,婴儿、5岁以下儿童死亡率分别从2000年的32.2‰、39.7‰下降到13.1‰、16.4‰,孕产妇死亡率从2000年的53.0/10万下降到30.0/10万,纳入国家免疫规划的疫苗接种率达到了90%以上。儿童教育普及程度持续提高,学前教育毛入园(班)率从2000年的35.0%上升到56.6%,小学学龄儿童净入学率达到99.7%,初中阶段和高中阶段毛入学率分别达到100.1%和82.5%。孤儿、贫困家庭儿童、残疾儿童、流浪儿童、受艾滋病影响儿童等弱势儿童群体得到更多的关怀和救助。

受社会经济、文化等因素的影响,儿童发展及权利保护仍然面临着诸多问题与挑战。全社会儿童优先意识有待进一步加强,儿童工作机制有待进一步完善。城乡区域间儿童发展不平衡,贫困地区儿童整体发展水平较低;出生缺陷发生率上升,出生人口性别比偏高;学前教育公共资源不足,普及率偏低;义务教育发展不均衡,校际、城乡、区域间存在较大差距;贫困家庭儿童、孤儿、弃婴、残疾儿童、流浪儿童的救助迫切需要制度保障;人口流动带来的儿童问题尚未得到有效解决;社会文化环境中仍然存在不利于儿童健康成长的消极因素等等。进一步解决儿童发展面临的突出问题,促进儿童的全面发展和权利保护,仍然是今后一个时期儿童工作的重大任务。

未来十年,是我国全面建设小康社会的关键时期,儿童发展面临前所未有的机遇。贯彻落实科学发展观,将为儿童健康成长创造更加有利的社会环境。制定和实施新一轮儿童发展纲要,将为促进人的全面发展,提高中华民族整体素质奠定更加坚实的基础。

依照《中华人民共和国未成年人保护法》等相关法律法规,遵循联合国《儿童权利公约》的宗旨,按照国家经济社会发展的总体目标和要求,结合我国儿童发展的实际情况,制定本纲要。

一、指导思想和基本原则

(一)指导思想

高举中国特色社会主义伟大旗帜,以邓小平理论和“三个代表”重要思想为指导,深入贯彻落实科学发展观,坚持儿童优先原则,保障儿童生存、发展、受保护和参与的权利,缩小儿童发展的城乡区域差距,提升儿童福利水平,提高儿童整体素质,促进儿童健康、全面发展。

(二)基本原则

1. 依法保护原则。在儿童身心发展的全过程,依法保障儿童合法权利,促进儿童全面健康成长。

2. 儿童优先原则。在制定法律法规、政策规划和配置公共资源等方面优先考虑儿童的利益和需求。

3. 儿童最大利益原则。从儿童身心发展特点和利益出发处理与儿童相关的具体事务,保障儿童利益最大化。

4. 儿童平等发展原则。创造公平社会环境,确保儿童不因户籍、地域、性别、民族、信仰、受教育状况、身体状况和家庭财产状况受到任何歧视,所有儿童享有平等的权利与机会。

5. 儿童参与原则。鼓励并支持儿童参与家庭、文化和社会生活,创造有利于儿童参与的社会环境,畅通儿童意见表达渠道,重视、吸收儿童意见。

二、总目标

完善覆盖城乡儿童的基本医疗卫生制度,提高儿童身心健康水平;促进基本公共教育服务均等化,保障儿童享有更高质量的教育;扩大儿童福利范围,建立和完善适度普惠的儿童福利体系;提高儿童工作社会化服务水平,创建儿童友好型社会环境;完善保护儿童的法规体系和保护机制,依法保护儿童合法权益。

三、发展领域、主要目标和策略措施

(一)儿童与健康

主要目标:

1. 严重多发致残的出生缺陷发生率逐步下降,减少出生缺陷所致残疾。

2. 婴儿和5岁以下儿童死亡率分别控制在10‰和13‰以下。降低流动人口中婴儿和5岁以下儿童死亡率。

3. 减少儿童伤害所致死亡和残疾。18岁以下儿童伤害死亡率以2010年为基数下降1/6。

4. 控制儿童常见疾病和艾滋病、梅毒、结核病、乙肝等重大传染性疾病。

5. 纳入国家免疫规划的疫苗接种率以乡(镇)为单位达到95%以上。

6. 新生儿破伤风发病率以县为单位降低到1‰以下。

7. 低出生体重发生率控制在4%以下。

8. 0—6个月婴儿纯母乳喂养率达到50%以上。

9. 5岁以下儿童贫血患病率控制在12%以下,中小学生贫血患病率以2010年为基数下降1/3。

10. 5岁以下儿童生长迟缓率控制在7%以下,低体重率降低到5%以下。

11. 提高中小学生《国家学生体质健康标准》达标率。控制中小学生视力不良、龋齿、超重/肥胖、营养不良发生率。

12. 降低儿童心理行为问题发生率和儿童精神疾病患病率。

13. 提高适龄儿童性与生殖健康知识普及率。

14. 减少环境污染对儿童的伤害。

策略措施:

1. 加大妇幼卫生经费投入。优化卫生资源配置,增加农村和边远地区妇幼卫生经费投入,促进儿童基本医疗卫生服务的公平性和可及性。

2. 加强妇幼卫生服务体系建设。省、市、县均设置一所政府举办、标准化的妇幼保健机构。加强县、乡、村三级妇幼卫生服务网络建设,完善基层妇幼卫生服务体系。加强儿童医疗保健服务网络建设,二级以上综合医院和县级以上妇幼保健院设置儿科,增加儿童医院数量,规范新生儿病室建设。加强儿童卫生人才队伍建设,提高儿童卫生服务能力。

3. 加强儿童保健服务和管理。推进儿童医疗保健科室标准化建设,开展新生儿保健、生长发育监测、营养与喂养指导、早期综合发展、心理行为发育评估与指导等服务。逐步扩展国家基本公共卫生服务项目中的儿童保健服务内容。3 岁以下儿童系统管理率和 7 岁以下儿童保健管理率均达到 80% 以上。将流动儿童纳入流入地社区儿童保健管理体系,提高流动人口中的儿童保健管理率。

4. 完善出生缺陷防治体系。落实出生缺陷三级防治措施,加强婚前医学检查知识宣传,规范检查项目,改进服务模式,提高婚前医学检查率。加强孕产期合理营养与膳食指导。建立健全产前诊断网络,提高孕期出生缺陷发现率。开展新生儿疾病筛查、诊断和治疗,先天性甲状腺功能减低症、新生儿苯丙酮尿症等遗传代谢性疾病筛查率达到 80% 以上,新生儿听力筛查率达到 60% 以上,提高确诊病例治疗率和康复率。加大出生缺陷防治知识宣传力度,提高目标人群出生缺陷防治知识知晓率。

5. 加强儿童疾病防治。扩大国家免疫规划范围,加强疫苗冷链系统建设和维护,规范预防接种行为。以城乡社区为重点,普及儿童健康基本知识。加强儿童健康相关科学技术研究,促进成果转化,推广适宜技术,降低新生儿窒息、肺炎和先天性心脏病等的死亡率。规范儿科诊疗行为。鼓励儿童专用药品研发和生产,扩大国家基本药物目录中儿科用药品种和剂型范围,完善儿童用药目录。将预防艾滋病母婴传播及先天梅毒综合服务纳入妇幼保健常规工作,孕产妇艾滋病和梅毒检测率分别达到 80% 和 70%,感染艾滋病、梅毒的孕产妇及所生儿童采取预防母婴传播干预措施比例均达到 90% 以上。

6. 预防和控制儿童伤害。制定实施多部门合作的儿童伤害综合干预行动计划,加大执法和监管力度,为儿童创造安全的学习、生活环境,预防和控制溺水、跌伤、交通伤害等主要伤害事故发生。将安全教育纳入学校教育教学计划,中小学校、幼儿园和社区普遍开展灾害避险以及游泳、娱乐、交通、消防安全和产品安全知识教育,提高儿童家长和儿童的自护自救、防灾避险的意识和能力。建立健全学校和幼儿园的安全、卫生管理制度和校园伤害事件应急管理机制。建立完善儿童伤害监测系统和报告制度。提高灾害和紧急事件中保护儿童的意识和能力,为受灾儿童提供及时有效的医疗、生活、教育、心理康复等方面的救助服务。

7. 改善儿童营养状况。加强爱婴医院建设管理,完善和落实支持母乳喂养的相关政策,积极推行母乳喂养。开展科学喂养、合理膳食与营养素补充指导,提高婴幼儿家长科学喂养知识水平。加强卫生人员技能培训,预防和治疗营养不良、贫血、肥胖等儿童营养性疾病。实施贫困地区学龄前儿童营养与健康干预项目,继续推行中小学生营养改善计划。加大碘缺乏病防治知识宣传普及力度,提高缺碘地区合格碘盐食用率。

8. 提高儿童身体素质。全面实施国家学生体质健康标准。合理安排学生学习、休息和娱乐时间,保证学生睡眠时间和每天一小时校园体育活动。鼓励和支持学校体育场馆设施在课余和节假日向学生开放。完善并落实学生健康体检制度和体质监测制度,并建立学生体质健康档案。

9. 加强对儿童的健康指导和干预。加强托幼机构和中小学校卫生保健管理,对儿童开展疾病预防、心理健康、生长发育与青春期保健等方面的教育和指导,提高儿童身心健康素养水平。帮助儿童养成健康行为和生活方式。加强儿童视力、听力和口腔保健工作。预防和制止儿童吸烟、酗酒和吸毒。严禁向儿童出售烟酒和违禁药品。

10. 构建儿童心理健康公共服务网络。儿童医院、精神专科医院和有条件的妇幼保健机构设儿童心理科(门诊),配备专科医师。学校设心理咨询室,配备专职心理健康教育教师。开展精神卫生专业人员培训。

11. 加强儿童生殖健康服务。将性与生殖健康教育纳入义务教育课程体系,增加性与生殖健康服务机构数量,加强能力建设,提供适合适龄儿童的服务,满足其咨询与治疗需求。

12. 保障儿童食品、用品安全。完善婴幼儿食品、用品的国家标准、检测标准和质量认证体系,强化生产经营企业的质量意识,建立婴幼儿食品安全监测、检测和预警机制,加强农村地区食品市场监管,严厉打击制售假冒伪劣食品的违法犯罪行为。加强婴幼儿用品、玩具生产销售和游乐设施运营的监管。健全儿童玩具、儿童用品等的缺陷产品召回制度。

13. 加大环境保护和治理力度。控制和治理大气、水、土地等环境污染以及工业、生活和农村面源污染,加强饮用水源保护。加强监管,确保主要持久性有机污染物和主要重金属(铅、镉等)暴露水平符合国家标准。

（二）儿童与教育

主要目标：

1. 促进0—3岁儿童早期综合发展。

2. 基本普及学前教育。学前三年毛入园率达到70%，学前一年毛入园率达到95%；增加城市公办幼儿园数量，农村每个乡镇建立并办好公办中心幼儿园和村幼儿园。

3. 九年义务教育巩固率达到95%。确保流动儿童平等接受义务教育，保障残疾儿童接受义务教育。

4. 普及高中阶段教育，毛入学率达到90%。

5. 中等职业教育规模扩大，办学质量提高。

6. 保障所有儿童享有公平教育，均衡配置教育资源，缩小城乡差距、区域差距、校际差距。

7. 学校标准化建设水平提高，薄弱学校数量减少。

8. 教育质量和效益不断提高，学生综合素质和能力全面提升。

策略措施：

1. 落实教育优先发展战略。切实保证经济社会发展规划优先安排教育发展，财政资金优先保障教育的投入，公共资源优先满足教育和人力资源开发需要。完善体制和政策，鼓励社会力量兴办教育，不断扩大社会资源对教育的投入。

2. 依法保障儿童受教育的权利。各级政府要组织和督促适龄儿童入学接受义务教育，帮助解决适龄儿童接受义务教育的困难，采取措施防止其辍学。父母或其他监护人要保障适龄儿童依法接受并完成义务教育。学校要耐心教育、帮助品行有缺点、学习有困难的学生，不得违反法律和国家规定开除或变相开除学生。

3. 促进基本公共教育服务均等化。坚持基本公共教育的公益性和普惠性，加快建立城乡一体化的教育发展保障机制和基本公共教育服务体系，均衡配置教师、设备、图书、校舍等资源，加快推进义务教育学校标准化建设，完善教师交流制度，缩小办学条件、师资水平、教育质量上的差距。

4. 加快发展少数民族和民族地区儿童教育事业。加大对民族教育的支持力度，积极推进民族地区、农村牧区、偏远山区、边境地区改善中小学办学条件，巩固提高九年义务教育水平，促进女童接受学前和高中阶段教育。大力推进双语教学，全面推广国家通用语言文字，尊重和保障少数民族儿童使用本民族语言接受教育的权利，重视加强学前双语教育。加大民族地区师资培养培训力度。进一步完善发达地区、大中城市对民族地区的教育支援工作。

5. 积极开展0—3岁儿童科学育儿指导。积极发展公益性普惠性的儿童综合发展指导机构，以幼儿园和社区为依托，为0—3岁儿童及其家庭提供早期保育和教育指导。加快培养0—3岁儿童早期教育专业化人才。

6. 加快发展3—6岁儿童学前教育。落实各级政府发展学前教育的责任，将学前教育发展纳入城镇建设规划和社会主义新农村建设规划；建立政府主导、社会参与、公办民办并举的办园体制，大力发展公办幼儿园，提供"广覆盖、保基本"的学前教育公共服务；鼓励社会力量以多种形式举办幼儿园，引导和支持民办幼儿园提供普惠性服务。重点发展农村学前教育。每个乡镇至少办好一所公办中心幼儿园，大村独立建园，小村设分园或联合办园，人口分散地区提供灵活多样的学前教育服务，配备专职巡回指导教师，逐步完善县、乡、村三级学前教育网络。采取有效措施，努力解决流动儿童入园问题。建立学前教育资助制度，资助家庭经济困难儿童、孤儿和残疾儿童接受普惠性学前教育。因地制宜发展残疾儿童学前教育，鼓励特殊教育学校、残疾人康复机构举办接收残疾儿童的幼儿园，加强学前教育监督和管理。

7. 确保受人口流动影响儿童平等接受义务教育。坚持以流入地政府管理为主、以全日制公办中小学为主解决流动儿童就学问题。制定实施流动儿童义务教育后在流入地参加升学考试的办法。加快农村寄宿制学校建设，优先满足留守儿童住宿需求。

8. 保障特殊困难儿童接受义务教育权利。落实孤儿、残疾儿童、贫困儿童就学资助政策。加快发展特殊教育，基本实现市（地）和30万人口以上、残疾儿童较多的县（市）建立1所特殊教育学校；扩大残疾儿童随班就读、普通学校特教班和寄宿制残疾学生的规模，提高残疾儿童受教育水平。为流浪儿童、有严重不良行为和违法犯罪行为的儿童平等接受义务教育创造条件。

9. 加快发展高中阶段教育。逐步提高高中阶段教育财政投入水平，加大对中西部贫困地区高中阶段教育的扶持力度。推动普通高中多样化发展，满足不同儿童发展需求。

10. 大力发展职业教育。以服务为宗旨,以就业为导向,以提高质量为重点,深化职业教育改革,促进职业教育规模、专业设置与经济社会发展需求相适应。增强职业教育吸引力,逐步推行中等职业教育免费政策。

11. 全面推进素质教育。树立科学的教育观,全面贯彻教育方针,坚持面向全体学生、促进学生德智体美全面发展,提高学生的学习能力、实践能力、创新能力、社会适应能力和思想道德素质、科学文化素质、健康素质。

12. 加强和改进学校思想道德教育。坚持育人为本、德育为先,把社会主义核心价值体系融入国民教育全过程。把德育渗透于教育教学各个环节,贯穿于学校教育、家庭教育和社会教育各个方面。创新德育形式,丰富德育内容,不断提高德育工作吸引力和感染力,增强德育工作的针对性和实效性。充分发挥共青团和少先队在学校德育工作中的作用。

13. 提高儿童科学素养水平。开展多种形式的科普和社会实践活动,增强儿童对科学技术的兴趣和爱好,培养儿童科学探究能力和综合运用知识解决问题的能力。利用科技类博物馆、科研院所等科普教育基地和青少年科技教育基地等资源,为儿童提供科学实践的场所和机会。建立校外科学实践活动与学校课程相衔接的机制。加强校内外结合的儿童科普网络建设,建立和巩固一支专兼职相结合的儿童科普队伍。

14. 加快推进教育教学改革。积极推进课程体系、教学内容、教学方法、考试招生制度改革,建立教育质量标准和监测评价制度体系,完善学生综合素质和学业评价体系。完善和全面实施义务教育就近免试入学制度,解决学生择校问题。建立学生课业负担监测和公告制度,减少作业量和考试次数,减轻学生课业负担。

15. 提高教师队伍素质和能力。加强教师职业理想和职业道德教育,提高教师师德修养水平。将师德作为教师考核、聘任(聘用)和评价的首要内容。继续提高教师学历合格率和学历层次,完善教师培训制度,提高教师业务水平和教学能力。

16. 全面推进教育现代化和信息化。把教育信息化纳入国家信息化发展整体战略,提高农村中小学校接入互联网的比例,扩大农村现代远程教育网络覆盖面,基本建成覆盖城乡各级各类学校的教育信息化体系。

17. 建设民主、文明、和谐、平等、安全的友好型学校。建立尊师爱生的师生关系。保障学生参与学校事务的权利。创造有利于学生身体健康的学习、生活条件,提供安全饮用水和卫生厕所,改善寄宿制学校学生食堂和住宿条件。

18. 完善学校收费管理与监督机制。完善学校收费管理办法,规范学校收费行为和收费资金使用管理。

(三)儿童与福利

主要目标:

1. 扩大儿童福利范围,推动儿童福利由补缺型向适度普惠型的转变。

2. 保障儿童享有基本医疗卫生服务,提高儿童基本医疗保障覆盖率和保障水平,为贫困和大病儿童提供医疗救助。

3. 基本满足流动和留守儿童基本公共服务需求。

4. 满足孤儿生活、教育、医疗和公平就业等基本需求,提高孤儿家庭寄养率和收养率。

5. 提高0—6岁残疾儿童抢救性康复率。

6. 减少流浪儿童数量和反复性流浪。

7. 增加孤儿养护、流浪儿童保护和残疾儿童康复的专业服务机构数量。全国地级以上城市和重点县(市)建立1所具有养护、医疗康复、教育、技能培训等综合功能的儿童福利机构和1所流浪儿童救助保护机构。

8. 保障受艾滋病影响儿童和服刑人员未满18周岁子女的生活、教育、医疗、公平就业等权利。

策略措施:

1. 提高面向儿童的公共服务供给能力和水平。完善基本公共服务体系,增加财政对儿童福利的投入,逐步实现儿童基本公共服务均等化。

2. 保障儿童基本医疗。在城镇居民基本医疗保险和新型农村合作医疗制度框架内完善儿童基本医疗保障,逐步提高儿童医疗保障水平,减轻患病儿童家庭医疗费用负担。

3. 提高儿童医疗救助水平。加大对大病儿童和贫困家庭儿童的医疗救助。对贫困家庭儿童、孤儿、残疾儿童参加城镇居民基本医疗保险及新型农村合作医疗个人缴纳部分按规定予以补贴。

4. 扩大儿童福利范围。完善城乡居民最低生活保障制度，通过分类施保提高贫困家庭儿童生活水平。探索对儿童实施营养干预和补助的方法，改善儿童营养状况。逐步提高农村义务教育寄宿制学校家庭经济困难学生生活补助标准，扩大补助范围。

5. 建立健全孤儿保障制度。落实孤儿社会保障政策，满足孤儿生活、教育、医疗康复、住房等方面的需求。帮助有劳动能力的适龄孤儿就业。建立受艾滋病影响儿童和服刑人员未成年子女的替代养护制度，为受艾滋病影响儿童和服刑人员未成年子女的生活、教育、医疗、公平就业提供制度保障。

6. 完善孤儿养育和服务模式。加强儿童福利机构建设，全面提高儿童福利机构的管理服务水平。探索适合孤儿身心发育的养育模式。完善孤儿收养制度，规范家庭寄养，鼓励社会助养。建立和完善家庭寄养和亲属监护养育的监督、支持和评估体系，提高家庭寄养孤儿和亲属监护养育孤儿的养育质量。

7. 建立完善残疾儿童康复救助制度和服务体系。建立0—6岁残疾儿童登记制度，对贫困家庭残疾儿童基本康复需求按规定给予补贴。优先开展残疾儿童抢救性治疗和康复，提高残疾儿童康复机构服务专业化水平。以专业康复机构为骨干、社区为基础、家庭为依托建立残疾儿童康复服务体系，加强残疾儿童康复转介服务，开展多层次职业培训和实用技术培训，增强残疾儿童生活自理能力、社会适应能力和平等参与社会生活的能力。

8. 加强流浪儿童救助保护工作。完善流浪儿童救助保护网络体系，健全流浪儿童生活、教育、管理、返乡保障制度，对流浪儿童开展教育、医疗服务、心理辅导、行为矫治和技能培训。提高流浪儿童救助保护工作专业化和社会化水平，鼓励并支持社会力量保护和救助流浪儿童。探索建立流浪儿童早期预防干预机制。

9. 建立和完善流动儿童和留守儿童服务机制。积极稳妥推进户籍制度和社会保障制度改革，逐步将流动人口纳入当地经济社会发展规划。建立16周岁以下流动儿童登记制度，为流动儿童享有教育、医疗保健等公共服务提供基础。整合社区资源，完善以社区为依托，面向流动人口家庭的管理和服务网络，增强服务意识，提高服务能力。健全农村留守儿童服务机制，加强对留守儿童心理、情感和行为的指导，提高留守儿童家长的监护意识和责任。

（四）儿童与社会环境

主要目标：

1. 营造尊重、爱护儿童的社会氛围，消除对儿童的歧视和伤害。

2. 适应城乡发展的家庭教育指导服务体系基本建成。

3. 儿童家长素质提升，家庭教育水平提高。

4. 为儿童提供丰富、健康向上的文化产品。

5. 保护儿童免受网络、手机、游戏、广告、图书和影视中不良信息的影响。

6. 培养儿童阅读习惯，增加阅读时间和阅读量。90%以上的儿童每年至少阅读一本图书。

7. 增加县、乡两级儿童教育、科技、文化、体育、娱乐等课外活动设施和场所，坚持公益性，提高利用率和服务质量。每个街道和乡（镇）至少配备一名专职或兼职儿童社会工作者。

8. 90%以上的城乡社区建设一所为儿童及其家庭提供游戏、娱乐、教育、卫生、社会心理支持和转介等服务的儿童之家。

9. 保障儿童参与家庭生活、学校和社会事务的权利。

10. 保障儿童享有闲暇和娱乐的权利。

策略措施：

1. 广泛开展以儿童优先和儿童权利为主题的宣传教育活动，提高公众对儿童权利尤其是儿童参与权的认识。

2. 将家庭教育指导服务纳入城乡公共服务体系。普遍建立各级家庭教育指导机构，90%的城市社区和80%的行政村建立家长学校或家庭教育指导服务点。建立家庭教育从业人员培训和指导服务机构准入等制度，培养合格的专兼职家庭教育工作队伍。加大公共财政对家庭教育指导服务体系建设的投入，鼓励和支持社会力量参与家庭教育工作。

3. 开展家庭教育指导和宣传实践活动。多渠道、多形式持续普及家庭教育知识，确保儿童家长每年至少接受两次家庭教育指导服务，参加两次家庭教育实践活动。加强家庭教育研究，促进研究成果的推广和应用。

4. 为儿童成长提供良好的家庭环境。倡导平等、文明、和睦、稳定的家庭关系，提倡父母与子女加强交流与沟通。预防和制止家庭虐待、忽视和暴力等事件的发生。

5. 创造有益于儿童身心健康的文化环境。引导各类媒体制作和传播有益于儿童健康成长的信息,增强文化产品的知识性、趣味性。制定优惠政策,鼓励和支持优秀儿童图书、影视、歌曲、童谣、舞蹈、戏剧、动漫、游戏等创作、生产和发行。办好儿童广播电视专题节目,严格控制不适合儿童观看的广播影视节目在大众传媒播出。积极组织适合儿童的文化活动,大力培育儿童文化品牌。加强文化市场监管,加大查处传播淫秽、色情、凶杀、暴力、封建迷信和伪科学的出版物及儿童玩具、饰品的力度。重视少数民族文字少儿读物的创作、译制和出版工作。

6. 规范与儿童相关的广告和商业性活动。严格执行相关法规政策,禁止母乳代用品广告宣传,规范与儿童有关的产品(服务)广告及烟酒广告播出。规范和限制儿童参加商业性演出和活动。

7. 为儿童健康上网创造条件。在公益性文化场所和儿童活动场所建设公共电子阅览室,为儿童提供公益性上网服务。社区公益性互联网上网服务设施,对儿童免费或优惠开放。推行绿色上网软件,加强对网络不良信息的打击和治理,净化互联网环境。加强对互联网上网服务营业场所的管理。互联网上网服务营业场所严格实行消费者实名登记制,并在显著位置设置未成年人禁入标志,不得允许未成年人进入。加大对"黑"网吧的打击力度。家庭和学校加强对儿童上网的引导,防止儿童沉迷网络。

8. 净化校园周边环境。落实维护校园周边治安秩序、确保校园安全的相关措施,在学校周边治安复杂地区设立治安岗进行巡逻,向学校、幼儿园派驻保安员。校园附近严格按规定设交通警示标志和安全设施,派民警或协管员维护地处交通复杂路段的小学、幼儿园周边道路的交通秩序。加强对校园周边商业网点和经营场所的监管,校园周边200米以内禁设网吧、游戏厅、娱乐场所。

9. 加大儿童活动设施建设。将儿童活动设施和场所建设纳入地方经济社会发展规划,增加彩票公益金对儿童活动设施和场所的投入,加大对农村地区儿童活动设施和场所建设和运行的扶持力度。规范儿童课外活动设施和场所的管理,各类文化、科技、体育等公益性设施和场所对儿童免费或优惠开放,并根据自身条件开辟专门供儿童活动的区域。加强爱国主义教育基地建设。

10. 强化城乡社区儿童服务功能。建立以社区为基础的儿童保护工作运行机制,充分挖掘和合理利用社区资源,动员学校、幼儿园、医院等机构和社会团体、志愿者参与儿童保护。整合社区资源建设儿童活动场所,配备专兼职工作人员,提高运行能力,为儿童及其家庭提供服务。

11. 为儿童阅读图书创造条件。推广面向儿童的图书分级制,为不同年龄儿童提供适合其年龄特点的图书,为儿童家长选择图书提供建议和指导。增加社区图书馆和农村流动图书馆数量,公共图书馆设儿童阅览室或图书角,有条件的县(市、区)建儿童图书馆。"农家书屋"配备一定数量的儿童图书。广泛开展图书阅读活动,鼓励和引导儿童主动读书。

12. 保障儿童的参与和表达权利。将儿童参与纳入儿童事务和儿童服务决策过程,决定有关儿童的重大事项,吸收儿童代表参加,听取儿童意见。畅通儿童参与和表达渠道,增加儿童社会实践机会,鼓励儿童参与力所能及的社会事务和社会公益活动,提高儿童的社会参与能力。

13. 增强儿童环保意识。开展环境和生态文明宣传教育,鼓励儿童积极参与环保活动,引导儿童践行低碳生活和绿色消费。

14. 加强儿童社会工作队伍建设。强化对儿童工作人员的社会工作能力培训,积极发挥社会工作专业人员在为儿童提供服务、维护儿童权益方面的作用。

15. 开展促进儿童发展的国际交流与合作。积极履行联合国《儿童权利公约》等国际公约,扩大多边和双边交流与合作,宣传我国促进儿童发展取得的成就。

(五)儿童与法律保护

主要目标:

1. 保护儿童的法律法规和法律保护机制更加完善。

2. 贯彻落实保护儿童的法律法规,儿童优先和儿童最大利益原则进一步落实。

3. 依法保障儿童获得出生登记和身份登记。

4. 出生人口性别比升高趋势得到遏制,出生人口性别比趋向合理。

5. 完善儿童监护制度，保障儿童获得有效监护。

6. 中小学生普遍接受法制教育，法律意识、自我保护意识和能力明显增强。

7. 预防和打击侵害儿童人身权利的违法犯罪行为，禁止对儿童实施一切形式的暴力。

8. 依法保护儿童合法财产权益。

9. 禁止使用童工（未满16周岁儿童）和对儿童的经济剥削。

10. 保障儿童依法获得及时有效的法律援助和司法救助。

11. 预防未成年人违法犯罪，降低未成年罪犯占刑事罪犯的比重。

12. 司法体系进一步满足儿童身心发展的特殊需要。

策略措施：

1. 继续完善保护儿童的法律体系。推进儿童福利、学前教育、家庭教育等立法进程。清理、修改、废止与保护儿童权利不相适应的法规政策。增强保护儿童相关法律法规的可操作性。

2. 加强法制宣传教育。提高家庭、学校、社会各界和儿童本人保护儿童权利的法制观念、责任意识和能力。

3. 加强执法监督。明确执法主体，强化法律责任，定期开展专项执法检查。加强对执法人员儿童权益保护知识和技能培训，增强儿童权益保护观念，提高执法水平。

4. 落实儿童出生登记制度。提高社会各界对出生登记的认识，完善出生登记相关制度和政策。加强部门协调和信息共享，简化、规范登记程序。

5. 消除对女童的歧视。宣传性别平等观念，增强全社会性别平等意识。建立有利于女孩及其家庭的利益导向机制，提高农村生育女孩家庭的经济社会地位。加大对利用B超等进行非医学需要的胎儿性别鉴定和选择性别人工终止妊娠行为的打击力度。

6. 建立完善儿童监护监督制度。提高儿童父母和其他监护人的责任意识，完善并落实不履行监护职责或严重侵害被监护儿童权益的父母或其他监护人资格撤销的法律制度。逐步建立以家庭监护为主体，以社区、学校等有关单位和人员监督为保障，以国家监护为补充的监护制度。

7. 保护儿童人身权利。加强社会治安综合治理，严厉打击强奸、拐卖、绑架、虐待、遗弃等侵害儿童人身权利的违法犯罪行为和组织、胁迫、诱骗儿童犯罪的刑事犯罪。严厉打击利用儿童进行扒窃、乞讨、卖艺、卖淫等违法犯罪行为。保护儿童免遭一切形式的性侵犯。建立受暴力伤害儿童问题的预防、强制报告、反应、紧急救助和治疗辅导工作机制。整合资源，探索建立儿童庇护中心。加强预防和打击拐卖儿童犯罪的法制宣传教育，提高儿童及其家长“防拐”意识和能力，为被解救儿童提供身心康复服务，妥善安置被解救儿童。禁止用人单位招用未满16周岁儿童，禁止介绍未满16周岁的儿童就业。建立健全监督惩罚机制，严厉打击使用童工的违法行为。严格执行国家对已满16周岁未满18周岁未成年工的保护规定，禁止安排未成年工从事过重、有毒、有害等劳动或危险作业。依法保护儿童的隐私权。

8. 加强儿童财产权益保护。依法保障儿童的财产收益权和获赠权、知识产权、继承权、一定权限内独立的财产支配权。

9. 完善儿童法律援助和司法救助机制。进一步扩大儿童接受法律援助的覆盖面，健全完善儿童法律援助工作网络，充实基层法律援助工作队伍，支持和鼓励基层法律服务机构、社会团体、事业单位等社会组织利用自身资源为儿童提供法律援助，确保儿童在司法程序中获得高效、快捷的法律服务和司法救助。

10. 推动建立和完善适合未成年人的专门司法机构。贯彻未成年人保护法，探索未成年人案件办理专业化。加快建设公安机关办理未成年人案件专门机构或落实专门人员。

11. 完善涉嫌违法犯罪的儿童处理制度。对涉嫌违法犯罪的儿童，贯彻教育、感化、挽救的方针，坚持教育为主、惩罚为辅的原则，依法从轻、减轻或者免除对违法犯罪儿童的处罚。依照有关法律规定，坚持未满16周岁儿童犯罪案件一律不公开审理、16周岁以上儿童犯罪案件一般不公开审理的原则，尊重和保护儿童合法权益。对羁押、服刑的未成年人，与成年人分别关押。对政府收容教养和劳动教养的未成年人及被决定强制隔离戒毒的未成年吸毒人员，与成年人分别收容、收戒。保障解除羁押、服刑或收容教养期满的未成年人复学、升学、就业不受歧视。

12. 完善具有严重不良行为儿童的矫治制度。建立家庭、学校、社会共同参与的运作机制，对有不良行为的儿童实施早期介入、有效干预和行为矫治。加强对具有严重不良行为儿童的教育和管理，探索专门学校教育和行为矫治的有效途径和方法,保障专门学校学生在升学、就业等方面的同等权利。对适用缓刑的未成年人和因犯罪接受社区矫正的未成年人,做好帮教工作。

四、组织实施

(一) 加强对纲要实施工作的组织领导。国务院及地方各级妇儿工委负责纲要实施的组织、协调、指导和督促。政府有关部门、相关机构和社会团体结合各自职责,承担落实纲要中相应目标任务。

(二) 制定地方儿童发展规划和部门实施方案。县级以上地方人民政府依据本纲要,结合实际制定本地区儿童发展规划。国务院及地方政府各有关部门、相关机构和社会团体结合各自职责,按照任务分工,制定实施方案,形成全国儿童发展规划体系。

(三) 加强纲要与国民经济和社会发展规划的衔接。在经济和社会发展总体规划中体现儿童优先原则,将儿童发展的主要指标纳入经济和社会发展总体规划及专项规划,统一部署,统筹安排,同步实施,同步发展。

(四) 保障儿童发展的经费投入。各级政府将实施纲要所需经费纳入财政预算,加大经费投入,并随着经济增长逐步增加。重点扶持贫困地区和少数民族地区儿童发展。动员社会力量,多渠道筹集资金,支持儿童发展。

(五) 建立健全实施纲要的工作机制。建立政府主导、多部门合作、全社会参与的工作机制,共同做好纲要实施工作。建立目标管理责任制,将纲要主要目标纳入相关部门、机构和社会团体的目标管理和考核体系,考核结果作为对领导班子和有关负责人综合考核评价的重要内容。健全报告制度,各有关部门每年向本级政府妇儿工委和上级主管部门报告纲要实施的情况,各级妇儿工委每年向上级妇儿工委报告本地区纲要实施的总体情况。健全会议制度,定期召开各级妇儿工委全体会议,汇报、交流实施纲要的进展情况。健全监测评估制度,明确监测评估责任,加强监测评估工作。

(六) 坚持和创新实施纲要的有效做法。及时开展对儿童发展和权益保护状况的调查研究,掌握新情况,分析新问题,为制定相关法规政策提供依据。加强儿童发展领域理论研究,总结探索儿童发展规律和儿童工作规律。开展国际交流和合作,学习借鉴促进儿童发展的先进理念和经验。不断创新工作方法,通过实施项目、为儿童办实事等方式解决重点难点问题;通过分类指导、示范先行,总结推广经验,推进纲要实施。

(七) 加大实施纲要宣传力度。多渠道、多形式面向各级领导干部、儿童工作者、广大儿童和全社会宣传纲要内容及纲要实施中的典型经验和成效,宣传促进儿童保护和发展的法规政策和国际公约,营造有利于儿童生存、保护、发展和参与的社会氛围。

(八) 加强实施纲要能力建设。将儿童优先原则的相关内容及相关法律法规和方针政策纳入各级行政学院培训课程。将实施纲要所需知识纳入培训计划,举办多层次、多形式培训,增强政府及各有关部门、机构相关人员、相关专业工作者实施纲要的责任意识和能力。

(九) 鼓励儿童参与纲要实施。儿童既是纲要实施的受益者,也是纲要实施的参与者。实施纲要应听取儿童的意见和建议。提高儿童参与纲要实施的意识和能力,实现自身发展。

五、监测评估

(一) 对纲要实施情况进行年度监测、中期评估和终期评估。及时收集、整理、分析反映儿童发展状况的相关数据和信息,动态反映纲要目标进展情况。在此基础上,系统分析和评价纲要目标达标状况,评判纲要策略措施和纲要实施工作的效率、效果、效益,预测儿童发展趋势。通过监测评估,准确掌握儿童发展状况,制定和调整促进儿童发展的政策措施,推动纲要目标的实现,为规划未来儿童发展奠定基础。

(二) 各级妇儿工委设立监测评估领导小组,负责组织领导监测评估工作,审批监测评估方案,审核监测评估报告等。监测评估领导小组下设监测组和评估组。

监测组由各级统计部门牵头,负责纲要监测工作的指导和人员培训,研究制定监测方案,收集、整理、分析数据和信息,撰写并提交年度监测报告等。

评估组由各级妇儿工委办事机构牵头,负责评估工作的指导和人员培训,制定评估方案,组织开展评估工作,撰写并提交评估报告等。

(三) 各级政府要将监测评估工作所需经费纳入财政预算。各级政府及有关部门结合监测评估结果开展宣传,研究利用监测评估结果加强纲要实施。

（四）建立儿童发展综合统计制度，规范和完善与儿童生存、发展有关的统计指标和分性别统计指标，将其纳入国家和部门常规统计和统计调查。建立和完善国家、省、地三级儿童发展监测数据库。

（五）各级妇儿工委成员单位、相关机构及有关部门要向同级统计部门报送年度监测数据，向同级妇儿工委提交中期和终期评估报告。

附录7 《3—6岁儿童学习与发展指南》

教育部关于印发《3—6岁儿童学习与发展指南》的通知

教基二〔2012〕4号

各省、自治区、直辖市教育厅(教委),新疆生产建设兵团教育局:

为深入贯彻教育规划纲要,落实《国务院关于当前发展学前教育的若干意见》(国发〔2010〕41号),帮助广大幼儿园教师和家长了解3—6岁幼儿学习与发展的基本规律和特点,全面提高科学保教水平,我部组织专家研究制定了《3—6岁儿童学习与发展指南》(以下简称《指南》)。《指南》广泛征求了各方面的意见,经教育部学前教育专家指导委员会审议通过。现予印发,并就《指南》贯彻落实的有关工作通知如下:

1. 开展全员培训。各地要把《指南》作为当前幼儿园教职工、学前教育教研人员和管理干部业务培训的主要内容。省级和地市级教育行政部门要重点做好幼教干部、教研人员和骨干教师培训,区县一级要组织全员培训。要全面理解和准确把握《指南》的精神实质,切实把先进的教育理念和科学的教育方法落实到幼儿园保教工作的各个环节。要创新培训方式,提高培训的针对性和实效性。

2. 建设一批实验区。地方各级教育行政部门要认真抓好贯彻落实《指南》的实验和经验推广工作。要结合本地实际确定一批实验区,省一级抓好一个地(市),地市一级抓好1—2个县(区)。要组建专家团队,有效整合资源,针对《指南》实施过程中的困难和问题,为实验区提供专业支持。

3. 抓好幼小衔接。地方各级教育行政部门要制定相关配套政策,采取有效措施,严禁幼儿园提前学习小学教育内容,严禁小学举办各种形式的入学选拔考试,严禁小学一年级以任何理由压缩课程或加快课程进度。积极探索幼儿园和小学的双向衔接,为《指南》的全面贯彻落实创造条件。

4. 加强社会宣传。要充分发挥学前教育教科研机构和幼儿园的专业优势,发挥各种大众传媒的作用,组织开展形式多样的宣传活动。要以深入浅出的语言,喜闻乐见的形式,广泛宣传《指南》的教育理念和教育方法,提高广大家长的科学育儿能力,实现家园共育。

5. 加强组织领导。各地要高度重视《指南》的贯彻落实,切实解决好必要的条件保障。要特别重视《指南》在农村幼儿园的贯彻落实工作,通过专家巡回指导、城乡幼儿园帮扶结对等形式,加大对农村幼儿园的扶持力度。

我部将适时组织开展相关培训、试点经验交流等活动。各地实施《指南》的情况、实施过程中的好做法、好经验以及有关困难、问题请及时报我部基础教育二司。

附件:3—6岁儿童学习与发展指南

教育部

2012年10月9日

附件

3—6岁儿童学习与发展指南①

目　录

说明

一、健康

(一)身心状况

(二)动作发展

(三)生活习惯与生活能力

---

① 此处仅简单附上《3—6岁儿童学习与发展指南》全文的目录及说明部分。

二、语言
（一）倾听与表达
（二）阅读与书写准备
三、社会
（一）人际交往
（二）社会适应
四、科学
（一）科学探究
（二）数学认知
五、艺术
（一）感受与欣赏
（二）表现与创造

说　明

一、为深入贯彻《国家中长期教育改革和发展规划纲要（2010—2020年）》和《国务院关于当前发展学前教育的若干意见》（国发〔2010〕41号），指导幼儿园和家庭实施科学的保育和教育，促进幼儿身心全面和谐发展，制定《3—6岁儿童学习与发展指南》（以下简称《指南》）。

二、《指南》以为幼儿后继学习和终身发展奠定良好素质基础为目标，以促进幼儿体、智、德、美各方面的协调发展为核心，通过提出3—6岁各年龄段儿童学习与发展目标和相应的教育建议，帮助幼儿园教师和家长了解3—6岁幼儿学习与发展的基本规律和特点，建立对幼儿发展的合理期望，实施科学的保育和教育，让幼儿度过快乐而有意义的童年。

三、《指南》从健康、语言、社会、科学、艺术五个领域描述幼儿的学习与发展。每个领域按照幼儿学习与发展最基本、最重要的内容划分为若干方面。每个方面由学习与发展目标和教育建议两部分组成。

目标部分分别对3—4岁、4—5岁、5—6岁三个年龄段末期幼儿应该知道什么、能做什么，大致可以达到什么发展水平提出了合理期望，指明了幼儿学习与发展的具体方向；教育建议部分列举了一些能够有效帮助和促进幼儿学习与发展的教育途径与方法。

四、实施《指南》应把握以下几个方面：

1. 关注幼儿学习与发展的整体性。儿童的发展是一个整体，要注重领域之间、目标之间的相互渗透和整合，促进幼儿身心全面协调发展，而不应片面追求某一方面或几方面的发展。

2. 尊重幼儿发展的个体差异。幼儿的发展是一个持续、渐进的过程，同时也表现出一定的阶段性特征。每个幼儿在沿着相似进程发展的过程中，各自的发展速度和到达某一水平的时间不完全相同。要充分理解和尊重幼儿发展进程中的个别差异，支持和引导他们从原有水平向更高水平发展，按照自身的速度和方式到达《指南》所呈现的发展“阶梯”，切忌用一把“尺子”衡量所有幼儿。

3. 理解幼儿的学习方式和特点。幼儿的学习是以直接经验为基础，在游戏和日常生活中进行的。要珍视游戏和生活的独特价值，创设丰富的教育环境，合理安排一日生活，最大限度地支持和满足幼儿通过直接感知、实际操作和亲身体验获取经验的需要，严禁“拔苗助长”式的超前教育和强化训练。

4. 重视幼儿的学习品质。幼儿在活动过程中表现出的积极态度和良好行为倾向是终身学习与发展所必需的宝贵品质。要充分尊重和保护幼儿的好奇心和学习兴趣，帮助幼儿逐步养成积极主动、认真专注、不怕困难、敢于探究和尝试、乐于想象和创造等良好学习品质。忽视幼儿学习品质培养，单纯追求知识技能学习的做法是短视而有害的。

附录8 《幼儿园工作规程》

中华人民共和国教育部令第39号

2016年1月5日发布

幼儿园工作规程

第一章 总则

第一条 为了加强幼儿园的科学管理,规范办园行为,提高保育和教育质量,促进幼儿身心健康,依据《中华人民共和国教育法》等法律法规,制定本规程。

第二条 幼儿园是对3周岁以上学龄前幼儿实施保育和教育的机构。幼儿园教育是基础教育的重要组成部分,是学校教育制度的基础阶段。

第三条 幼儿园的任务是:贯彻国家的教育方针,按照保育与教育相结合的原则,遵循幼儿身心发展特点和规律,实施德、智、体、美等方面全面发展的教育,促进幼儿身心和谐发展。

幼儿园同时面向幼儿家长提供科学育儿指导。

第四条 幼儿园适龄幼儿一般为3周岁至6周岁。

幼儿园一般为三年制。

第五条 幼儿园保育和教育的主要目标是:

(一)促进幼儿身体正常发育和机能的协调发展,增强体质,促进心理健康,培养良好的生活习惯、卫生习惯和参加体育活动的兴趣。

(二)发展幼儿智力,培养正确运用感官和运用语言交往的基本能力,增进对环境的认识,培养有益的兴趣和求知欲望,培养初步的动手探究能力。

(三)萌发幼儿爱祖国、爱家乡、爱集体、爱劳动、爱科学的情感,培养诚实、自信、友爱、勇敢、勤学、好问、爱护公物、克服困难、讲礼貌、守纪律等良好的品德行为和习惯,以及活泼开朗的性格。

(四)培养幼儿初步感受美和表现美的情趣和能力。

第六条 幼儿园教职工应当尊重、爱护幼儿,严禁虐待、歧视、体罚和变相体罚、侮辱幼儿人格等损害幼儿身心健康的行为。

第七条 幼儿园可分为全日制、半日制、定时制、季节制和寄宿制等。上述形式可分别设置,也可混合设置。

第二章 幼儿入园和编班

第八条 幼儿园每年秋季招生。平时如有缺额,可随时补招。

幼儿园对烈士子女、家中无人照顾的残疾人子女、孤儿、家庭经济困难幼儿、具有接受普通教育能力的残疾儿童等入园,按照国家和地方的有关规定予以照顾。

第九条 企业、事业单位和机关、团体、部队设置的幼儿园,除招收本单位工作人员的子女外,应当积极创造条件向社会开放,招收附近居民子女入园。

第十条 幼儿入园前,应当按照卫生部门制定的卫生保健制度进行健康检查,合格者方可入园。

幼儿入园除进行健康检查外,禁止任何形式的考试或测查。

第十一条 幼儿园规模应当有利于幼儿身心健康,便于管理,一般不超过360人。

幼儿园每班幼儿人数一般为:小班(3周岁至4周岁)25人,中班(4周岁至5周岁)30人,大班(5周岁至6周岁)35人,混合班30人。寄宿制幼儿园每班幼儿人数酌减。

幼儿园可以按年龄分别编班,也可以混合编班。

第三章 幼儿园的安全

第十二条 幼儿园应当严格执行国家和地方幼儿园安全管理的相关规定，建立健全门卫、房屋、设备、消防、交通、食品、药物、幼儿接送交接、活动组织和幼儿就寝值守等安全防护和检查制度，建立安全责任制和应急预案。

第十三条 幼儿园的园舍应当符合国家和地方的建设标准，以及相关安全、卫生等方面的规范，定期检查维护，保障安全。幼儿园不得设置在污染区和危险区，不得使用危房。

幼儿园的设备设施、装修装饰材料、用品用具和玩教具材料等，应当符合国家相关的安全质量标准和环保要求。

入园幼儿应当由监护人或者其委托的成年人接送。

第十四条 幼儿园应当严格执行国家有关食品药品安全的法律法规，保障饮食饮水卫生安全。

第十五条 幼儿园教职工必须具有安全意识，掌握基本急救常识和防范、避险、逃生、自救的基本方法，在紧急情况下应当优先保护幼儿的人身安全。

幼儿园应当把安全教育融入一日生活，并定期组织开展多种形式的安全教育和事故预防演练。

幼儿园应当结合幼儿年龄特点和接受能力开展反家庭暴力教育，发现幼儿遭受或者疑似遭受家庭暴力的，应当依法及时向公安机关报案。

第十六条 幼儿园应当投保校方责任险。

第四章 幼儿园的卫生保健

第十七条 幼儿园必须切实做好幼儿生理和心理卫生保健工作。

幼儿园应当严格执行《托儿所幼儿园卫生保健管理办法》以及其他有关卫生保健的法规、规章和制度。

第十八条 幼儿园应当制定合理的幼儿一日生活作息制度。正餐间隔时间为3.5－4小时。在正常情况下，幼儿户外活动时间(包括户外体育活动时间)每天不得少于2小时，寄宿制幼儿园不得少于3小时；高寒、高温地区可酌情增减。

第十九条 幼儿园应当建立幼儿健康检查制度和幼儿健康卡或档案。每年体检一次，每半年测身高、视力一次，每季度量体重一次；注意幼儿口腔卫生，保护幼儿视力。

幼儿园对幼儿健康发展状况定期进行分析、评价，及时向家长反馈结果。

幼儿园应当关注幼儿心理健康，注重满足幼儿的发展需要，保持幼儿积极的情绪状态，让幼儿感受到尊重和接纳。

第二十条 幼儿园应当建立卫生消毒、晨检、午检制度和病儿隔离制度，配合卫生部门做好计划免疫工作。

幼儿园应当建立传染病预防和管理制度，制定突发传染病应急预案，认真做好疾病防控工作。

幼儿园应当建立患病幼儿用药的委托交接制度，未经监护人委托或者同意，幼儿园不得给幼儿用药。幼儿园应当妥善管理药品，保证幼儿用药安全。

幼儿园内禁止吸烟、饮酒。

第二十一条 供给膳食的幼儿园应当为幼儿提供安全卫生的食品，编制营养平衡的幼儿食谱，定期计算和分析幼儿的进食量和营养素摄取量，保证幼儿合理膳食。

幼儿园应当每周向家长公示幼儿食谱，并按照相关规定进行食品留样。

第二十二条 幼儿园应当配备必要的设备设施，及时为幼儿提供安全卫生的饮用水。

幼儿园应当培养幼儿良好的大小便习惯，不得限制幼儿便溺的次数、时间等。

第二十三条 幼儿园应当积极开展适合幼儿的体育活动，充分利用日光、空气、水等自然因素以及本地自然环境，有计划地锻炼幼儿肌体，增强身体的适应和抵抗能力。正常情况下，每日户外体育活动不得少于1小时。

幼儿园在开展体育活动时，应当对体弱或有残疾的幼儿予以特殊照顾。

第二十四条 幼儿园夏季要做好防暑降温工作，冬季要做好防寒保暖工作，防止中暑和冻伤。

第五章 幼儿园的教育

第二十五条 幼儿园教育应当贯彻以下原则和要求：

(一) 德、智、体、美等方面的教育应当互相渗透，有机结合。

(二) 遵循幼儿身心发展规律,符合幼儿年龄特点,注重个体差异,因人施教,引导幼儿个性健康发展。

(三) 面向全体幼儿,热爱幼儿,坚持积极鼓励、启发引导的正面教育。

(四) 综合组织健康、语言、社会、科学、艺术各领域的教育内容,渗透于幼儿一日生活的各项活动中,充分发挥各种教育手段的交互作用。

(五) 以游戏为基本活动,寓教育于各项活动之中。

(六) 创设与教育相适应的良好环境,为幼儿提供活动和表现能力的机会与条件。

第二十六条 幼儿一日活动的组织应当动静交替,注重幼儿的直接感知、实际操作和亲身体验,保证幼儿愉快的、有益的自由活动。

第二十七条 幼儿园日常生活组织,应当从实际出发,建立必要、合理的常规,坚持一贯性和灵活性相结合,培养幼儿的良好习惯和初步的生活自理能力。

第二十八条 幼儿园应当为幼儿提供丰富多样的教育活动。

教育活动内容应当根据教育目标、幼儿的实际水平和兴趣确定,以循序渐进为原则,有计划地选择和组织。

教育活动的组织应当灵活地运用集体、小组和个别活动等形式,为每个幼儿提供充分参与的机会,满足幼儿多方面发展的需要,促进每个幼儿在不同水平上得到发展。

教育活动的过程应注重支持幼儿的主动探索、操作实践、合作交流和表达表现,不应片面追求活动结果。

第二十九条 幼儿园应当将游戏作为对幼儿进行全面发展教育的重要形式。

幼儿园应当因地制宜创设游戏条件,提供丰富、适宜的游戏材料,保证充足的游戏时间,开展多种游戏。

幼儿园应当根据幼儿的年龄特点指导游戏,鼓励和支持幼儿根据自身兴趣、需要和经验水平,自主选择游戏内容、游戏材料和伙伴,使幼儿在游戏过程中获得积极的情绪情感,促进幼儿能力和个性的全面发展。

第三十条 幼儿园应当将环境作为重要的教育资源,合理利用室内外环境,创设开放的、多样的区域活动空间,提供适合幼儿年龄特点的丰富的玩具、操作材料和幼儿读物,支持幼儿自主选择和主动学习,激发幼儿学习的兴趣与探究的愿望。

幼儿园应当营造尊重、接纳和关爱的氛围,建立良好的同伴和师生关系。

幼儿园应当充分利用家庭和社区的有利条件,丰富和拓展幼儿园的教育资源。

第三十一条 幼儿园的品德教育应当以情感教育和培养良好行为习惯为主,注重潜移默化的影响,并贯穿于幼儿生活以及各项活动之中。

第三十二条 幼儿园应当充分尊重幼儿的个体差异,根据幼儿不同的心理发展水平,研究有效的活动形式和方法,注重培养幼儿良好的个性心理品质。

幼儿园应当为在园残疾儿童提供更多的帮助和指导。

第三十三条 幼儿园和小学应当密切联系,互相配合,注意两个阶段教育的相互衔接。

幼儿园不得提前教授小学教育内容,不得开展任何违背幼儿身心发展规律的活动。

第六章 幼儿园的园舍、设备

第三十四条 幼儿园应当按照国家的相关规定设活动室、寝室、卫生间、保健室、综合活动室、厨房和办公用房等,并达到相应的建设标准。有条件的幼儿园应当优先扩大幼儿游戏和活动空间。

寄宿制幼儿园应当增设隔离室、浴室和教职工值班室等。

第三十五条 幼儿园应当有与其规模相适应的户外活动场地,配备必要的游戏和体育活动设施,创造条件开辟沙地、水池、种植园地等,并根据幼儿活动的需要绿化、美化园地。

第三十六条 幼儿园应当配备适合幼儿特点的桌椅、玩具架、盥洗卫生用具,以及必要的玩教具、图书和乐器等。

玩教具应当具有教育意义并符合安全、卫生要求。幼儿园应当因地制宜,就地取材,自制玩教具。

第三十七条 幼儿园的建筑规划面积、建筑设计和功能要求,以及设施设备、玩教具配备,按照国家和地方的相关规定执行。

第七章 幼儿园的教职工

第三十八条 幼儿园按照国家相关规定设园长、副园长、教师、保育员、卫生保健人员、炊事员和其他工作人员等岗位,配足配齐教职工。

第三十九条 幼儿园教职工应当贯彻国家教育方针,具有良好品德,热爱教育事业,尊重和爱护幼儿,具有专业知识和技能以及相应的文化和专业素养,为人师表,忠于职责,身心健康。

幼儿园教职工患传染病期间暂停在幼儿园的工作。有犯罪、吸毒记录和精神病史者不得在幼儿园工作。

第四十条 幼儿园园长应当符合本规程第三十九条规定,并应当具有《教师资格条例》规定的教师资格、具备大专以上学历、有三年以上幼儿园工作经历和一定的组织管理能力,并取得幼儿园园长岗位培训合格证书。

幼儿园园长由举办者任命或者聘任,并报当地主管的教育行政部门备案。

幼儿园园长负责幼儿园的全面工作,主要职责如下:

(一) 贯彻执行国家的有关法律、法规、方针、政策和地方的相关规定,负责建立并组织执行幼儿园的各项规章制度;

(二) 负责保育教育、卫生保健、安全保卫工作;

(三) 负责按照有关规定聘任、调配教职工,指导、检查和评估教师以及其他工作人员的工作,并给予奖惩;

(四) 负责教职工的思想工作,组织业务学习,并为他们的学习、进修、教育研究创造必要的条件;

(五) 关心教职工的身心健康,维护他们的合法权益,改善他们的工作条件;

(六) 组织管理园舍、设备和经费;

(七) 组织和指导家长工作;

(八) 负责与社区的联系和合作。

第四十一条 幼儿园教师必须具有《教师资格条例》规定的幼儿园教师资格,并符合本规程第三十九条规定。

幼儿园教师实行聘任制。

幼儿园教师对本班工作全面负责,其主要职责如下:

(一) 观察了解幼儿,依据国家有关规定,结合本班幼儿的发展水平和兴趣需要,制订和执行教育工作计划,合理安排幼儿一日生活;

(二) 创设良好的教育环境,合理组织教育内容,提供丰富的玩具和游戏材料,开展适宜的教育活动;

(三) 严格执行幼儿园安全、卫生保健制度,指导并配合保育员管理本班幼儿生活,做好卫生保健工作;

(四) 与家长保持经常联系,了解幼儿家庭的教育环境,商讨符合幼儿特点的教育措施,相互配合共同完成教育任务;

(五) 参加业务学习和保育教育研究活动;

(六) 定期总结评估保教工作实效,接受园长的指导和检查。

第四十二条 幼儿园保育员应当符合本规程第三十九条规定,并应当具备高中毕业以上学历,受过幼儿保育职业培训。

幼儿园保育员的主要职责如下:

(一) 负责本班房舍、设备、环境的清洁卫生和消毒工作;

(二) 在教师指导下,科学照料和管理幼儿生活,并配合本班教师组织教育活动;

(三) 在卫生保健人员和本班教师指导下,严格执行幼儿园安全、卫生保健制度;

(四) 妥善保管幼儿衣物和本班的设备、用具。

第四十三条 幼儿园卫生保健人员除符合本规程第三十九条规定外,医师应当取得卫生行政部门颁发的《医师执业证书》;护士应当取得《护士执业证书》;保健员应当具有高中毕业以上学历,并经过当地妇幼保健机构组织的卫生保健专业知识培训。

幼儿园卫生保健人员对全园幼儿身体健康负责,其主要职责如下:

(一) 协助园长组织实施有关卫生保健方面的法规、规章和制度,并监督执行;

(二) 负责指导调配幼儿膳食,检查食品、饮水和环境卫生;

(三) 负责晨检、午检和健康观察,做好幼儿营养、生长发育的监测和评价;定期组织幼儿健康体检,做好幼儿健

康档案管理;

(四) 密切与当地卫生保健机构的联系,协助做好疾病防控和计划免疫工作;

(五) 向幼儿园教职工和家长进行卫生保健宣传和指导。

(六) 妥善管理医疗器械、消毒用具和药品。

第四十四条 幼儿园其他工作人员的资格和职责,按照国家和地方的有关规定执行。

第四十五条 对认真履行职责、成绩优良的幼儿园教职工,应当按照有关规定给予奖励。

对不履行职责的幼儿园教职工,应当视情节轻重,依法依规给予相应处分。

第八章 幼儿园的经费

第四十六条 幼儿园的经费由举办者依法筹措,保障有必备的办园资金和稳定的经费来源。

按照国家和地方相关规定接受财政扶持的提供普惠性服务的国有企事业单位办园、集体办园和民办园等幼儿园,应当接受财务、审计等有关部门的监督检查。

第四十七条 幼儿园收费按照国家和地方的有关规定执行。

幼儿园实行收费公示制度,收费项目和标准向家长公示,接受社会监督,不得以任何名义收取与新生入园相挂钩的赞助费。

幼儿园不得以培养幼儿某种专项技能、组织或参与竞赛等为由,另外收取费用;不得以营利为目的组织幼儿表演、竞赛等活动。

第四十八条 幼儿园的经费应当按照规定的使用范围合理开支,坚持专款专用,不得挪作他用。

第四十九条 幼儿园举办者筹措的经费,应当保证保育和教育的需要,有一定比例用于改善办园条件和开展教职工培训。

第五十条 幼儿膳食费应当实行民主管理制度,保证全部用于幼儿膳食,每月向家长公布账目。

第五十一条 幼儿园应当建立经费预算和决算审核制度,经费预算和决算应当提交园务委员会审议,并接受财务和审计部门的监督检查。

幼儿园应当依法建立资产配置、使用、处置、产权登记、信息管理等管理制度,严格执行有关财务制度。

第九章 幼儿园、家庭和社区

第五十二条 幼儿园应当主动与幼儿家庭沟通合作,为家长提供科学育儿宣传指导,帮助家长创设良好的家庭教育环境,共同担负教育幼儿的任务。

第五十三条 幼儿园应当建立幼儿园与家长联系的制度。幼儿园可采取多种形式,指导家长正确了解幼儿园保育和教育的内容、方法,定期召开家长会议,并接待家长的来访和咨询。

幼儿园应当认真分析、吸收家长对幼儿园教育与管理工作的意见与建议。

幼儿园应当建立家长开放日制度。

第五十四条 幼儿园应当成立家长委员会。

家长委员会的主要任务是:对幼儿园重要决策和事关幼儿切身利益的事项提出意见和建议;发挥家长的专业和资源优势,支持幼儿园保育教育工作;帮助家长了解幼儿园工作计划和要求,协助幼儿园开展家庭教育指导和交流。

家长委员会在幼儿园园长指导下工作。

第五十五条 幼儿园应当加强与社区的联系与合作,面向社区宣传科学育儿知识,开展灵活多样的公益性早期教育服务,争取社区对幼儿园的多方面支持。

第十章 幼儿园的管理

第五十六条 幼儿园实行园长负责制。

幼儿园应当建立园务委员会。园务委员会由园长、副园长、党组织负责人和保教、卫生保健、财会等方面工作人员的代表以及幼儿家长代表组成。园长任园务委员会主任。

园长定期召开园务委员会会议，遇重大问题可临时召集，对规章制度的建立、修改、废除，全园工作计划，工作总结，人员奖惩，财务预算和决算方案，以及其他涉及全园工作的重要问题进行审议。

第五十七条　幼儿园应当加强党组织建设，充分发挥党组织政治核心作用、战斗堡垒作用。幼儿园应当为工会、共青团等其他组织开展工作创造有利条件，充分发挥其在幼儿园工作中的作用。

第五十八条　幼儿园应当建立教职工大会制度或者教职工代表大会制度，依法加强民主管理和监督。

第五十九条　幼儿园应当建立教研制度，研究解决保教工作中的实际问题。

第六十条　幼儿园应当制定年度工作计划，定期部署、总结和报告工作。每学年年末应当向教育等行政主管部门报告工作，必要时随时报告。

第六十一条　幼儿园应当接受上级教育、卫生、公安、消防等部门的检查、监督和指导，如实报告工作和反映情况。

幼儿园应当依法接受教育督导部门的督导。

第六十二条　幼儿园应当建立业务档案、财务管理、园务会议、人员奖惩、安全管理以及与家庭、小学联系等制度。

幼儿园应当建立信息管理制度，按照规定采集、更新、报送幼儿园管理信息系统的相关信息，每年向主管教育行政部门报送统计信息。

第六十三条　幼儿园教师依法享受寒暑假期的带薪休假。幼儿园应当创造条件，在寒暑假期间，安排工作人员轮流休假。具体办法由举办者制定。

第十一章　附则

第六十四条　本规程适用于城乡各类幼儿园。

第六十五条　省、自治区、直辖市教育行政部门可根据本规程，制订具体实施办法。

第六十六条　本规程自 2016 年 3 月 1 日起施行。1996 年 3 月 9 日由原国家教育委员会令第 25 号发布的《幼儿园工作规程》同时废止。